1872-2022

招商局150华诞
CHINA MERCHANTS GROUP 150TH ANNIVERSARY

百年蝶变 逐梦向前

招商局文库·研究丛刊

CHINA MERCHANTS AND THE HISTORICAL PROCESS OF CHINA'S OPENING-UP: Reviews and Prospects

张军立
朱荫贵　魏明孔／主编

回顾与前瞻

招商局与中国对外开放历史进程

社会科学文献出版社
SOCIAL SCIENCES ACADEMIC PRESS (CHINA)

招商局文库总序

　　1872 年创立的中国第一家民族工商企业——轮船招商局是晚清洋务运动仅存的硕果，它发展至今天，已成为横跨金融、交通、地产等三大核心产业的企业集团。自创立以来，招商局与祖国共命运，同时代共发展，饱经沧桑，几度挫折，几度辉煌，生生不息，以它与中国近现代化进程和中国近代社会经济生活的紧密联系从一个侧面折射了中国社会一百多年来的发展历程，它在自身经营发展中的重大事件印证了中国社会发展的跌宕起伏、荣辱兴衰，也成为中国近现代史上的重要坐标。招商局史不仅属于招商局，也属于全社会。招商局的发展史，值得学术界不断地探寻和回视。因此，有些学者提出了"招商局学"概念，希望学术界努力使之成为中国近代史研究的一个分支学派。可以说，发展和繁荣招商局历史研究，是大家的共同心愿。

　　自 20 世纪早期开始，不少专家、学者潜心研究，陆续出版、发表了许多有关招商局研究的著述，新观点、新发现层出不穷。继承招商局金字招牌的招商局集团深刻认识到招商局厚重历史的社会意义，自觉肩负起社会责任，从 20 世纪 80 年代开始，积极组织、投入各方面力量，挖掘招商局百年历史，分别在 1992 年和 2007 年成功举办了招商局历史学术研讨会，在 2004 年成立了招商局史研究会，设立了招商局历史博物馆，在 2005 年开设了招商局史研究网，历年出版和赞助出版了多本招商局历史研究图书，出资拍摄了多部招商局历史题材专题片，鼓励和支持了院校普及招商局历史知识以及培养招商局历史研究人才，派员对散落在各地的招商局文献进行了调查和复制以及购买，定期公开了许多招商局馆藏招商局历史档案。我们不遗余力地做好这些工作，除了推动招商局自身的企业文化建设外，最重要的是为社会各界研究招商局史提供力所能及的帮助，为社会研究招商局历史服务。

2010 年，鉴于招商局历史研究的迫切需要和为了系统化地展示招商局历史研究的著述、文献史料，我们提出了出版"招商局文库"的设想，希望将以前历年来已出版的和今后将出版的有关招商局历史研究书籍以统一的版式集中出版。

社会科学文献出版社对我们的这一设想给予了大力支持，对如何建立"招商局文库"提出了具体的工作建议，并承担了出版任务。目前，"招商局文库"主要设有"研究丛刊""文献丛刊"两个系列。2012 年，适逢招商局创立 140 周年纪念，我们将集中出版一批学术论著和历史文献，以作为"招商局文库"的开篇。今后，"招商局文库"书籍将陆续与大家见面。

希望"招商局文库"书籍能为大家提供更好的帮助，并引起更多的专家、学者和社会人士对招商局及招商局历史研究的关注、支持。

招商局集团

2012 年 1 月

目·录

序　开放合作　与时偕行

招商局集团董事长、招商局史研究会会长　缪建民

在党的二十大即将胜利召开之际，今天，我们在这里举办"招商局与中国对外开放历史进程：回顾与前瞻"国际学术研讨会，庆祝招商局创立150周年。

作为中国民族工商业的先驱，招商局一直是研究中国企业发展史的一个重要样本。据目前所查到的资料，最早在 1935 年即有学者发表研究招商局的论文。近九十年来，海内外学者从诸多维度对招商局的发展做了深入的研究和阐述，这些都是招商局乃至中国商业史的宝贵财富。期待今天的研讨会能碰撞出更多的思想火花，产生更多的高价值研究成果。

一部招商史，半部中国近现代史。研究和认识招商局，其中一条贯穿的主线、一个不变的背景，就是国家的近现代化与经济的全球化。这次研讨会以"招商局与中国对外开放"为主题，我认为既有历史性，又有时代性；既有学术价值，又有实践意义。

历史深刻证明，开放带来进步，封闭必然落后。中国以华夏文明为基础，不断向多民族开放融合，最终形成了璀璨的中华文明，并以古丝绸之路和海上贸易与世界深度融通，在人类历史上创造了诸多辉煌。但在郑和下西洋之后，特别是 18 世纪以后，世界格局发生巨变，西方经历工业革命后开始崛起并对外扩张，一时间"欧风美雨驰而东"。当时的中国却因为闭关、错失第一次工业革命而日渐衰弱，一度成为西方列强的半殖民地。改革开放后，中国对外开放的大门越开越大、越开越敞亮，掀起了中国发展的澎湃浪潮，开创了中国式现代化道路，创造了世界现代化史上的一个奇迹；尤其是党的十八大以来，中国以世界第二的庞大经济体推动高水平

对外开放，激活了全球经济的一池春水，给世界经济注入了正能量。开放已成为当代中国的鲜明标识。

当前，百年变局和世纪疫情交织，经济全球化遭遇逆流，国际形势中不稳定、不确定、不安全因素日益突出，挑战前所未有，机遇也前所未有。中国如何在新形势下推进高水平对外开放，是我们必须科学回答的时代之问。招商局是对外开放的产物，是中国历史上第一家现代意义上的公司，如今是中央直接管理的国有骨干企业，有责任与学界同人共同推进这一主题的研究。

一　招商局在中国对外开放中的角色与作用

近代以来，中国从被迫开放到拥抱开放再到推动开放，从落后时代到追赶时代再到引领时代，走出一条踔厉奋发、笃行有为的复兴之路。在此历史进程中，招商局始终与国家同频共振，在不同历史时期的对外开放中都发挥了重要作用

（一）晚清时期，招商局在被迫开放中成为中国早期工业化的先行者，在中国近代化的历史进程中发挥了引领和示范作用

1840 年鸦片战争后，西方国家凭着坚船利炮蛮横轰开中国国门，从五口通商到十口通商，从沿海到内河，从边境到腹地。面对"数千年来未有之强敌"，中国被迫对外开放。列强在军事侵略后加紧进行经济侵略，由于国弱民穷和不平等条约的限制，中国难以应对西方资本的汹汹攻势，逐渐变为列强的原料产地和销售市场，向着半殖民地半封建社会不断沉沦，处于"覆屋之下、漏舟之中、薪火之上"的境地。

在"数千年未有之变局"下，中华民族迎来了双重任务，即救亡与进步。救亡就是要御外辱、抗强敌、图生存；进步就是要谋发展，"潮流如斯，势难阻遏，中国惟有急起直追"，从落后时代尽快赶上时代。而洋务运动就是其中一次重要尝试。洋务运动进行十余年后，由"自强"转向"求富"，由创办军工厂转向创办民用企业。1872 年，招商局由此应运而生，时称"轮船招商局"。

招商局创立后，"谋商情、筹国计"，购买蒸汽轮船，建立商业船队，

在江海航线与外国航运企业展开激烈竞争，最终打破外资垄断中国航运利权的局面。特别是招商局于 1877 年收购外国在华最大航运企业——旗昌轮船公司，开中国企业并购外国企业之先河，取得中国近代对外商战首胜。购并旗昌的实践充分证明，只要奋起直追、奋发图强，中国在被迫开放中仍然能够克服不利因素，战胜外国势力，正如时人认为是"转弱为强之始"。

招商局创立之初即以"招天下商，通五洲航"为愿景，积极开展外洋航运业务，融入全球经济，推动中外交通和贸易的发展。从 1873 年"伊敦"轮驶往日本开始，招商局先后开航越南、新加坡、印度、美国、英国等国，并在新加坡、越南等地设置境外分局，航迹远至太平洋、印度洋、大西洋，成为中国最早"走出去"的企业。

招商局外学内创，引进现代制度，开拓现代产业，资助新式教育，是"洋务之枢纽"。招商局通过股份制募股集资，创设完整规范的企业管理制度，创办矿冶、电报、铁路等一批新式工业企业和银行、保险等现代金融业，挑选留美幼童，资助北洋大学堂和南洋公学，创办招商局公学。在招商局努力之下，现代文明从多个角度影响中华大地，助推了中国近代化的起步提速。

（二）新中国成立后，起义归来的招商局立足香港，在西方对华经济封锁的冷战时期，发挥了独特的桥梁作用，有力地支持了国内经济发展

1949 年 9 月 28 日，招商局"海辽"轮冲破国民党海上封锁，从香港驶达大连，成为新中国第一艘悬挂五星红旗的海轮。1950 年 1 月 15 日，香港招商局起义，在打破旧世界、建设新世界中迎来蝶变新生。彼时，在外部封锁和冷战对抗的国际背景下，中国对外开放的广度与深度受到一定限制。招商局作为当时交通部领导下的驻港国有企业，背靠内地、面向海外，发挥香港的独特优势，成为新中国开展对外经济活动的一个重要通道。

20 世纪六七十年代，招商局成为"国家中转站"，将内地运输到香港的货物中转至亚、非、欧、美等多个国家和地区，在特殊时期和特殊环境下，有效促进了中国对外贸易的发展。招商局还广泛考察国际商情动态，充分掌握世界航运市场运价信息，团结华商与侨商，争取自主运价，抵制

住了世界航运市场涨价风对中国外贸与远洋航运的负面影响。

从 1970 年至 1977 年，招商局受交通部及中国远洋运输总公司委托，在香港贷款买船 306 艘，计 502 万载重吨。这批船舶迅速扩大了中国远洋运输能力，初步实现修建中国"海上铁路"的宏伟目标，成为中国外贸运输中不可低估的力量。招商局还在香港创立友联船厂和海通公司，向中国远洋船队提供修船和海事贸易等服务，为中国外贸运输保驾护航。

（三）20 世纪七八十年代，招商局敢为人先，勇于突破，成为改革开放的排头兵，发挥了先锋作用

1978 年底，党的十一届三中全会召开后，改革开放的大潮兴起，中国社会主义现代化建设进入崭新阶段。同年，交通部党组向党中央、国务院上报《关于充分利用香港招商局问题的请示》，明确招商局的经营方针是"立足港澳、背靠内地、面向海外、多种经营、买卖结合、工商结合"，提出招商局应当"适应国际市场的特点，走出门去搞调查、做买卖"。中央在改革开放之初，就为招商局在时代大潮中锚定航向、规划航道，激励招商局闯出国门、面向世界。

1979 年，招商局在国家改革开放的壮阔洪流中，勇担使命，以"敢为天下先"的精神创办中国第一个外向型经济开发区——蛇口工业区，成为改革开放的先锋。招商局在蛇口创业之初就提出"三个为主"方针，即"产业结构以工业为主，资金来源以外资为主，产品市场以外销为主"，为蛇口经济确定了生产型、外向型的发展方向，明确了以外资为主、内外资相结合的发展道路，在战略层面将蛇口定位成面向世界的开放热土。

招商局紧抓时代机遇，坚定融入全球产业分工体系。1980 年，蛇口工业区正式招商引资，向世界发出投资邀请，在国内外引起强烈反响，成为中国对外开放的一个有力信号。此后，外资蜂拥而至。1986 年，蛇口工业区外商独资、中外合资和中外合作企业占 96% 以上，"三资企业"成为蛇口工业区最重要的经济支柱。

与此同时，招商局还以制度创新试验为主要使命，学习外部经验，在蛇口工业区进行以市场化为核心的全方位配套改革，创造良好的市场环境。招商银行、招商蛇口、平安保险、中集集团、华为等一大批全球优秀企业在蛇口诞生壮大、迈向世界。

（四）新时代以来，招商局再次站在对外开放的潮头浪尖，成为"一带一路"倡议的坚定践行者

党的十八大以来，中国坚持开放共赢，勇于变革创新，推出一系列扩大开放的重大举措，开创了新时代对外开放新局面。招商局深入贯彻落实习近平总书记重要指示精神，积极践行"一带一路"倡议，高质量推动海外发展。

截至 2021 年底，招商局全球港口网络扩展至 26 个国家和地区的 66 个港口/码头，综合物流服务网络覆盖 41 个国家和地区。开通的中欧班列市场份额占比达 12%。积极推进中欧通道、国际陆海贸易新通道、吉布提—埃塞俄比亚通道等关键物流通道建设。集团海外员工本土化率提升至 95.7%。积极践行 ESG 理念，履行企业社会责任，在斯里兰卡、白俄罗斯、巴西、吉布提等国家开展多项公益慈善活动，支持绿色低碳发展，促进民心相通。

特别是最近两年来，招商局深刻理解"一带一路"建设的新形势、新要求，聚焦"深耕香港、精耕东南亚"，引领境外业务发展，推动项目落地，迈出可喜步伐。

二　招商局在中国对外开放中的经验与启示

回顾这一个半世纪的厚重历史，招商局跟随国家步伐，坚定对外开放，始终与祖国共命运，同时代共发展，紧密参与中国融入世界的伟大历程，实现了自身持续发展。许多做法和经验，对指引招商局下一步发展具有重要启示意义。

（一）国家富强是企业走向世界的坚强后盾

不论何种企业，都脱胎于国家之中，先天受本国文化熏陶，后天受本国现状影响，其中更以后者对企业发展特别是国际发展影响至深。

招商局创办之初就积极"走出去"，远洋航线一度延伸至英、美等国。时人兴高采烈地认为"西人所取于中国者，亦可取之于西人"，幻想招商局能在纯粹的市场竞争里为中国谋取外国财富。然而，招商局轮船不久便在美国遭到罚款、加收重税等蛮横打压，无奈中断航线。近代启蒙思想

家、招商局早期领导人郑观应悲愤地说道："我之待西人如此其厚，彼之待华人如此其薄，天理何存！人心何在！"郑观应没能看到的是，当时中国"厚待"西方企业，西方列强肆意欺凌招商局，不在于天理，也不在于人心，而在于国家是否富强、民族是否独立。归根结底，只因时与势在西方！

改革开放以来，中国走上了富起来、强起来的伟大征程，中华民族伟大复兴进入不可逆转的快车道，招商局也在"引进来"和"走出去"的双向道路上越走越宽阔，越走越坚定。集团核心产业在国际上有一定的商业影响力。例如，招商局航运业务总运力位居世界第二，运输航线遍布全球，已达成晚清创业者们想实现而无力实现的"通五洲航"愿望。这不仅是我们自己做得很好，更在于国家的强盛。

招商局在清末旧社会与中国新时代的两种命运深刻告诉我们：国运即商运，国家命运决定企业命运，企业命运反映国家命运。历史已经证明并将继续证明，民族独立、国家富强是企业生存发展、走向世界的坚强后盾和根本保证。当国家贫穷衰弱时，企业在外部世界举步维艰；当国家繁荣富强时，企业才能在全球获得公正市场待遇，进而拓展自身商业边界。

（二）拥抱开放是企业走向世界的必由之路

习近平总书记指出，经济全球化是生产力发展的客观要求和不可阻挡的历史潮流。中国企业要想成为具有全球竞争力的世界一流企业，必须敢于走出国门、拥抱开放，到世界市场的汪洋大海中劈波斩浪。

在创办之初，招商局就怀有开放心态，不遗余力地引进现代技术、制度，期望国家之间能够在商业上实现平等互惠。虽然由于国弱民穷，这些努力不能左右时局，甚至沦为幻想，但这造就了招商局拥抱开放的文化基因。

改革开放初期，招商局在中央支持下，在蛇口工业区积极引进大批产业，大力发展外向型经济，在中国承接国际产业转移的历史趋势中占得先机。正是在国门初开之时就率先拥抱开放，让招商局从力量薄弱的单一航运企业蜕变为业务多元的大型综合企业集团，实现了跨越式发展。

新时代的招商局正在更加主动地走向世界。招商局将境外发展作为专项战略，目前集团境外总资产超 8000 亿元，斯里兰卡科伦坡港与汉班托塔港、白俄罗斯中白工业园、吉布提国际自贸区等项目在"一带一路"上熠熠生辉，展现出招商局在拥抱开放中锻炼出来的卓越竞争力。

（三）海纳百川是企业走向世界的内在要求

历史上，中国在近代化进程中落后的根本原因，就在于自我封闭、自傲自大，不接受新思想、新事物、新技术。而中国近代化的开端就是"睁眼看世界"。企业走向世界，必须做到的就是博采众长、兼容并蓄，以海纳百川的胸怀去接纳先进知识，善于接受一切有用的外来事物，不以片面意识自我束缚。

招商局港航起家，生来就与江海为伴，天然具有"海纳百川"的开放包容胸怀。在清末洋务运动中，招商局在制度层面广泛学习西方先进经验，力图"借法图自强"。

改革开放后，招商局解放思想，不仅"走出去学"，安排大量干部到发达国家的相关园区进行诸多的考察、学习，也"请进来学"，成立招商局干部培训中心，聘请国外著名学者给培训班学员讲授新的知识，为引进、吸收、消化国外先进管理思想、技能搭建起沟通的平台，敞开交流的大门。

党的十八大以来，招商局以更加开放的思维，大力推动融合创新，搭建商业生态圈，整合全球资源，借鉴全球经验，促进不同理念与技术元素的相互碰撞，构建共生共长的发展格局，努力推动具有全球竞争力的世界一流企业建设。

（四）实干奋斗是企业走向世界的重要途径

大道至简，实干为要。世界格局波谲云诡，开放长河奔腾不息，有风平浪静，也有波涛汹涌。无论坦途、阻碍，都是历史的风景；无论顺境、逆境，都是客观环境；无论顺势而为，还是因势而变，我们都可以积极发挥主观能动性，通过实干奋斗找准自身定位，构筑进步阶梯。

招商局在创立时就怀抱"实业救国"的理念，当清廷仍在争论"夷夏之防"时，招商局已脚踏实地引入先进技术与制度，兴办一批现代企业，通过务实肯干开启中国近代化历史进程。

在改革开放中，招商局大力倡导"空谈误国，实干兴邦"精神，在蛇口这个国家试验场中埋头耕耘，使默默无名的小渔村成为中国的蛇口、世界的蛇口。

近年来，招商局全面开展"弘扬蛇口精神、改进工作作风、提高工作效能"专项活动，并推出《新时代招商局信条》，充分激发大家永葆"闯"的精神、"创"的劲头、"干"的作风，使集团参与高质量共建"一带一路"并迈上新台阶。

三 新征程上努力在高水平对外开放中走在前列

纵观 150 年历史，在中国探索现代化和推动对外开放的每一个重要节点上，招商局都率先出列、善作善成，贡献自身的思考与实践。今天，中国人民正向着第二个百年奋斗目标稳步迈进，中国新一轮高水平的对外开放全面推进，正加快构建以国内大循环为主体、国内国际双循环相互促进的新发展格局。在全面建设社会主义现代化国家新征程上，招商局必须继续以历史主动担当时代使命，完整、准确、全面贯彻新发展理念，围绕"国家所需、大势所趋、招商所能"，高质量拓展国际合作新空间，努力在高水平对外开放中走在前列。

一是坚持高标准，进一步提升国际化经营水平。在全球政治经济形势深刻变化下，中国企业"走出去"面临着更加复杂的国际环境。招商局迈向世界、融入世界，将遵守国际规则，按高标准经贸规则倒逼企业提升国际化经营水平。我们既要站得高，按国际惯例执行，确保集团的"一带一路"项目经得起高水平竞争的考验，又要看得远，加强创新、提前布局，包括加强数字化在海外业务中的融合与应用，发展智慧港口、智慧物流等，建设"数字丝绸之路"标杆项目，加快境外项目绿色低碳发展，打造绿色港口、绿色航运、绿色物流、绿色园区等。

二是坚持可持续，进一步在商业成功中实现互利共赢。包容普惠、互利共赢才是"人间正道"。招商局迈向世界、融入世界，将坚持商业化原则，按商业逻辑、市场规律办事，加强风险管控，确保商业成功。只有商业成功了，才能更好地推动当地的可持续发展，实现共赢。

三是坚持惠民生，进一步践行人类命运共同体理念。构建人类命运共同体重要战略思想，是习近平总书记着眼人类发展和世界前途提出的中国理念、中国方案，符合世界历史发展规律，受到国际社会的广泛赞誉和热烈响应。大道之行，天下一家。招商局"走出去"的地点大多是发展中国家和地区。招商局要按照习近平总书记在斯里兰卡视察招商局科伦坡码头时教导的"多予少取、先予后取"原则，扎根当地，为项目所在地创造更大的价值，并积极投入当地社会公益事业，让发展成果更多惠及当地，更多惠及民生，把中国关于发展的答案带给当地人民，持续践行构建人类命运共同体。

"见出以知入，观往以知来。"今天，我们在这里讨论"招商局与中国对外开放历史进程"，不仅是回顾招商局的历史，更是展望招商局的未来，展望中国经济的未来。在时代巨变面前，企业的发展需要新的逻辑、新的思路，希望通过本次研讨会，各位学者能够提供新的视角、新的逻辑，给我们以启迪和指引，让招商局这艘百年巨轮在新的航程上行稳致远！希望更多的专家、学者关注招商局，从学术视角为招商局在新时代担当新使命提供宝贵的历史启示。

2022 年 9 月

国运、市场与能力：企业生命周期 视角下的招商局史

严　鹏[*]

　　招商局集团（简称"招商局"）是创办于 1872 年的中国现代企业的先驱，改革开放以来重焕光彩，在中央直接管理的国有重要骨干企业中绩效名列前茅。在 150 年的发展历程中，招商局既经历了自身生命周期的演化，又因为外部环境的剧烈变动而中断与重启过。可以说，招商局的企业生命周期不完全由自身发展所决定，而反映了中国近现代史的一般进程。因此，招商局史在中国企业史上具有典范性与代表性，从长期视角研究招商局史，对于分析中国"百年老店"型大企业尤其是国企的演化规律，有着重要参考价值。招商局对自身历史文化的传承极为重视，组织专家进行了大量企业史研究，[①] 这些研究与招商局的自修史书一起，构成了招商局史研究的坚实基础。本文在此基础上，拟从演化经济学的角度，对招商局的企业生命周期及其反映的中国企业史的一般性问题进行探讨。招商局的命运与中国的命运休戚与共，这是由其特殊地位决定的，因此，招商局企业生命周期的演化轨迹，是国运、市场这两种外部因素与企业能力这一内部因素共同作用、影响的。

---

　　* 　华中师范大学中国工业文化研究中心副主任、副教授。

　　① 　集结的文集如：易惠莉、胡政主编《招商局与近代中国研究》，中国社会科学出版社，2005；虞和平、胡政主编《招商局与中国现代化——"纪念招商局成立 135 周年国际学术研讨会"论文集》，中国社会科学出版社，2008；胡政、陈争平、朱荫贵主编《招商局与中国企业史研究》，社会科学文献出版社，2015；胡政、陈争平、朱荫贵主编《招商局历史与创新发展》，社会科学文献出版社，2018。

一 演化视角下的企业生命周期问题

企业是现代经济发展的基石，是创造国民财富最基本的组织之一。在激烈的市场竞争中，企业有兴有亡，成功的企业必然以保持长久的生命力为其重要表征。当引入时间的视角后，演化就不可避免，而演化通常具有阶段性，类似于某种生命周期。

科斯（Ronald H. Coase）在其 1937 年的经典研究中，指出交易成本决定着企业的边界："在边缘点上，企业内部组织交易的成本，或者与另一企业组织此交易成本相等，或者与价格机制'组织'此交易的成本相等。"① 这一理论解释了人们会在何种情形下组建企业，而在何种情形下到企业之外的市场中去配置资源。用科斯后来的话说，"通过企业的存在而产生的收益的源泉……来自交易成本的减少。但是被节省下来的主要交易成本，是由于在企业内部生产要素间的相互协作，否则就会在市场交易中发生。正是这些成本与经营一家企业所发生的成本的比较，决定了建立一家企业是否会赢利"。② 企业是获取利润的组织，当收益大于成本时利润才会产生。科斯的交易成本理论分析了企业创建与成立的理由。这一理论是高度抽象的，它指向了企业与市场交会的均衡点，是一个一般性的模型。不过，科斯的理论更侧重于静态地从剖面解释企业作为一种制度的性质，但现实中具体的企业的经营，是一个运用能力在市场中竞争的过程。这里的能力，包含了企业的生产能力、技术、营销手段、管理技能、战略规划、策略选择等。毫无疑问，企业的这些能力不是一成不变的，而是从某种初始状态开始发展变化的。企业能力的变化牵引着企业的变化，或者使企业成长，或者导致企业灭亡。从这一点来说，企业可以被类比为生物，生物在环境中演化，企业亦然。

将企业视为演化的存在，就必然会关注组成企业的人，而首先会被感

---

① 奥利弗·E. 威廉姆森、西德尼·G. 温特编《企业的性质：起源、演变与发展》，姚海鑫、邢源源译，商务印书馆，2010，第41—42页。

② 奥利弗·E. 威廉姆森、西德尼·G. 温特编《企业的性质：起源、演变与发展》，第85页。

知到的就是企业家。19 世纪德国历史学派的经济学家施穆勒（Gustav von Schmoller）将企业家视为生意的组织者与风险承担者。奥地利学派的早期经济学家将企业家精神（entrepreneurship）与不确定性联系起来，并指出创造力的经济重要性。① 德语经济学的土壤最终诞生出了熊彼特（Joseph A. Schumpeter）这一企业家精神理论的代言人。熊彼特将创新视为企业家精神的核心，而创新又是现代经济发展的动力。② 企业的演化，与其内在的企业家精神的演化，是紧密联系在一起的。彭罗斯（Edith Penrose）对企业家的野心进行了类型学的分析，指出一种企业家关注企业作为生产和提供产品服务的组织所创造的利润及其成长性，可称为生产型思维（product-minded）或生产者思维（workmanship-minded）的企业家，这类企业家关注产品质量的提高、成本的降低、技术的改良；另一种企业家则想创建覆盖领域广大的产业"帝国"，对企业的扩张更感兴趣，更喜欢用收购或消灭竞争对手的方式实现扩张，可称为"帝国缔造者"（empire-builder）。③ 彭罗斯区分的企业家野心类型，在现实中是企业家精神发挥的不同方式，会影响到企业的策略与成长路径。企业家存在着不同的人格类型，表明企业家不是抽象的理念集合，而是在具体情境中做出不同风格决策的具体的人。具体的人在企业中的重要性，使人尤其是企业领导人的生命周期不可避免地影响企业的成长，并使企业的生命周期不完全是一种比喻。霍奇逊（Geoffrey M. Hodgson）将彭罗斯的理论也列入基于能力的（competence-based）企业理论的传统中，并认为这与科斯的契约理论形成对比。④

当代演化经济学家将企业定义为一种改变经济决策规则的普遍活动，其重点在于将新奇（novelty）引入任何层次的经济结构中，而新的行为方式一般建立在新的信念和很多种类的新知识的基础上。与之相应的是，企

---

① Mark Casson, Bernard Yeung, Anuradha Basu and Nigel Wadeson, eds., *The Oxford Handbook of Entrepreneurship*, Oxford: Oxford University Press, 2006, p.141.
② 约瑟夫·熊彼特：《经济发展理论》，何畏等译，商务印书馆，1990，第76页。
③ 伊迪丝·彭罗斯：《企业成长理论》，赵晓译，上海三联书店、上海人民出版社，2007，第44页。
④ 杰弗里·M.霍奇逊：《演化与制度：论演化经济学和经济学的演化》，任荣华等译，中国人民大学出版社，2017，第244页。

业家被定义为引起规则变化并影响其实施效果的代理人。① 这一论点指出了企业是一种由企业家作为代理人推动创新的组织，而创新的基础是知识。企业要实现创新，必须从外部或内部产生新的知识。此处的知识并非中文语境中狭义的科学与技术等，而是泛指有用的信息，包括对市场的新的认知、进行制度变革的新的信念等。也是在创新的基础上，企业才会出现演化，而不是停留在与市场交界的静态的均衡点上。温特（Sidney G. Winter）区分了企业理论中的 4 种当代范式，如表 1 所示，从中可见，演化经济学的企业理论是一种预设有限理性下侧重讨论生产问题的理论。新奇的创造本身就是一种生产。

表1 企业理论中的 4 种当代范式示意

对理性的态度	中心问题	
	生产	交换
无限	正统教科书范式	正统修正范式
有限	演化经济学范式	交易成本经济学范式

资料来源：奥利弗·E. 威廉姆森、西德尼·G. 温特编《企业的性质：起源、演变与发展》，第 283 页。

在演化视角下，历史对企业是重要的。因为企业作为知识的贮藏库，必须靠时间去积累知识。温特举例称："考察财富 500 强中的顶尖企业，你通常会发现某些企业在其主要产品线的鼻祖发明后就长期存在，或者先于这些发明存在，并在这些鼻祖生产线的早期阶段就很活跃。"② 对企业来说，能力是贯穿其内部历史的一条主线。

伊查克·爱迪思（Ichak Adizes）创立了一个企业生命周期理论，将企业的生命轨迹划分为：孕育期—婴儿期—学步期—青春期—壮年期—壮年晚期—稳定期—贵族期—官僚早期—官僚期—死亡。虽然这只是一个多少有些刻意的经验模型，但确实能从企业史中得到普遍的案例支持。爱迪思

---

① Mark Casson, Bernard Yeung, Anuradha Basu and Nigel Wadeson, eds., *The Oxford Handbook of Entrepreneurship*, p. 61.

② 奥利弗·E. 威廉姆森、西德尼·G. 温特编《企业的性质：起源、演变与发展》，第 280 页。

的理论非常强调企业创始人和管理者在企业生命周期中的作用。例如，他认为，在企业的学步期，机会本身会成为问题："有些人总是觉得自己能做到任何事情，结果就是，处于学步期的公司可能会同时在多个方向上发展，它们不想放过任何一个可能的机会，这时很可能就会陷入麻烦。学步期公司就像刚开始学爬的孩子一样，四处乱爬。他们永远看不到问题，看到的都是机会。"① 在这一普遍存在的现象中，企业家的具体风格会影响企业处理问题的方式。企业生命周期理论和演化经济学一样，运用了生物学的隐喻。企业的生命周期本身就是一个演化轨迹，那些影响企业生命周期的内部观念，也可以视为某种企业的知识集合。因此，如果将知识和能力视为企业演化的动力，则企业生命周期理论与演化经济学存在着相通的逻辑。对企业生命周期的探讨，可以成为演化经济学企业研究的重要组成部分。表2对爱迪思的企业生命周期理论进行了简化处理。

表 2　企业生命周期与演化

阶段	企业状态	演化意义
孕育期	企业家产生新想法	企业的知识基础开始形成
婴儿期	企业家将新想法付诸实践进行创业	企业知识基础的诞生
学步期	企业家寻找与尝试各种机会发展	广泛搜寻与学习新知识
青春期	企业主营业务或主打产品的培育	知识与能力进入特定演化路径
壮年期	企业在市场上形成竞争力	知识与能力的积累和发挥
衰老期	企业在管理或市场上出现结构性问题	产生新的知识与能力需求
死亡	企业破产	搜寻新知识失败

　　企业会破产与消亡，这是完整的企业生命周期的终点。然而，一些企业延续百年，甚至不乏涅槃重生，这就是最值得探讨的问题：企业如何打破生命周期的制约？从逻辑上说，企业打破生命周期制约的方式有两种，一种是在既有周期轨迹里不断推迟衰老期的到来，一种则是在滑落至周期终点前实现跳跃，开启新一轮周期。在现实中，企业如同生态系统中的生物，其生命周期既由自身繁殖能力驱动，又被整个环境所左右。

① 伊查克·爱迪思：《企业生命周期》，王玥译，中国人民大学出版社，2017，第62页。

二 政局左右企业演化：近代招商局的生命周期

一般的企业理论不太考虑战争、革命等环境巨变对企业发展产生的影响。可以考虑的是，诞生了现代经济学的英国，自19世纪以后，其本土未被敌国踏足过，接替英国成为世界体系霸权的美国，在19世纪中期的内战之后，其本土也未再经历战火。兴盛于英美的主流经济学，缺乏对动荡环境的切身感受。反过来说，英美尤其是美国企业，在相当长的时间里不存在政治环境变动导致的历史断裂，其生命周期似乎主要由经济力量所决定，其企业历史的延续与否，主要也是经济问题。然而，对很多国家来说，自19世纪以来，这种长期的政治稳定是不存在的，企业的生命周期与国家政局变动密切相关。

中国的"百年老店"招商局就是一个典型。招商局创办于1872年，到2022年已经走过了150年的风风雨雨。在这150年中，1949年是一道分水岭，明显将招商局的历史截为两个部分。政权的鼎革，改变了招商局内在的生命周期。然而，除去1949年显著的历史断裂外，招商局生命周期中的每一阶段都与国家命运息息相关。

从根本上说，招商局的诞生就是国家意志在现代化进程中的投射。中国的工业化发端于第二次鸦片战争后的洋务运动，洋务派最初建立的是江南制造局、福州船政局等军工企业。1872年，在围绕是否应停造轮船的清廷大辩论中，李鸿章指出中国只能学习西方先进的工业文化以应对数千年未有之大变局："西人专恃其枪炮轮船之精利，故能横行于中土，中国向用之弓矛小枪土炮，不敌彼后门进子来福枪炮；向用之帆篷舟楫艇船炮划，不敌彼轮机兵船，是以受制于西人……自强之道，在乎师其所能，夺其所恃耳。"① 面对宋晋等反对派以成本问题提出的停造轮船驳难，李鸿章给出了自己的建议，把政策议程引向了军工厂制造商船，来发展"各口岸轮船生意已被洋商占尽"的航运事业，以减轻军工厂财政负担，即所谓令

---

① 宝鋆等编《筹办夷务始末（同治朝）》第9册，中华书局，2008，第3476页。

闽、沪两局"间造商船，以资华商领雇"。① 由此，围绕停造轮船的争论直接启动了招商局的创设进程。实际上，宋晋并非一个完全闭目塞听的腐儒，他是最早倡议使用轮船的大臣之一，而与宋晋辩论的李鸿章，与宋晋私交甚笃，关系非比寻常。② 因此，停造轮船之争背后或许存在着复杂的政治派系与官场斗争因素。但是，李鸿章公开提出的大变局之论，不管在象征意义上还是实践过程中，都成为中国工业文化乃至现代化得以继续推进的合法性论说。于是，招商局作为中国第一家民族现代航运企业，其诞生虽然适应了经济现代化内在的趋势，但从一开始就被赋予了为中国应对千年大变局的政治色彩。1872 年 11 月 29 日，《申报》刊登《中国轮船招商》，从经济的角度介绍了招商局的创立旨趣："中国近年各处设立制造专局，仿照西法，创造轮船，兹因各处军务肃清，轮船岁须修舱，经费浩繁，是以李中堂议立招商局，为客商装运货物，籍资修舱。"③ 12 月 23 日，李鸿章上奏清廷《试办招商轮船折》，对创办招商局的意义则如此阐述："若从此中国轮船畅行，闽、沪各厂造成商船亦得随时租领，庶使我内江外海之利，不致为洋人占尽，其关系于国计民生者实非浅鲜。"④ 这意味着招商局被定位为一家捍卫国家经济权益的战略性企业。尽管招商局当时并非国营企业，但与国家的这种紧密联系由此将一直伴随招商局。换言之，招商局在其孕育过程中，本身就不只包含了纯商业的观念，而是有着承担国家事业的思想底色。

模型作为一种思想的抽象，并不能完全与具体的现实对应，只是揭示出具有普遍性的逻辑。以晚清招商局的生命周期来说，确实很难辨识婴儿期、学步期与青春期的区别。但可以肯定的是，在招商局早期发展阶段，其主要从事航运主业，并学习各种知识，与外资航运企业竞争，通过并购美商旗昌，招商局在航运业站稳了脚跟。与此同时，招商局为了解决航运业的燃料、保险等问题，向相关产业投资，成为中国工业、金融业等多部门现代化的开拓者。招商局早期的非主业投资有一个重要背景，即当时的

---

① 宝鋆等编《筹办夷务始末（同治朝）》第 9 册，第 3476—3479 页。
② 易惠莉：《易惠莉论招商局》，社会科学文献出版社，2012，第 3—4 页。
③ 李玉主编《〈申报〉招商局史料选辑·晚清卷》第 1 册，社会科学文献出版社，2017，第 3 页。
④ 胡政主编《招商局珍档》，中国社会科学出版社，2009，第 5 页。

中国缺乏轮船航运业所需要的配套产业，招商局只能靠自己的投资来满足自己的主业需求。这个过程，既可以用交易成本经济学解释，也可以用演化经济学分析，它意味着招商局要填补大块空白才能抵达与市场交会的边界，而其只能用新的知识和能力与填补空白。

招商局的官督商办体制以及早期企业家徐润与盛宣怀等人的纠葛，历来是招商局史研究关注的焦点。这些问题反映的是晚清中国尚缺乏健全的市场经济体系与良性的官商关系。在 1883 年的上海金融风潮中，主持招商局的徐润因投资广泛而遇到了个人财务危机，他被发现挪用招商局的公款，引发了李鸿章的不满。① 李鸿章的不满，可见于他给盛宣怀的批示中："轮船招商局之设，原冀收回洋商已攘之利权，立中国经久不弊之商政。该局自归并旗昌码头、船只，于南北洋、长江揽载生意，扩充不少。去年复添局股百万，本有深固不摇之势，乃唐（廷枢）、徐（润）二道，因开平、承德矿务，擅自挪移局本、息款八十余万，几致掣动全局，实有应得之咎。"② 在李鸿章看来，徐润因"擅自挪移局本、息款八十余万"而出局，实属咎由自取，然而，"开平、承德矿务"本身就是招商局推动中国工业化的举措。徐润的遭遇反映了官督商办体制中"公"与"私"关系的模糊，这是该体制的一大弊端，即使在后来的盛宣怀时代亦未很好地解决。不过，随着徐润的出局，可以认为招商局结束了青春期，开始了一种更具常态化的发展。

招商局的创办打着承运漕粮的旗号，漕粮运输也成为清廷为扶持招商局而给其部分垄断的一块特殊市场。1873 年 8 月 29 日，徐润在致函盛宣怀时，称："运粮多寡关系局务盛衰，卓然名论，佩服之至。"③ 招商局的漕粮海运，代替了传统的沙船运输，解决了清政府长期以来漕粮运输艰难的困境，也为清政府节省了大量的漕运开支。但据倪玉平研究，在招商局成立之初，沙船等传统木帆船的运载能力实际上是过剩的，因此，并非沙船无法承担漕粮海运任务，而是清政府通过行政权力让招商局强行侵占了

---

① 朱荫贵：《朱荫贵论招商局》，社会科学文献出版社，2012，第 24 页。
② 陈旭麓、顾廷龙、汪熙主编《轮船招商局》（盛宣怀档案资料选辑之八），上海人民出版社，2002，第 130 页。
③ 陈旭麓、顾廷龙、汪熙主编《轮船招商局》（盛宣怀档案资料选辑之八），第 7—8 页。

沙船的漕运份额。① 实际上，包括英国在内的发达国家在其工业革命初期普遍通过政策手段强力压制传统产业，以确保新兴的工业文化能冲破传统阻力，成长壮大。招商局承运漕粮，可以视为清政府对中国新式航运业的一种扶持。1884 年 9 月 26 日，马建忠在给盛宣怀的信中，提到了漕运对于招商局的重要性，认为清政府给予招商局漕运特权，并非与传统沙船业竞争，而是要阻止在华外资轮运企业进入这一市场："若一旦漕运归各国洋船抢装，则三家船只尽足敷运百余万石之漕……法国津贴公司船只每岁不下七八十万；即蕞尔日本，亦且津贴三菱公司数十万，岂我朝反与民争此十数万耶？推此，而商局仍当承运漕米者，又不待言矣。"② 清政府为招商局运漕支付了较高的运价。在 1879 年之前，漕粮每石运价为 0.5615833两，扣除海运局公费 10% 和招商局用款 5%，每石净得运费约 0.4773 两，另每石付给轮船维修费 0.15 两，再加上耗米补贴和空船免税二成等，招商局运漕价格实际高于沙船。1879 年海运局公费增加到运漕收入的 30%，招商局每石漕米运价仍达 0.56 两以上。从 1880 年起，每石漕粮运价降为0.531 两，但据说公开市场的运价仅此一半。运漕给招商局带来了可观的收入，从 1873 年到 1884 年，以各年平均计，运漕收入约占招商局总收入的 18%，且每年均有部分盈余。③ 清政府给予招商局的漕运特权，体现了官督商办体制的"官为维持"，也体现了晚清国家对招商局这一战略性企业在青春期的培育。在清政府灭亡后，招商局实际上长期未能得到类似的政府扶持。

辛亥革命改变了招商局所处的外部政治环境，也使招商局终于摆脱官督商办而实现完全商办。但招商局在清末新政期间已经开始探索商办，民国初年执掌招商局的势力在革命前亦已存在，故辛亥鼎革没有从根本上改变招商局的生命周期。民国初年的政局动荡引发招商局营业衰退，1913年，招商局轮船局部停航，原因正是"兵戈所指，满目疮痍"。④ 第一次世

① 倪玉平：《招商局与清代漕粮海运关系再研究》，虞和平、胡政主编《招商局与中国现代化——"纪念招商局成立 135 周年国际学术研讨会"论文集》，第 142—144 页。
② 陈旭麓、顾廷龙、汪熙主编《轮船招商局》（盛宣怀档案资料选辑之八），第 177 页。
③ 张后铨主编《招商局史·近代部分》，中国社会科学出版社，2007，第 69—70 页。
④ 孙慎钦编著《招商局史稿·外大事记》，社会科学文献出版社，2014，第 147 页。

界大战期间，由于欧洲列强无暇东顾，招商局利用外轮撤走的有利时机，在长江航线增加运力，甚至还一度开辟东南亚航线，向海外扩张。然而，战争结束两年后的 1920 年，招商局轮运业持续滑落，"查本届水脚较上届短收一百十万两"，时人感慨："欧战告终已届两年，华洋轮船纷至沓来，故货脚争跌不可终日，而各项开支尚在步涨，航业颇有江河日下之慨矣。"① 一战结束后，中国轮运市场重新面临外资航企的降价竞争，招商局承受了巨大的营业压力。1921 年，招商局总结亏损原因时称："自欧战以还，泰西各国注重商战。商战首重交通而皆集矢于远东，去年英商曾一再宣告货脚以少收为满足，屡次跌价至今未已，美商则投巨资以竞争，日商则恃公家津贴，其它各国商船尚在络绎而来，要皆俱得政府为后盾。我国航业公司以招商局为巨擘，而又不善整理，日趋腐败，强敌当前，其何以堪耶？"② 此后数年，招商局的轮运营业报告整体颇为惨淡。1926 年，受政局影响，招商局再度局部停航，"损失之巨，为历来所未有"。③ 表 3 为1912—1926 年招商局的运营收入和运费结余情况，从中可见招商局在第一次世界大战期间获利颇丰，但战争结束后，其运费结余就经常亏损了。招商局商办阶段的管理不善以及北洋政府的扶持不力，使这家企业大有步入衰老期之势。也就是说，国运不昌与市场竞争加剧这两个外部因素，加上招商局自身能力缺乏突破这一内部因素，使已经成为成熟企业的招商局面临着潜在的失败危险。

表3　招商局运营收入和运费结余情况（1912—1926 年）

年份	运费收入（两）	运费结余	
		数额（两）	占运费收入（%）
1912	2670369	483138	18.09
1913	2426000	240626	9.92
1914	3006000	491092	16.34
1915	3415200	779885	22.84

① 孙慎钦编著《招商局史稿·外大事记》，第 168 页。
② 孙慎钦编著《招商局史稿·外大事记》，第 170 页。
③ 孙慎钦编著《招商局史稿·外大事记》，第 175、182、186、190、193 页。

续表

年份	运费收入（两）	运费结余	
		数额（两）	占运费收入（%）
1916	3962400	1335774	33.71
1917	5665000	2485434	43.87
1918	7028000	3523438	50.13
1919	5100000	1269048	24.88
1920	3823200	305001	7.98
1921	3750000	56504	1.51
1922	3871100	-232846	-6.01
1923	3996100	-118865	-2.97
1924	3774963	-97232	-2.58
1925	5309219	1212489	22.84
1926	2800366	-375874	-13.42

资料来源：张后铨主编《招商局史·近代部分》，第291页。

南京国民政府的成立使招商局的生命周期有了较大的改变。从1927年开始，国民政府就派人对招商局进行清查、整理，于4月30日成立了国民政府清查整理招商局委员会，从5月中旬着手清查，到9月底结束。又于当年11月成立了招商局监督办公处，由交通部长王伯群兼任监督，交通部参事赵铁桥任总办。国民政府将招商局视为战略性企业，宣称："衣食住行为人民之四大需要，故本党总理之民生主义及建国大纲皆以解决此四者为首要。国民政府既为实现总理之民生主义而设立，对于此关系全国民生命脉之招商局，自当力谋整顿。"[1] 国民政府宗奉的意识形态民生主义，是主张国家对社会经济进行干预的，这就使国民政府插手具有官方渊源的招商局顺理成章。经过整顿，1930年10月28日，南京国民政府行政院发布命令，明确下令将招商局收归国营。1932年11月15日，国民政府正式颁布了《招商局收归国营令》，在组织形式和法律程序上完成了将招商局收

---

[1] 陈玉庆整理《国民政府清查整理招商局委员会报告书》，社会科学文献出版社，2013，第11页。

归国营的全部过程。国民政府主要以"着财部迅筹现款，收回股票"的形式将招商局收归国营，这对招商局的制度与性质变更有决定性的效果。到1934年9月13日，收回股票工作全部结束，国民政府的中央银行一共用银2126340.45两，而当时招商局账面资本即股本为840万两，实际资产则远高于此数。① 以国家战略名义创办的招商局正式成为中国国家资本的一部分。招商局被国民政府收归国营后，在企业家刘鸿生、职业经理人蔡增基的领导下，进行了运力扩张、陋规革除、重启清末尝试过的水陆联运等一系列改革与创新，到1937年全面抗战爆发时确实有了新气象。由此可见，1927年的政局变动打断了招商局原有的生命周期轨迹，使企业摆脱暮气，重新进入扩张与上升的曲线中。

招商局的这一复兴势头被日本全面侵华战争打断，然而，抗战胜利后，随着对日伪资产的接收，以及美援物资的补充，招商局反而在东亚新的地缘政治格局中壮大了势力。据1947年统计，招商局的船舶吨位占全国轮船商业同业联合会船舶总吨位数的36.14%，远远超过排第二的民生公司的7.60%。② 从当年开始，招商局对营业方针做了较大调整，把近海及外洋运输摆在更为重要的地位。国民政府交通部一再指示招商局"业务方面应多向发展国际航线，争取南洋市场"。③ 这与二战结束后日本势力在东亚地区一度被清空不无关系，世界政治的变局为招商局提供了开拓市场的空间。招商局在当年调整了沿海分支机构并相继开辟了多条海外航线。如果将招商局开拓海外航线看作新能力形成的机会，则非常清楚的是，这种能力的发展是外部政治环境巨变下的产物。政局对企业能力形成与发展能施加与市场相似的直接影响，这是近代中国历史特殊性的体现。换言之，与政府关系密切的近代中国企业的生命周期，很难由企业内部的演化动力所决定。

新中国的成立，是千年未有之大变局中的又一新变局，从此，中国历史翻开了新的一页，招商局也开始书写新的历史篇章。在国民政府统治时期，被国营化的招商局已经开始与国家和政府有了更紧密的联结，这实际

---

① 张后铨主编《招商局史·近代部分》，第362页。
② 张后铨主编《招商局史·近代部分》，第509页。
③ 张后铨主编《招商局史·近代部分》，第477页。

上体现了中国现代化的一种长期趋势，即依靠国家集中资源来进行社会动员，以期快速实现工业化与现代化，走上富强之途。这一国家深度介入工业化与现代化的特点，在后发展国家历史上屡见不鲜，具有普遍性。但是，国民政府自身存在极大缺陷，无法承担国家主导型工业化的历史使命。因此，中国的现代化，在历史演化中形成了以政治革命和社会革命为前提的实际局面。招商局作为中国现代化的代表性产物，也在革命洪流中重启了自己的生命周期。实际上，招商局并非被迫顺应新的变局，而是主动选择了参与新政权。在上海解放过程中，招商局码头工人和海员分别组成保安队和纠察队，保护码头、仓库和轮船。招商局的胡时渊总经理等人听到人民广播电台的号召后，也决定留在上海。在广大员工的积极斗争下，招商局在上海地区的设施和船舶，除四号码头受轻微损伤，一、二、六号码头部分物资被搬走外，其余各码头、仓库均无损失，保留下来的船舶共约 10 万载重吨。① 1950 年初，中央人民政府交通部设立航务总局。同年 4 月，招商局轮船总公司改为国营轮船总公司，翌年 2 月又改名为中国人民轮船总公司，并迁至北京，与交通部航务总局合署办公，下设上海、天津、青岛、广州、汉口区人民轮船公司。② 这意味着中国内地的招商局，从形式上结束了，对于招商局来说，这是其历史上的一次重大断裂。另一方面，随着海辽轮等海轮与香港招商局起义，招商局以实体的形式在香港得到了延续。1951 年 3 月 16 日，中央人民政府交通部航务总局向香港招商局分公司下发通知，同意在香港中英关系未建立前，香港招商局暂用原名。③ 于是，原本统管江河、沿海、远洋运输，集港口、栈埠、船舶修造于一体的老牌企业招商局完全解体，形成了一个按专业由全国统一管理的水运运输体系，仅有香港分公司仍以招商局母体的名义继续存在。毫无疑问，香港招商局与 1872 年至 1949 年间形成的庞大的招商局是无法等量齐观的，两者从实体角度说是两家完全不同的企业，这就意味着，招商局的生命周期真正重启了。

---

① 朱士秀主编（代）《招商局史·现代部分》，人民交通出版社，1995，第 2 页。
② 《当代中国》丛书编辑委员会编《当代中国的水运事业》，当代中国出版社，2020，第 44 页。
③ 胡政主编《招商局珍档》，第 591 页。

三 在市场中构筑能力：当代招商局的生命周期

1949 年后的招商局重启了生命周期，比起近代招商局不断被动荡政局改变演化轨迹，当代招商局的发展趋向是较为稳定的。换言之，招商局的近代史更多地体现了中国近代史的特殊性，而招商局的当代史与发达国家企业史的规律则有了更多的一致性。当然，无论从国情还是从具体的历史情境来说，招商局作为一家中国企业，都只可能呈现中国式企业生命周期。这一点，与"日本式经营"或者"莱茵模式"等企业发展类型所呈现出的特殊性，从原理上来说是相通的。

纵观 1949 年后招商局的历史，尽管大体上是连续的，但仍然可以以 1978 年为界划分为两个大的阶段。这一划分，又是招商局受国运左右的体现。1978 年开始的改革开放，改变了中国的命运，也使招商局从一家地处香港的航运类企业，成长为向中国内地扩展第二基地，航运一度不被视为主业的多元化综合性大企业。从某种意义上说，在大的生命周期之内，1978 年后的招商局实际上开启了一个新的改革开放生命周期。这一改革开放生命周期与原来的香港招商局的生命周期既存在包含关系，又存在并行关系，既相对独立，又构成整体，而且其整体性随着时间推移越来越强。毋庸置疑，招商局的新生命周期不仅受到改革开放的影响，这家企业作为"改革试管"，其发展本身就是中国改革开放早期探索的重要内容。然而，1978 年之前香港招商局的历史是不能被改革开放生命周期排除掉的。招商局的航运业得以保留，以及由航运业衍生出的海洋装备制造业成为招商局重要业务板块，均须追溯至 1978 年前香港招商局的艰苦奋斗。可以说，在 1978 年前的香港，在特殊的年代里，香港招商局经历了一个漫长的类似婴儿期与学步期的演化阶段。这一阶段持续时间之长，亦不取决于香港招商局内部的动力机制，而与国家政策和大环境直接相关。

严格来说，计划经济体制下的中国企业并非真正意义上的现代企业，因其缺乏在不确定的市场中搜寻新知识这一企业演化的基本特征。香港招商局地处资本主义环境中，体制上所受束缚较小，但也长期缺乏完整的企业能力。据 1958 年就到招商局工作的张振声回忆："在计划经济的年代里……对在香港工作的人员限制很多，不能随便说话，出门也要二人同行，思想上限制，业务上也管得死死的……记得 60 年代，招商局的办公室非常小，只有一座四层小木楼，旁边的房主想卖房，招商局想买下来。为了大小不过 1000 平方米的房子，我去北京跑了两次，结果没有得到同意……眼看香港飞速发展，我们啥事都不能做，大家都觉得非常压抑。我在这样的情况下干了二十年，心里憋了一股劲。"① 因此，招商局在 1978 年确实重新经历了一个由孕育期开始的新的小生命周期，只不过这一生命周期的重心在蛇口而不在香港。中央政策给予了招商局重新创业必要的机会，但招商局职工自身的思想观念也是演化的起始动力。前述张振声所言"心里憋了一股劲"正是引发演化的思想观念的基础。对招商局再次创业厥功至伟的袁庚，也曾于 1986 年追溯带领招商局改革的思想动机："我在七十年代后期到了香港……香港商品琳琅满目，非常繁华。这种情景的出现，使我们在香港工作的同志非常痛心。大家都想振作一番。"② 这种想法孕育了招商局的新生命。1978 年 10 月，在听取袁庚汇报的基础上，中共交通部党组草拟了一份《关于充分利用香港招商局问题的请示》，报送党中央和国务院。这份报告提出要"利用招商局这个现成基础，多办一些事情，更多地为国家增加外汇收入，积累建设资金，引进新技术、新设备，为加速四个现代化服务"。③ 这一目标继承了招商局作为战略性企业为国家担当重任的传统。为了实现这一目标，报告请求中央准许招商局市场化经营："鉴于港澳的资本主义竞争剧烈，情况瞬息多变，一定要改革上层建筑，简化审批手续。应该确定就地独立处理问题的机动权。建议授权港澳工委可以一次批准招商局动用当地贷款五百万美元的权限，从事业务活动；可以批准从港澳派去海外进行业务活动的人员，不必再报经国内审批。"④ 尽管招商局提出的市场化请求还非常有限，但这在当时的中国已经是一个创新性的重大突破。党和国家领导人批准了招商局扩大经营自主权的请求，李先念还批示："手脚可放开

---

① 周祺芳主编《见证蛇口》，花城出版社，1999，第 14—15 页。
② 招商局集团办公厅、招商局史研究会编印《袁庚文集》，2012，第 83—84 页。
③ 招商局集团办公厅、招商局史研究会编印《袁庚文集》，第 21 页。
④ 招商局集团办公厅、招商局史研究会编印《袁庚文集》，第 22 页。

些，眼光可放远些，可能比报告所说的要大有作为。"① 有了来自中央的支持，招商局的重新创业就由观念落实于行动。1979 年，招商局在广东省的支持下，开始筹建蛇口工业区。如此一来，招商局新的生命周期就由孕育期而进入婴儿期了。

以蛇口工业区为主线的招商局新的企业生命周期，作为"改革试管"的重要内容，在婴儿期就充满了创新。这一点也是时代的产物。当招商局提出"时间就是金钱，效率就是生命"的口号时，实际上重构了中国工业文化，为在中国盛行了几十年的自力更生时代的工业文化增添了新的内容。1988 年，袁庚在一次讲话中提出："我以为，要引进外国的资金、技术、设备等等，并不是十分困难的事，而要创造一个适应这个经济发展的社会环境，则要困难得多……有人问：'蛇口是怎么发展起来的？'我回答：'是从人的观念转变和社会改革开始的。'"② 这是对招商局在改革开放大潮中快速成长的总结。企业家精神的重要内涵在于企业家必须相信别人不相信的事。③ 以袁庚为代表的改革开放初期的招商局领导班子具有这样的企业家精神。袁庚曾说："蛇口连山在内不过十几平方公里，从零开始开发至今也不过两三万人，对于九百六十万平方公里和十亿人口来说，真是九牛一毛，试验遇到挫折也无关宏旨，所以中央放心让我们探索，先行一步，我们也就比较有胆量去进行各种富有挑战性的试验。"④ 不过，招商局的改革开放史不仅仅只有蛇口工业区，如前所述，招商局的香港基地也一直在发展。作为一个整体的招商局，在 1980 年代进入名副其实的学步期，如同近代招商局曾面对的产业空白环境一样，再一次在充满机会的环境里尝试各种投资，使企业能力发散化地发展，最终演化为多元化经营的企业。表 4 为招商局 1978—1988 年的利润增长指数表，从增长情况看，这一阶段招商局的经营总体来说是成功的。

---

① 朱士秀主编（代）《招商局史·现代部分》，第 179 页。
② 招商局集团办公厅、招商局史研究会编印《袁庚文集》，第 253 页。
③ Mark Casson, Bernard Yeung, Anuradha Basu and Nigel Wadeson, eds., *The Oxford Handbook of Entrepreneurship*, p. 69.
④ 招商局集团办公厅、招商局史研究会编印《袁庚文集》，第 177 页。

表4　招商局利润增长指数表（1978—1988年）

年份	增长指数
1978	100.00
1979	113.94
1980	157.79
1981	192.78
1982	251.84
1983	191.76
1984	245.04
1985	316.29
1986	316.30
1987	506.69
1988	794.89

资料来源：朱士秀主编（代）《招商局史·现代部分》，第441页。

　　以航运及相关产业起家的招商局，每进入一个新产业都需要学习新知识，都要以创新的胆识去突破边界。招商局进军金融业就很典型。1986年春，中国人民银行行长陈慕华到深圳考察，招商局领导袁庚、王世桢等向其汇报蛇口工业区的情况，并提出中国在金融体制改革方面还很不够，除了四大专业银行以外再没有其他商业银行，鉴于这种情况，可不可以让招商局在这方面也闯一闯，创办一家完全由企业持股、严格按照市场规律运作的中国式的商业银行。陈慕华听后很感兴趣，支持招商局领导的想法。[1]得到陈慕华的首肯后，招商局于1986年5月5日起草了《关于成立"招商银行"的报告》，向中国人民银行正式申请由招商局独资创办一家地区性银行，注册资本为1亿元。8月11日，中国人民银行正式下文批复，同意试办招商银行。然而，招商银行在聘请高级管理人员时遇到了困难，在物色不到外部人才的情形下，王世桢被推为招商银行首任总经理。1987年4月8日，新中国第一家由企业创办的股份制商业银行招商银行在蛇口工

---

[1]　周祺芳主编《见证蛇口》，第204—205页。

业区正式宣告成立。招商银行创办之初，总共只有 36 人，平均年龄 24.3
岁，挤在一个很小的地方办公，总经理王世桢的办公室也只有 6 平方米。
王世桢认为，招商银行能够发展主要得益于创新。在筹办招商银行的初
期，王世桢思考的首要问题就是银行的特色与办行方针。他分析后认为，
招商银行最大的优势就是地处深港之间的地理位置和招商局这一"后台老
板"，故该行一定要利用这一优势，发展海外业务。因此，在第一届董事
会上，王世桢等就要求招商银行 25% 的资本金是外币，以表明该行重视国
际业务、外汇业务的发展。① 然而，在当时的情况下，国际业务、外汇业
务很难形成规模，于是，招商银行又思考开辟新的业务生长点。王世桢回
忆："我们开始对国外的离岸业务开展调查研究。离岸业务即 Off-shore
banking business，就是在境外吸取资金并用于境外，形象地说，就是'两
头在外'。研究透了，我们即于 1988 年 7 月 1 日提出开办离岸业务的申请。
1989 年 5 月 23 日，国家外汇管理局批准了我们在国内独家试点，正式试
办离岸业务。可以说，离岸业务是招商银行最具特色的业务，也是我们的
第一个拳头产品。"② 演化经济学家指出，所有的知识都是个人的，只存在
于个体的头脑中。③ 这凸显了企业中的个体进行学习的必要性。创新以学
习为基础。王世桢等招商银行早期员工，正是通过学习新知识而在陌生的
领域里找到企业的竞争策略。不断地学习新知识，在市场中构筑新能力，
是招商局从学步期过渡到青春期直至在壮年期以新产业参与市场竞争的动
力机制。只有在掌握了新能力的条件下，招商局才能顺利地在新的生命周
期中成长。

　　企业在学步期的扩张往往受到创业型企业家信心自我强化机制的引
领。爱迪思形象地描述："眼下的成功使得创始人忘记了在婴儿期所遭遇
的那些困难。学步期的成功实现了创始人的梦想，既然一个梦想可以实
现，为什么别的梦想就不能呢？"④ 然而，创新的演化性就在于创新的结

---

① 周祺芳主编《见证蛇口》，第 209—210 页。
② 周祺芳主编《见证蛇口》，第 210 页。
③ Mark Casson, Bernard Yeung, Anuradha Basu and Nigel Wadeson, eds., *The Oxford Handbook
　 of Entrepreneurship*, p. 69.
④ 伊查克·爱迪思：《企业生命周期》，第 63 页。

果是不确定的。以招商局来说，在改革开放后的学步期所进行的多元化扩张中，并非每个领域都取得了相同的成功。旅游业就是一个典型。招商局进入旅游业源于开发蛇口工业区产生的接待宾客需求，其标志为"海上世界"娱乐中心。"海上世界"原系法国 1962 年建造的豪华邮轮，1973 年中国购下该船，将其更名为"明华"，投入中国至坦桑尼亚航线。1983 年 8 月 27 日，明华轮驶抵蛇口，由广州远洋运输公司移交给招商局。招商局将明华轮改造成中国第一个以海洋为主题的船体酒店，由海上世界股份有限公司经营管理。① 海上世界股份有限公司总经理王潮梁回忆，袁庚在海上世界开业报告上批示："人是要有点精神的，把企业成败当成个人的成败，呕心沥血，全力以赴，搞好经营作风，服务一流。哪怕一时赚不了钱，甚至赔钱，也是可以的，谁也没有把握一定赚钱。但有一点我是始终相信的，蛇口工业区需要像明华轮这样一个'海上世界'……对经理部人员我是相信的，应该给予他们更大的自主权，以便于发挥他们群策群力的创新和负责精神。让这些青年人去闯出一条新路子吧。要支持，不要一遇挫折，就泼冷水。"② 袁庚的批示体现了招商局进入前景不确定的旅游业时所依托的企业家精神。在招商局领导班子的支持下，海上世界于 1984 年 1 月 26 日顺利开业，接待了前来视察的邓小平，此后更发展成蛇口的重要展示窗口。1985 年，招商局组建招商局国际旅游公司。1986 年，国家旅游局正式批复同意中国招商国际旅游总公司在京成立。1987 年，招商局所属各旅游公司共接待游客 7 万人次，其中外国游客约占 60%，香港游客约占 40%。在各旅游专线中，长江游客 3230 人次，海南岛游客 640 人次，西藏游客约 1000 人次。1988 年，集团各旅游公司共接待游客 96443 人次。③ 然而，1989 年，蛇口旅游业遭受前所未有的冲击，业务量锐减，特别是深圳华侨城等景区迅速崛起后，夺走了大量客源，使蛇口旅游业雪上加霜。④ 1992 年，袁庚在海上

---

① 胡政主编《招商局船谱》，社会科学文献出版社，2015，第 197 页。
② 周祺芳主编《见证蛇口》，第 141 页。
③ 朱士秀主编（代）《招商局史·现代部分》，第 425 页。
④ 胡政主编《招商局与深圳：一个百年企业与一座年轻城市的交响》，花城出版社，2007，第 93—94 页。

世界重整的报告上批示："海上世界……应该自己办起来，用事实证明我们是可以办好工业区的，也可以办好海上世界的。"① 这从侧面反映了当时海上世界未能办好的困境，而海上世界的困境也是招商局旅游业务发展不顺的一个缩影。企业学习新知识与构筑新能力的过程，存在着必须突破的壁垒，其结果亦具有市场经济所固有的不确定性。不过，对改革开放后的招商局来说，在学步期的扩张具有试错性，这不影响其最终挑选出主要产业进行经营。

如果尝试用表 2 的模型对招商局的改革开放生命周期进行一个解释与分析，可以得出表 5 的示意。

表 5　招商局的改革开放生命周期示意

阶段	年代	企业状态	演化意义
孕育期	1978 年以前	香港招商局员工思考新出路	新的知识基础开始形成
婴儿期/学步期	1980 年代	蛇口创业，多元经营与扩张	学习新知识，掌握新能力
青春期	1990 年代	基本形成主要业务板块	形成特定演化路径
壮年期	21 世纪以后	力争成为世界一流企业	知识与能力的积累和发挥

从 1990 年到 2022 年，招商局在其生命周期中又经历了不同阶段，但仍然保持着旺盛的生命力，成为最具竞争力的央企之一，并未显现进入衰老期的迹象。进入 21 世纪后，招商局的主要产业包括航运、港口、金融、房地产、海洋装备制造、物流、园区综合开发等，其中多数形成于 1980 年代与 1990 年代，故而招商局目前的生命周期所体现的，还是既有能力的持续积累与发挥。对成熟企业来说，能力不是从零开始突然出现的，但在企业成长初期，往往要从一片空白中搜寻新知识，学习新能力。企业的这种演化性，使回溯企业生命周期的早期阶段有了意义，也使企业史研究具有现实的价值。

---

① 招商局集团办公厅、招商局史研究会编印《袁庚文集》，第 301 页。

小　结

　　企业是现代经济发展的基石。在市场经济中，企业的创立与消亡，就如同生态系统中的生物演化，实属寻常之事。然而，那些历经时间洗礼的"百年老店"型企业，对于国民经济自然有着特殊的贡献，其特殊的生命周期也有着理论上的探讨价值。中国的工业化造端于 19 世纪中期的洋务运动，洋务企业是中国最早一批引进了工业技术、现代管理制度等现代性要素的企业。部分洋务企业以实体传承的方式延续至今，是中国的"百年老店"型企业，如招商局、江南造船厂、马尾造船厂等。然而，由于 20 世纪中国翻天覆地的变化，中国的"百年老店"型企业有着自己特殊的生命周期，在延续中包含着断裂，其生命力与国家命运紧密相连。以招商局来说，它既是晚清国家意志投射于现代化进程的产物，又在 20 世纪前半期数次因政局变化而被打断原有的生命周期轨迹。因此，近代中国企业尤其是和政府有密切关系的企业，其生命周期不完全由企业内部的演化动力决定，而受到宏观政治进程的直接影响。1949 年后，自 1872 年以降构建了一个庞大"企业帝国"的招商局因国家政策而事实上解体，仅留下香港分部保留了招商局的招牌，这表明招商局的生命周期事实上重启了。进一步说，在企业史研究中，应该正视中国"百年老店"型企业所经历的组织、人事、文化上的实际断层。这种断层并不妨碍相关企业在改革开放后重新追溯其 1949 年前的传统并将之视为企业文化的重要资源，但从历史角度说，企业的主体及所面对的情境，往往迥然不同。

　　然而，不管企业如何受政治影响，作为市场主体，市场竞争与企业自身的能力始终都是决定企业生命周期的重要力量。这一点，在招商局的当代生命周期里体现得很明显。尤其到了改革开放时期，招商局事实上又以蛇口工业区为中心开启了一个小的生命周期，再次使企业的演化轨迹偏离原有的航道。自改革开放以来，招商局的生命周期与企业生命周期一般性模型的契合度较高，从中可以看到的是，招商局目前的产业格局形成于其 1980 年代婴儿期与学步期的扩张。招商局每进入一个新领域都需要靠企业家的胆识去推动，靠学习新知识与构筑新能力去站稳脚跟。不过，企业在市场中构筑能力的结果，与市场经济一样充满不确定性，这塑造了企业进入壮年期时所依赖的特定的演化路径。招商局在未来是否能推迟衰老期的到来，或者以重启新生命周期的形式继续保持生命力，仍然取决于国运、市场与能力之间的不同组合。

中国企业治理百年探索中的制度企业

——基于轮船招商局的考察

熊金武 *

一 引言

工业革命是人类历史上最大的变革，实现了人类人均 GDP 的爆炸式增长。工业革命最先在西欧出现，抓住工业化节奏的国家都利用后发优势发展起来，例如德国、美国、苏联、日本。与之相反的就是，印度与中国代表的农业时代领先文明被甩到了后面。中国近代经济落后就是因为错过了多次工业革命，不仅人均 GDP 停滞不前，被欧美赶超，甚至 GDP 总量占世界的比重快速下降。在 1820 年至 1952 年短短一百三十多年的历史里，中国 GDP 占世界的比重从 32.3% 下降到 5.2%，1978 年只有 4.9%。[①] 改革开放以来，中国坚持以经济建设为中心，取得了持续、稳定、高速经济增长的成就。

恰如希克斯所言，工业革命不得不等待金融革命。工业革命不仅需要技术创新，也需要企业制度创新。传统自然人经营、夫妻店、家族制、合伙制等企业组织形式不断包容更高资本和更高技术含量的工业化。大国工业化历程往往伴随着革命性的企业组织制度创新。股份制、有限责任和独

---

* 中国政法大学商学院教授。

① 金星晔、管汉晖、李稻葵、Broadberry Stephe：《中国在世界经济中相对地位的演变（公元 1000—2017 年）——对麦迪逊估算的修正》，《经济研究》2019 年第 7 期，第 24 页。

立法人代表的现代公司制度是理解英国 19 世纪工业革命的核心线索。[1] 美国崛起背后离不开 19 世纪末托拉斯代表的大规模生产模式，通过确保一体化产商有可靠的原料供应以及进入分散的各地市场，来达到规模经济。[2] 探究中国经济奇迹背后的微观企业治理创新，构建中国自己知识体系的企业治理制度体系，是当代中国企业史研究的使命。

中国的工业化是在国家主导下实现的，政府对产业结构升级发挥了积极作用，[3] 国家主导下市场经济"胚胎发育"，[4] 经济发展需要"有效的市场"和"有为的政府"的共同作用。[5] 除了宏观产业政策之外，国有企业就是国家主导工业化的重要途径，国有企业就是中国工业化的主力军。[6] 改革开放时期国有企业一改计划经济时期国企的旧面貌，成了合格的市场经济体主体，有着很高的科研能力和国际竞争力，事实上构成中国民族复兴的重要载体。如果中国道路是坚持社会主义体制下的市场经济，那么从计划经济向市场经济的转型过程，核心所在就是国有企业的转型。但是，国有企业在一些理论中被认为效率低，因为公有产权[7]、政策性负担[8]、委托代理问题、偏向性政策[9]等决定了生产效率和创新效率等方面的损失。[10] 这种理论主要是对前计划经济国家的国有企业和石油危机之后欧洲国企效率的反思，产生了很大的理论影响，但其具有历史阶段性，值得进一步反

---

[1] William Goetzmann, *Money Changes Everything*: *How Finance Made Civilization Possible*, Princeton, NJ, and Woodstock: Princeton University Press, 2016, p. 318.

[2] Alfred Chandler, *Scale and Scope*: *The Dynamics of Industrial Capitalism*, Cambridge, MA: The Belknap Press of the Harvard University Press, 1990.

[3] 林毅夫：《新结构经济学》，北京大学出版社，2014。

[4] 文一：《伟大的中国工业革命："发展政治经济学"一般原理批判纲要》，清华大学出版社，2016。

[5] 林毅夫：《产业政策与我国经济的发展：新结构经济学的视角》，《复旦学报》（社会科学版）2017 年第 2 期。

[6] 卡斯滕·A. 霍尔兹、黄海莉：《中国国有企业万岁——消除其财务业绩不佳的神话》，《政治经济学评论》2015 年第 3 期。

[7] 姚洋：《非国有经济成分对我国工业企业技术效率的影响》，《经济研究》1998 年第 12 期；吴延兵：《国有企业双重效率损失研究》，《经济研究》2012 年第 3 期。

[8] Lin Yifu, Cai Fang and Li Zhou, "Competition, Policy Burdens, and State-owned Enterprises Reform", *The American Economist*, 1998.

[9] 张天华，张少华：《偏向性政策、资源配置与国有企业效率》，《经济研究》2016 年第 2 期。

[10] 洪功翔：《国有企业效率研究：进展、论争与评述》，《政治经济学评论》2014 年第 3 期。

思。经济学需要基于经济史的检验，"目前经济分析中所犯的根本性错误，大部分是由于缺乏历史的经验"。① 改革开放历史表明，国有企业也可以转型为现代市场经济主体，取得跨越式发展。"做优做强做大国有资本"的基本保障依然离不开国有企业治理。我们需要重新认识国有企业治理理论，尤其要深入挖掘中国国有企业治理的独特创新。

企业治理包括委托代理和激励机制两个方面。从委托代理看，企业治理是限制代理人的机会主义行为，实现代理人行为符合委托人利益。从激励机制角度看，企业治理是调动代理人的积极创新、承担风险与不确定性的企业家精神，② 一方面满足参与性原则，经营人员有动力，也足够自由经营企业；另一方面满足激励相容原则，让企业经营者行为符合企业治理结构制定者的目标。例如在股份有限公司中，可以体现为股票价格上涨，股东能自由地买卖股票。③ 国有企业公司治理更具有独特性。第一，从委托代理理论出发，相比于民营企业，国有企业的剩余索取权与最终控制权分离程度最大，④ 信息不对称程度更大，激励相容更难，企业治理难度更大。第二，国家是国有企业的所有者，也是管理者。⑤

但是，这种企业治理定义的假设前提是市场体制完备，企业治理不需要考虑国内和国际政商关系。对于大多数发展中国家来说，企业不得不面对如何处理与本国和外国政府关系的问题。鉴于近代中国半殖民地半封建社会的国情，中国企业还需要处理企业与外国势力关系。所以，百年中国企业治理事实上包括了委托代理、激励机制和政企关系三个问题。这也就构成了中国国有企业治理创新的独特背景。一个好的国有企业治理应该让国家与企业构成命运共同体。⑥ 中国国有企业治理创新正是在百年发展探索中实现的，并逐渐形成了具有中国特色的国有企业治理体系。

---

① 约瑟夫·熊彼特：《经济史分析史》第1卷，朱泱等译，商务印书馆，2001，第31页。
② 熊金武、窦艳杰：《约瑟夫·熊彼特：企业家精神的理论奠基者》，《金融博览》2021年第1期。
③ 郑红亮：《公司治理理论与中国国有企业改革》，《经济研究》1998年第10期。
④ 刘小玄：《现代企业的激励机制：剩余支配权》，《经济研究》1996年第5期。
⑤ 张春霖：《国有企业改革与国家融资》，《经济研究》1997年第4期。
⑥ 熊金武：《中国国有企业治理的百年变迁：基于天津航道局的考察》，《企业史评论》2021年第1期。

从长远历史角度看中国国有企业变迁，厘清中国国有企业治理的特有逻辑，不仅有利于理解中国经济奇迹，而且能为中国国有企业治理结构改革提供线索。1872 年成立的轮船招商局历经 150 年发展，是中国工业化成就的微观典型。

二 从轮船招商局看企业治理变迁

新航路开辟之后，远洋贸易兴起，其具有高风险、高投资、高收益属性。所以，远洋贸易中最先采用资本集聚能力更高的公司制度。1553 年创立的 Muscovy Company 是国王特许成立的最早的股份公司。1600 年英国东印度公司（East India Company）（EIC）和 1602 年荷兰东印度公司（Vereenigde Oost-Indische Compagnie）（VOC）是以国家特许经营为法律背景、规模巨大的股份制公司，以海外贸易为主业。公司制度适应更大规模和更高资本技术密集型的生产，构成了经济史上大分流的微观制度基础之一。英国东印度公司对中国贸易的特许权持续到 1833 年，其对华贸易总值早在 18 世纪中期已达到其他欧洲国家对中国贸易的总和，英国成为欧洲国家对华贸易的领军者。[1] 英国东印度公司代表英国政府与清政府交流，[2] 其投资者是商人和贵族等。英国东印度公司全名为 Governor and Company of Merchants of London trading into the East Indies，其中包含了行政管理的内容，是拥有政治、军事、司法等权力的官商一体的组织。东印度公司代表的特许公司为英国工业革命积累了资本，是一种国家权力与社会资本结合的产物。

18 世纪工业革命在英国发生后，在后发国家工业化进程中都能够看到政府干预企业发展的痕迹，富国强兵的国家利益与求发展的企业利益紧密结合在一起。自强求富的洋务运动也不例外。扶植大财阀，或者兴办国有企业是两种可能的路径。清政府一方面扶持广州十三行、胡雪岩、盛宣怀

---

[1] 张丽：《广州十三行与英国东印度公司——基于对外贸易政策和官商关系的视角》，《世界近现代史研究》第 14 辑，社会科学文献出版社，2018，第 78—103、369—370 页。

[2] "英吉利船来粤，携番官公班衙番文，恳释洪任辉。"《国朝柔远记》卷五，《王之春集》，岳麓书社，2010，第 240 页。

等官商参与全球化和工业化，另一方面直接创办新式洋务企业，以达到富强国家和强化国家治理的目的。但是，就企业治理方式而言，新式企业制度来源主要就是西学东渐。公司制成为晚清重商思潮的焦点之一。公司制度通过外资企业、买办等渠道传入沿海通商口岸。1904 年《商律》正式确立有限责任的公司制度，大量新企业采用了"厂""公司"等命名，体现了公司制在近代中国的确立。不过在实践中确立现代公司制度是比较晚的事。当然，中国现代企业治理体系绝非简单的西学东渐。一方面中国现代公司制度建立有中国传统渊源。山西票号、自贡盐商等都有股份制的存在，儒家伦理潜移默化地影响中国企业制度的形成和发展，① 盐铁专卖代表的中国传统国有资本管理制度源远流长，并且一直发挥独特作用。另一方面，近代中国出现大量本土企业制度创新。例如企业向政府报效、"官利"制、特种保证金制度等，就是中国近代股份制企业资金运行中的本土特点。② 国有企业与国家利益的一体性会受到多重利益集团的冲击，管理人、出资人和外国力量三个方面，构成了近代国有企业治理的三重困境。

1. 管理人员激励不足

洋务企业皆由重要官僚来执掌大权，而一般"稽核""文案""委员"等职员主要由候补道台、候补知州、候补县丞、候补训导等官员担任。官员参与国有企业经营能够保证新式企业与国家战略基本一致。因此政企不分，企业独立法人人格没有形成，有限责任制度也没有充分体现。委托代理问题和激励机制问题接踵而至。第一，企业的性质不同于官僚机构，需要追求利润。但是在科层制下，官员没有激励机制追求经济利润，往往是在追求政治目的。第二，官员的利益与国家的利益并不能保持一致。随着晚清中央政府国家治理能力弱化，政企不分让晚清依托官员的国企治理面

---

① 杜恂诚：《儒家伦理与中国近代企业制度》，《财经研究》2005 年第 1 期；王玉茹、赵劲松：《亲族关系与近代企业组织形式》，《山西大学学报》（哲学社会科学版）2010 年第 3 期。

② 参见朱荫贵《中国近代股份制企业的特点》，《中国社会科学》2006 年第 5 期；张忠民《近代中国公司制度中的"官利"与公司资本筹集》，《改革》1998 年第 3 期；杜恂诚《近代中国无限责任企业的历史地位》，《社会科学》2006 年第 1 期；孙火军、熊金武《中国近代银行业信用保证制度的演变——基于现代经济学原理的探索》，《制度经济学研究》2013 年第 1 期。

临失控的局面，成为官僚集团寻租的渠道。官商往往在国家利益与个人利益之间很难取舍，或者授人以柄，或者假公济私。企业治理难以在国家利益与官僚利益之间取得平衡。

为了提高洋务企业效率，洋务运动后期出现了官督商办、官商合办、官督洋办、公益法人等多元治理结构。官督商办是近代中国解决企业治理问题的一大创新，通过股权将私人资本引进企业治理，激发民间的企业家精神。第一个官督商办的股份制企业是轮船招商局。徐润、唐廷枢等买办的企业家精神在轮船招商局发展中充分体现出来。民用洋务企业建设首先借重的就是江南绅商。① 但是，部分洋务企业表面上具有近代股份制企业特征，能在短期内迅速筹集资金，不过其治理结构依然没有解决好企业家精神与政府、国家的关系。无论官办军工企业还是官督商办、官商合办企业，都是"官总其大纲"，有现代公司的形，却没有现代企业的神。② 政府对企业经营的直接干预打压了企业家精神。另外，管理人员也形成了没法约束的权力，不积极创新，反而谋求私利。如轮船招商局的广州、汉口、天津等分局长期控制在唐廷枢、盛宣怀姻亲等人手中。③

2. 出资人缺位

由于国家治理能力的弱化，国家出资人地位虚化，于是作为出资监管人的基层官僚和经营管理层追求自己的利益，不能将企业利益与国家利益统一。出资人不能正确履行职责，导致官僚、地方政府和外国势力分别填补了出资人的位置。第一，官僚利益扭曲国家利益。轮船招商局"用人与营业之权悉归北洋大臣代表的官方所掌握"，官场习气、衙门习气等被带了进来，贪污浪费、滥用亲信等，负责人将企业作为追求政治前途的跳板。④ 第二，地方政府利益扭曲国家利益。企业发展需要国家提供一个比较稳定的契约环境，但是在北洋时期，纵然再有企业家精神，也难以在国家衰落中苟全。一方面，北洋时期中国统一的国内市场在军阀割据中被打

---

① 朱浒：《从赈务到洋务：江南绅商在洋务企业中的崛起》，《清史研究》2009 年第 1 期。
② 蔡永明：《洋务企业的近代股份制运作探析》，《中国社会经济史研究》2003 年第 4 期。
③ 谢世诚：《晚清吏治的腐败与洋务运动的失败》，《南京师大学报》（社会科学版）2001 年第 6 期。
④ 张后铨主编《招商局史·近代部分》，人民交通出版社，1988，第 93—94 页。

破，另一方面，国有资产地方化，各种军阀发展地方国有经济，事实上支撑了军阀割据经济，企业经营被利益集团把控。整体上，国家利益与企业利益的统一性在地方官僚利益冲击下受到了损害。

3. 外国势力打压

外国势力追求自己的利益，却不一定与中国国家利益一致。一些受到外国势力干预的国有企业面临更大的困境。在近代中国半殖民地的背景下，外国力量对企业治理的干预是非常突出的特点。例如，在技术上，由于现代技术主要是从西方学习的，所以主要是外籍专业人才担任技术顾问或技术干部，技术长期掌握在洋人手里。在管理上，华洋员工待遇差异巨大，外国人对中国企业的干预很明显，国有企业治理也不一定能掌握在中国人手里。轮船招商局成立后美国旗昌轮船公司和英国的太古、怡和轮船公司合谋，签订统一协议降低各地货运水脚和客运价格，用价格战排挤招商局。

1949 年后社会主义国有企业治理结构渐渐形成，构建了企业行为与国家行为有机统一的举国体制，核心就是强化中央政府对企业经营的干预，构建党对企业的领导。这一方面解决了分散的利益集团对国有企业的瓜分，另一方面政府直接干预企业经营，构建国营企业，企业经营失去自主权，产供销等都由计划来配置。国有企业治理的核心就是把握党政关系和企业经营自由权。计划经济时期确立了党对企业的领导，实现了国有企业与国家利益的一致性。但是，由于计划经济下企业经营没有自主权，国有企业的企业家精神没有能够充分发挥，没有释放企业内在的活力。相比于计划经济时期赶超战略下企业没有自生能力，改革开放就是要发挥企业比较优势，让国有企业能够在市场经济中自生发展，① 打造市场经济主体。企业治理结构从行政计划配置转为按照市场机制配置，构成了市场经济主体，国有企业领导体制变为党对企业的领导与现代企业法人制度的有机结合。

招商局集团是中国民族工商业的先驱，更是中国民族企业百年历程的典范。目前，招商局主要业务集中于交通物流、综合金融、城市与园区综

---

① 林毅夫、刘培林：《自生能力和国企改革》，《经济研究》2001 年第 9 期。

合开发，以及近年来布局的大健康等新产业，资产总额和净利润蝉联央企第一，成为拥有两个世界 500 强公司的企业，为伟大民族复兴做出了重要贡献。

三 制度企业与制度企业家

制度变迁是指新制度产生替代旧制度或者对旧制度进行修正的动态过程。宏观上，制度变迁主要用"供给—需求"理论框架分析，形成诱致性制度变迁和强制性制度变迁。制度的不均衡引发的潜在的获利行为使制度变迁形成了社会群体的自发行为，构成了诱致性制度变迁。[①] 但是由于有限理性，以及制度变迁公共品的属性，造成了"搭便车"问题，那么成本收益分析方法下诱致性制度变迁可能并不会在一定时期满足对制度的需求，因此产生了以政府为主导，以颁布法令为主的强制性制度变迁，以补救制度供给的不足。不过，对该问题的认识可以进一步从微观主体去探求。因为制度变迁是若干经济主体选择的过程，诱致性制度变迁和强制性制度变迁的执行者正是这些微观经济主体，他们有制度需求，也接受政府提供的制度供给，甚至在自己创造和接受制度供给。近代以来，西方新制度传入中国，也构成了外生性制度供给。

了解行为主体的信念对理解制度变迁至关重要。企业是最重要的微观经济主体，仅仅有利益的驱动是无法使企业和企业家更好地参与制度的变迁的，因为制度的变革需要的是一种创造性破坏，是一种创新，有风险。相比其他市场主体，企业家不仅在既定的约束条件下追求最优，而且倾向于改进约束条件。[②] 对约束条件的改进便涉及对社会制度和社会规则的改进，具有创新精神、敢于在制度上创造，这样的企业家就是制度企业家，这样的企业就是制度企业。

[①] 林毅夫：《关于制度变迁的经济学理论：诱致性变迁与强制性变迁》，R. 科斯、A. 阿尔钦、D. 诺斯等：《财产权利与制度变迁——产权学派与新制度学派译文集》，三联书店上海分店，1991。

[②] 张维迎：《制度企业家与儒家社会规范》，《北京大学学报》（哲学社会科学版）2013 年第 1 期。

制度企业家不仅仅在某种制度框架下去发展，而且能有意识地选择和创新制度。近代中国大变革时代需要的企业是制度性企业，它们也是强制性制度变迁和诱致性制度变迁最需要关注的微观主体。企业要做的不是简单设计新产品、开拓新市场，而是改造社会规则，推动社会进步，为中国社会进步探索新的体制和机制。中国企业就是在中西交汇中探索了一套新的制度。

如果企业家的信念是制度变迁的重要因素，那么企业家信念是怎么来的呢？照诺斯看来，人类的信念部分来自心智构念，基因、文化遗产和个人经验便构成了学习的"三个来源"。① 近代国门被打开后，与外国交往的个人经验也成为影响制度变迁的途径。事实上，沟通中外的群体即沟通中外金融制度的群体，包括传教士群体、外国商人群体、买办群体、华侨群体、海外归国留学人员群体等。在中国开埠通商前，洋行就已经兼办金融业，掌管存款、放款、汇款等金融业务，以及水火保险。外国洋行代表的西方金融制度与中国传统经济模式、商业模式不断竞争和融合。在中外语言文化、社会习惯以及商业环境存在差异的情况下，与国外交流比较多的企业和企业家在中外经济交流和制度融合中起到了关键性的纽带作用。例如买办具有中国的"心智与文化遗产"，又因为独特的个人经验最早了解西方语言、文化、制度。同时，他们是一批实际经营管理者，与西方制度接触的个人经验会影响他们的个人信念，于是在独立经营中比较和融合两种制度，吸收并借鉴西方制度，开展制度引进和创新。

以保险业为例。1805 年英商在华设立了谏当保安行。1840 年后由于新辟港口短程货物往来频繁以及战乱的威胁，外商保险公司纷纷在华成立，随之输入了西方保险思想，构成了制度变迁的外生制度供给。作为新制度的第一批接触者，买办最早通过"附股"的形式投资于外商保险业。怡和洋行的唐廷枢、何福、何甘棠等就曾附股于怡和洋行收购的保险企业——谏当保安行。此外，唐廷枢还为怡和洋行旗下的火烛保险公司承揽业务，推销该公司股份。② 买办在投资的过程中积极参与保险事务的经营和管理，

① 韦森：《再评诺斯的制度变迁理论》，《经济学》2009 年第 2 期。
② 杨锦銮：《买办与近代民族保险业的初创》，《史学月刊》2008 年第 8 期。

对保险业在商品经济中重要的商业价值形成深刻的认识，这种"认识"即"信念"。信念的驱动促使着买办群体将投资目光转向创立民族保险业，他们倾向于改变外商保险的垄断的约束条件以创造更大的利益。这种改变便是一种创造性破坏，是一种"创新"，这种创新不仅改变了原有的制度环境，重要的是创造了一种新的制度环境，从而使买办群体在"信念"驱动下的行为具有了制度变迁的特征。同时，买办在洋行任职以及创办企业的过程中积累了大量的社会财富，为近代民族保险业的发展提供了资金支持，于是中国本土保险业应运而生。在外商垄断的保险市场下，轮船招商局等面临着极其苛刻的投保条件，"每因投保逾额，至代转保于洋商，傍落利权"，于是在唐廷枢和徐润的极力倡导下，招商局决定"循照成章，广集厚资本，别分一帜"，[①] 1875 年招商局创办的中国一家民族保险公司——仁和保险成立。

制度变迁的过程不仅需要制度企业家群体自身的努力，还需要他们与更广泛的群体联手，比如具有远见卓识的政治家。近代保险业最初发展便是买办群体与官方合作下的官商合办，这种模式能够很快打破洋行垄断。济和、仁和保险便是在买办唐廷枢和徐润的强烈倡导下建立发展起来的官商合办保险机构。体现的是自下而上诱致性制度变迁和自上而下的制度变迁的结合。[②]

制度企业和制度企业家的出现也是社会大环境的产物。近代中国不完整的国家主权形式以及经济不独立的事实，逼迫中国企业必须走与西方不一样的道路，市场需求是创造动力。张謇扎根南通、卢作孚扎根北碚修建铁路码头、发电厂，创办学校等，[③] 就是发展中国家普遍存在的"企业办社会"典型。轮船招商局发展史上也曾如此。盛宣怀认识到资金对于经济发展的重要性，中国自办银行势在必行。但是如果官方没有得到利益则不会给予中资银行相应保护，因此盛宣怀"一方面主张创办股份制商业银行，另一方面又要求享受国家银行待遇，既反对政府插足干涉商办通商银

---

① 颜鹏飞等：《中国保险史志》，上海社会科学院出版社，1989，第 49 页。
② 熊金武、杨济菡：《近代中西金融制度合流中的制度企业家——基于买办群体的考察》，《贵州社会科学》2017 年第 5 期。
③ 熊金武、刘胜、窦艳杰：《"状元实业家"张謇》，《金融博览》2020 年第 7 期。

行的业务活动，又要求'官代为维持'"。这种"亦官亦商"的银行组织形式是为了帮助中国本土银行在外商银行、票号和钱庄的夹缝中发展而创新设计的。

因此，轮船招商局或直接创办，或参与投资，或派员管理，统合了一大批现代工商企业与工业化产物，如第一家大型煤矿开采企业——开平矿务局，第一家钢铁煤炭联合企业——汉冶萍厂矿公司，第一家银行——中国通商银行，第一家机器纺织企业——上海机器织布局，第一条专线铁路——唐胥铁路，第一家外贸公司——肇兴公司，第一条专用电话线——天津大沽码头到紫竹林栈房的电话线，等等。改革开放之后，招商局依然开风气之先。1982年，国内第一家股份制中外合资企业——中国南山开发公司成立；1983年7月，国内第一家社会办律师事务所——蛇口工业区律师事务所成立；1985年1月，中国第一家保安公司——蛇口保安公司成立；1985年10月，全国第一家由企业创办的保险机构——蛇口社会保险公司（现平安保险）成立；1986年3月，南海酒店开业；等等。制度企业是创造社会规范和法律的企业，为其他企业发展开路和示范，为社会经济转型奠定了基础。

招商局与政府密切的联系使他们在经营过程中形成的符合经济发展的制度能够通过后者得到一定程度的推广。由于中国经济制度变迁具有外生性制度变迁的特点，诱致性制度变迁有时候需要结合强制性制度变迁才能高效对抗外资势力，比如徐润、唐廷枢等买办通过与晚清权贵结合，实行官督商办等形式打破洋行垄断，参与了轮船招商局代表的现代企业的建立，事实上可以认为这是强制性制度变迁的一种形式。当然，这种现代化根本上是制度企业家独立经营开创的，代表了中国社会最基本的创造力，而不是依赖于政府推动的。"时间就是金钱，效率就是生命。"这是充满时代感的口号，是国人对改革开放最深刻的印记。这句话就是被称为"蛇口之父"的袁庚喊出来的。① 蛇口工业区开发中，袁庚深深体会到旧体制和旧观念的重重阻力，于是在1981年3月写下了"时间就是金钱，效率就是生命"的口号，并让人做成了标语牌竖在工业区里。这是改革开放实干者

---

① 陈蓉：《袁庚：创造蛇口奇迹的改革先锋》，《党建》2022年第3期，第71页。

从基层发出来的声音。1984 年邓小平同志南下视察蛇口，袁庚特意叮嘱人把这两句标语竖立在进入蛇口的路边，得到了邓小平的点头和赞赏。一个企业的改革理念上升为全国性理念，这在中国企业史上是少有的，也充分体现了招商局作为制度性企业在中国百年经济变革中的领航地位。

四　国有企业公司治理的中国经验

站在中国伟大民族复兴事业的历史关头，我们需要找到中国经济发展的历史方位，然后从中找到中国国有企业的发展方向。国家崛起的背后是企业崛起。作为后发经济国家，面对全球产业链已经形成的局面，中国企业如何才能融入全球产业呢？中国企业通过"三来一补"等国际经济大循环，以中小企业为前驱，作为国际大企业的配套企业，融入了全球产业体系。但是随着中国融入全球，中外企业竞争成为必然。如果期待小企业逐渐做大到与国际企业竞争，过程很漫长，且容易受到国际企业的打压。全球市场保护主义和单边主义抬头，国际市场风险聚集，能够参与国际竞争的企业必然符合现代市场经济要求。事实上几百年来，世界各国在工业化和全球化中都是政府支持本国企业快速壮大。主要路径有两种。第一种是特许经营下的大型财阀。东印度公司最开始也是特许经营，日本、印尼、美国都是如此。第二种是企业国有。国有企业在苏联、战后西欧等区域经济崛起中发挥了积极的作用。相比日本、韩国扶持官商和财阀，苏联解体后形成了低效率的寡头经济，国有企业成为中国政府的重要选择。因为苏联解体后国有企业私有化，不能发挥原苏联完整产业链的规模效应，私有化并不能解决现代企业治理的问题。国有资本与民营企业协同做强做优做大，才能与世界发达国家的企业竞争。中国特色国有企业治理结构就是核心竞争力所在。

回首招商局 150 年发展历程，我们不难看到国有企业治理结构变革让其在市场经济中大放异彩，对中国工业化进程发挥了积极的作用。这个事实让我们不得不反思西方国有企业理论，重新认识国有企业。首先，国有企业不等于低效率。世界各国经济体系中几乎都有着国企的存在，用于控制涉及国家安全、经济命脉的行业。国企通常需要接受肩负社会责任与促进经济效率的双重绩效评价，既要评价其经营效率的高低，也要观察其是否体现了国家意志和人民的整体利益要求。① 中国式的国有企业尤其侧重社会责任的承担，即使按照一般的经济指标，国企的市场效率也不低于同行业的其他企业。② 国有企业作为承担国家战略的载体，具有高度的凝聚力和执行力。这种国家战略行为在央企中体现得淋漓尽致。在高铁、港口、能源等行业，工业化不仅不排斥国有企业，反而需要国有企业在国家战略性基础设施工程等方面发挥积极作用。此外，国有企业不等于排斥市场。"获得真正的市场主体地位"是国企公司化改制成功的保证。国有企业不能依靠行政垄断取得优势，而是应该从市场竞争中壮大。中国国有企业已经成为非常成熟的市场主体，不仅在国内市场上与民营企业、外资企业合作竞争，更重要的是在全球化时代走向世界市场。规模庞大的市场和国内外竞争对手使中国国企不得不更强。③ 相对于发达国家强大的现代企业集团，中国国有企业还不够强大，需要进一步做强、做优、做大，在国际市场竞争中进一步壮大。

中国国有企业治理创新构成了解释中国经济奇迹的微观基础，也是中国特色企业理论的一部分。第一，建立现代企业制度是国有企业治理结构的基础。解决国有企业委托代理委托基础就是建立现代公司法人，发挥大规模企业集团的效率，坚持企业独立法人和市场经济主体地位。第二，坚持党的领导，把党的领导融入公司治理。一方面，发挥企业党组织的领导核心和政治核心作用，保证党和国家方针政策、重大部署在国有企业贯彻执行，让国有企业与国家战略紧密联系起来，形成合力；另一方面，党的支部建在每一个车间，自下而上地贯穿了整个国民经济的细胞，调动每一方面积极性，有利于形成强大的资源整合能力。所以，坚持党的领导是我国国有企业的独特优势。党对企业的领导讲究方式方法。党的领导需要与业务领导确定边界，否则会重蹈计划经济时期的覆辙。党对国有企业的领

① 金碚：《论国有企业改革再定位》，《中国工业经济》2010 年第 4 期。
② 朱安东：《破除国有企业低效论——来自混合经济体的证据》，《政治经济学评论》2014 年第 4 期。
③ 文一、乔治·佛梯尔：《看得见的手：政府在命运多舛的中国工业革命中所扮演的角色》，《经济资料译丛》2017 年第 2 期。

导是政治领导、思想领导、组织领导的有机统一，明确和落实党组织在公司法人治理结构中的法定地位，调动国有企业领导、员工的全面积极性。第三，发挥国有企业领导人积极性也是党领导下国有企业治理的关键。计划经济时期政企不分导致了企业不能成为市场主体，不能发挥经营积极性。企业精神不仅仅是指民营企业的精神，还包括国有企业的精神。发挥国有企业领导人积极性需要构建国有企业领导人的激励机制，不仅包括物质激励，也包括科层制下的政治激励。在市场经济下，国有企业的企业家精神更需要合理的激励。中国在改革开放过程中，就是不断地去释放企业家精神，培养市场的主体，让国有企业领导人去带领中国的企业，带领中国的国家资本在国际市场中不断发展壮大。[①] 完善的企业制度是国有企业效率的基础，党的领导是保证党和国家重大方针政策在企业中得以贯彻执行的关键，党的领导融入企业治理结构就是中国国有企业治理结构的独特之处和比较优势。招商局代表的中国企业必然在实践探索中创新突破，找到具有中国特色的企业治理体系，在建设社会主义现代化强国新征程上做出更大贡献。

---

① 熊金武：《中国国有企业治理的百年变迁：基于天津航道局的考察》，《企业史评论》2021年第 1 期。

中外比较视野下对大国工业
高质量发展的历史认知

李　毅*

今天，中国从制造大国向制造强国的迈进，不仅深刻地改变着自己，而且广泛地影响着世界。面对激烈的国际博弈与内部复杂的经济转型，尤其是今日复杂的内外部形势，经济尤其是工业的高质量发展，是当今中国的必然选择。我们应坚持在进一步深化改革与扩大开放中谋发展，包括借鉴国际上、历史上的有用经验。后起大国视点上有针对性的经济史国际比较，不仅有可能使我们认识与把握产业发展的规律性，而且有助于我们关注正确的产业转型与升级路径，从而在经济转型的关键时刻少走弯路，在纷纭复杂的国际环境中夯实大国现代化建设的产业根基。

一　问题的提出：当下为什么要讨论
与推进中国工业的高质量发展

2022 年是招商局建立 150 周年。正是无数个像招商局这样的中国企业，构筑起了我国从制造大国向制造强国迈进的坚实根基。2022 年也是中国共产党召开具有划时代意义的第二十次代表大会的一年，也就是说，我们正处于现代化强国建设的关键时期，即处于经济转型与产业升级的重要历史节点。大力推进工业的高质量发展，成为我们应对外部冲击、破解内

* 中国社会科学院世界经济与政治研究所世界经济史研究中心主任、研究员。

部发展困境与转型难题的正确方向。①因此，最近几年间，推进实体经济的健康发展，减税、降费和提高社会化服务水平等各项措施，正在各地、各部门，以各种方式逐步得到推进，企业发展所需的外部环境有了巨大的改观。②为排除疫情对工业产业发展的影响，我们使用疫情发生之前国家统计局发布的 2019 年同期（上半年）全国规模以上工业增加值数据来分析，这些措施，对当时工业企业的发展的确起到了重要的促进作用。③ 例如从国家统计局发布的当年 5 月份工业生产数据来看，全国规模以上工业增加值同比实际增长 6%。而且，5 月份占规模以上工业比重 13.8% 的高技术制造业增加值同比增长 9.4%，高于全部规模以上工业 3.4 个百分点。同月，41 个大类中的 22 个行业增加值增速较上月加快。同期，统计的 605 种主要工业品中，有 325 种产品产量实现同比增长。④ 但同时我们也看到，在许多制造部门中，企业因利润微薄而面临倒闭风险的情况依然存在。而且，据国家统计局 2019 年 7 月 27 日发布的消息，2019 年1—6 月份全国规模以上工业企业利润下降 2.4%，其中制造业下降 4.1%（见表1）。⑤ 尽管受到企业改革剥离等内部因素的制约，而且有中美贸易摩擦等外部因素的影响，但是问题是存在的。例如据国家统计局的数据，2022 年 7 月份，规模以上工业增加值同比实际增长 3.8%（扣除价格因素的实际增长率）。从环比看，规模以上工业增加值比上月增长 0.38%。1—7 月份，规模以上工业增加值同比增长 3.5%。7 月份，41 个大类行业中有 25 个行业增加值保持同比增长；617 种产品中有 260 种产品产量同比增长。⑥也就是说，在当前严峻复杂的国际政治经济环境及新冠肺炎疫情影响下，工业经济呈现出有序恢复态势，但企业生产经营困难较多，结构性问题依然存在。这就使得我们不能不对有关工业的高质量发展问题进行深入的思考。

---

① 经济发展的困境即我国目前面临"需求收缩、供给冲击、预期减弱"的三重压力。
② 不包括因防控疫情产业链暂时受到影响的情况。
③ 这并不会影响我们对问题的分析，而且就疫情延续来看，2022 年 5 月的数据更突出地表现了措施的促进作用（参见国家统计局网站：http://www.stats.gov.cn/tjsj/zxfb/202205/t20220531_1857815.html）。
④ 国家统计局网站：http://www.stats.gov.cn/tjsj/sjjd/201906/t20190614_1670402.html。
⑤ 国家统计局网站：http://www.stats.gov.cn/tjsj/zxfb/201907/t20190727_1682320.html。
⑥ 国家统计局网站：http://www.stats.gov.cn/tjsj/zxfb/202208/t20220814_1887333.html。

表 1　2019 年 1—6 月份规模以上工业企业主要财务指标

	营业收入		营业成本		利润总额	
	1—6 月（亿元）	同比增长（％）	1—6 月（亿元）	同比增长（％）	1—6 月（亿元）	同比增长（％）
总计	508981.7	4.7	429233.4	5.0	29840.0	−2.4
其中：采矿业	22076.5	5.3	15854.0	6.1	2838.6	4.2
制造业	449970.2	4.5	380871.8	4.8	24608.3	−4.1
电力、热力、燃气及水生产和供应业	36935.0	7.5	32507.6	6.6	2393.1	9.0
其中：国有控股企业	139355.5	3.3	113455.4	4.2	9368.8	−8.7
其中：股份制企业	366592.6	6.3	308060.9	6.6	21390.6	0.2
外商及港澳台商投资企业	114934.3	0.1	97042.2	0.4	7186.2	−8.4
其中：私营企业	155157.1	7.4	134906.1	7.1	7430.7	6.0

　　资料来源：国家统计局 2019 年 7 月 27 日发布《2019 年 1—6 月份全国规模以上工业企业利润下降 2.4％》，http：//www.stats.gov.cn/tjsj/zxfb/201907/t20190727_1682320.html。

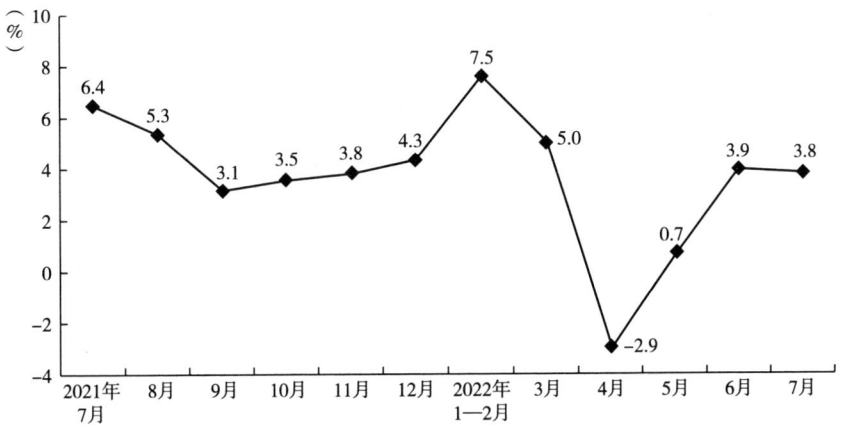

图 1　2021 年 7 月至 2022 年 7 月规模以上工业增加值同比增长速度

　　资料来源：http：//www.stats.gov.cn/tjsj/zxfb/202208/t20220814_1887333.html。

表 2　2021 年 7 月至 2022 年 7 月规模以上工业增加值环比增速（修订后）

年份	月份	环比增速（%）
2021	7	0.21
	8	0.30
	9	0.05
	10	0.41
	11	0.38
	12	0.40
2022	1	0.31
	2	0.37
	3	0.41
	4	-3.00
	5	3.11
	6	0.84
	7	0.38

资料来源：http://www.stats.gov.cn/tjsj/zxfb/202208/t20220814_1887333.html。

1. 究竟什么样的发展才是我们要实现的工业高质量发展

对于这一看似简单的问题，人们的认识却不尽相同。比如说，是加快发展高科技产业吗？回答是肯定的。新中国成立 70 多年，尤其是改革开放 40 多年来，中国在高科技产业的发展方面取得了巨大的进步，最突出的表现就是，许多高科技产品，我们从无到有，从满足国内市场到走向世界市场；[①]我们的一些先锋企业，也从在国内脱颖而出到站上世界的高端位置。[②]但是就高科技产业的整体水平而言，我们与世界工业发达国家还有不小的差距。[③]因此，以大力发展高科技产业来引导中国工业的高质量发展，是当

---

① 例如高铁，还有盾构机等重型工程机械，它们奠定了我们继续前行的重要产业基础。

② 比如说尽人皆知的华为以及三一重工等企业。

③ 例如，我们在关键技术、关键工艺的掌握与核心零部件的生产上存在着巨大的差距（见工业和信息化部前部长苗圩在 2019 年 3 月《求是》杂志上发表的文章），尤其致命的是，在关系到制造业自主发展根本的工业软件设计上存在着重大的缺位。2018 年 3 月以美国制裁中兴公司为开端爆发的中美贸易摩擦，以及华为总裁任正非在接受媒体采访时的讲话，都清楚地表明了这一点。

前中国发展的一件最重要事情。不过，这还不是高质量发展的唯一内容。因为高科技产业的发展从来就不是孤立进行的，它需要其他产业部门的协调与合作。例如满足高科技产业需求的材料供应，①维持高科技产业运转的产品使用对接，等等，都是需要高科技产业以外的其他产业部门配合完成的，这是由现代化大工业生产的特点所决定的。

那么，是发展新产业、新业态吗？显然发展是必须的，因为它的发展代表着新的产业趋势和时代潮流，任何从事现代化建设的国家都不可能脱离开这种趋势和潮流。况且，作为一个发展中国家，我们在现代工业文明上起步较晚，要追赶上工业发达国家确有很长一段路要走，但是在新的产业、新业态的发展中，中国却有可能与那些发达国家处于同一起跑线上。例如在那些与新能源的开发与利用有关的产业部门、与网络技术和市场联系的产业形态创造等方面，中国不仅已有不俗的表现，而且蕴含着巨大的发展能力与发展空间。所以，这也是我们高质量发展所努力的重点。但是，这仍然不能和高质量发展简单地画上等号。因为，作为一个发展中的工业大国，中国存在多样化的供给结构，相应的市场需求亦有不同的层次，传统产业和新兴产业的长期共存与融合发展，应当是我们的一种现实选择。如果我们把眼光放得远一点将会看到，伴随着新的科技革命与制造业的当代发展，产业的跨界融合将会使传统产业与现代产业的边界逐渐模糊。所以，工业的高质量发展就是大国产业系统整体的高质量发展。

2. 工业高质量发展必须消除认识上的偏差

不过，在相当长的一段时间里，人们对这一问题存在着事实上的认识偏差。特别是伴随着我国产业转型升级步伐的加快，以及向先进制造业迈进战略的提出，一种对工业高质量发展的割裂性认识逐渐蔓延并被人们习以为常。②例如，一些专家学者在解读十九大以后的实体经济发展时，就习惯于将传统的煤炭、钢铁、纺织等产业的发展单纯地与化解产能过剩挂钩，认为这些产业在国民经济发展中的地位和作用下降，取代它们的则是新能源汽车、高铁和生物制药等产业，并将后者称作先进制造业。显然，

---

① 前些时候，我们进行光刻机攻关的企业科技人员，感叹国产材料的掣肘，令人印象深刻。
② 即把工业尤其是制造业机械地划分为不同性质，采取不同的态度、区别对待的做法。

他们并未把先进制造业视作通过各制造环节的高科技应用而实现的优质、高效、清洁、低耗的制造业整体，视作一个彼此存在有机联系的完整产业体系。与此相应，才会有一些地方的工业主管部门对产业升级认识迷茫，形成了"转型"就是对传统产业的关停并转，投资即等同于对高新技术企业的单一投入的认识；① 才会出现一些地方政府一味热衷于高科技产业发展，以至于不论是否具有资源、技术与人才优势就一拥而上，而对符合本地实际的产业发展却不闻不问，从而造成严重的资源浪费和高度的产业结构同构现象。② 可见，对完整的工业体系的割裂性认识（至少是不完整性认识），不仅不符合当代制造业发展的客观趋势，而且影响到我国实现工业高质量发展的大局。③ 以至于中国工业和信息化部前部长苗圩在《大力推动制造业高质量发展》一文中专门提到"要纠正认识偏差，不能把新动能简单理解为就是培育发展新兴产业"。④ 国家发改委推行的由煤改油变为推广清洁煤炭策略，说明一些国家部委开始意识到并在着手解决这一问题。

3. 工业高质量发展有必要关注基础与薄弱环节

从完整的工业体系这一角度看，要解决中国工业高质量发展存在的问题，首要的事情是从当前的国情和产业实际出发，弄清楚中国工业高质量发展的基础与薄弱环节。在当前我国的产业发展格局中，占比80%以上的是传统产业，也就是说，我们"改造提升传统产业具有巨大的潜力与市场空间"。⑤ 但我们重视传统产业的改造升级，更重要的理由是，与发展高科技和战略新兴产业相比，人们远未认识到传统产业改造升级对中国增强国际竞争力和实现高质量发展的至关重要性。尤其是越在当前中美博弈冲突激烈、中国面对外部极限施压的情况下，越易产生片面性思维。事实上，中国不仅需要大力发展高科技主导的战略新兴产业，而且需要下大力气从

---

① 来自笔者对我国重要工业地区工业部门干部的访谈与交流。

② 比如说前一时期的光伏产业、机器人产业的混乱发展局面。

③ 例如它涉及作为我国工业高质量发展稳定基础的就业问题，涉及工业发展的结构平衡问题。

④ 苗圩：《大力推动制造业高质量发展》，《求是》2019年3月18日，http：//theory. people. com. cn/n1/2019/0318/c40531－30980692. html。

⑤ 苗圩：《大力推动制造业高质量发展》，《求是》2019年3月18日，http：//theory. people. com. cn/n1/2019/0318/c40531－30980692. html。

事以高科技应用为主要环节的传统产业改造，以克服相互掣肘，从而获得制造业链条整体的协调与同步性高质量发展。比如，中国不但需要华为创新基础上的芯片设计，也需要更多能够在工艺上实现先进设计的制造企业。而且，用演化的观点看问题，伴随技术进步与制造业在当代的新发展，传统产业变身为高科技产业也是存在巨大可能性的。从这个意义上说，体量巨大、门类齐全的传统产业，很有可能成为中国工业发展与现代化强国建设的一支利器。但调查显示，数量多、涉及面广的传统产业改造，不但是我国工业高质量发展的基础环节，更是目前发展的薄弱环节。①

那么，通过何种路径来提升这个薄弱环节的发展质量，以加快完成中国产业整体的转型升级呢？同后起大国日本制造业实现高质量发展的国际比较，即深入工业领域内部，通过对日本纤维工业与东丽企业转型轨迹的研究，来探讨大国工业高质量发展的基础与路径，将是十分有益的。

二 日本纤维工业实现高质量发展的历史经验

以往，在中国制造业的成长过程中，学者们曾经通过对制造业强国日本的比较研究，获得了许多有益的启示与借鉴。只是近年来伴随中国经济的迅速跃升，②以及日本经济的发展相对迟缓，在人们的潜意识里这种比较似乎不那么重要了。但是就产业发展的历史与现实来看，事实并非如此。③而且，作为后起的工业大国在经济实现高速增长后，其传统产业或发展成熟的工业产业是如何有效地实现了高质量的发展，这种高质量的发展与后起工业大国工业化间存在着什么样的内在逻辑联系？这些都是需要重点关注的。我们需要做的就是去除浮躁，客观地审视历史，学习国际上一切对工业化有用的知识，走一条符合国情的现代化强国之路。

---

① 前者是指传统产业的数量众多，又多是关系国计民生的产业；后者是指这些产业在现实的经济运行中，增长速度慢，获得的利润低。

② 比如说，今天中国从制造大国向制造强国的迈进，吸引了全球的目光。

③ 尽管自20世纪90年代以来日本受泡沫经济崩溃的重创，经济转型中结构性问题的解决至今仍在进行中，加上人口老龄化的困扰，与以往相比，其经济发展一直呈现着"缓行"的状态，但这并没有改变日本握有重要领域的核心技术，具有关键零部件的生产能力，依然具有强大国际竞争实力的事实。

这里之所以选择纺织产业及其企业案例进行历史的比较研究，主要原因是它本身具有代表性。其一，纺织业是包括日本在内的世界工业国家工业革命的先锋产业。其二，它是世界各国国民经济的基础性产业。其三，在包括我国在内的大多数国家中，它都是一个发展比较成熟的产业，可以说是人们心目中典型的传统产业。

1. 日本纤维工业的转型及其变迁轨迹

在日本，依据2014年4月1日实行的《日本标准产业分类》，大分类制造业项下与纺织有关的产业，统称为纤维工业。[①]包括上游的生产纱线、棉线的合成纤维、纺纱，中游的染色、编织和下游的使用其原材料生产进入流通的工业制成品，这样三个阶段的结构性分工构成的产业。[②]纤维工业是日本重要的制造业门类。据日本经济产业省制造产业局2019年7月的统计，2016年纤维产业的企业数量为1.1万家，发货值3.3万亿日元，就业人数23.6万人，占制造业整体的比例分别为5.8%、1.1%和3.1%。[③]

纤维工业是日本发展最早的产业部门。它作为产业进入市场是在日本的江户时期，1868年明治维新前就已建立起一套包括技术设计和商业流通的制造技术体系。1868年以后，明治政府鼓励引进和开发现代技术，将发展纤维工业作为其殖产兴业的重要组成部分。以民营企业为基础发展起来的棉纺织业，在19世纪90年代已经创立了自己的纺织自动化技术，在中日甲午战争后面向亚洲出口原丝纱线。第一次世界大战时，日本成为最大的棉制品出口国，到第二次世界大战前其出口已占日本出口总额的20%。作为日本早期工业化的核心产业，虽然战后初期由于侵略战争失败的打击其生产水平下降到不足战前的十分之一，但在经历了战后初期的经济民主化改革与产业发展转向后，伴随日本经济的恢复，纤维工业再度得到迅速

---

① 见日本总务省《统计基准·统计分类》中的"日本标准产业分类"，http：//www.soumu.go.jp/toukei_toukatsu/index/seido/sangyo/02toukatsu01_03000044.html。

② 并且，在日本，有大企业多集中于原料生产阶段，而大量中小企业则分布在最终产品生产阶段这样一种产业分布特征。椎塚武『東レのハイテク戦略』東京：ビジネス社、1985、212頁。

③ 日本经济产业省工业统计，见《纤维产业的课题与经济产业省的对策》中的"纤维产业的概况"，2019，第10页。https：//www.meti.go.jp/policy/mono_info_service/mono/fiber/pdf/190701seni_kadai_torikumi.pdf。

的发展。在经济起飞的 1955 年，不仅产量恢复到了战前水平，其纤维制品的出口已占到总出口的 37.2%。①一直到 20 世纪 60 年代，它始终作为日本代表性的出口产业，在其工业与经济的增长中发挥着重要而积极的作用。②

（1）泡沫经济崩溃前纤维工业转型升级的历史足迹

作为典型的传统产业，日本纤维工业在创新推动下的结构调整与升级，始于 20 世纪 70 年代初的石油危机或更早些时候。面对纤维工业在制造业整体中的比重下降和竞争力减弱、出口减少等一系列高速增长后的经济转型状况，以及日美纤维贸易发生摩擦的事实，日本纤维工业整个行业进行了持续不断的调整与变革，实施的调整战略和改造措施主要包括以下几个方面。①通过采用先进工艺和实现各部门、各工种的生产高速化、自动化，提高劳动生产率（参见表3）。③这种改造遍及合成纤维、棉纺织业各领域，涵盖了织布、印染各环节。②以开发高织纱和新型合成纤维为方向，与提高市场效率和产品的附加值相联系，实现产品的高品质化。即通过研制开发新的原材料，并以此制造独具特色的新产品来获取高附加价值。④ ③通过开发国内生活品、建筑和环保工程用品等纤维制品消费的新领域，开展创造新价值的活动。它既包括开发纺织材料的新特性，还包括开拓纺织以外的新领域，以及建立"定制生产"这样的生产方式变革。⑤ ④为应对亚洲国家在产业发展上的追赶和日元升值给纤维产品出口带来的不利局面，开始实施开发海外市场的国际战略（参见表4）。利用自身具有生产高质量产品的技术能力，在海外高档消费品市场中占有一定的份额。改革是在 20 世纪 80 年代中后期逐步完成的。伴随改革，日本的纤维工业

---

① 吉川弘之主编《日本制造：日本制造业变革的方针》，王慧炯、李善同、林家彬主译校，上海远东出版社，1998，第174页。

② 尽管其间经历过从人造纤维到合成纤维的产品结构变化，但总体保持着持续增长的局面。

③ 就业人数的变化是衡量劳动生产率的重要指标。例如日本产业绩效委员会在评估纤维工业劳动生产率提高时，就列举了北陆地区一纺织厂的例子，即该厂在过去 20 年里，职工人数从 800 人下降到 200 人，产量提高了 4 倍，人均产量则提高了 19 倍。

④ 研发新型合成纤维的过程，已是一个涉及研究原纱线、纱结的处理、染色以及最后的表面处理一系列环节的新材料开发的过程。它的生产又需要一定的技术组合，如改进聚合物的品质，切面异性化、超细化、不同收缩性纤维混合化等，用这种材料生产出来的制成品，保证了其产品的高品质化。

⑤ 例如，改造纺织材料的特性、生产舒适面料；开拓服装以外的新用途，比如开发用作保护环境的公共工程材料和通用建筑材料；使用在线通信进行定制化生产。

也就完成了从依靠低成本进行大量生产的出口型产业，向精加工、高附加价值出口产业的转型，从而使纤维产业质量得到极大提升。[①]

表3　1950—1985 年日本制造业及纤维工业就业人数的变动

单位：千人

年份	制造业总数	纤维及纺织品工业（除服装）	服装·纤维制品
1950	3860	812	96
1955	4958	964	123
1960	7602	1163	187
1965	9921	1327	311
1970	11680	1264	414
1975	11296	996	531
1980	10292	691	498
1985	10733	627	522

资料来源：总务厅《日本长期统计纵览》，转引自吉川弘之主编《日本制造：日本制造业变革的方针》，第 179 页。

表4　1970—1990 年日本工业和纤维业海外投资的项目数量及金额

年份	项目数量（个）		金额（百万美元）	
	全部工业	纤维业	全部工业	纤维业
1970	730	43	904	49
1975	1591	28	3280	98
1980	2442	63	4693	91
1985	2613	40	12217	28
1990	5863	200	56911	796

资料来源：根据大藏省统计数据整理，转引自李毅主编《再炼基石：世界制造业变革的历史大势》，第 183 页。

（2）泡沫经济崩溃后至今纤维工业的深层次变革

面对 20 世纪 90 年代泡沫经济崩溃带来的冲击，以及 21 世纪高科技应

---

① 这一阶段变革的详细内容，见李毅主编《再炼基石：世界制造业变革的历史大势》，经济科学出版社，2005，第 176—187 页。

用的迅猛发展，日本纤维工业新一轮的产业转型升级，是从详尽地了解与把握产业发展状况、深入地对比分析本领域在国际产业竞争中的优劣、切实地研讨本国工业进一步的改革措施和步骤开始的。据统计，2016 年世界的纤维最终需求量为 8800 万吨，比 1990 年增长 2.3 倍，同时人均需求量也增长了近 1.6 倍。① 在从 1990 年到 2016 年世界纤维最终需求的变化中（见图 2），日本看到了这一市场的扩大趋势，认为纤维产业是一个继续成长的产业。因此，首先，针对自身在技术上、研发体制上和不同利益主体协调上不及欧美的薄弱环节，日本纤维产业提出确定战略实施协调机制、设立对技术方针达成共识的纤维产业技术战略委员会等一系列改革措施，② 通过制度性建设为纤维工业的深层次变革奠定坚实的基础。其次，发挥日本纤维业位于国际前沿的新材料技术、高附加值技术和环境对应技术三大优势，来应对本产业自身及其国际分工格局变化的新情况，③ 在增强纤维产业国际竞争力的同时，将工业创新与 21 世纪的社会目标融合。再次，充分利用其在世界上屈指可数的制造新功能纤维、高性能纤维的产业强项，④ 在重点开发服务于提高大众生活质量、医养水平的新产品，服务于信息社会建设的新材料，服务于环境协调性循环社会的新技术的过程中，逐步实现纤维工业从传统产业向高科技产业的蜕变。

显然，这种深层次的结构性变革，并不是纤维工业孤立进行的结构性调整，而是一个与制造业当代的发展趋势相融合、与日本经济整体转型相

---

① 经济产业省《工业统计》，《纤维产业的课题和经济产业省的对策》，经济产业省制造产业局生活制品科，2019，第 10 页。https://www.meti.go.jp/policy/mono_info_service/mono/fiber/pdf/190701seni_kadai_torikumi.pdf.

② 这些措施包括，大力推进产官学协作；确定战略实施协调机制；设立纤维产业技术战略委员会，在技术方针方面达成共识；建设包括产业内部协作、用户与企业交流产官学共同研发的技术基础；实施知识基础设施与知识产权保护；等等。

③ 这里是指以往那种低效率、高成本供给体系被打破，以及要求各制造企业凭借反映文化内涵的软件要素赢得竞争的新情况。

④ 新功能纤维是指在聚酯纤维、尼龙等泛用纤维上赋予了特殊功能的纤维（例如吸汗速干、吸湿发热、抗菌防臭、弹性拉伸等），主要用于衣料开发。高性能纤维是指具有高强度、高弹性、耐冲击性、耐热性等特性的纤维，主要在产业用途上进行开发。后者中的碳素纤维、芳纶纤维和聚芳酯纤维，日本企业的世界市场占有率分别为 60%、40% 和 100%。日本的纤维工业在赋予纤维特殊功能和提高纤维性能方面的技术是世界领先的。

联系的产业演进过程。① 目前，其调整与变革仍在进行中。为更深入地了解日本纤维工业正在发生的这种变革，企业变革过程的微观观察与案例研究是不可缺少的。

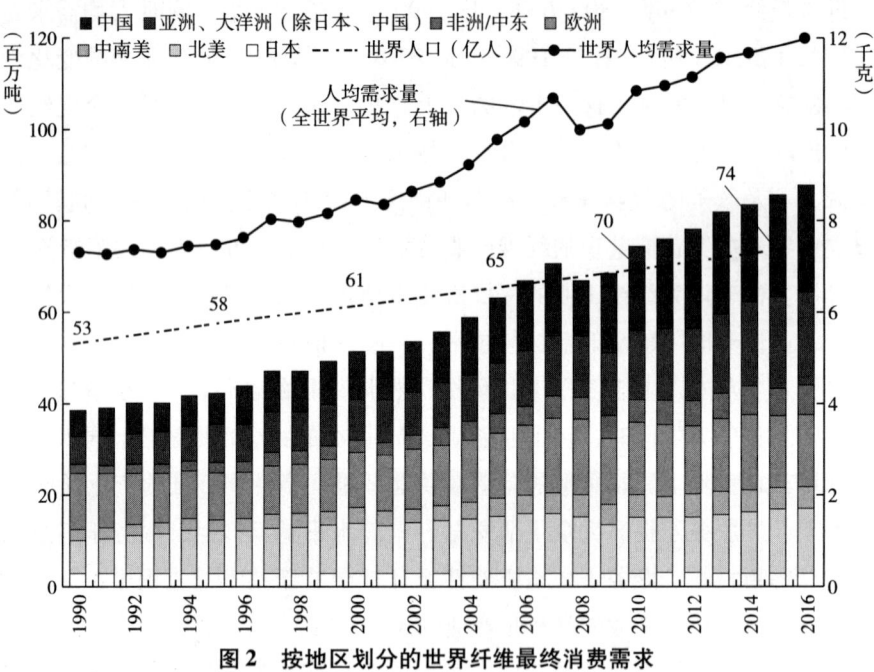

图2 按地区划分的世界纤维最终消费需求

资料来源：纤维世界供求报告，PCI Wood Mackenzie（地区、人均需求量）、联合国统计（世界人口），转引自经济产业省制造产业局《纤维产业的课题与经济产业省的对策》，2019，第9页。

2. 合成纤维厂家东丽蜕变为高科技企业的过程分析

1926 年创立的东丽公司，是日本一家有代表性的合成纤维生产企业，同时是以开发具有各时代特征的尖端材料闻名于世的高科技企业。② 截至2020 年 3 月底，其集团资本总额 1478.73 亿日元，员工总数 48031 人，净销售额 22146 亿日元，营运收入 1312 亿日元，国内外分公司及其分支机构

---

① 或者说，纤维工业的新一轮变革，是在制造业的当代发展和日本经济整体转型的大背景下进行的。

② 其碳纤维复合材料的开发即最突出的事例。东丽的碳纤维技术是在 20 世纪 60 年代研发的，而正式投入应用则是 70 年代的事情。1990 年 4 月，东丽独家获得了波音公司主承力结构材料规格的认可，成为独家提供波音 777 飞机主承力结构碳纤维预浸料的厂家。

282 家。公司业务遍及 29 个国家和地区。① 目前，制造、加工和销售的产品主要包括：①纤维和纺织品；②高性能化工产品；③碳纤维复合材料；④环境和工程相关的设备和应用材料；⑤生命科学相关的制药和医疗设备及其他。对它的伴随经济转型所经历的产业升级与追求高质量发展过程的分析，可能会有助于我们在微观的层面上进一步认识和思考如何实现工业的高质量发展这一历史课题。

（1）东丽公司实现高质量发展的结构变革轨迹

第一次世界大战后，以日本人造丝的国产化需求为背景，1926 年 1 月，由三井物产出资，东洋人造丝公司（即东丽）建立。②随着工厂的开工，生产与销售渐入轨道，1934 年 7 月，公司在东京和大阪的股票交易所上市。而事业经营的稳步与企业的成熟发展，还主要是在第二次世界大战后的经济恢复与高速增长时期。其主要标志是，公司在生产方面除人造丝外，相继建立起了尼龙、涤纶等支柱性生产项目，并研发和量产了尼龙树脂和聚酯薄膜，使公司利润有大幅增长。例如，因人造丝与尼龙项目发展顺利，1955 年公司的利润额在日本国内所有上市公司中排名第一位。同时，在管理上引进美国的现代化管理方式，并不断尝试将其与东丽积累的人才培养经验相融合，确立了"东洋人造丝服务于社会"的公司社训。进而，为贯彻这一理念投资 10 亿日元成立了"财团法人东洋人造丝科学振兴会"捐助基础研究。

纵观东丽公司 90 多年的历史，其产业的高质量发展是伴随不同时期的结构变革取得的。③它在战后结构性衰退下的第一次事业结构转变，发生在1971—1986 年。面对高速增长后的经济转型与日美纤维贸易摩擦，东丽在结构调整上确立了两大业务发展领域。④其一，实施纤维生产的技术革新和

---

① 东丽中国公司网站：https://www.toray.cn/aboutus/history/90years.html。
② 由于公司在 1963 年就停止了人造长丝的生产，为改变公司业务与名称不符的情况，1970 年 1 月正式更名为东丽股份公司（Toray Industries，Inc.）。
③ 东丽成长与发展的整个历史是一部丰富而生动的改革与创新史。本文限于篇幅，只选取与主题相关的几个结构变革的历史节点，加以简要概述与分析。
④ 在困境中肩负东丽经营重任的藤田精英社长，提出重新焕发合成纤维事业的活力，同时多元化地经营纤维以外的事业的经营方针（东丽公司：《编织未来：东丽 90 年小史》，出版文化社，2019）。

事业结构改革,①在强化加工体系、与服装厂商合作加强营销的同时，坚定地把高附加价值产品开发作为合成纤维事业的发展方向。其二，依托东丽的技术优势，开发碳纤维复合材料等具有市场竞争优势的新产品。②开发临床应用的医药品、医疗材料，以及印刷材料等也是其重要的组成部分。③在其后至今的发展过程中东丽一直秉持这一发展方针。在1985年的日元升值和90年代泡沫经济崩溃后的经济艰难发展时期，东丽的又一次结构调整是推进集团化管理和全球化经营。④在调整与改革中实施了"核心事业存留与全球化"的产业结构战略性转变，构筑了包括日本在内的跨越四大地域的全球化生产体系。中国江苏的"南通工程"就是在这一时期启动和着手建设的，并逐步形成了聚酯纤维聚合、制丝、纺织、染色的一条龙生产体系。⑤1998年的亚洲金融危机，以及中国快速成长为世界制造大国，这两件在亚洲发生的具有巨大世界影响的事情，成为东丽再次调整结构的契机。在基于对日本的社会结构与自身经营问题深刻反省的基础上，⑥东丽通过汇总各部门的改革措施，提出了以谋求经营思想的转变为要务的改革方向，即从过去的"以产品制造"为核心的事业形态，过渡到为顾客创造新价值、提供解决方案的新型事业形态，努力促使东丽在21世纪快速成长为高效益集团公司。为克服2008年由美国次贷危机引发的全球危机对公司经营造成的巨大冲击,⑦东丽最近一次结构性调整是面对困境推行无禁区的改革，主要通过提高总成本竞争力、⑧ 革新业务体制、⑨推进发展战略三项全

---

① 例如1981年底，为开发新一代制丝技术启动服装长丝现代化项目，同时配置新设备、实现自动化，以解决劳动力不足的问题。

② 东丽在1971年4月成立了不隶属于任何部门的新事业推进部，将其作为带动和统筹新事业的核心。

③ 东丽于1979年在冈崎工厂开始生产透析用人工肾脏"Filtryzer"，并于1977年增设了抗血栓导管"Anthron"的生产线。

④ 1988年东丽成立"关联事业总部"，将国内关联公司、国外关联公司业绩囊括作为集团整体统一决算。并立足于中长期发展，全面拓展海外经营。

⑤ 通过"南通工程"，东丽公司为自己建起了立足中长期发展、拓展中国事业的桥头堡。

⑥ 这一时期，东丽在国内纤维市场面临巨大的进口竞争压力，外部则因"9·11"事件导致航空市场萧条，复合材料市场遭受重大冲击，利润大幅下滑。

⑦ 例如，最终消费需求疲软导致供应链各环节大规模倾力库存，基础材料产业因此受到严重影响，消费者需求也大幅降低。

⑧ 在2009年度、2010年度削减成本1000亿日元。

⑨ 通过去库存和事业环境预测，将销售、生产和开发的规模与体制调整到最佳状态。

公司项目加以实施。① 进入 2010 年之后，克服了经营危机的东丽以持续的创新为动力，着意于完善企业治理机制，②转向进取式经营，将企业的工作重心转向促发展的战略轨道。包括拓展成长领域和成长国（地区）的业务，投资设备与研发，培养和储备人才，提高竞争力和持续推进结构性改革。

（2）东丽公司转型升级与高质量发展的实现路径

作为日本纤维工业的基干企业，东丽公司之所以能够在企业成长的不同时段有效地克服发展危机，顺利实现产业升级和高质量发展，其在变革与创新方面的路径特点是值得我们着重关注与思考的。

其一，更新设备，调整组织，基于技术积累打造高质量产品，力争在传统的纤维领域获得国内与国际的最强竞争力。东丽在从最初的人造丝生产企业发展到今天在高端材料等领域具有重要建树的高科技生产企业中间，曾与其他企业一样随着国内外复杂的形势变化，数次遭遇生存危机与发展困境。其中突出的是 1985 年"广场协议"后日元升值，带来出口方面的巨大冲击，导致经营业绩下滑，同时伴有媒体的"纤维工业衰退"和"东丽营销末路"的宣传。但这些都没能使东丽放弃纤维的生产与经营，相反，它却将纤维生产作为公司的重要增长极之一加以巩固与提升。当时，东丽公司明确地提出"重新焕发合成纤维事业活力"的方针。③ 东丽为什么没有放弃这个常人看来的夕阳产业？恐怕在很大程度上来自东丽公司对纤维工业市场的深刻洞察，④以及对自身优势的清晰认识。⑤企业史上的事实表明两者在东丽应对危机与转型发展中所处的重要位置。可见，东丽

---

① 其发展战略一方面是把制约经济增长的环境、资源问题作为切入点，提出解决方案；另一方面是开发亚洲市场，尤其是参与到中国的经济发展中。

② 如 2014 年开始引进外部董事。

③ 东丽公司：《编织未来：东丽 90 年小史》，第 41 页。当时，东丽的纤维事业本部与生产本部制订生存行动计划，通过转变销售策略、扩大深加工规模和推进全球化发展等各项针对性措施，千方百计地帮助这一留存的核心事业跨越困境（东丽公司：《编织未来：东丽 90 年小史》，第 63—64 页）。

④ 正如 1987 年上任的前田胜之助社长所言，"纤维产业在国内市场已经趋于成熟，但是放眼全球市场仍有巨大的发展空间"（东丽公司：《编织未来：东丽 90 年小史》，第 56 页）。

⑤ 前田社长面对困境，向员工再三重申"东丽在纤维领域积累了大量技术和销售经验，唯有重振纤维事业才是企业获得新生的捷径"（东丽公司：《编织未来：东丽 90 年小史》，第 57 页）。

是把应对危机与发展建立在从企业实际出发这一基础上的。

其二，瞄准趋势，立足国情，采取恰当的技术路线与创新组织，适时开辟有前途的新领域，使企业站上高科技的前沿。作为一家与当时的舶来品人造丝的国产化相联系的企业，东丽的成长与变革始终是与企业的技术进步相联系的。在战后日本经济起飞的第二年即1956年，它就建立起了自己的中央研究所，在经济高速增长期间的1962年，为充实基础研究和鼓励自由创新，又建立了基础研究所。东丽之所以能够对本领域前沿技术趋势有相对准确的把握，以材料技术的创新引领企业发展，正是因为它有着较为完备的研发体制（参见东丽的研发组织结构与研发投入变动趋势，图3、图4）。[1]当然，从新技术的开发到运用新技术开发出适应市场需求的新产品，还需要恰当的技术路线的运用与有效的组织，而这方面恰好是东丽的强项。从它的企业实践观察发现，东丽技术与产品的创新多是发生在其原有技术的延长线上。[2]这样做的好处是创新基础扎实、创新成功的概率更高。同时，有效的创新组织，又能保证它的新技术产品研发与生产既充分考虑其产业基础，又可以兼顾国内外市场的需求，从而使新产品开发与新事业的发展具有可持续性。[3]

其三，以工业创新为纽带，在处理传统事业与高科技事业的关系上，有序衔接、合理协调，在两大事业相互依存与相互促进中完成自身向高科技企业的历史蜕变。在东丽数十年的发展历程中，纤维事业迄今仍在公司的产品目录中，在机构部门的设置上，以及在事业发展的规划里，始终都处于核心业务的位置。其原因就在于，纤维事业蕴含着东丽集团的技术体

---

① 如图3所示，将所有的研究和技术开发整合在一起，不仅有利于解决各业务领域中的问题，而且促进了技术的融合，可以更好地开发新技术、新产品。正是依托这种类型的研究和技术开发体系，面向能带来经济价值的真正创新，不是迎合时髦而是立足于长远，东丽推进了韧性研究、技术开发和全球化事业。（东丽网站对其研发体制的阐述，https://www.toray.cn/technology/organization/index.html）

② 东丽最初作为合成纤维企业形成的技术体系，涉及有机合成、高分子化学、纤维工学等技术知识，其中间品就是一种材料。由于高分子化学具有产生新物质的可能性，新材料的研发可以说是处于其技术体系的延长线上。比如说它的超一流的碳纤维技术，作为新事业的生物医学材料的创新——人工肾脏的医学应用等，都是突出的例子。

③ 东丽对创新的这种组织，通常是通过企业集团的中长期规划项目制定，以及集团内各层次研究开发机构的分工实施来完成的。

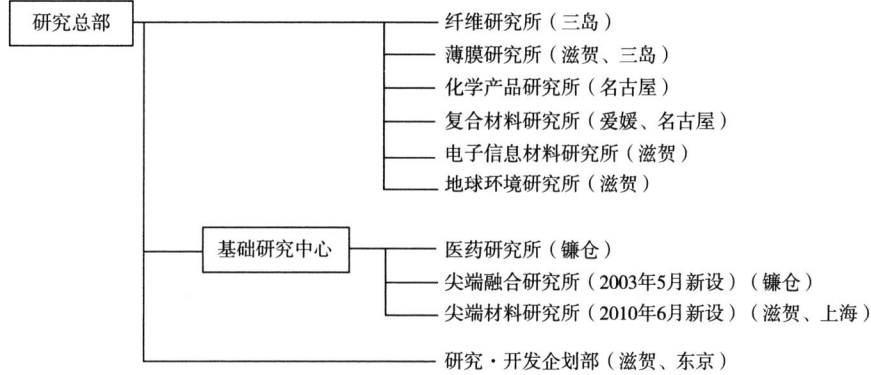

图 3　东丽的研发组织结构

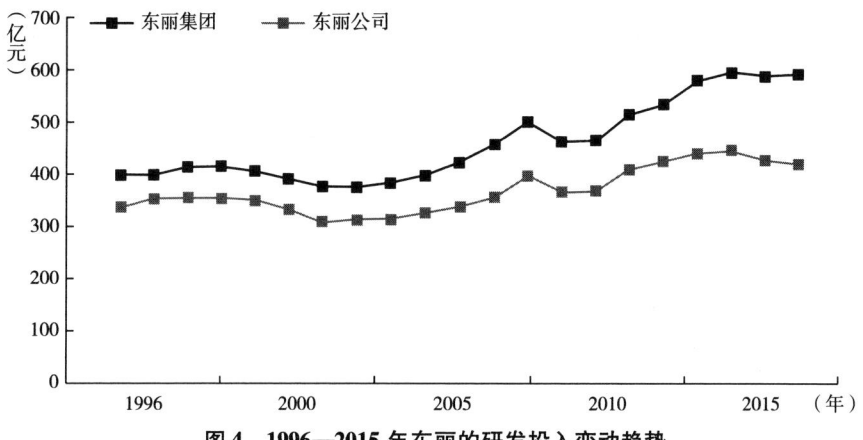

图 4　1996—2015 年东丽的研发投入变动趋势

资料来源：東レ株式会社『東レ 90 年史（1926—2016）』2018、573 页。

系基础与发展的根基。查看企业经营的历史档案，迄今不论是其高性能化工产品、碳纤维复合材料、环境和工程，还是生命科学等东丽的各项新事业的发展，都与这一基础存在着千丝万缕的联系。同时，高科技产品的开发和新事业突飞猛进的发展，又给整个集团传统事业的变革与提升创造了巨大的空间，使其能够在扎实的科学技术基础上不断地创造新的价值、创新产品，[1]以

---

① 近年来东丽开发了穿在身上即可持续测量生命体信息的被称作 hitoe 的智能服饰材料，自 2014 年开始应用于辅助体育训练，从 2016 年 8 月开始应用于劳动安全防护，同年 9 月起应用于医疗领域（东丽公司：《编织未来：东丽 90 年小史》，第 104 页），这可以说是一个最好的例子。正如东丽自我总结的那样，它"每年都推出增添了新性能的优化产品，其销售量也节节攀升"（东丽公司：《编织未来：东丽 90 年小史》，第 86 页）。

至于最终可能将其变为新材料产业的一个有机组成部分。正是有了两者的这种有机协调，东丽才在事业的发展上获得了较大的自由度，即能够根据国内外的经济发展形势选择发展的重点产业，根据投资的目的地选择发展的项目和企业运作形式。而且值得注意的是，企业的这种协调式发展，是在东丽称作"融合"的开放条件下运行和展开的。东丽认为，复杂的创新是不能够仅依靠内部优势来完成的，必须与外部合作进行共同的开发。

三 经济史的国际比较带来的历史思考与简要的结论

有针对性的产业发展国际比较，对我们思考当今中国如何实现工业的高质量发展有很大启示，这既包括理论层面上的，也包括实践层面上的。

1. 日本纤维产业与东丽公司的变革与发展带来的理论与实践启示

首先，产业的高质量发展是与它的结构性变革紧密联系在一起的。清晰的理性认识是高质量发展的行动基础与创新指南。不论是对日本纤维产业整体演进与变革的分析，还是对东丽公司转型升级的微观观察，我们都可以看到，尽管工业的高质量发展最直观的表现是满足不同层次、不同方面客户需求的优质产品在市场上的推出，[1]显然产业和企业的国内、国际竞争力是以产品为载体表现出来的，但是与这些产品推出相联系的一定是其与时俱进的创新意识与结构性变革。[2]因为，脱离结构变革的高质量发展是不可能持续的。而且，上述的观察与分析也表明，日本的纤维产业转型升级与东丽的结构变革过程，本质上就是一个实现高质量发展的过程，并且这样的高质量发展，有可能带动传统产业和企业实现向高科技产业转型的历史性蜕变。就传统产业改造的意义而言，这很可能是一个工业大国实现产业结构高科技化的必经阶段，也是我们对一国工业高质量发展意义的一个本质认识。

---

① 例如东丽从 20 世纪 60 年代推出手感细腻、美观如真丝的仿真丝产品，90 年代推出功能性服装面料。

② 东丽人造丝产品的下线和 20 世纪 70 年代的企业更名（即由"东洋人造丝"更名为"东丽"），就是一个创新与变革的过程。

其次，工业的高质量发展必须以企业的创新自觉为本源性驱动力。因为企业才是市场经济的主体与高质量发展的实体担当。作为工业化发展过程中的一个重要历史阶段，工业的高质量发展往往会成为政府工作方针所关注的重要内容（不论称谓如何），现实中常常表现为国家给微观主体标示出一种战略性的目标和方向。①这对于一个后起的工业大国尤为必要。但是，这并不意味着政府的愿望或号召能够代替企业的行为。只有当企业能够从生存与发展的切身需要中，切实意识到工业高质量发展的必要性，通过企业规划、机构设置、资金使用等手段，对人力、物力和财力等一切可以利用的创新资源进行有效组织，主动参与到国家的战略性规划之中（或与国家的战略性目标相协调）时，以企业的创新为先锋和主导的工业高质量发展，才能够真正得以实现。②从这个角度来说，一国工业的高质量发展，对于企业而言乃是一种生存发展。

再次，工业的高质量发展作为一种事实上的企业创新活动，符合企业实际的创新发展路径在发展成效方面的作用，这是应当被充分加以认识的。③譬如，由上述经济史的国际比较，我们至少可以观察到成功企业可供借鉴的若干创新与升级路径。第一，倾企业多年的技术积累，通过创新在自己最擅长的领域把产品与服务做到最优，从而为自己赢得发展与升级的空间和夯实长远发展的基础。第二，在选择开拓战略性新事业时，要考虑把发挥自己原有的技术优势与反映时代潮流的新技术有机结合，使自己能够在有效适应市场需求中实现可持续发展，以此选择和把握新的发展方向。第三，在企业的整体布局与事业运营中，注意协调好既有事业与新开辟事业两者间发展的关系，以保证在不同的发展时段及发展时点上，能够获取相对平衡的发展。第四，在企业整体的创新活动中，注意处理好自主发展与融合发展的关系，尽可能地利用一切可以利用的创新资源，力求在

---

① 比如20世纪90年代，日本通产省在"下一代产业基础技术研究开发制度"下，设立了发展新产业必不可少的新材料基础技术开发课题。

② 就像东丽公司那样，将本企业的以新材料发展为动力的创新，与日本通产省制定的新材料基础技术开发中的目标技术相结合，从而发挥了先导性的作用（椎塚武『東レのハイテク戦略』21—23頁）。

③ 如果不解决这个问题，工业的高质量发展则无法成为经济发展的现实。

开放式发展中有序完成从传统企业向高科技企业的蜕变。①

2. 一个简短的结论

工业的高质量发展，是后起的工业大国走向现代化强国的必经历史过程。只有跨进高质量发展这一历史门槛，才意味着经济体有能力在创新的引领下有效地解决转型中的结构性问题，以推进与建设现代化强国事业相适应的产业升级。②这对于后起的工业大国而言，是一个工业不断取得进步的历史过程，事实上就是一个产业演进与结构变迁的过程。

如果我们能够从工业化先行者的产业实践中观察与认识工业演进的规律，就相当于我们拿到了一把实现工业高质量发展的钥匙。后起国家建设现代化强国的过程，就是重要的学习工业化的过程，尽管这种学习会随着社会经济形态的变迁有所变化，但是学习本身却不会因变化而被取代。同时，这也是一个后起国家真正融入经济全球化的过程，建设现代化强国的夙愿是需要在开放与融合的环境中完成的。

拥有 14 亿人口的后起的发展中国家中国，要成功地完成学习工业化的过程，就必须从国情出发，去除浮躁，切实完成实现工业高质量发展的最薄弱环节——传统产业的变革这项最基础性的工程。③这不仅是因为传统产业在今天的中国产业整体中占比最大，改造升级任务最重，更重要的理由是它在多数时候是我们高质量发展的盲区。而这个环节上所发生的变革，可能会在一定程度上影响着今后中国产业的竞争实力、整体架构及其未来的发展走向。因为，它是我国战略新兴产业得以强劲发展的重要产业基础，这是现代大工业发展的特点与工业创新的性质所决定的。④

要实现这样的变革，关键还在于激发市场经济的主体企业的本源性创

---

① 东丽在与外部合作共同开发中取得了重要成效。采取这一措施之前的 2001 年，其参与国家研究项目仅为 10 项，到 2016 年则增长为 40 项。而与普通研究机构、权威企业的共同研发则超过了 300 项（东丽公司：《编织未来：东丽 90 年小史》，第 162 页）。

② 当然，这种能力是相对的，需要不断进化。

③ 这是任何的其他结构性改革都不能替代的。

④ 参见李毅《日本的工业化轨迹与工业创新研究——后起者的视点》，《日本学刊》2016 年第 4 期。

新自觉，产生创新动力。只有当企业通过它们的创新与努力，在变革中真正创造出最适合于自己的转型与升级路径，实现理性发展、生存发展与有序发展，中国工业才能够整体跨入可持续性的高质量发展轨道，从而实现我们通过建设现代化强国，为人民谋幸福的奋斗目标。

近代轮船招商局的组织形态特征

——基于早期开放的视角

兰日旭[*]

2022 年是轮船招商局成立 150 周年，它在曲折发展中不断壮大，至今已经成为世界 500 强企业，在航运、金融等领域创造了中国许多的第一。它是洋务官员利用股份制形式创办的首家带有民用性质的企业，在"三千年未有之大变局"下揭开了自强求富的初心。被动的开放背景，使轮船招商局主动或被动地融合着传统与西方现代企业组织理念，在创新过程中形成了具有自身特色的组织形态特征。依靠特许经营，它在外资航运持续压价下获得了快速成长，而频繁的"报效"又使它的发展陷入了官与市场之间的低水平博弈均衡之中。轮船招商局史已经引发社会各界的广泛关注，学界发表了一系列论著，涉及与其相关的各个领域，形成了一个"招商局学"。本文在已有研究的基础上，就其早期特定开放视角下产生和形成的组织形态特征做一梳理、总结，以此明了"从何而来"，为"向何处去"提供借鉴。

一 创立的制度基础：请准制

轮船招商局建立之前，中国传统企业中尽管出现了股份制的雏形，像山西票号产生了经营权与所有权的部分分离，但整体上还是合伙制基础上的一种延伸。鸦片战争后，随着西方现代股份制企业进入中国，其组织形

---

* 中央财经大学经济学院教授。

态引起了人们的关注。早先为西方在华设立的洋行等企事业服务的买办，凭借积累的大量资金和经验，纷纷以"附股"形式加入外资在华企业（见表1），同时参与到民族企业的创立潮流之中。"据统计，19世纪60年代末70年代初，到90年代初期，民族资本创办的大小近代企业共计120多家，在这些早期的民族工业中，无论是从数量上还是资本总额上，都是买办创立的企业占绝对多数和优势，即使一些不是由买办创立的企业也有买办投资的股份，实际上是由这些买办创立的近代新式企业奠定了中国近代民族工业的基础。"[1] 他们大量参与现代企业的经验，为之后的轮船招商局的发轫奠定了人员、资金等基础。

表1 19世纪华商附股外国企业情况

时期	华籍大股东数（人）	所附外国企业数（家）
60年代	18	5
70年代	27	6
80年代	21	14
90年代	64	19
合计	130	44

资料来源：汪敬虞《十九世纪外国侵华企业的华商附股活动》，《历史研究》1965年第4期。

深受西方列强侵略影响，特别是亲身经历第二次鸦片战争冲击的洋务派官员（如李鸿章等），发出了"三千年未有之大变局"的感慨，认识到学习西方技术的重要性，由此拉开了创办军工企业的序幕。创办军工企业，大量雇用西方技术人员，依靠地方大臣的势力，采用官方经费展开经营，产品则以非市场化方式调用。此种方式，在清廷财政收支困境日益加重的条件下，屡屡遭遇保守派的攻击，"……今则军务未已，费用日绌，殚竭脂膏以争此未必果胜之事，殊为无益。……应请旨饬下闽浙、两江督臣将两处轮船局暂行停止"。[2]"靡费论"争论不断。在此背景下，尚在筹设福建船政局时，左宗棠就提出了"官船商雇"的设想。"宗棠原奏请以

① 易继苍：《买办与上海金融近代化》，知识产权出版社，2006，第255页。
② 《申报》1874年3月7日。

新造轮船运漕而以所雇沙船之价给之，并听商雇，薄取其值……与见设之招商局所议略同。"① 左宗棠原本是为了保障船政局经费的可持续性，但其做法无疑为之后的轮船招商局创立减少了障碍，铺垫了制度基础，成为洋务官员在"民用"企业的创设上首先选择航运业的重要原因。

面对"靡费论"的主张，在洋务派人物据理力争下，洋务企业虽然得到清政府的支持，转危为安，但洋务派也不得不改用官商合办的形式以减少顽固派的无端干扰。他们深深体会到了"必先富而后能强，尤必富在民生而国本乃可益固"。② 为了维系"军工"企业，洋务官员不得不改变前期的经营领域，转向民生行业。创办"民用"企业，无法像前期"军工"企业那样依靠财政资金，此时财政已经处于"言常用则岁出岁入不相抵，言通商则输出输入不相抵，言洋债则竭内外之力而更无以相抵"的困局之中，只能借助官方的影响引入民间资金。而引进民间资金，清政府尚未像日本明治维新那样制定相应的商律、企业法，以保障民众的利益。"因为制度的改革牵涉到许多强烈信念和偏见的人在思想上、观点上和习惯上的改变。所有这一切只能主要和慢慢地通过一系列的客观教训以及靠不断地讲理说服，来求其实现，而要从客观事实中吸取教训则需要时间。"③ 洋务官员要推进"民用"企业的创办，为了降低制度成本，沿用原有制度做法则是必然选择之一。同时，受衙门式经营、管理腐败作风的影响，早期军工企业经营的实效并不如人意，能够持续发展的企业极少。军工企业如此的经营特征，一定程度上抑制了民间资金参股官办企业的欲望。

为了打消民众顾虑，弥补创办企业的正式制度缺失，李鸿章在创办轮船招商局过程中延续着历史惯性和既存的条件，向中央上奏，获得清中枢和皇帝的批准，以获取正式制度的保障。"该局本系奏办，在局员董由官派委。""其实员董由官用舍，帐目由官稽查，乃属商为承办，而官为维持也。"④ 这得到清政府的许可，商人需遵照政府的要求向政府缴课或"报效"，这种形式事实上与西方股份制企业兴起之初是一样的。"每个新公司

① 转引自林庆元《福建船政局史》，福建人民出版社，1999，第160页。
② 《李文忠公（鸿章）全集·奏稿》卷43。
③ F. W. 泰罗：《科学管理原理》，胡隆昶等译，中国社会科学出版社，1984，第102页。
④ 中国史学会主编《洋务运动》第6册，上海书店出版社，2000，第44页。

的成立都需要君主（或议会及其他立法机构）颁布单独的法令，因为公司的创立者需要通过书面方式确认它将为公众利益服务，从而值得授权。"① 但晚清政府对轮船招商局的组织形态和体制并没有明确的制度规定，毕竟，"组织的行为不是事先决定的，因为没有一劳永逸的详细的行动计划和日程安排"。② 以至于在筹办阶段就对招商局章程进行了三次修改，确立"筹国计必先顾商情"的思想。而在顾商情的思想确立前，朱其昂筹办的公局效果甚微；之后采纳盛宣怀的顾商情理念，在徐润、唐廷枢的主持下，开展日益顺利。显然，在请准制下，李鸿章先后邀请有政治地位的朱其昂、唐廷枢、徐润、盛宣怀等来创办或主办，在"为商人设身处地"着想的观念下，为轮船招商局创设后能够较为顺利地开展业务，起了明显的制度保障的作用。

二　业务经营的特权：特许制

筹议创立轮船招商局时，延续了历史的惯性，由官来设局，招集商股，并由官商合并来经营。"若由官设立官局招徕，则各省所有轮船股东，必渐归并官局。"③ 按此原则，李鸿章委任朱其昂来筹办招商局，经历两年左右的时间，改为官总其大纲，而以商的形式来经营。"由官总其大纲，察其利病，而听该商董等自立条议，悦服众商。"④ "盈亏全归商认，与官无涉。诚以商务应由商任之，不能由官任之。轮船商务牵涉洋务，更不便由官任之也。"⑤ 现代公司的产生不同于传统的手工业，它的成长发展很大程度上需要处理好领导问题。"公司的生存和成功运行取决于它是否能处理好下面三个相互依存的问题：领导问题、基本政策问题，以及行动和决

① W. 理查德·斯科特、杰拉尔德·F. 戴维斯：《组织理论——理性、自然与开放系统的视角》，高俊山译，中国人民大学出版社，2011，第398页。
② 詹姆斯·马奇、赫伯特·西蒙：《组织》，邵冲译，机械工业出版社，2008，第24页。
③ 《李文忠公（鸿章）全集·奏稿》卷20。
④ 杜恂诚：《民族资本主义与旧中国政府（1840—1937）》，上海人民出版社，2014，第71—72页。
⑤ 《李文忠公（鸿章）全集·奏稿》卷36。

策的标准问题。"① 轮船招商局筹备和创立之初，受制于朱其昂的经验和能力，经营并不顺利，不得不重新任命唐廷枢等人替代朱其昂。唐、徐进入招商局后，以顾商情的理念，凭借他们的社会关系网络和经验，改变了招商局的经营方式，商务由商办之。

1872 年轮船招商局设立，由此揭开了创立"民用"企业的序幕。鸦片战争后，西方国家通过强加给中国的一系列不平等条约，占据了中国各口岸和沿江的航线业务。"且各口岸轮船生意，已被洋商占尽，华商领官船另树一帜，洋人势必狭重资以倾奇，则须华商自立公司，自建行栈，自筹保险，本巨用繁，初办恐无利可图。"② 面对来自太古、旗昌等外资轮船公司的压价竞争，新生的轮船招商局面临生存和经营困境。"水脚至低者每吨东洋四元，汉口四两，宁波二元半，天津每担六钱，汕头去货二钱，回货四角，广东二钱至四钱。"之后，"甚至每吨东洋跌至二元或一元半，汉口二两，宁波一元或半元，天津每担三钱或四钱，汕头去货一钱或一钱二分，回货二角半，广东一角半或一钱半"。③ 随着竞争加剧，压价更加厉害。"闽粤往日三四角水脚减至一角，宁波二元半减至半元，长江五两减至二两，天津八两减至五两，客位亦减至七折或一半。"④ 为此，李鸿章在成立之初就专门向清政府奏许给予运输漕粮的专利，1873—1874 年就预定 20 万石，1874—1875 年为 45 万石，1875—1876 年为 29 万石。⑤ 巨额的漕粮特许经营，基本保障了招商局创办之初的业务开展。1877 年之后，清政府又特许招商局承运沿海沿江各省官物。

这样，招商局在应对外资航运公司激烈压价的斗争中经营顺利，并不断壮大，迫使太古等与之签订平价合同。之后，又利用旗昌公司经营困难之际将其收购。收购所需的 222 万两，官方给予 100 万两的借款支持，此次收购使轮船招商局获得了快速扩张。之后，在获得官物特许经营的支持下，招商局每年还从官方获得了较大比例的借款（见图 1）。

---

① 彼得·德鲁克：《公司的概念》，慕凤丽译，机械工业出版社，2006，第 22 页。
② 《李文忠公（鸿章）全集·奏稿》卷 19。
③ 陈玉庆整理《国民政府清查整理招商局委员会报告书》，社会科学文献出版社，2013，第 413 页。
④ 陈玉庆整理《国民政府清查整理招商局委员会报告书》，第 415 页。
⑤ 张后铨主编《招商局史·近代部分》，中国社会科学出版社，2007，第 69、70 页。

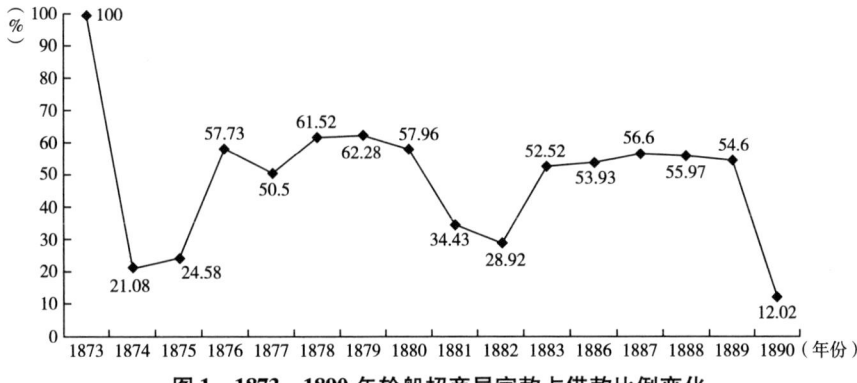

图1　1873—1890年轮船招商局官款占借款比例变化

资料来源：据张国辉《洋务运动与中国近代企业》（中国社会科学出版社，1979）第168—169页数据制作。

　　轮船招商局从成立之初在业务上就获得了晚清政府的官物特许经营权，在创办之初和并购旗昌公司之际又获得了官方的大量借款，这为其业务的发展和公司的拓展奠定了良好的基础。虽然在之后的发展中官方不断地向轮船招商局索取"报效"和垫借费用，影响了其业务的持续壮大，但不可否认创立之处若没有来自官方的特许经营权，招商局要在外资航运公司的强力压价下获得生存是不可能的。当然，后期的各种索费和"报效"成为近代中国官办企业难以壮大的重要障碍，则是其制度性因素所内生决定的。

　　当然，轮船招商局在获得特许经营的同时，充分利用了官方的优势，采取官僚化经营方式。同时，具有官方背景的管理者也会构筑自己在轮船招商局中的权力基础，以使所有者或创办者（包括实际控制者）离不开他们在经营上特有的专业知识和对管理细节的了解。这样，作为当权者委托管理和经营轮船招商局的主责者，就会利用实际控制者的权力网络来为自己经营服务。由此，在不同的主办者主政招商局期间，虽然都尽力维系和拓展特许经营权，以推动业务发展，但不同的主办者会采取不同的策略，在保障自身利益最大化的条件下维系官方与企业发展之间的利益均衡。

三 资本筹集的中西交融：股份制

"不过在现实世界中，并不是所有企业都能等额地得到资本，企业自身的组织形式可能是它的可得资本供给量的很好的决定因素。"[①] 之前，传统企业主要依靠自身积累或借贷来筹集资金，资金来源较为单一、需求额度较小、以短期借贷为主，这些特征无法适应现代企业长期、大额的需要。洋务官员创办"军工"企业的费用则完全来自官款。随着创办近代企业资金需求规模的扩大、官方财政的日益困窘，洋务官员不得不转而利用官方的优势，吸纳民间资金参与"民用"企业的创办。"全恃官力，则巨费难筹；兼集商资，则众擎易举。然全归商办，则土棍或至阻挠，兼倚官威，则吏役又多需索。必官督商办，各有责成：商招股以兴工，不得有心隐漏；官稽查以征税，亦不得分外诛求。则上下相维，二弊皆去。"[②] 在晚清政府请准制下，李鸿章任用有能力的商人筹备，引进股份制方式以筹集民间资金。刚开始，李鸿章任用朱其昂负责招商局的筹建。按照轮船招商局局规招股 100 万两，分 1000 股发行，先收 50 万两。朱其昂虽然利用媒体发布招股章程和广告，充分利用自身的社会关系网络，李鸿章也以北洋大臣的名义，"照令会绅，妥为劝募"，但效果甚微，仅从沙船商郁熙绳等处募得 16 万两，而其中上海商人认缴的 10 万两并未缴纳现银。

为了打破招股困局，李鸿章随后以唐廷枢、徐润等替代朱其昂。在唐廷枢、徐润等人利用"因友及友"的尽力筹集下，招股工作逐步打开局面。唐廷枢"尽将自己所有及邀集亲友极力附股"募集资本 47.6 万两（1877 年增至 75.1 万两）。1881 年，招商局招足 100 万两。之后，由于营业较为顺利，股票面值达 200 余两。1882 年，招商局决定另招新股 100 万两。为了"洽旧股友之心"，规定凡持有百两旧股者，每股只要再交银 80 两，便可领到价值 100 两的新股票。到 1883 年，新股 100 万两业已收足，

① L. E. 戴维斯、D. C. 诺斯：《制度变迁的理论：概念与原因》，R. 科斯、A. 阿尔钦、D. 诺斯等：《财产权利与制度变迁——产权学派与新制度学派译文集》，三联书店上海分店，1991，第 278 页。

② 夏东元编《郑观应集·盛世危言》上册，中华书局，2013，第 704 页。

招商局股份银总共达到 200 万两。① 在招商局两期共 200 万两资本额中，徐润两次各入股 24 万两，共 48 万两，是招商局的最大股东。由徐润出面"招徕各亲友之入股者亦不下五六十万两"；唐廷枢入股不少于 8 万两，他"随带资本并'南浔'轮船入局经营"，"凑集商股数十万"；朱其昂股份至少有 3 万两（60 股）；陈树棠在招商局拥有股份 10 万两；盛宣怀早期投资约 4 万两；尚未入局的太古买办郑观应在招商局早期也占有股份。

发端于轮船招商局的股份制，在最初的招股过程中尽管历经曲折反复，但在唐廷枢等人的推动下，不到 10 年股本就翻番，由此开启了近代中国通过向民间发行股票"招商集股"、筹集资金进而兴办股份制企业的浪潮。"自招商局开其端，一人倡之，众人和之，不数年间，风气为之大开，公司因之云集，虽其中亦有成与不成之分，然其一变从前狭隘之规则。"②显然，在轮船招商局股份制筹集资本的强有力影响下，中国近代社会初步形成了一批股份制官办企业（见图 2）。

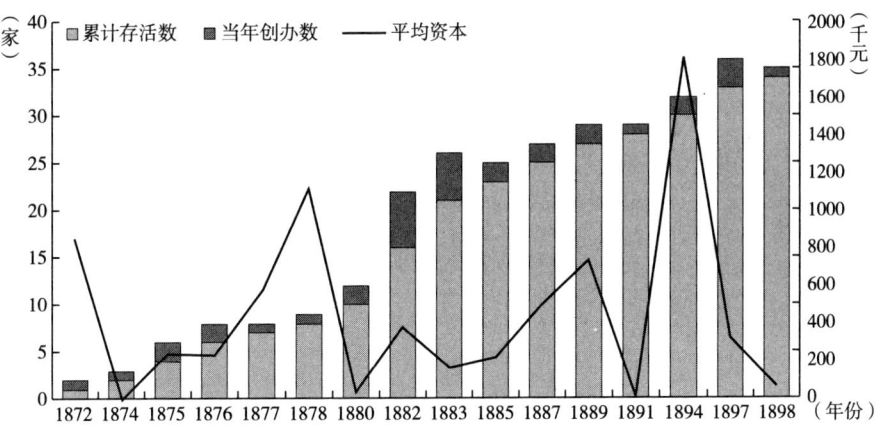

图 2　近代官督商办企业创办数量及平均资本概况

说明：为保持折线图的连续性，平均资本不详的年份暂设为 0。

资料来源：杜恂诚《民族资本主义与旧中国政府（1840—1937）》，第 252—487 页。

显然，轮船招商局在早期开放的背景下，创新性地融合传统与现代的股份制筹集资本的形式，不但使自身在短时间内就筹集到巨额资金，推动

① 张后铨主编《招商局史·近代部分》，第 48 页。

② 《申报》1883 年 10 月 21 日。

了招商局的快速发展，而且还推动股份制形式在近代中国社会的广泛采用。从 19 世纪 70 年代到 1903 年，这种性质的企业数量从一家增加到几十家，形成了中国近代第一批股份制企业群体。

四 利润分配机制：官利余利制

在轮船招商局尚未筹备时，洋务官员设立的"军工"企业就因资金问题经营波动很大，甚至在顽固派的"靡费"争论下面临停办风险。为了解决资金问题，企业转变筹集方式，采取股份制方式以吸纳民间资金。

受两次鸦片战争的冲击，政治格局、人们的思想观念等开始发生变化，引出了"三千年未有之大变局"，但在社会风气尚未完全打开的条件下，采用股份制方式必须改变中国传统企业集资的手段，投资者或财东不再仅仅依靠对经理们的考察，而是更多地把投资考察放到企业收益上，"利润和盈利能力在任何经济体制下都发挥着同样的功能，它们分别起着风险回报和衡量标准的作用，离开了它们，经济活动就无法展开"。[1] "投资者审视不确定的未来，靠的是那些通过过去取得的成就，这被证实为是有效的指导原则。在这一时期中，市场并不是非常有效的，但有关以红利支付和利息支付为形式而体现的公司现金流动方面的信息，在判断投资质量上起着重要的作用。"[2] 然后，洋务派前期创办的"军工"企业因为衙门化经营，经济效益不好，对民间吸引资金产生了诸多不良影响。为了打消民众的顾虑，让社会上余资流向近代企业，创办者采用了传统与现代结合的收益分配机制——"官利"制度。

轮船招商局采用"官利"制度的原因虽然在学界争论很大，[3] 其中一个是近代中国资本是否短缺与民间高利借贷横行的问题，但从近代中国社会资金分布看确实普遍存在资金短缺的现象。关键是，如果从当时社会实

---

① 彼得·德鲁克：《公司的概念》，第 8 页。
② 乔纳森·巴伦·巴斯金、保罗·J. 小米兰蒂：《公司财政史》，薛伯英译，中国经济出版社，2002，第 213 页。
③ 兰日旭：《近代中国股份制企业"官利"制产生原因再探析》，《福建论坛》（人文社会科学版）2008 年第 5 期。

际和 GDP 总量看，尽管当时人均国民收入极低，但考虑到中国社会的实际情况，社会上还是有相对剩余的资金可以满足新式企业的融资需求。按照王业键的估计，全面抗战前中国的国民收入中扣除人们的基本消费后，潜在的剩余应当不少于 1/4。① 结合对近代中国 GDP 数据的估计，我们大致上可以得到 1850 年到 1936 年之间，每年中国的国民收入剩余大约在 36 亿元至 64 亿元之间。同时，这些剩余资金，受到当时中国社会财富分配极不均衡现状的制约，基本集中在少数富有阶层手中，按照张仲礼的研究，1887 年时人口总数只占 2%的富有阶层收入却占全部国民收入的 21%。由此可以判断，近代中国资金确实短缺，但资金相对集中在少数一部分人的手中。这样如果设计好筹集股份的机制，还是可以实现资本的筹集。

轮船招商局在创办之初，就在章程和招股公告中明确表明了"招集股银一百万两，分作千股，每股银一千两"。② 在风气未开的近代中国，首次招股就设计出了每股一千两，没有一定财力是无法购买该局股票的。显然，创办者不是面对社会的，而是特定对象的。而近代早期的股份制企业创办者，基本是具有较强实力的社会中上层人员，他们的社会关系网络也明显偏向社会余资积存较多的少数人员。这样，设计大额化股票来筹集股金就是自然而然的事，也能够降低运作成本。关键是需要给予高而稳定的收益，再加上创办者的社会关系网络，则能实现必要的股金筹集。首先是稳定。在企业创办章程中有着明确的规定，从股金缴纳起，不管企业是否经营，是否有收入，均必须支付。其次是相对高额的收益。在股份制企业在中国刚开始出现时，大约是一分，民国之后逐步降到六至八厘，如此收益略高于银行的存款利息收入。再次是如果企业经营得好，官利之外还有红利的收益，即余利。显然，如此高而稳定的收益，就使创办者能够在相对稳定的社会关系网络中吸纳创办和扩大企业所需的资金。轮船招商局在1872 年创立之后，在 1873 年开始的连续 6 年中，官利持续分配。"第一年

① 王业键：《中国近代货币与银行的演进（1644—1937）》，中研院经济研究所，1981，第85—86 页。
② 交通部财务会计司、中国交通会计学会编《招商局会计史》，人民交通出版社，1994，第187 页。

派利一分，第二年派利一分五厘，第三、第四年均派利一分，第五年派利五厘，今第六年仍派利一分。总共六年已派利六分。"①

采用"官利"制，显然能够化解筹集股金的难题。这正如李鸿章所言，"设局本意，重在招商，非万不得已，不得议减商息"，②即维持股东的信心，"中国的信用制度还不够完善的必然结果，原因很简单，一般股东都不轻易相信企业经营人，不肯轻易地提供资本，因此必须事前规定官利的保证，然后招募股本才有可能"。③给予股东较高而稳定的官利，之后若有剩余则配与红利，自然对有余资的少数阶层人士来说很有吸引力。为此，轮船招商局在招股时，就在章程中明确做了规定，以保障企业股东的利益。"不论是清末还是民国时期，企业章程都需要经过政府有关部门的批准，……目的是要向外界公开宣布，这种利率受官方法律保护，是有保障的，这样便可增强社会信用，得到社会认可和支持，实现吸引社会资金创办企业的目的。"④这样，在制度化之后，官利制的稳定性功能得以展开和发挥作用，投资者的信心增加了。"查公司原定章程本有官利，载在章程，股票行之有年，取信股东，肯入股份，全仗此着。"⑤采用官利制度，极大程度上解决了轮船招商局筹集股金的难题，同时为之后股份制企业的发展提供了可资借鉴的方式。

五　余论

在近代中国被动开放的初期，轮船招商局创新性地融合传统与现代的做法，在没有公司法等制度的条件下，采取向晚清政府中央权力机构和皇帝奏请审批认可的方式，在制度上解决了公司设立的难题，且有助于取得

---

① 聂宝璋编《中国近代航运史资料》第 1 辑（1840—1895）下册，上海人民出版社，1983，第 975 页。

② 聂宝璋编《中国近代航运史资料》第 1 辑（1840—1895）下册，第 801 页。

③ 汪敬虞《中国近代工业史资料》第 2 辑（1895—1914）下册，科学出版社，1957，第 1011 页。

④ 朱荫贵：《中国近代股份制企业特点——以资金运行为中心的考察》，《中国社会科学》2006 年第 5 期。

⑤《盛宣怀致高木陆郎函》（1913 年 5 月 31 日），汪熙等主编《汉冶萍公司（三）》（盛宣怀档案资料选辑之四），上海人民出版社，1984，第 537 页。

民众的信任。面对外资航运公司联手压价的局面，轮船招商局则积极争取政府的特许经营制度和官方的低息借款，以保障业务的开展，化解激烈竞争的压力。轮船招商局首次采取股份制方式筹集股金，融合传统与现代的做法，有效设计"官利"的收益配置制度，推动了中国近代企业的发展。轮船招商局在特定的条件下创新组织形态，确实迎合了近代社会风气初步开放的形势，同时也为其他股份制企业的创办提供了经验，这一做法仍值得当前企业发展参考。然而，在实际执行中，以官督方式任用具有官方背景的人员掌控企业，则极易造成企业经营的官僚化，他们在平衡官方与市场之间谋求自身利益最大化，甚而影响企业的持续发展，这需要引起当前国企改革的反思。

开放与引进：特许制下近代中国
第一家股份制企业的再考察

张忠民*

一 问题的提出

在以往有关的研究著述中，对于晚清轮船招商局的创办，往往多誉为"中国历史上第一家股份制企业"，或者"中国最早实行股份制的企业""中国近代第一个自办的大型股份制企业"，等等。[1] 当然，也有著述既把轮船招商局称为"近代中国第一家股份制企业"，同时又认为"轮船招商局别开洞天，已经有很规范的公司产权制度"。[2]

说到这里，有一个基本的问题似须明确，这就是轮船招商局既然是中国历史上第一家股份制企业，或者是近代中国第一家股份制企业，那是不是就意味着在这之前，中国就没有股份制企业？究竟是近代没有，还是前近代也没有，或者说是包括古代在内的历史时期都没有。由此出发，需要讨论和证明的问题至少有二。首先，前近代（古代）中国，存不存在股份

---

* 上海社会科学院经济研究所研究员。

[1] 胡显中、周晓晶：《中国历史上第一家股份制企业轮船招商局》，《经济纵横》1992 年第 8 期；卢文莹：《中国最早实行股份制的企业——轮船招商局》，《财贸研究》1992 年第 5 期；张世红、胡海建：《轮船招商局股份制特征浅论》，《江苏商论》2004 年第 12 期。

[2] 研究企业史的著名学者吴晓波指出："（招商局创办之前）中国企业组织方式只有独资和合伙两种，轮船招商局公开招商筹资，成为近代中国的第一家股份制企业"，"轮船招商局别开洞天，已经有很规范的公司产权制度"。胡政、李亚东点校《招商局创办之初（1873—1880）》，中国社会科学出版社，2010，第 13 页。

制企业，如果存在，其企业组织形式究竟如何？其次，如果近代之前的中国已经存在股份制企业，那么被誉为近代中国第一家股份制企业的轮船招商局，其实行的"股份制"究竟与前近代中国社会的股份制有何区别和差异？

二 前近代中国社会的股份制企业

在近代之前的传统中国社会中，企业组织的主要形式是业主制与合伙制，而在合伙制企业中，采用股份合伙是十分常见的现象。这在以前的研究中已经多有论述。①

现存的史料对古代中国社会曾经出现和存在的合伙资本组织形式有很多表述，如"合本""连财""合资""合伙""合股""合营"等。在已有的相关著述中，我们至少可以看到诸如"联合经营""合伙经营""合资""分股合伙制""合伙股俸制""合伙股份制""契约股份制""朋合制""合伙制""股俸制"等不同的表述。杨国桢是国内较早研究明清资本组织形式的学者，他认为，"'合本'，又称'合伙''合股'，是商业资本的一种组合形态，日本学者称之为'共同资本'。'合本'即合伙，是两人以上共同提供资本或实物、技术等，共同分配盈余或承担债务。在不同的历史条件下，合伙经营的方式有所不同，合伙人或共同，或委托其中一人，或委托他人管理、使用、经营"。② 此外如"邓拓研究北京西部山区煤矿生产契约时，将其股份组织制度称为'分股合伙制'；张正明研究明清山西商人的资本组织时，亦认为晋商实行的是'合伙股俸制'"。③ "在晋商股俸制的运行中，晋商还创造出了一系列新的股份形式。"④ "陕商准确的经营定位、合理的商品结构以及基于不同人文地理渊源实行的合伙股份

① 张忠民：《略论明清时期"合伙"经济中的两种不同实现形式》，《上海社会科学院学术季刊》2001 年第 4 期；张忠民：《前近代中国合伙企业组织的产权制度特征》，《中国经济史研究》2022 年第 1 期。
② 杨国桢：《明清以来商人"合本"经营的契约形式》，《中国社会经济史研究》1987 年第 3 期。
③ 刘秋根：《中国古代合伙制下盈余的分配》，《河北学刊》1996 年第 4 期。
④ 庞弘毅：《晋商企业组织形态变迁研究》，硕士学位论文，中国政法大学，2009。

制和契约股份制充分调动了各方的积极性。"① "明清晋商的经营组织方式大致经历了独资、贷金制、朋合制和合伙制几种形式。"② 如果我们以现代企业理论的基本概念、范畴为准，就不难看出，历史文献中不同表述的"合本""连财""合伙""合股"等，说的实际上都是"合伙"。这就如同明清时期的市镇，在南北各地有墟、场、集等不同的称谓。"股俸制"中"俸"的含义实际上就是"份"，晋商史料中的"股俸"其实就是"股份"，因此所谓的"股俸制"实际上就是"股份制"，只不过是因为有了顶身股，似乎就显得与通常意义上的股份制有了不一样的内容和意义。其他诸如"合伙股份制""契约股份制""朋合制"等，说的都是同样的道理。

而实际上，前近代中国社会的合伙以其资本是否等分为准，可以区分为股份合伙与非股份合伙两种。所谓股份合伙是将全部的合伙资本等分成一定的数量，每一份就是一股，合伙人的出资一定是每一股股份的若干倍数；而非股份合伙的合伙资本并不等分，各合伙人的出资可以是随意的数额。如光绪年间潘济生等 5 人合伙顶开坤利店，全部资本为英洋 800 元，分为 16 股，每股 50 元，其中 1 人出资 6 股，2 人各出资 4 股，2 人各出资 1 股。约定"获有官利，并得余利，照本分取；倘有亏折，照股摊派，各无异说"。③

这种传统的股份合伙有两个最重要的产权制度特征值得注意。

一是通常情况下，股份合伙的人数并不会很多，数人居多，十数人已经比较鲜见。现存史料中，股份合伙人数较多的主要是诸如水利事业的合伙开发和使用等。

如嘉庆年间台湾宜兰溪州开筑金源兴圳，许守仁得一股，郑聪选得一

---

① 石涛、李志芳：《产权与激励机制视角下的晋陕商帮》，《山西大学学报》（哲学社会科学版）2007 年第 6 期。

② 韩毅、高倚云：《晋商文化传统、私人惩罚机制与不完全契约的自我履行——从"朋合制"到"合伙制"的历史制度分析》，《辽宁大学学报》（哲学社会科学版）2017 年第 4 期。

③ 《清光绪十五年正月某某县潘济生等立合股接替休宁坤利店合议墨》，中国社会科学院经济研究所编《中国社会科学院经济研究所藏徽州文书类编·散件文书》（二），社会科学文献出版社，2017，第 520 页。

股，高钟祖得一股，张阁观得三股，共合成六大股，所有各项开筑费用由各股均出。而一旦各大股又由若干小股组成，其合伙的人数有时就可达百人以上。以同时期修筑的泰山口圳为例，该圳大股共十二股半，合约十三张，各股执一张，"一股合出本银五十大元"。其中一大股由林贤等三人各出 17 元、17 元、16 元合成，而另外在简勇名下的二股半大股则更是由水圳受益之众多佃户分成 125 份小股持有。其中 74 份小股立有一合伙契约，由简勇收存，另外由 18 名佃户持有的 51 份小股，另立一合伙契约，由游日收存。其中游日所持小股 10 份，数量最多，其余各人所持小股一至四份不等。小股合伙契约载明，"自此以后，十二股半（大股）摊及我五十一份，每份该得若干，对佃分收，今欲有凭，立合约十八纸，各执一纸为照"。①

正因为传统股份合伙的人数较为有限，故而晚清时有文章称："西商贸易，每多创设公司，纠集股份；中国则向来无之，其合股开张店铺者，不过共出资本，以图分享余利而已。"②

二是企业的股份划分和界定通常是以契约的形式完成，或者说合伙股东的股权凭据通常情况下就是合伙契约，而不是独立的企业股票。换言之，在传统中国的股份合伙企业中，通常并不需要发行企业股票。股东转让股权通常也是通过契约的方式进行。这也正是晚清时有人所说的，近代之前"市道中有合本贸易者，或系各财东本自相识，因独力不能胜任，彼此谊合情深，各出资本，公举伙友，以理店务，执合同为信据"。③ 其股份的确定以及股权的转让都是以契约、合同的形式实现，企业并不印行以及赋予股东独立的代表股权的"股票"。如前所述清代台湾水利股份合伙中，无论是大股还是小股，其股权凭证都是"合伙契约"，而非股票。

即使到了近代，如著名的荣家企业，由于实行的是股东人数相对较少

① 周翔鹤：《清代台湾宜兰水利合股契约研究》，《中国经济史研究》2000 年第 3 期。
② 《股价须知》，《申报》1882 年 6 月 9 日，第 1、2 版，李玉主编《〈申报〉招商局史料选辑·晚清卷》第 3 册，社会科学文献出版社，2017，第 1095 页。
③ 《论合股经营》，《申报》1882 年 6 月 6 日，第 1 版，李玉主编《〈申报〉招商局史料选辑·晚清卷》第 3 册，第 1093 页。

的无限公司的组织形式，其最初的股权确认，实行的还是传统的合同议据模式。议据上分别载明企业创办的地点及业务范围，集股总额及面值、股份数量，股东人数、股东人员名单以及合同股票发放的年份，并有中人见证盖章等。

立合同议据

荣宗锦等今议定在上海陈家渡白利南路地方合创申新纺织厂，专购子花纺纱织布行销事业。共集股本银元三十万元，作为三千股，每股计银元一百元。荣宗锦得八百股、荣宗铨得七百九十股、张叔禾得七百五十股、潘调卿得一百股、荣显壎得八十股、陆萼庭得七十股、荣永达得六十股、王尧臣得五十股、王禹卿得五十股、华卫记得五十股、周春喜得三十股、吴昆生得三十股、王倬记得三十股、穆子宽得二十股、严裕记得二十股、查仲康得十五股、荣炳泰得十股、杨少棠得十股、毛鉴清得十股、李裕记得十股、荣雪梅得五股、荣锡庆得五股、李荣记得五股，共计三千股。公议荣宗锦君为总经理，厂中生意往来银钱出入及各处办事员进退等事均归总经理秉公筹划。另订章程邀集全体股东具名向该管官厅注册，兹依公司条例之规定，订立合同一样二十四纸，各股东各执一纸，余一纸存储厂中存照。计开合同编列号数以本合同名次先后为序。

中华民国七年二月

立合同议据

荣宗锦、荣宗铨、张叔禾、潘调卿、荣显壎、陆萼庭、荣永达、王尧臣、王禹卿、华卫记、周春喜、吴昆生、王倬记、穆子宽、严裕记、查仲康、荣炳泰、杨少棠、毛鉴清、李裕记、荣雪梅、荣锡庆、李荣记

见议华艺珊　代笔陶初千（盖章）①

上述这两种传统股份合伙的产权制度特征到了近代的特许制时代则发生了重大的创新变化。

---

① 郑家庆：《上海申新纺织厂原始合同股票第一号》，《上海档案》2003 年第 5 期，第 54 页。

三 轮船招商局"股份制企业"的创新之处

在论述轮船招商局的股份制企业之前，有一个问题必须论及，这就是在近代中国，以发行企业股票，向社会募集股本的形式最早应该是外商企业。1860年代的《上海新报》已经刊载有外商洋行转让股票的广告。这种形式在之前的传统中国社会中似乎是从未有过的，这对于日后华商企业的仿效无疑有着重要的启示作用。在这里需要指出的是，在我们对近代中国股份制企业的认识和理解中，近代中国第一家股份制企业与近代中国第一家华商股份制企业，其含义应该是有所不同的。我们现在在将轮船招商局誉为中国近代第一家股份制企业，其实际的含义也就是中国近代第一家华商股份制企业。

1872年，轮船招商局在上海以地方大宪奏请清廷特许的形式招商创办。如果轮船招商局的"股份制"与前近代中国社会的"股份制"具有同等的意义，将其称为"近代中国第一家股份制企业"也就失去了制度创新意义。轮船招商局之所以被誉为近代中国第一家股份制企业，其"股份制"的制度含义一定较中国传统社会的股份制具有更多的甚至是更为根本的"创新"意义。唯有此，其近代中国第一家股份制企业的名号才名副其实。

轮船招商局在近代早期开放条件下的制度引进，以及对传统股份制的制度创新大致上体现在如下四个方面。

第一，特许制下地方大宪禀准朝廷的特许设立。作为近代中国第一家股份制企业的轮船招商局，其设立完全是由李鸿章上奏朝廷，在得到朝廷的特许后才设立的。在招商局最初的股份票上，开宗明义就写着"轮船招商公局为给股份票事。奉直隶爵阁督部堂李奏准设局招商"字样。[①] 其特许设立对于企业创办及其延续的意义在之后很多年有关的文献中都有明显反映。凡在论及企业设立的源起时，总免不了"本局自同治十二年蒙李爵

---

① 《轮船招商公局股份票》，胡政、李亚东点校《招商局创办之初（1873—1880）》，第13页。

相札委接办以来"之类的文句。①

第二，社会化募股以适应企业的规模化经营。在前近代社会中，股份合伙企业的股份募集大多在熟识的少数人中进行，而诸如轮船招商局的募股，尽管也有发起人"尽将自己所有及邀集亲友极力附股"，但通过报刊等媒介公开向社会募集股份亦是定例。尽管我们现在已很难了解招商局最初创办时1000股股份（每股1000两，先收500两）为多少股东所认购，但是正如1873年《申报》所称，轮船招商局创办时"上海银主多欲入股份者"，②即可见除了发起人及"以友及友"外，一定还有数量不少的其他社会股东入股。这从此后的企业"账略"所称"大抵股分人皆散居于他处耳""惟有股份者，或系荣任在外，或系行商于他埠"亦可见一斑。在之后的增资招股中，不仅上海，外埠省市甚至是海外都有投资入股者。1880年9月26日《申报》刊登的《招商局支息告白》就说，"九月初一日起，请在股诸君就近赴上海总局、天津、汉口、福州、广州、香港、新嘉坡各分局查看结帐，凭折取利"。而同年的第七届账略更是说在企业的新招股本中，"暹罗、檀香山、金山华商所入之股尚多"。③可见股东地域分布之广泛。

必须指出的是，中国近代企业股本募集的社会化也有一个范围逐渐扩大、社会化逐渐加深的过程。就1870年代创始的轮船招商局而言，尽管也有所谓募股中的"以友及友"问题，但是这一"友"的范围显然较前近代的股份合伙中的亲友招股的范围要扩大了许多。但是，它们较之于20世纪以后更进一步的企业公开募股还是有一定的区别，故而直到1920年代，著名经济学家马寅初还是认为中国公司的社会化程度较低。这就是中国近代企业社会化募股本身演变和扩大的过程。

第三，由传统社会以合伙契约确定股权，转为发行独立的企业股票以明确股东股权，并在保证股东股权转让和买卖的前提下，实现企业经营的

---

① 《接录轮船招商局第九年帐略》，《申报》1882年10月15日，第3、4版，李玉主编《〈申报〉招商局史料选辑·晚清卷》第1册，第144页。

② 《申报》1873年7月29日，第2版，李玉主编《〈申报〉招商局史料选辑·晚清卷》第1册，第11页。

③ 李玉主编《〈申报〉招商局史料选辑·晚清卷》第1册，第94、96页。

可持续性。《轮船招商局局规》第十一条载："本局刊立股份票，取息手折，每股各收一纸，编列号数，填写姓名、籍贯，并详注股份册。"创办之初的《轮船招商公局股份票》除了明确说明企业创办的缘由、企业经营的具体内容之外，最重要的是清晰地列出企业的股本、股份金额，以及每张股票收取的股份金额，股息、红利的分配方式，以作为持票股东的股权凭证。① 如前所述，近代之前合伙企业的股份合伙通常只以合伙契约来注明和界定企业各股东的股份，一般并不单独刊行"股份票"或"股票"。而作为近代中国第一家股份制企业的轮船招商局，由于其股份持有人数量众多，传统的以契约确定股份、股权的形式已经完全不适用于企业的设立，于是其在企业产权制度上最重要的创新之一，就是仿效西方公司制度发行了企业股票。通过股票的发行以及相应的制度确定，股东拥有对企业的股权，而企业作为特许制下设立的法人，则拥有企业法人财产权。股东凭借股票既可以实现自己的股权收益，也可以通过股票的出让和转移，让渡股权以及相应的权益，这一点对于轮船招商局这样的近代股份制企业而言是十分重要的。

第四，企业的公众化程度。其中最明显的事例就是轮船招商局创立以后，企业每年的"账略"不仅需要报告给全体股东，而且还会在报刊上向社会公布，这与传统的股份合伙企业是完全不同的。招商局成立之后的第一届账略，就是在股东大会召开的次日报告，并将全文分 1874 年 9 月 12日、16 日、17 日三次刊登在《申报》上，以供全社会阅读了解。招商局对此的解释是"昨日招商轮船局招聚各股份诸君会议，乃届期亦未见有多人，故所议何事仍未闻悉，大抵股分人皆散居于他处耳。嗣邀局中送到帐略一册，爰即将综结、彩结两则先行登入报内，余当陆续刊布"。② 这在传统社会的企业组织中是绝无仅有的，也是近代公司制企业与前近代合伙制企业最基本的区别之一。当然，与前述企业的社会化募股一样，企业的公众化程度也有一个历史演进的过程，在招商局创办和运营的晚清特许制时代，近代企业的这种公众化程度也只是表现出一种大致的端倪以

---

① 胡政、李亚东点校《招商局创办之初（1873—1880）》，第 7、13 页。
② 《申报》1874 年 9 月 12 日，第 3、4 版，李玉主编《〈申报〉招商局史料选辑·晚清卷》第 1 册，第 18 页。

及历史的趋向而已。

四 简短的结论

我们大致上可以得出如下两个结论。

一是没有开放就没有制度引进，没有制度引进就不会有近代招商局的出现。其中最主要的问题在于，引进的制度较中国传统的旧有制度更具先进性，更能代表企业制度发展的方向。在新旧企业制度的博弈中，新的企业制度无疑具有更强的生命力和适应性，会更多地为社会经济组织所采用，这一点也正是开放的意义所在。当然，在制度引进和仿效的同时，传统的元素和影响也发挥着不可忽视的作用和影响，并且不断地与引进的制度产生矛盾和纠缠，由此影响着近代百余年来中国企业制度的演进，这一点更是值得我们不断关注和重视的。

二是作为近代中国第一家股份制企业的轮船招商局，其制度创新的核心问题并不仅仅是简单的"股份制"，而是在近代中国早期的特许制条件下，对西方公司制度的一种仿效。此如《火轮公司议章》一文所称，"西人于一切贸易事宜，无不设公司，合群策群力以成一事……今中国虽不必效其法程，而于公司一道似亦可以仿行。试观招商公局之设，所有厘定章程，悉臻美善，有利而无弊"。①

特许制下的企业设立，向社会公众公开募股，发行企业股票以确定股权，企业的经营向股东、社会定期公开，这些都是近代西方公司制度最基本的特征。由此可见，从近代企业的制度特征上看，作为近代中国第一家股份制企业的轮船招商局，其企业制度的实质乃是近代中国早期特许制下的公司制度，其与传统股份制企业最根本的差异就是企业的社会公众化程度，而究其制度实质则是在当时开放的历史条件下，对西方公司制度的引进与改良。

---

① 《申报》1875 年 1 月 29 日，第 4 版，李玉主编《〈申报〉招商局史料选辑·晚清卷》第 1 册，第 28 页。

"改革创新"是招商局150周年
辉煌的动力和基石

——纪念招商局成立150周年

朱荫贵[*]

"问我航程有多远，1872到今天。"这是招商局局歌的第一句，也是招商局作为中国近代第一家大型轮船航运企业、洋务运动时期的仅存硕果，历经150年发展到今天的写照。招商局一个半世纪的发展历程中，历经多重风浪，渡过无数难关，创造过不止一次辉煌，也曾经历过多种体制和曲折，是从近代一直延续下来至今仍然屹立于世的典型。

回顾历史，推动招商局不断发展的因素纵然有多种，但我们依然会发现，"改革创新"是招商局创造辉煌的核心和根本。依托这个核心和根本，招商局才能够在历史风浪之中屹立不倒，才能够成为洋务运动至今留下的唯一企业。可以说，"改革创新"是招商局能够发展壮大，进而创建150周年辉煌历程的根本和基石。这里，我们分别以招商局历史上的第一次和第二次辉煌为例，进行论证。

一 1873年至1883年间的改革创新，奠定了招商局的第一次辉煌

1873年1月招商局正式开始运营。在外有列强轮船公司占据中国领水压倒性优势地位，内有清廷顽固派守旧势力不断刁难挑剔的不利局面下，依靠改革创新和广大中国人民的支持，特别是得到改革后新上任企业班子

---

* 复旦大学历史学系教授、招商局史研究会副会长。

的有力领导，到1883年时，招商局十年之间有了极大的发展。它收购了中国领水中规模最大、实力最强的美国旗昌轮船公司，成为中国领水中单个轮船公司中规模最大、实力最强的企业，而且奠定了此后能够跟其他外国轮船公司竞争、较量和谈判的地位。这里我们分别从改革和创新两方面进行一下具体的观察分析。

先看改革方面。招商局筹备开办期间，李鸿章倚重的承办者是"承办海运已十余年，于商情极为熟悉，人亦明干"的浙江海运委员、候补知府朱其昂兄弟。朱其昂、朱其诏兄弟是沪上沙船世家，他们拟定的《招商章程》二十条，"其大意在于官商合办"，主要以所领闽、沪两局船只作为"官股"，轮船承运漕粮按照浙江沙船章程办理，在纳税方面享受外国船只同等待遇。后因闽、沪两局无商船可领，而"各省在沪股商，或置轮船，或挟资本，向各口装载贸易，向俱依附洋商名下"，因而建议"由官设立商局招徕"。李鸿章同意并于同治十一年十一月二十三日奏请"先行试办招商，为官商浃洽地步"。① 二十六日获清廷批准。李鸿章在允许朱其昂等所请，准令设局试办的同时，同意"准照苏浙典商借领练饷制钱定章，借拨钱二十万串，以为倡导"。② 同治十一年十二月十九日（1873年1月17日），招商局在上海以"总办轮船招商公局"的名义正式开局营业。

但是，事实证明，朱其昂并不是当时经办招商局的合适人员。朱其昂在筹建招商局的过程中曾向李鸿章表白说，已"会集素习商业殷富正派之道员胡光庸、李振玉等公同筹商，意见相同，各帮商人纷纷入股"。③ 实际上，身为沙船巨商的朱其昂缺乏经营轮船的经验，加上其他原因，他在创办轮船公司的招股方面并不顺利，无论是在沙船商人还是在买办商人中，他都一筹莫展，多方奔走只募得沙船商郁熙绳现银1万两。李鸿章5万两，上海商人认银10万两却未缴现银。朱其昂从直隶练饷局借到的官款20万串制钱（约合银123000两，年息7厘，除预交利息外，实领188000串），

① 《试办招商轮船折》（同治十一年十一月二十三日），《李文忠公（鸿章）全集·奏稿》卷20。

② 《论试办轮船招商》（同治十一年十一月二十三日），《李文忠公（鸿章）全集·译署函稿》卷1。

③ 《试办招商轮船折》（同治十一年十一月二十三日），《李文忠公（鸿章）全集·奏稿》卷20。

成为轮船招商局最初开办的主要经费。不过，官款并非投资，"名为官本，公家只取官利，不负盈亏责任，实属存款性质"。①

此外，朱其昂对于经营新式轮船业务也不内行，他经手购买的4艘轮船，"伊敦"号"船大而旧"，"福星"号"舱通而小"，其他两艘也不甚合用，"而购价反较洋行新造之头等好船尤贵"。② 在购买轮船、仓库和与外籍船长打交道上，也不断上当吃亏，"表现低能"，③ 不到半年，便亏损42000多两。为了招商局不继续亏损，为了中国航运业能够继续存在和发展，必须进行改革。于是，李鸿章接受盛宣怀的建议，札委上海的广东籍买办唐廷枢和徐润入局接办。朱其昂"自知才力不及"，主动辞去招商局主要负责人工作，"邀唐廷枢、徐润接管，更定局章"。④ 这是招商局在关键时刻的主动改革。有了这一次改革，招商局才在不利情况下起死回生，奠定了此后的创新和发展的基础。

1873年7月，唐廷枢出任招商局总办，朱其昂、徐润、盛宣怀、朱其诏等四人为会办。唐、徐专管轮运、招股等事宜，朱、盛负责漕运和官务。在唐、徐的主持下，轮船招商局"局规"及"章程"重新更订，"轮船招商公局"更名为"轮船招商总局"。

这一次人事变动，可以说是此后招商局一系列改革创新的基础。因为唐廷枢和徐润是当时中国最适合经管招商局的人才。唐廷枢和徐润二人都出身于洋行买办。唐廷枢自小即受良好的英、华教育，"于各国情形以及洋人洋语，罔不周知"。⑤ 1861年受雇于怡和洋行担任总买办后，曾"代理该行长江各口生意"，主持华商客货揽载业务。对于航线的开辟、轮船的调配，以及中外贸易情形，都十分熟悉。他不仅是公正、华海轮船公司的大股东，还经营钱庄、轮船。徐润出身于买办世家，14岁即到宝顺洋行当学徒。随后在经营丝、茶等生意的同时，也经营钱庄。很多丝、茶产区

---

① 交通、铁道部交通史编纂委员会编《交通史航政编》第1册，编者印行，1931，第269页。
② 中国史学会主编《洋务运动》第6册，上海书店出版社，2000，第38页。
③ 聂宝璋编《中国近代航运史资料》第1辑（1840—1895）下册，上海人民出版社，1983，第778页。
④ 《洋务运动》第6册，第42页。
⑤ 中研院近代史研究所编《海防档》乙《福州船厂（二）》，编者印行，1957，第686页。

都有他的商号，他还在上海广置地产。他虽然没有像唐廷枢那样自购轮船营运，但确实曾在旗昌、公正等轮船公司附股投资。

此外，唐、徐等人以其在通商口岸的财势声望，还先后成为丝、茶、鸦片公所的董事，在他们的商务活动中，这些带有垄断性的同业公所无疑会为其所用，维护其商业利益。而且还应看到，唐、徐都分别捐有道员和郎中等官衔。在卖官鬻爵的封建社会里，虚衔虽不等于实授，但它代表一种社会地位。在这里，徐润就是一个典型。早在 1862 年，当李鸿章在上海急于筹饷之时，他就由监生报捐光禄寺署正，次年在江南粮台报销局加捐员外郎。1866 年更由李鸿章出面奏保四品衔。到商局开办的前一年，他被曾国藩札委"办理挑选幼童出洋肄业事宜"。[①] 所有这些，都表明唐、徐不是一般华商，而是与洋务派早有某种联系，在上海商界又与洋商广有联系并且熟悉轮船经营的富商。无论是在筹集资本还是招揽货运方面，都具备一般商人所没有的条件。这里同时要特别强调的是，在商人地位普遍不高，买办身份在社会上也不被看重的时候，李鸿章毅然改换招商局的经管班子，同样是一次改革。正是有了这次改革，招商局此后面貌才焕然一新，迎来了重大的变化。

首先，在新班子的领导下，他们创建和打造了一支中国人投资经营的民族轮船航运队伍。十年间从资本数 6 万两、一艘 619 吨小轮船的公司，发展为资本 200 万两、轮船 26 只 33378 吨的大型轮船公司。在长江和沿海站稳脚跟后，航线向外扩展，远洋航线向东已经到达美国的旧金山，向西到达伦敦，日本和东南亚已经成为近海航线。[②] 招商局成为近代毫无争议的最早走出中国、走向世界的企业。

其次，成为一支在长江、沿海与外轮竞争的重要力量。其间，在与美国旗昌轮船公司，英国怡和、太古轮船公司展开价格大战后，一举并购美国旗昌轮船公司，实力大增，并在与英国两家轮船公司的竞争中获得主动权，为以后的发展打下了扎实的基础。

再次，以航运为主业展开产业链投资。在这一时期，投资创办了同茂

---

① 徐润：《徐愚斋自叙年谱》，台湾商务印书馆，1981，第 8—13 页。

② 张后铨主编《招商局史·近代部分》，人民交通出版社，1988，第 61 页。

铁厂、仁和保险公司、济和保险公司、仁济和保险公司、开平矿务局、上海电报局等企业，初步形成一个产业集团，并为此后继续投资和扩展中国通商银行、汉冶萍公司、上海机器织布局等企业打下了基础。

在此期间，招商局值得大书特书的地方还有两点。一是在与外商轮船公司进行"商战"中大获全胜，并购美国旗昌轮船公司成为近代中国"商战第一捷"，从根本上改变了中国轮船航运业此前的被动和落后局面。另一点则是招商局在唐廷枢和徐润的争取以及李鸿章的包容庇护下，确立了"商承体制"，也就是企业具体由商人负责经营，官方对企业采取"总其大纲，察其利病"，同时听"该商董等自立条议，悦服众商"的管理体制。在官方的庇护下，招商局能够得到政府给予的低息贷款和以优惠价格进行漕粮运输，但股本仍然全数为商人所有，以"盈亏全归商任，与官无涉"[①]的方式进行经营。在传统中国"士农工商"中"商"居于社会最低阶层的体制中打开了一个缺口，特别是在招商局这样新型大型机器企业中为商人争取到一定自主权力，对以后兴办的企业影响甚大。以下分别对这两方面进行阐述。

先看商战方面。唐廷枢、徐润得到经营招商局局务的权力后，按照自己的计划广招股份，扩大营业，着手组建各口岸分支机构，除上海总局及天津分局外，又相继设立了牛庄、烟台、福州、厦门、广州、香港、汕头、宁波、镇江、九江、汉口及国外的长崎、横滨、神户、新加坡、槟榔屿、安南、吕宋等分局。

经过唐廷枢、徐润改组调整后的中国轮船招商局，必然成了外商轮船公司的排挤打击对象。美商旗昌轮船公司和英商太古公司原来就曾公开声言，在长江水道和沿海航线上，"凡他公司有船同日并走者，必与之争拒"。在北洋航线上，旗昌和怡和也订立了排他性的运价协议。不言而喻，这个所谓"他"，主要就是指轮船招商局。外商的"争拒"活动最明显和外在的表现，就是跌价竞争。这场降价竞争相当激烈。例如，招商局创办时，货物运价"至低者每吨东洋（即日本）四元，汉口四两，宁波二元半，天津每担六钱，汕头去货二钱，回货四角，广东二钱至三钱"。及至

---

① 聂宝璋编《中国近代航运史资料》第1辑（1840—1895）下册，第780、782页。

招商局改组，"洋商并力相敌"，到招商局正式运营的第二年即 1874 年，"每吨东洋跌至二元或一元半，汉口二两，宁波一元或半元，天津每担三钱或四钱，汕头去货一钱或一钱二分，回货二角半，广东一角半或一钱半。总而言之，所减不及六折"。① 到 1875 年，竞争更加激烈，运费继续降低，"闽粤往日三四角水脚减至一角，宁波二元半减至半元，长江五两减至二两，天津八两减至五两，客位亦减至七折或一半"。②

在这场激烈的竞争中，招商局依靠漕运专利、回空免税和官款的协济，尤其是国内商人的广泛支持，依然能获得比外国轮船公司更多的货运，③ 实现了此前的计划。他们在接手招商局时，在提出的"预算节略"中，就指出招商局具备三个条件足以与外商抗衡，即"我船有漕米装运，洋船全恃揽载，一也；我局经费、栈房、辛工、轮船用度、驳船抗力均较洋商搏节，二也；以本国人揽本国货，取信自易，利便实甚，三也"。因此他们估计，在投资 50 万两股本、购买 4 艘轮船的情况下，因有漕粮补贴，另加搭客运货，每年只要航行 3 个月，可净得银 108000 两，以 50 万两资本计，利率高达约 20%。在他们看来，盈利似有相当把握。至于外商排挤，亦无须过虑，因为"洋商远涉数万里，原系谋利而来，若肯以己得之利，不患折阅，与我抗衡，是亦商贾之利也，何必拒之？况我船少，彼船多，我货多，彼货少。我第运三月漕粮，将及一年费用，即使货物全被揽去，水脚全行放低，亦何不可相敌之有？"因有这个估计，唐、徐入局后，就力主扩展业务，增大规模，"故就大局论，亟宜多集二三百万之资，广购轮船往来各口。今且立定脚跟，由小而大，俟漕粮日增，装运日旺，乃逐渐推广，以期权利之尽收焉"。④

在商人和官府两方面的支持下，招商局实力逐年上升，1873 年有船 4 只 2319 吨，1874 年增到 6 只 4088 吨，1875 年又增到 9 只 7834 吨，1876

---

① 国民政府清查整理招商局委员会编印《国民政府清查整理招商局委员会报告书》下册，1927，第 21 页。

② 国民政府清查整理招商局委员会编印《国民政府清查整理招商局委员会报告书》下册，第 23 页。

③ 聂宝璋编《中国近代航运史资料》第 1 辑（1840—1895）下册，第 1168 页。

④ 交通、铁道部交通史编纂委员会《交通史航政编》第 1 册，第 142—147 页。

年达到 11 只 11854 吨。① 光绪二年（1876）太常寺卿陈兰彬奏称招商局办理已有成效，他说，"合计三年，中国之银少归洋商者，约已一千三百余万两"。又说，"洋人轮船之入中国，为害最甚，中国自创办招商局轮船以来，洋人不能尽占中国之利，办理已有成效，为中外大局一关键"。②

此时，"意在陷人，不遑自顾"③ 的外商公司却收入大减，太古轮船公司 1874 年上半年尚未扣除的利润仅 8500 两，以致"股东们愁容满面"。④ 华海轮船公司 1874 年尚未扣除折旧的利润为 89189 两，1876 年就跌为 48200 两。称雄一时的旗昌轮船公司的情况更为严重，股票价格大幅度下跌，面值 100 两的股票，1876 年秋跌到 70 两。⑤ 到了冬天每股仅值 56 两，"揽载生意又极疲滞"。⑥ 各种原因使处于困境中的旗昌轮船公司转而求售于轮船招商局。徐润与唐廷枢、盛宣怀共同商议后，以购买旗昌轮船公司既可增强招商局实力，又可少一有力竞争对手为理由，禀商李鸿章，李以巨款难筹，"踌躇未许"。⑦ 盛宣怀等人遂转向南京，争取两江总督沈葆桢的支持，以免交利息、十年归还的方式，请求拨借官款 100 万两。⑧ 据说盛宣怀措辞得体，"颇动宪听"，⑨ 沈葆桢为之动容，慨然应允筹拨官款 100 万两，条件是必须缴付利息，五年还清，且规定为"商得若干之利，官亦取若干之息"，"是宜甘苦与共，官商一体"。⑩

于是，这家在中国沿海内河横行了十余年的外商轮船公司，终于在 1877 年初以规银 222 万两的价格由招商局收购。其中 200 万两系旗昌轮船

---

① 据聂宝璋编《中国近代航运史资料》第 1 辑（1840—1895）下册第 1000 页统计表数字，另见本文表 1。招商局批准成立是在 1872 年 12 月，正式开业是 1873 年 1 月，且财务报表是经营一年后才进行结算，故正文和表 1 的年份会有差异。

② 《洋务运动》第 6 册，第 10、12 页。

③ 《洋务运动》第 6 册，第 13 页。

④ 刘广京：《中英轮船航运竞争（1872—1885）》，中研院近代史研究所编《清季自强运动研讨会论文集》下册，编者印行，1988，第 1145 页。

⑤ 刘广京：《中英轮船航运竞争（1872—1885）》，中研院近代史研究所编《清季自强运动研讨会论文集》下册，第 1146—1147 页。

⑥ 徐润：《徐愚斋自叙年谱》，第 19 页。

⑦ 《洋务运动》第 6 册，第 59 页。

⑧ 《洋务运动》第 6 册，第 14 页。

⑨ 徐润：《徐愚斋自叙年谱》，第 19 页。

⑩ 《洋务运动》第 6 册，第 15 页。

公司在上海和外埠的轮船、拖船、驳船、浮码头、房屋、栈房、船坞等岸
上及水面财产，22 万两系旗昌轮船公司在汉口、九江、镇江、宁波、天津
各码头洋楼和栈房的折价。① 由此，这一年招商局的船队即从头一年的 11
只 11854 吨猛增一倍多，达到轮船 29 只 30526 吨，② 同时获得一批优质码
头和仓库栈房。并使各通商口岸进出中外轮船吨位的对比数从 1872 年前中
国的空白，一跃增加到 36.7∶63.3。③ "从此国家涉江浮海之火船，半皆招
商局旗帜。"④ 在资本市场高度发达、国际并购案例纷呈的今天，近 150 年
前的这一资本并购案例，依然具有教科书式的意义和价值。

表 1　1873—1884 年轮船招商局经营状况统计

年度	资本（两）	轮船只数	轮船吨数（吨）	净收入（两）	折旧（两）	扣除折旧后的利润（两）
1873—1874	60000	1	619	81608	—	81608
1874—1875	476000	4	2319	156144	—	156144
1875—1876	602000	6	4088	161384	—	161384
1876—1877	685000	9	7834	359162	—	359162
1877—1878	730200	11	11854	442418	—	442418
1878—1879	751000	29	30526	782126	428581	353545
1879—1880	800600	25	26916	673138	404387	268751
1880—1881	830300	25	28255	744794	451995	292799
1881—1882	1000000	26	27827	604606	256849	347757
1882—1883	1000000	26	29474	464374	156279	308095
1883—1884	2000000	26	33378	912086	757084	155002

　　注：此期间轮船招商局的会计年度为头年的 7 月至第二年的 6 月，故年度栏的数字均为跨年
度的数字。

　　资料来源：招商局的资本、轮船数、吨位数引自《国营招商局七十五周年纪念刊》（1947）
的"附录"。净收入、折旧和扣除折旧后的利润引自张国辉《洋务运动与中国近代企业》（中国社
会科学出版社，1979）第 178 页统计表。

---

① 《海防档》甲《购买船炮（三）》，第 946—947 页。
② 据聂宝璋编《中国近代航运史资料》第 1 辑（1840—1895）下册第 1000 页统计表数字。
③ 严中平等编《中国近代经济史统计资料选辑》，科学出版社，1955，第 221 页。
④ 《申报》1877 年 3 月 2 日。

当时舆论也认为这是"千百年来创见之事"。① 并购旗昌轮船公司后，招商局在中外航业竞争中取得压倒性优势，一度拥有船只 29 艘，走沿海和长江 7 条航线，而英商怡和洋行只有 6 艘轮船，走 3 条航线；英商太古洋行有 8 艘轮船，也只走 3 条航线。此后，招商局与怡和、太古就长江、天津、福州三条航线订立"齐价合同"，经营大有起色。从表 1 中可见，招商局资本基本逐年增长，1878 年达 80 万两，1880 年达 100 万两，1883 年以后达 200 万两。在 1878 年之前，招商局没有进行过折旧，1878 年，招商局首次提取折旧金 42 万余两后，利润仍有 35 万余两。此后各年在支付股东官利和提取折旧之后，都各有数十万两的利润。1882 年至 1883 年间，招商局 100 两一股的股票在上海市场上绝大多数时间股价都在 200 两之上。② 1883 年，在招商局的资本增至 200 万两时，所借官款也拨还将近 100 万两。③

光绪七年，李鸿章向朝廷奏称，招商局已占"江海生意之大半"，"统计九年以来，华商运货水脚少入洋人之手者，约二三千万，虽为薪工、修理、局用所耗，而其利固散之于中华，所关于国体商务者甚大。该局船不时驶往东南两洋，今且骎骎开驶赴西洋之先路。直、晋、豫等省旱灾之时，该局船承运赈粮，源源接济，救活无数灾民。往岁台湾、烟台之役，近日山海关、洋河口之役，该局船运送兵勇迅赴机宜，均无贻误，洵于时事大局有裨"。④ 李鸿章的这段总结，是对招商局成立后短期内取得成绩进行的概括，而招商局这些成绩的取得，无疑与此一阶段进行的改革创新密切相关。

再看招商局班子在"商承体制"上的创新和贡献。

很明显，李鸿章在招揽唐廷枢、徐润经管招商局时，对这家企业的体制和经管等方面是有过系列考虑的。他考虑和认可的经管方式可从光绪六年三月二十七日（1880 年 5 月 5 日）的奏折中窥见大概："遵查轮船招商

---

① 《洋务运动》第 6 册，第 15 页。

② 参见朱荫贵《近代上海证券市场上股票买卖的三次高潮》，《中国经济史研究》1998 年第 3 期。

③ 聂宝璋编《中国近代航运史资料》第 1 辑（1840—1895）下册，第 928—934 页。

④ 《洋务运动》第 6 册，第 60 页。

局之设，系由各商集股作本，按照贸易规程，自行经理……盈亏全归商认，与官无涉。诚以商务应由商任之，不能由官任之。轮船商务，牵涉洋务，更不便由官任之也。与他项设立官局开支各款者，迥不相同。惟因此举为收回中国利权起见，事体重大，有裨国计民生，故需官为扶持，并酌借官帑，以助商力之不足……其揽载客货，以及出入款目，因会办各员多有服官他省，不能驻局，仍责成素习商业之道员唐廷枢、徐润总理其事，局中股本亦系该二员经手召集，每年结账后，分晰开列清册，悉听入本各商阅看稽查。"①

因李鸿章作为招商局经管大臣有如此看法，在他的支持帮助下，招商局才能挡住创办后朝廷内外要将其收归国有、加入官股等风波，保持了"商承体制"。② 但如仅有李鸿章一面的努力，招商局仍然难有新的局面。这样唐廷枢、徐润等新式商人的作用就凸显出来了。总体来看，唐廷枢、徐润等人的作用和创新，主要体现在筹措股本和开创经营方式两方面。

在 1873 年中招商局改组之前，朱其昂等前领导班子无力筹措资本的情况，本文前面已有叙述。招商局由唐廷枢、徐润接手之后，从表 1 中招商局的资本一栏数字可见，资本数各年均在增加。1874—1876 年三年间，他们招到的股本（多半是唐、徐本人和他们亲友的股本）从 47.6 万两增加到 68.5 万两。1878 年股本集到 80 万两，其中，唐廷枢及"亲友共有八万余两，戚党又二十余万两"，徐润"所招亲姻之股亦不下此数"。③ 据刘广京估计，"唐、徐二人及其亲友的资本合起来应占招商局当时股本的70%"。④ 此时，招商局已经并购美国旗昌轮船公司成功，实力大涨，故而1882 年股本招足 100 万两，1883 年股本增至 200 万两，成就得到中外社会和舆论的一致肯定。

---

① 李鸿章：《复陈招商局务片》（光绪六年三月二十七日），转引自聂宝璋编《中国近代航运史资料》第 1 辑（1840—1895）下册，第 898—899 页。

② 参见黎志刚《黎志刚论招商局》，社会科学文献出版社，2012，第 23—52 页。据黎志刚研究，1878—1881 年三年间，朝野间就先后出现叶廷眷提出的"国有化"方案、两江总督刘坤一提出的"设置官股"方案等，此后还有户部要求招商局将每年生意盈亏账略"核造四柱清册，报部存案"，将"商事变为官事"。

③ 《盛宣怀档案》抄件《唐廷枢、徐润津局面呈郑盛大人》，转引自刘广京著，黎志刚编《刘广京论招商局》，社会科学文献出版社，2012，第 34 页。

④ 刘广京著，黎志刚编《刘广京论招商局》，第 34 页。

在创新招商局经营方式方面，唐廷枢、徐润与首任领导班子朱其昂等人不同，进行了重大改革。他们在经管招商局方面的主要做法，是效法西方企业，按照资本主义的经管方式进行经营。首先，唐廷枢、徐润在重订的章程中，特别强调商人的权利和职权，强调"商务由商办之"的体制。章程第一条强调："商局设于上海，议交唐丞廷枢专管，作为商总以专责成。再将股份较大之人公举入局，作为商董协同办理。"第二条明确提出："唯事属商办，拟宜俯照买卖常规，庶易遵守。"他们明确要求李鸿章"请免添派委员，并拟除去文案书写听差等名目，以节靡费"。在制度方面严格地厘清招商局与官方的关系，以确保招商局是一个"盈亏全归商认，与官无涉"的商办机构。唐廷枢、徐润提出的这些要求和声明，在当时的社会环境和招商局得到官款协济以及漕粮优惠运输的背景下，无疑显得大胆和新颖，同时也突出了招商局创新的特点。招商局必须严格按照商业模式运行，根据规章，不可委任官员入局，局方不会聘请衙门差役，亦不须向政府提交报告及账册。即使有政府的资助，招商局也必须由冒商业风险的私人股东所拥有及管理。

在唐廷枢和徐润等人的努力和以李鸿章为代表的官方对唐、徐二人改革的认可下，招商局开其端的这种"商承"体制，正如前面所述，不仅对招商局的发展起到巨大作用，还对当时的洋务企业产生了不可忽视的影响，招商局的第一次辉煌由此奠定。

二 改革开放后招商局创造的第二次辉煌

"文革"结束后，全国上下渴望着拨乱反正。在农业出现"联产承包责任制"，突破此前僵化体制，走出创新之路后，工商业的出路成为亟待解决的问题，正在此时，有着改革创新基因的招商局，率先打破僵局，成为"第一个吃螃蟹"的勇者，给中国经济体制改革打开了局面，推动了此后几十年中国经济奇迹的出现和市场经济的发展，也给自己创造了第二次辉煌。

1978年10月9日交通部党组根据招商局的报告，向中央提出了《关于充分利用香港招商局问题的请示》，这是招商局基于自身的地位和状况提出的重大改革报告。这个改革报告对探索实践中国改革开放、打破当时中国经济僵局、"杀出一条血路来"，提出了重大的改革思路和建议，这就是"立足港澳、背靠内地、面向海外、多种经营、买卖结合、工商结合"。① 这个报告得到中央批准，一方面确立了招商局此后的重大改革和发展方针，另一方面招商局向中央争取到了日后扩大企业自主经营的权利。这些权利主要包括：从 1979 年起，招商局留用本企业的利润 5 年不上交国家财政，用以扩大业务；就地独立处理问题，可以无须向上级报批就能够一次动用当地贷款 500 万美元从事业务活动；简化驻港干部出国洽谈业务的审批手续；等等，以使招商局能够"冲破束缚、放手大干、争取时间、加快速度"，"争取在 5 年至 8 年内发展成为综合性大企业"。②

显然，招商局能够在举国期待"拨乱反正"的时刻率先进行改革，提出大胆和富于创新的思路，推动自身迎来新的面貌并推动整个国家出现经济体制改革新局面，这与其历史上历经风浪勇于创新、勇于抓住机遇的经历分不开，也给自己创造了第二次辉煌。

招商局领导班子的这次决策，使招商局在此后的十数年中发展为一个包含航运、工业、商业、银行、保险、旅游、酒店和海洋石油后勤服务等多元化的综合性集团。值得注意的是，在此期招商局创新开拓的努力中，更是申请并得到中央批准创办了全国第一个对外开放的区域——蛇口工业区。这是新中国成立后 30 年来第一个允许外商投资开办企业的地方，也是党的中央十一届三中全会后首先体现国家实行对外开放政策的地方，它的诞生比深圳、珠海、汕头、厦门四个经济特区早 1 年零 7 个月。在我国经济特区和沿海经济开发区的发展中，起到了领头羊的作用，在建设和管理过程中采取的一些大胆的革新措施和形成的模式，对其他地区的开放改革也产生了一定的影响。

在此期间，招商局立足港澳、背靠内地、面向海外，制定了全方位的发展战略，使业务开始出现奇迹般的腾飞，稳步实现了多元化、集团化

---

① 梁宪：《一个深知历史使命的企业——析招商局在改革开放中的重要使命》，汤照连主编《招商局与中国近现代化》，广东人民出版社，1994，第 355 页。

② 梁宪：《一个深知历史使命的企业——析招商局在改革开放中的重要使命》，汤照连主编《招商局与中国近现代化》，第 355 页。

发展。

招商局的发展主要分为海上和陆上两方面。先看海上。改革开放给招商局的航运业务提供了良机，招商局的创新又为自己的发展进一步提供了腾飞的可能。"从70年代末至80年代中叶，招商局围绕航运，发展多种经营，使企业的实力与活力，特别是运输系统的综合能力迅速增强，不仅拥有一支颇具规模的远洋船队，而且拥有港口码头、仓库、驳船队、车队、船厂等设施；还有船务代理、船舶检验、港湾建筑工程、船舶打捞救助、船舶机械物料供应、船舶贸易等配套部门。建成了门类比较齐全、业务比较完整的航运体系。""招商局以香港为基地，与蛇口、赤湾互为掎角，互相依托，前后呼应，内外结合，浑然一体，形成了企业界独一无二的战略布局。""招商局与香港及世界各地上千家企业建立了业务联系，与香港及世界的不少大财团都有合作关系，为世界600多个港口提供运输服务。"①

招商局是以轮船航运为主业的企业，在此期间，招商局的船队实力实现了快速增长。这种增长体现在订造新船和购买二手船两方面。据统计，1978年至1985年招商局共订造新船90艘230万吨，购入二手船276艘571万吨，合计366艘801万吨（见表2）。

表2 1978—1985年招商局买造船统计

年度	订造新船		买二手船		合计	
	艘数	载重吨（万吨）	艘数	载重吨（万吨）	艘数	载重吨（万吨）
1978	8	6.92	102	240.22	110	247.14
1979	3	3.91	82	133.96	85	137.87
1980	17	65.01	36	90.30	53	155.31
1981	11	30.71	8	8.58	19	39.29
1982	2	9.29	13	12.90	15	22.19
1983	32	82.90	12	24.73	44	107.63

① 朱士秀主编（代）《招商局史·现代部分》，人民交通出版社，1995，第267—268页。

续表

年度	订造新船		买二手船		合计	
	艘数	载重吨（万吨）	艘数	载重吨（万吨）	艘数	载重吨（万吨）
1984	15	28.01	11	10.07	26	38.08
1985	2	3.77	12	50.34	14	54.11
总计	90	230.52	276	571.1	366	801.62

注："总计"部分数字为笔者计算。

资料来源：朱士秀主编（代）《招商局史·现代部分》，第 298 页。

也就是说，在改革开放年代，招商局依靠政府的政策，依靠自己的努力和创新，仅仅在 7 年左右的时间里就增加了 366 艘船约 800 万吨载重吨。这种发展速度十分惊人。招商局船队实力的增长，为本公司船队，各公司、各省市水运企业以及海上石油钻探、海上救护等部门提供了大量不同种类、不同用途的船舶，促进了中国海运事业的发展，特别是为我国远洋船队的建设做出了重大贡献，使我国的远洋船队快速发展为世界举足轻重的一支船队，在世界商船队中占有的位置，从 1971 年的第 26 位跃居到 1984 年的第 5 位（不含中国台湾）。

从 1979 年开始到 1985 年，招商局围绕航运，建成体系，开展多种经营，业务范围遍及航运、工业、油田后勤服务、商业贸易、金融、房地产、建筑、旅游、酒店等多个行业，形成了多元化全面配套协调发展的崭新格局。

截至 1985 年底，招商局在香港的二级企业达 12 家（招商局轮船股份有限公司、友联船厂、海通公司、明华公司、船务企业公司、发展公司、国际船舶贸易公司、仓码公司、招商工程公司、远东船舶检验社、华德海洋工程公司），代管单位 4 家（益丰船务企业公司、远洋轮船公司、桂江船务公司、南方船务企业公司），三级全资附属公司 18 家，合资联营企业 36 家，上述企业共达 70 家，职工 6666 人（不包括合资企业）。[①]

再来看看招商局的陆上发展。自从招商局申请并得到中央批准创办内地第一个对外开放的区域——蛇口工业区后，各项工作快速开展，招商局

---

① 朱士秀主编（代）《招商局史·现代部分》，第 321—322 页。

管委会提出的"时间就是金钱，效率就是生命"的口号，在国内外引起强烈反响，蛇口建设与改革的成就及基本经验举世瞩目。在招商局创造第二次辉煌的过程中，同样是在实力发展之外，创造了一种发展方式，这就是被广泛赞誉的"蛇口模式"。1981年6月16日，新华通讯社播发了"蛇口工业区建设速度快"的电讯，翌日，《人民日报》全文刊载了这篇电讯稿，并强调"不到两年在荒滩上完成了整个工业区的基础工程和公用设施建设，开始了一系列工厂企业建设，'蛇口方式'（后改为'模式'），已引起人们广泛注意"，很快就得到中央领导层的肯定。1981年8月16日，时任总理赵紫阳视察蛇口工业区时，肯定了"蛇口模式"的提法。①

1981年11月23日，时任国务院进出口管委会副主任的江泽民受国务院委托，在第五届人大常委会第21次会议上讲话时，高度评价蛇口工业区的建设成就及其经验。他说："蛇口工业区在各特区的建设中一直处于领先地位。""他们的基本经验，一是招商局有较大自主权，从工程勘测、规划、设计蓝图、银行信贷到对外谈判、签约都能自主，不像现在国内的管理体制那样，层层请示报告。二是按经济规律办事，工业区指挥部与施工单位都一律以招标方式，建立合同关系；工业区的企业对企业董事会负责，由企业决定自己的经营业务，招商局不予干涉。招商局在蛇口的办事机构，按照政、企分开的原则，设置了独立核算、自负盈亏的各种企业专业公司，大大提高了办事效率和经济效果。"江泽民强调指出："蛇口的管理方式，为改革现行管理体制提供了有益的经验。"②

显然，"蛇口模式"的核心，是充分发挥企业自主权，按照经济规律办事，运用经济手段管理经济，搞活经济。这是新时代招商局给中国经济和企业经营管理做出的一大贡献，也是招商局改革创新思维带来的杰出成果。当然，蛇口工业区的诞生是一个时代的产物。但是，正是在这个开放改革的大时代刚刚到来的时候，招商局就能够站在风口浪尖上，以独家创办和经营一个外向型工业区的大行动，充当了一个先驱者的角色，这绝非偶然，而是与其历史上勇于挑战、勇于创新改革所形成的传统分不开。

---

① 转引自朱士秀主编（代）《招商局史·现代部分》，第264页。
② 转引自朱士秀主编（代）《招商局史·现代部分》，第264页。

截至 1985 年底，招商局在蛇口独资建成了一个以工业为主、综合发展的外向型港口工业区。共设立公用事业机构及专业公司 23 家、全资附属公司 8 家，签订投资协议 201 项，投资总额 26 亿港元，已投产及开业的有 123 项，职工 15472 人。工业区的建设与改革同步进行，各项事业呈现出勃勃生机。

同时，招商局及其属下公司在内地和海外有计划地进行投资，并设立了北京和广州两个办事处，北京企业公司和广州海顺船务公司，截至 1985 年，在内地实际投资项目 12 项，投资总额 1.73 亿港元，在海外（汉堡）投资 4 万马克。

以上在香港、蛇口、内地其他地区及海外投资的机构和企业共 290 家，其中直属企业和全资附属公司 67 家，合资及合作公司 223 家，职工总数 2.2 万人，资产总值约 80 亿港元，已开业和投产的机构和企业 211 家。[①]

至此，不到十年，招商局已经创造了自己的第二次辉煌，一个多元化的招商局企业集团业已形成，并为以后的进一步提升发展奠定了坚实的基础。

三　小结

对以上招商局历史上的两次辉煌进行分析，我们可以看出其具有的一些共同性的地方。

第一，招商局的两次辉煌，都伴随着招商局的实力和影响力的大幅提升，辉煌的时段一般都在数年至十数年的时间，经历过这种辉煌后，招商局的发展都能够整个跨上一个或几个台阶。

第二，在招商局创造自己辉煌，实力和影响力都大幅提升的同时，另一个必须强调和肯定的地方，是招商局改革创新出新型的企业经管方式：第一次的辉煌创造的是"商承体制"，第二次的辉煌创造的是"蛇口模式"。也就是在经营实力和经营模式方面，都能够改革和创造出一种不同于过去的新型体制，而这种新型的体制是促进招商局大幅提升发展的重要

---

① 以上参见朱士秀主编（代）《招商局史·现代部分》，第 322 页。

保证。

第三，这两次辉煌都有另一个共同点，就是这两次辉煌都是招商局与政府共同分工合作，政府大力支持，放权给钱，作为具体操作者的招商局掌控相当的主动权和实际的经营管理权。

第四，在招商局创造的辉煌中，招商局的创新作用在其中占据重要和主动的地位，发挥了不可替代的作用，因为具体推进项目以及解决不断出现问题的主要一方，是作为企业的招商局。而在这之中，招商局体现的改革创新，也逐渐形成招商局的传统和遗传因子，保证了招商局成为洋务运动以来仅存的硕果，同时也是不断创造辉煌的一个企业。

招商局工业文化探析

郭朝先[*]

一 引言

文化之于一个国家、一个民族，是其绵延发展的根本；文化之于企业，正如根之于树木，是滋养其生生不息的能量源泉，是推动企业发展的不竭动力。企业的发展过程也是企业文化不断形成和完善的过程。企业文化是企业在生产经营实践中逐步形成的、为全体员工所认同并遵守的、带有本组织特点的使命、愿景、宗旨、精神、价值观和经营理念，以及这些理念在生产经营实践、管理制度、员工行为方式与企业对外形象方面的体现的总和，其核心是企业精神和价值观。

优秀的企业有一个共同的特点，就是都具有卓越的企业文化。招商局从洋务运动中走来，已经穿越了一个半世纪的历史烽烟，其始终根深叶茂、熠熠生辉的重要原因，正是拥有强大的文化力量。百年积淀的宝贵智慧，不仅打造了招商局这块闪亮的金字招牌，更成为招商人共同的价值追求、思维方式和行为操守，一代代招商人在这里获得滋养和成就。

传统上认为，招商局属"商"，其企业文化是"商"的文化，2020 年 7 月招商局发布的集团企业文化手册就取名为《百年商道》。但招商局不局限于此。作为"百年央企、综合央企、驻港央企"，招商局是一家业务多

---

* 中国社会科学院工业经济研究所副研究员。

元的综合企业，业务涉及综合交通、特色金融、城市与园区综合开发运营三大核心产业和邮轮、大健康、检测等新产业，[①] 因此，"实业"才是招商局更根本的存在。事实上，"商"和"工"是密不可分的，在 1872 年轮船招商局成立后不久，1874 年以修船为主业的同茂铁厂就诞生了，这是招商局工业的肇始。后来，招商局相继在修造船业、矿业、冶金、纺织、机械、重工、装备制造、高新技术等领域投资创办了一系列工业企业，很多领域为中国工业的发展播下了第一批种子。改革开放后创办的蛇口工业区、漳州开发区等工业园区，滋养招商局在工业领域不断扩大、工业业态（不仅有工业企业，还有工业园区）不断丰富，不仅为招商局工业发展和技术创新贡献力量，而且为近现代中国工业发展和社会主义现代化建设做出了不可磨灭的贡献。招商局工业的发展孕育和催生着工业文化，而工业文化也滋养和促进着工业发展。有鉴于此，本文尝试阐释招商局工业文化，从工业和工业文化的视角来理解招商局文化。

二　招商局工业文化体系及其特征

自 2018 年 7 月起，招商局工业集团有限公司（简称"招商工业"）就根据企业不断发展的实际情况，着手凝练具有工业特色的企业文化。伴随着不断对外收购、并购以及整合，企业文化的认同成为管理整合并实现融合发展的关键举措。2018 年底招商工业启动了"品牌战略和企业文化"项目，后续随着长航重工、中航船舶、东邦船厂等企业不断并入，该项目持续进行了修订完善。在招商局集团企业文化手册出台后，招商工业结合集团的企业文化内涵，于 2021 年 12 月发布了《招商工业企业文化体系核心内容》，明确了企业使命、企业核心价值观、企业愿景、战略定位、企业理念、企业精神和企业作风，形成了招商局工业文化框架体系，核心表现在"招商血脉、蛇口基因、海辽精神、工业作风、友联品格"。

1. "洋葱模型"：招商局工业文化体系核心内容简介

企业文化包含着非常丰富的内容，有各种各样的定义，这方面的研究

---

① 招商局集团简介，https：//www.cmhk.com/main/a/2022/c23/a43431_46123.shtml。

数不胜数。比较有代表性的观点认为，企业文化是一个由价值观、信念、仪式、符号、处事方式等组成的特有的文化形象。有学者将企业文化概括成不同的组成要素，比如特伦斯·E. 迪尔、艾伦·A. 肯尼迪把企业文化整个理论系统概述为 5 个要素，即企业环境、价值观、英雄人物、文化仪式和文化网络。①

企业文化是有层次结构的，一般的，将企业文化分为精神文化、制度文化、行为文化和物质文化四个部分。而在每个部分，仍有层次结构，比如，企业的精神文化又可分为企业愿景、企业使命、企业哲学、企业精神等。如何将企业文化不同层面、不同角度的多维度内容表达出来，则有很多模型，比较有代表性的模型有金字塔模型、洋葱模型、同心圆模型、钻石模型、沙漏模型等。其中，洋葱模型认为，企业文化的层次结构就像洋葱一样，一层又一层，处在最里面的是企业文化的核心，如企业价值观、企业精神、企业哲学等，从里往外，依次是企业制度、企业行为、企业形象等。

根据《关于发布〈招商工业企业文化体系核心内容〉的通知》，我们认为可以用"洋葱模型"来概括招商局工业文化体系结构，其核心内容表示如图 1。

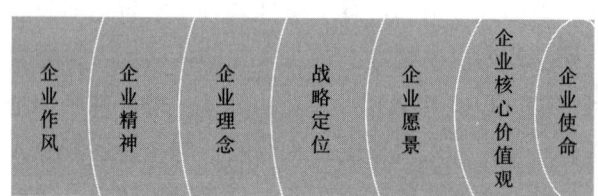

图 1 招商局工业文化体系"洋葱模型"示意

招商局工业文化体系核心内容如下。

（1）企业使命

以先进制造推动行业进步。

通过绿色环保、智能制造、科技创新等理念和技术实现先进制造，并

---

① 来源于网络信息，网址：https://wiki.mbalib.com/wiki/% E4% BC% 81% E4% B8% 9A% E6% 96% 87% E5% 8C% 96。

以此推动行业进步。

（2）企业核心价值观

与祖国共命运，同时代共发展。

招商工业的发展属于集团历史的重要组成部分，与国家和民族的命运休戚与共，并在新时代中承担着实业强国的重任。

（3）企业愿景

走向深蓝的工业力量。

"走向"寓意蓬勃向上、稳健发展；"深蓝"寓意聚焦海洋经济，以科技创新迈向深海、远海；"工业"寓意聚焦工业制造，坚持实业报国、制造强国；"力量"寓意行业骨干，坚持高端装备展现企业能力。

（4）战略定位

为世界提供一流的海洋装备。

立足世界舞台，在修改装船、海工制造、邮轮、特种船舶以及更广泛的涉海领域，为客户提供一流的产品和服务。

（5）企业理念

崇商、守正、创新、共赢。

坚持商业机构的属性，坚守制造实业的初心，永葆创新创造的活力，追求互利共生的关系。

（6）企业精神

务实、担当、匠心、超越。

传承脚踏实地、艰苦奋斗的务实作风，勇担践行制造强国、科技创新战略的责任，秉承工匠精神，专注于产品研发和产品质量，以世界一流为目标，潜心经营、追求超越，实现经营、管理、市场影响力的全方位提升。

（7）企业作风

实干、苦干、巧干。

坚持实干本色，秉持苦干底色，打造巧干特色。传承和赓续工业人勤俭持家、艰苦奋斗的优良作风，并与时俱进，追求高效率、高质量的发展之道。

2. "多元一体"：招商局工业文化与诸多工业企业（工业园区）文化之间的关系

在 150 年历史长河中，工业在招商局发展的各个时期都占有重要地位。晚清时期，招商局发展工业表现为创办修造船企业如同茂铁厂，通过投资开办开平矿务局、汉冶萍公司、上海机器织布局等工业企业；民国时期发展工业表现为创办机器造船厂；新中国成立后计划经济时期发展工业表现为创办金陵船厂，在香港创办友联船厂等；改革开放时期发展工业表现为创办蛇口工业区、漳州开发区等，以及在创办这些工业园区的基础上投资开办大量工业企业如华益铝厂、华美钢铁厂、中集集团等。特别是 1997 年招商局工业集团有限公司成立后，招商局工业领域进行了大规模重组和业务聚焦（包括出售非主营业务，收购长航重工、中航船舶、东邦船厂等资产），现在基本形成了海洋装备维修改装、海洋工程装备制造、特种船舶制造、邮轮制造、船舶配套等 "4 + X" 同类多元、修造并举的业务组合；在新时代，招商局还积极参与国家 "一带一路" 建设，在 "一带一路" 沿线国家牵头创办了中白工业园、斯里兰卡汉班托塔产业园等。可见，招商局工业包括两个大的方面，一是招商局创办和运行的工业企业；二是招商局创办的工业园区。

招商局工业发展史也是一部工业企业（工业园区）文化的发展史。众多工业企业或工业园区在长期的生产经营过程中，因适应不同的环境而形成不同的企业文化，那它们是否可以归入统一的 "招商局工业文化" 之中呢？答案是肯定的，这就是一个 "百川归海" 的过程。因此，招商局工业文化与诸多工业企业（工业园区）文化之间的关系可以概括为 "多元一体"。不同工业企业或工业园区的文化是 "多元" 的，他们之间可以 "求同存异"，经过磨合、补充、修正、灌输等手段，最终形成 "一体" 的招商局工业文化。

从企业文化形成过程的角度来看，企业文化通常是在一定的生产经营环境中，为适应企业生存发展的需要，首先由少数人倡导和实践，经过较长时间的传播和规范管理而逐步形成。企业文化一般要经历一个逐步完善、定型和深化的过程。一种新的思想观念需要不断实践，在长期实践中通过吸收集体的智慧，不断补充、修正，逐步趋向明确和完善。企业领导者一旦确认新文化的合理性和必要性,在宣传教育的同时,便制定相应的行为规范和管理制度,在实践中不断强化,努力转变员工的思想观念及行为模式,建立起新的企业文化。[①] 基于企业文化形成过程的观点,尽管招商局下属的工业企业(工业园区)从事不同行业、处在不同地点,甚至有的企业一开始并不属于招商局系统,但这不妨碍它们进入招商局系统后,逐步形成统一的招商局工业文化。这既是诸多工业企业(工业园区)之间文化相互作用的结晶,也是招商局集团公司在归纳、提炼、规范、灌输等方面发挥文化融合的结果。

3. "母子同心":招商局工业文化与集团企业文化之间的关系

工业是招商局集团重要组成部分,相应的,工业文化是招商局文化的重要组成部分,探析招商局工业文化需要在招商局企业文化整体视野下进行。2020 年 7 月,招商局集团企业文化部系统梳理了百年来企业文化精髓,编写完成了招商局企业文化手册《百年商道》,全面阐述了招商局的企业文化,包括企业使命、企业核心价值观、企业愿景、企业理念、企业精神和企业文化底色,并对企业文化的行为准则、企业文化表达载体进行了介绍。这个体系由内而外地阐释了招商局内心所坚守的信念、驱动前进的核心动力、招商局的成功标准、所倡导的行为准则和精神理念,以及企业文化外显特征等。

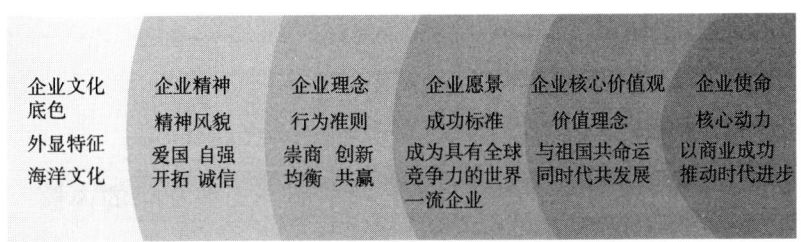

图 2 招商局企业文化体系

对照图 1 和图 2,可以发现招商局工业文化体系和招商局整体的企业文化体系结构相似,层级也差不多。就每个层级的核心思想而言,招商局

---

① Jacalyn Sherriton and James L. Stern, *Corporate Culture*: *Removing the Hidden Barriers to Team Success*, New York: Amacom, 1997.

工业文化体系更多是招商局企业文化体系的具体化，个别地方用词甚至完全一致，比如，在企业理念上，两者均采用"崇商""创新""共赢"来表述。

招商局工业文化与集团公司企业文化之间的这种关系可以用"母子同心"来形容。一方面，招商局工业文化中具有全局价值意义的内容，如"蛇口基因""友联品格"等，被直接纳入或抽象提升为集团公司企业文化的一部分；另一方面，招商局工业文化要在整个集团公司文化指导下进行，贯彻落实集团公司的企业文化，或者将集团公司的企业文化精神具体化，或者直接将某些集团公司文化口号予以确认保留（图3）。

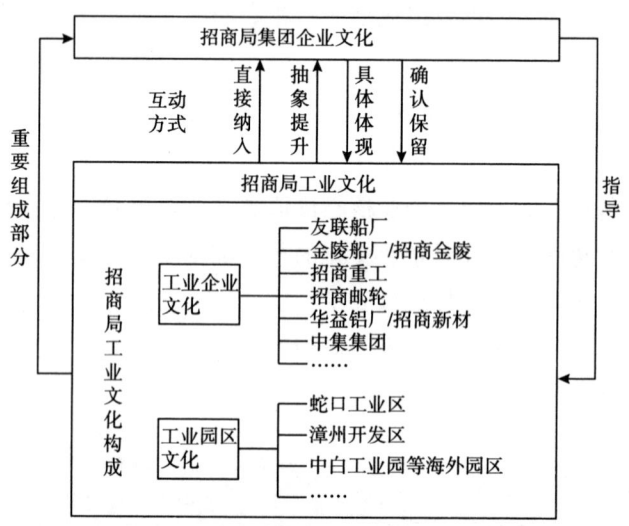

图3 招商局工业文化构成及其与集团企业文化之间的关系

三 "招商血脉、蛇口基因"：招商局工业文化的内核

"招商血脉、蛇口基因"是招商局企业精神的高度概括，更是招商局工业文化的精髓。"招商血脉"意指招商局从洋务运动中走出，创办之初力图用产业撬动"国体、商情、财源、兵势"，这是招商局文化的起源和根本立场。作为中国近现代化的重要开启者，招商局从诞生之日起就背负着富强自立、民族复兴的历史重任，对经济、制度、思想层面的近现代化进行了诸多探索，对中国的繁荣发展起到了积极的作用。"蛇口基因"寓

意改革开放中的招商局，作为发展市场经济的先行者，带动国家其他方面或领域的改革开放。招商局敢于打破思想禁锢，遵循市场经济规律，大胆创新实践，解放和发展社会生产力，促进社会经济持续繁荣，推动了思想、人才和生产力层面的解放。

"招商血脉、蛇口基因"反映了招商局始终坚持"与祖国共命运，同时代共发展"的核心价值观，反映了招商局人特别是招商局工业人的实业救国、实业报国的爱国情怀，以及解放思想、锐意改革的时代精神，集中表现了招商局人特别是招商局工业人"时代提出了什么问题，就回答什么问题"的担当精神。

150 年前，当时的中国积贫积弱，帝国主义环伺，中华民族处于危亡之际，晚清第一重臣李鸿章曾经评价自己所处的时代是中国"三千年未有之大变局"。在此情形下，当时的"时代之问"就是"中国能不能救亡图存，中国的出路在哪里"。150 年前，招商局的创立，就被寄予了去探求一条新的民族出路的特殊历史厚望，并且从它创立伊始就采用了一种中国千百年来所未曾有过的新的生产方式、经营方式，从而具有划时代的意义。李鸿章曾评价："创立此局（招商局），固为收江海之利与洋商争衡，（国家）转贫为富、转弱为强之机尽在此举。"由此将招商局的创立上升到了探索一种国家出路的高度。

创办之初，招商局就坚守"实业救国、民族复兴"的远大理想，力图用产业撬动"国体、商情、财源、兵势"，在追求自身发展的同时，自觉地把推动国家富强、民族复兴、时代进步作为自己矢志不渝的历史使命。招商局创办之初投资兴建的一批企业和项目，初步搭建起中国近代经济体系，为中国走向现代化开辟了道路。比如，1872 年，发行中国第一张股票，成为中国第一家股份制公司；1874 年，创办中国第一家船舶修理厂同茂铁厂；1878 年，参与开办中国第一家大型煤矿企业开平矿务局；1897年，招商局作为大股东创办的中国第一家商业银行中国通商银行在上海开业……

当时间来到 20 世纪 70 年代末期，经过一场"文化大革命"浩劫，国民经济处于濒临崩溃的边缘，中国又一次面临向何处去的抉择。当时最需要回答的"时代之问"就是"如何建设社会主义、怎样建设社会主义"，也就是后来邓小平理论所需要解决的核心问题。1978 年底，党的十一届三中全会胜利召开，全会在思想、政治、组织等领域全面拨乱反正，重新确立了马克思主义的思想路线、政治路线和组织路线，决定把全党的工作重心转移到社会主义现代化建设上来。概言之，党的十一届三中全会实现了党在新中国成立以来历史上具有深远意义的伟大转折，开启了改革开放历史新时期。

然而，改革开放初期的招商局，已经不是曾经显赫的招商局，而只是一个总资产仅为 1.3 亿港元，在香港一隅艰难经营的香港招商局。但是，招商局并没有萎靡不振，而是以强烈的"振兴中华"的使命感，参与到伟大的改革开放事业中来，以创办蛇口工业区为主要标志，再次创造了历史上的辉煌，并为我国改革开放事业的探索提供了许多有益的经验。比如，1979 年，创办中国第一个对外开放的工业区——招商局蛇口工业区；1980年，第一次公开登报招聘人才，这是国内人事制度改革的一次重要突破；1987 年，发起创办新中国成立以来第一家完全由企业法人持股的股份制商业银行——招商银行，第一家股份制保险公司——中国平安保险公司……

蛇口工业区的创办与发展，造就百年招商局的再次辉煌。百年招商局之所以能够成功，不仅是因为其传承了"谋商情、筹国计"的"招商血脉"，而且是因为其结合时代新的要求，注入了"敢为天下先"的"蛇口基因"。

蛇口工业区的成功创办和"蛇口基因"的孕成，不仅造就了招商局的再次辉煌，而且对于我国工业化和现代化也起到积极的推动作用。（1）思想上的启蒙：一场前所未有的思想解放，冲破思想禁锢的第一声"春雷"。（2）制度上的创新：一部敢为人先的传奇，一个制度创新的范本。（3）企业成长的摇篮：一批现代企业孵化成长，从蛇口走向全国全世界。（4）对外交流的窗口和名片：从"引进来"到"走出去"，推动构建人类命运共同体。

进入 21 世纪，招商局工业人牢记"与祖国共命运、同时代共发展"的理想初心，坚持"实业报国、制造强国"，自觉、主动、积极地将自身战略融入国家战略，努力成为践行国家战略的排头兵。招商局工业传承集团航运祖业和海事主业，以支撑海洋产业发展为己任，目前已成为中国三大国有海洋装备造修集团之一，在渤海湾、长江经济带、长三角地区和粤港澳大湾区等地布局了九大船厂、七大造修船基地，打造了友联船厂、招商重工、招商邮轮和招商金陵等品牌，并聚焦高端、绿色、科技型海洋装备研发与制造，不断做优做强海洋装备维修改装、海洋工程装备制造、特种船舶制造、邮轮制造、船舶配套等"4+X"业务，着力打造走向深蓝的工业力量，助力招商局集团建设成为具有全球竞争力的世界一流企业。

回望来时路，招商血脉于国家危亡中开启，肩负富强自立、民族复兴的历史使命；蛇口基因依托蛇口工业区，将开拓创新的激流融入祖国改革开放的大潮。"招商血脉、蛇口基因"已积淀成为企业文化的核心思想和企业品牌的核心内涵，一直伴随招商局工业发展的各个历史时期，历经沧桑而精神永存。唯改革者进，唯创新者强，唯改革创新者胜。未来，招商局工业将立足于此，坚守"走向深蓝的工业力量"的企业使命，传承延续"招商血脉、蛇口基因"，做新时代的引领者，一路砥砺奋进，不断迈上新的高点。

四 "实业报国、实干兴企"：招商局工业人的使命担当

回望历史，1872 年的中国，积弱积贫、列强环伺，被称为一艘"无一处没有伤痕"的破船。在自强求富的洋务运动和实业救国思潮中，大量民族企业得以创办。1872 年 12 月，轮船招商局设立，试办中国现代轮运业以求"自强求富，振兴工商，堵塞漏卮，挽回利权"，这被认为是洋务运动的标志性事件之一。招商局不是规模最庞大的，也不是地位最显赫的，但当别的企业湮灭于历史烟尘时，唯有招商局经受住了历史的检验，名称延续至今，事业历久弥新。这里面的秘诀是什么？秘诀就是坚持"与祖国共命运，同时代共发展"的核心价值观和坚守"爱国、自强、开拓、诚信"之道。这是招商局长期发展的历史积淀和宝贵结晶。它不是空洞华丽的辞藻，而是一种精神力量推动招商局不断前进，为祖国的现代化事业贡献力量。百年招商局将"与祖国共命运，同时代共发展"和"爱国、自强、开拓、诚信"作为最珍视的价值追求，以"实业报国、实干兴企"的精神大力发展工业。

1. 招商局工业文化萌芽于洋务运动时期的"实业救国"思想

招商局自诞生之日起，就背负着富国自强、民族复兴的历史使命，其工业文化在诞生之初就饱含救国富国的期许。在当时百废待兴、一切都亟待重建的中国，招商局宛如一剂有力的强心剂，为中国工业复苏带来生机。轮船招商局秉承着"实业救国"理念，先后投资创办了同茂铁厂，参与开办了当时最大的煤矿企业开平矿务局、第一家钢铁煤炭联合企业汉冶萍公司、第一家机器纺织企业上海机器织布局等。这些企业的创办，开创了中国近代修造船业、采矿业、冶炼业、纺织业等产业领域，促使近代中国民族工业萌芽。

2. 蛇口工业区的创办充分体现了"国家所需、招商所能、工业所为"的使命担当

1978 年 10 月 9 日交通部党组根据招商局的报告，向中央提出了《关于充分利用香港招商局问题的请示》，既为招商局制定了日后发展的方针，也为招商局向中央求得了企业自主经营权的扩大。这个方针就是"立足港澳、背靠内地、面向海外、多种经营、买卖结合、工商结合"。这"二十四字方针"在招商局的发展史上是具有里程碑意义的，它标志着长期徘徊不振状态的结束和重新振作起飞时代的开始。而这个方针的鲜明特点在于突破了单一行业经营的框架，建立了向多元化发展的战略。正是依据这样的发展方针，招商局在后来短短的十多年中发展成一个包含着航运、工业、商业、银行、保险、旅游、酒店和海洋石油后勤服务等业务的多元化综合性集团；也正是依据这样的发展方针，招商局创办了全国第一个对外开放的区域——蛇口工业区。

中央批准招商局开发蛇口工业区，但是并不像对其他国家计划项目那样进行拨款与投资，只给了一点特殊政策，那就是允许招商局 1979 年以后 5 年不必将利润上交国家财政，可作开办蛇口工业区之用。5 年的利润不外几千万港元，远不足以支撑工业区那么庞大的基础建设工程，更遑论工业项目的投资。招商局面临着资金短缺的困难。然而，这个困难并不足以吓退招商局的领导们。招商局总部在香港，按照周恩来总理的生前指示，社会主义的企业，资本主义的运作。这样可以方便地利用香港金融市场。招商局凭借一贯重诺守信的良好商誉以及有国家做强有力的后盾，筹集资金并不困难。事实上，在开发蛇口的整个过程中，招商局很大程度上是利用香港充足的资本市场，去解决自身资金短缺的问题的。

作为一个驻港的中资企业，招商局清醒地认识到自身应扮演的角色及应负的使命。一方面是严格按照香港的游戏规则打球，重诺守信，专注实业，不事投机，积极进取，增强实力，为香港的主权回归、经济稳定繁荣做出应有的贡献；另一方面，则充分利用香港的良好经济条件，积极引进外资，并且竭力运用自身资源，参与内地投资，充分发挥桥梁作用，为祖国的社会主义建设多做贡献。

在改革与建设过程中，蛇口工业区大胆探索，冲破旧有的价值、时间与人才观念，提出"时间就是金钱，效率就是生命""空谈误国，实干兴邦"等口号，竭力提倡各种新观念，如时间观念、竞争观念、信息观念、平等观念、职业道德观念等。并在劳动用工制度、干部聘用制度、薪酬分配制度、住房制度、社会保险制度等方面开展了多项改革创新。这些可谓招商局企业文化建设的新内容，对全国企业新文化建设也产生了重要影响。

以蛇口工业区为基础，招商局相继开辟了港口、金融、地产、物流、科技等业务，先后创办了新中国第一家企业股份制商业银行招商银行、新中国第一家企业股份制保险公司平安保险公司等。蛇口工业区还培育了华为、中兴、金蝶、南玻等名企，被称为"单位面积培养名企最多的地方"。

3. 从"友联小厂办大事"到"友联品格"，友联船厂发展诠释"实业报国、实干兴企"的使命担当

友联船厂于 1964 年为服务国家远洋船队修理需要而创建，成立初期，友联船厂高举爱国旗帜，号召"胸怀祖国，放眼世界"，以"勤俭办工厂""力求节省，用较少的钱办较多的事"教育干部、员工边建厂，边生产。为了不让国轮修理受制于人，友联船厂始终坚持"为祖国远洋船队服务"的宗旨，为中国船舶提供优质、低价、及时的维修服务，最终打破英资太古、和记黄埔两家船厂对中国船舶维修的把持与歧视。据不完全统计，从 1971 年 4 月至 1974 年 10 月，外厂修理费用合计要比友联船厂高出 113%，其中外资船厂开价比友联船厂高出 122%，华资船厂开价也比友联船厂高出 31%—38%。当时，友联船厂以区区 7000 平方米场地和简陋落后的设备，每年为国家检修上百艘远洋船舶，节省了大量资金，缓解了修船业受制于人的窘状，保障了刚刚起步的国家远洋运输事业。十分关心香港发展的周恩来总理听到汇报后，由衷地赞叹"友联小厂办大事"。这一时期的招商局为中国的修造船工业、远洋运输事业贡献了力量，也为自身日后的发展打下了基础。1978 年交通部专门发文号召交通运输企业学习香港友联，钱永昌、黄镇东等交通部领导还专门到香港友联视察调研。

改革开放以来，香港友联为支持内地修造船业发展，相继在内地创办了蛇口友联和漳州友联，获得了良好的口碑，形成了"友联修船"的金字招牌。2018 年，招商局集团从内部业务整合考虑，要求招商工业重组濒临破产的舟山东邦船厂，将其重整为舟山友联船厂并快速实现脱困发展。2020 年，为弥补华北以及环渤海区域修船网络的不足，招商工业将威海金陵下属的山东新船重工更名为山东友联，将友联修船的品牌扩展到北方，实现了中国华北、华东、华南以及香港地区的全覆盖。未来有望形成香港友联、蛇口友联、泉州友联、舟山友联、山东友联五大友联船厂的网络化布局。"友联修船"集团化管理模式的逐步形成，将进一步夯实"友联修船"的国内龙头地位和国际市场地位。

20 世纪 80 年代，友联船厂积极进取，勇于担当，主动解决国家海洋工程方面难题，为国家海洋工程业务发展做出贡献。当时中国的海洋工程业务基础薄弱，制约了远洋运输、海洋石油等各类海洋业务的拓展。1983 年香港友联借青衣新厂投产之机，积极介入南海石油平台维修业务，为中国新兴的海洋石油开发业务保驾护航。面对全新的海洋工程业务，友联船厂数次派员去湛江南海西部海洋石油公司考察，登上海上钻井平台虚心学习海洋工程知识，了解海洋石油勘探作业需求，寻求介入海洋工程服务的切入点。经过学习交流，友联船厂决定发挥香港自由免税港的区位优势，快速低价获得世界上最先进的海洋工程技术、设备、材料、配件，积极与国际上专业的海洋工程服务商、设备供应商合作，利用地处珠江口毗邻北部湾的地缘条件，为海洋石油工程船舶及钻井平台等装备提供维修服务。2006 年又借深圳孖洲岛基地建设之机，将海洋平台修理经验延伸到平台建造领域，在世界性海工产能吃紧之际毅然承接了中海油的平台建造订单，推动招商局重工从技术含量较低的钢结构制造商转型为海工装备制造商，为中国 21 世纪实业强国战略做出了应有的贡献。

2021 年 5 月 11 日集团董事长缪建民来到香港友联进行调研，充分肯定了香港友联的发展成绩和"友联品格"。他表示，香港友联的发展历程是一部招商局真正的工业史，更是一部爱国史、一部奋斗史、一部奉献史。香港友联的作风是踏实的，队伍是可靠的，精神是可爱的，历史是光荣的。他特别强调，香港友联的后续发展要传承好企业精神与作风，让香港友联的孺子牛精神、爱国爱港精神，以及艰苦奋斗、勤俭持家、踏实肯干的作风代代相传。

五 "实干、苦干、巧干"：招商局工业人的工作作风

招商局工业的企业作风就是"三干三色"，即"坚持实干本色，秉持苦干底色，打造巧干特色"。其中，友联船厂的"艰苦奋斗、勤俭持家、踏实肯干"作风和金陵船厂的"吃苦、听话、实干"作风是最突出的代表。

1. 友联船厂的"艰苦奋斗、勤俭持家、踏实肯干"作风

香港友联船厂于 1964 年为服务国家远洋船队修理需要而创建，伴随中国远洋航运事业发展而兴。从 1965 年承修第一艘远洋船舶开始，经过 50 多年的艰苦奋斗，成功培育了行业享受盛誉的"友联修船"品牌，形成了招商工业的"友联品格"。在不同的时期，友联船厂职工在港、在内地都发扬"艰苦奋斗、勤俭持家、踏实肯干"的工作作风，通过在修船行业里摸爬滚打、艰苦奋斗，锻造了一支敢打敢拼的修船队伍，按期交船、保证质量是友联人不懈的追求，形成了守信重质的优良品格。

20 世纪 60 年代，友联船厂面临资金短缺窘境，友联人利用修船时拆卸下来的废弃钢材，修建工棚，作为铁工、木工作业场所；利用从拆船厂购买废弃的船木、钢缆、绞车，自行设计，自己打桩，打造自己的简易码头，建起了自己的造船船排，并与香港和珠三角地区的众多二手船用设备供应商共同建立起包括日本、新加坡、韩国、印度和中国台湾、中国香港等国家和地区在内的船用二手设备供应共享资讯体系，委托他们将获取的船用二手设备维修保养好，从中获取低价的二手备件，节省费用的同时大

大省去了这些设备订制周期。当年香港港英当局地政署官员到香港友联船厂检查时，曾留下这么一段评价："虽然你们这些新建的车间、码头、船排等建筑物属于违例的'潜建物'，但结构安全，消防安全完全符合香港建筑物条例要求。"友联船厂这种坚持艰苦奋斗的优良美德，最大程度节省开支，将"苦干、实干、巧干"的工作作风发扬到极致。进入 20 世纪 70 年代，为充分利用香港修造船能力推动中国远洋运输事业发展，友联船厂在交通部大力支持下展开新厂扩建业务。1976—1977 年，友联船厂在青衣岛南湾向新贸航运等公司陆续购买了共计约 12.42 万平方米的滨海土地，坚持"勤俭办厂，以厂养厂"的方针，建设码头、车间、仓库、办公楼、食堂、宿舍等设施齐全的友联船厂青衣岛新厂，建成之后，友联船厂规模及其业务量在香港均居第一位。厂区建设之外，借助国际金融市场的资金及技术优势，友联船厂与日本石川岛播磨重工业公司及其联系的金融财团先后签署三份代表当时国际最先进技术浮船坞的融资建造一揽子合同，于 1976 年、1978 年陆续订造两艘 2.5 万吨级浮船坞"友联一号""友联二号"，打破了香港修船能进入联合浮坞、外资船厂垄断坞修船的局面，大大提升了内地修船业船舶坞修能力的效率，为中国的修船事业做出了重大贡献。

友联船厂在长期的工作实践中，总结提炼出"沉箱法""锚地修船法""看工程"等工艺创新，有效解决了生产中的难题，节约了工时原料，降低了劳动强度，实实在在反映了招商局工业"实干、苦干、巧干"的工作作风。

"沉箱法"利用铁架和趸船替代桩腿支撑平台，开创了没有坞也可以修理自升式钻井平台水下部分的历史。1983 年，友联机器修理厂第一次承接自升式钻井平台"南海一号"的修理。由于香港及华南地区都没有宽度满足钻井平台进坞要求的船坞，所以华南地区的平台要进坞检修，都必须前往新加坡或日本。而该方法的发明有效解决了这一难题，拓展了香港友联的海工装备与大型船舶维修改装业务。

"锚地修船法"出自友联船厂初创时期，这个方法大幅度增加了修船量，赢得了周恩来总理的盛誉。当时厂区面积小，码头岸线短且吃水浅，为了在短时间内尽快增加修船量，为中国远洋运输公司多修船、修好船，陈宏泽同志因地制宜地提出了该方法：每天用友联的拖轮、客运轮把修船工人、修船设备送往锚地，将友联的吊趸船、电焊趸船、工作趸船系泊在香港水域锚泊的远洋船舶舷侧进行维修，把锚地现场无法维修的电器及机械零件、设备拆卸吊运回船厂，维修调试好之后运返船上安装。

"看工程法"把整个船舶检修服务往前推进了一大步。香港友联船厂派出工程主管和估价人员前往船舶停泊的港口，与船东代表沟通了解需要检修的工程项目，实地考察船舶状况，现场逐项核对船东提出的检修工程项目。凭借经验，工程主管人员决定检修与否，明确检修范围，列出工程项目清单，工程主管和估价人员当即给出检修船舶周期及检修价格估算。回到船厂后，工程主管和估价人员可针对性地进行下一步工作计划。

2. 金陵船厂的"吃苦、听话、实干"作风

金陵船厂历史可以追溯到 1951 年的木质工作趸船"和字 110 号"以及船上的 4 台旧机床和 15 名年轻人。在极其困难的情况下，广大员工以"甲板当床，码头当桌，舍得一身汗，宁掉几斤肉"的精神，兢兢业业，苦干实干，终于干出了一片天地，企业越来越红火。

在成立初期，金陵船厂广大员工克服资金、装备短缺等劣势，发挥主人翁的"实干、苦干、巧干"精神，革新"卸船滑板千斤钩""钢质固定地龙""高强度铆钉枪头和弹子""风动弯板机""木工开榫机""压板机""别桩制作新工艺"等方法和工艺，切实解决了生产难题，节约人工物料，大大减轻了工人的劳动强度，提升了工作效率。

在 20 世纪 90 年代，金陵船厂再次面临极大的困境，正是凭借"吃苦、听话、实干"的工作作风，企业再次渡过危机，并且在国际造船市场上牢牢站稳了脚跟。

20 世纪 90 年代，金陵船厂正在"夹缝中求生存"，但在中国船舶总公司和地方船厂的双重夹击下，市场上连"缝隙"都几乎不复存在。天无绝人之路，经过全厂上下的共同努力，市场不景气的困境终于出现转机。1995 年 10 月起，金陵船厂与新加坡和德国船东签订的 10 艘多用途集装箱船合同分批生效。从这批出口订单开始，金陵船厂在随后的十年里逐步确立了集装箱船、滚装船、化学品船三大品牌系列产品的业务结构，完成了出口导向下产品结构与生产模式的转变。

为了造好第一批出口船，1996 年起全厂实施中层以上干部全年无休、职工单休的制度。全厂上下齐心协力，奋力拼搏。建造关键时刻，甲板作睡床，码头当饭桌，舍得一身汗，宁掉几斤肉，也要按期完工。第一批出口船建造过程，诠释了金陵船厂职工"吃苦、听话、实干"的工作作风和对金陵船厂的深刻归属感。1996 年 10 月 28 日，第一艘出口机动船"司迪麦斯·费尔沃"号 350 箱集装箱船顺利下水；1997 年 4 月 10 日，第一艘485 箱集装箱船"碧玉"号下水；1997 年 5 月 31 日，第一艘 650 箱集装箱船"繁荣"号下水……金陵船厂终于走出了历史上的"至暗时刻"。凭着实干、苦干、巧干，"金陵船厂"的金字招牌，越擦越亮。

余论：招商局 LOGO 的一种释义：工业文化的视角

LOGO（品牌标识）作为企业文化的物质层（外显层），用视觉符号来表达企业文化精髓。品牌标识用视觉语言将企业文化抽象的语意转换为统一规范的视觉符号，并通过系统性的视觉传播，使受众对企业进行快速识别与认知，以塑造独特的企业品牌形象。

招商局核心标识由标志、中英文标准字体、招商局创立时间三部分构成。招商局的企业标识中金色标志、蓝色字体是从朝阳与大海演变而来，象征着蓝色大海托起灿烂光辉的朝阳，寓意深刻。早在 1947 年，招商局就成立了标准委员会，颁布了"招商局"中英文名称、字头使用等标准文件，规定近代书法家谭泽闿书写的"招商局"为中文标准字，受国家工商注册保护。英文名 China Merchants 分别取其首字母，C 为外圈，寓意招商局立足中国，放眼全球，M 稳重如山，引入铁锚设计，象征着招商局航海起步，同时可为 Merchants 和 Multi- 的首字母，寓意崇商精神和多元产业结构。CM 标志富有时代感及美感，体现了招商局一百多年来企业稳健且富有实力。

从工业文化的视角看，招商局 LOGO 中，CM 标志不仅具有上述含义，而且，C 可以表示 Create，M 可以表示 Made、Manufacture，CM 组合意味着招商局工业正在进行中国制造、中国创造，招商局工业立足中国，面向世界，求真务实，发扬"实干、苦干、巧干"工作作风，不断开拓创新，

图 4　招商局集团的 LOGO

为中国工业发展贡献"招商局力量"，为世界工业发展贡献"招商局智慧"。

参考文献

张后铨主编《招商局史·近代部分》，中国社会科学出版社，2007。

朱士秀主编（代）《招商局史·现代部分》，人民交通出版社，1995。

招商局企业文化手册《百年商道》，内部资料，2020 年 7 月。

招商局工业集团有限公司：《关于发布〈招商工业企业文化核心内容〉的通知》，2021 年 12 月。

汤照连主编《招商局与中国近现代化》，广东人民出版社，1994。

易惠莉、胡政主编《招商局与近代中国研究》，中国社会科学出版社，2005。

虞和平、胡政主编《招商局与中国现代化》，中国社会科学出版社，2008。

钟坚编著《改革开放梦工场——招商局蛇口工业区开发建设 40 年纪实（1978—2018）》，科学出版社，2018。

许永军：《蛇口工业区：从排头兵到新标兵》，《党建》2020 年第 11 期。

招商局集团办公厅、招商局史研究会编印《袁庚文集》，2012。

刘建强：《蛇口基因——破解平安、中集、招行、万科、华为体内共同的密码》，《中国企业家》2008 年第 8 期。

Jacalyn Sherriton and James L. Stern, *Corporate Culture: Removing the Hidden Barriers to Team Success*, New York: Amacom, 1997.

招商局史融入"中国工业史"教学的探索

戴吾三[*]

招商局自 1872 年创建始，就与中国工业化进程紧密联系。一百五十年来跌宕起伏，饱经沧桑，积累了丰厚的历史。不过，由于招商局是洋务运动的产物，很多人（也曾包括本人）想当然地认为，洋务运动的篇章早已经翻过去，招商局只存在于历史叙事中。然而，当我 2007 年因工作调动第一次来到深圳，在参观了招商局博物馆，了解到招商局在蛇口重铸辉煌的事迹后，大为震撼，感叹不已。全然没有想到，在深圳充当改革开放排头兵的招商局，就是那个一百多年前建于上海的招商局，一个企业的生命如此之长，延绵了几个时代，很容易超出人的想象。再有，招商局开局的掌门人、改革开放之初的掌门人，他们是招商局的灵魂，也是影响中国近现代史的重要人物，然而，在以往的学习中，一般人都没有串联起来。

事实上，招商局在有些范围的影响力很大，不少学者对招商局史也做了深入研究。如何吸收这些研究成果，在更大范围讲述招商局的故事，讲述其对中国工业化和社会发展的影响，这成为我好几年思考的问题。

一 开设"中国工业史"课程缘起

我们正处在一个前所未有的创新时代，第四次工业革命即将来临，必将引起更深层次的产业变革。回顾第一次工业革命发生，古老的中国闭关自守，对世界改变一无所闻。直到西方列强叩开国门，在坚船利炮之下，

---

* 清华大学深圳国际研究生院教授。

清政府认识到实力悬殊，被迫开启洋务运动，推动中国走上工业化道路。

从这个大背景看，在高校开设"中国工业史"课，引导理工科学生了解从清末洋务运动到当代中国新型工业化的全过程，分析中国工业化进程与社会变革的相互作用、所涉及的重要因素，从新视角和新史料深入认识中国近现代历史，确实有必要。

而在我，还有前面说的原因。正是我来到深圳，详细了解到招商局百年跌宕的历史，招商局在蛇口重铸辉煌的事迹，促使我思考如何打造一门新课，在更大范围讲述招商局与中国工业化的历史。

回到 2007 年 11 月，因清华大学深圳研究生院（清华大学国际研究生院前身）发展需要人文社科教师，我从北京校本部调来深圳。没多久，我参加院里主办的学术会议，会后组织参观。在听到参观地点是"招商局博物馆"时，我第一反应是，招商局最早创建于上海，博物馆应该建在上海，什么时候与深圳扯上关系了？

更令我惊讶的是，下车走进博物馆大门，映入眼帘的宣传板标题是"袁庚传奇"，上面有袁庚任两广纵队炮兵团长的照片，文字介绍他 1948 年参加过济南战役。

我再次震惊。我生长在山东淄博市，距离省城济南很近，我在济南学习过，熟悉为纪念济南战役所建立的解放阁。而眼前所介绍的著名人物袁庚，我大致知道他是深圳改革开放的先锋人物，却不知他很早参加东江纵队，1946 年随部队北撤到山东解放区，部队被改编为两广纵队，他由东江纵队的情报处长成长为炮兵团长，参加了南麻战役、济南战役……

我想，许多从内地其他地方初来深圳的师生很可能与我一样，记忆中都是不完整的历史。

正是这次参观，点燃了我深入了解招商局史和袁庚传奇人生的热情，我也期望用自己的认知，影响更多的学生。

我的专业背景是科学技术史，在更细分的领域偏重技术史，我的想法逐步明确，努力学习相关知识，尽快开设"中国工业史"新课，在课堂上讲述招商局的故事。

挑战不可低估。因为按传统的学科分类，中国工业史需要技术史背景，也涉及经济史和企业史，需要跨学科的知识结构。

我开始阅读中国经济史的书，并集中阅读有关招商局史的书，如美国学者费维恺的《中国早期工业化：盛宣怀（1844—1916）和官督商办企业》、汪敬虞的《唐廷枢研究》，还有《刘广京论招商局》《黎志刚论招商局》《朱荫贵论招商局》等，再就是阅读涂俏女士的《袁庚传》，我深为袁庚的传奇经历所吸引，为他的人格力量所折服。

我的认识逐步发生了蜕变。经过几年准备，我从2017年正式开讲"中国工业史"课，将招商局的历史融入教学，以袁庚的人生经历感染学生。

对初次选"中国工业史"课的学生，我都会发放问卷，问他们对招商局的了解，问是否熟悉袁庚。大多数人开始表示陌生。也难怪，长期的应试教育，使学生的很多知识都停留在书本上，与现实严重脱节。

深圳比之北京教学的最大优势，是能带学生见证改革开放活的历史。每次上这门课，我都在周末组织学生参观招商局博物馆，再就是到"海上世界"的袁庚雕像前，就在现场教学。激励学生认识到，创建于洋务运动的招商局，一度湮没在历史中的招商局，正在深圳这片热土上创造新的辉煌。

二 招商局史融入教学

"中国工业史"设定为十五讲。在介绍课程缘起时，我拟的题目是"历史视野深圳观察"。我写道："深圳是中国改革开放的试验田，在这里诞生了一批新型的现代企业，如华为、腾讯、比亚迪、大疆……由对深圳的深入了解知道，这里还有最早创建于洋务运动时期的企业——招商局。招商局历经百年跌宕，1979年抓住改革开放的历史机遇，在深圳蛇口2.14平方公里的土地上，拼搏奋斗，重铸了第二次辉煌。目前，深圳正全力建设'中国特色社会主义先行示范区'，回顾历史，放眼未来，将启发我们以大视野观照中国的工业化进程，以大格局把握人生的发展。"

课程伊始，我就强调招商局的地位和历史。不要以为深圳1980年建立经济特区，就说它的历史很短，在这里能看到创建于1872年的招商局的身影，这个超过百年的老企业和深圳结合，究竟是怎么一回事？如此很容易引起学生关注。

纵观中国工业化进程，从洋务运动至今大致可分四个时期，即洋务运动早期工业化、民国时期第二次工业化、新中国初期大规模工业化、改革开放时期新型工业化。梳理一百多年的历程可见，在不同时期，招商局的发展都可圈可点。对我来说，应尽可能汲取学者已有的研究成果，为课程所用。

以美国学者费维恺的《中国早期工业化：盛宣怀（1844—1916）和官督商办企业》为例，该书设六章，轮船招商局就占了两章，可见它在中国早期工业化中的地位，其对中国社会经济的影响。

再看《刘广京论招商局》《黎志刚论招商局》等专著，都有深入细致的研究。刘广京先生或论公司，或论人物，都很精彩。论人物而言，相对于国内学者要少了思想束缚，对早期掌门人唐廷枢的评价显得客观和公允，他称唐廷枢"是中国第一个近代企业家，这反映在他接受了诸如轮船、蒸汽驱动开矿设备和铁路这样的工业革命产品，并成功地招集资本建立让公众参与的股份公司。在有着漫长历史的轮船招商局最初的 10 年，他是公司的灵魂人物"。①

"中国工业史"设"抗战时期的工业西迁"一讲，我会介绍招商局航运帮助上海的企业往四川迁移。还有 1937 年 7 月至 1939 年初，招商局为在长江江阴航道阻止日本船舰，先后沉船 24 艘，计 3.4 万余吨，演绎了一段壮烈的历史。

"中国工业史"重要的部分是改革开放与新型工业化，有一节内容就讲招商局蛇口工业区。1978 年 6 月，复出工作的袁庚被交通部委派往香港招商局考察，所见落后之状促使他要做出改变。因香港腾挪空间有限，袁庚上书建议招商局在蛇口建立工业区。之后，袁庚作为招商局集团常务副董事长，于 1979 年 7 月在蛇口打响了改革开放的第一炮，成为改革开放的先锋。袁庚敢闯敢试，敢为天下先，在深圳乃至全国，竖起了一面旗帜。

正是蛇口工业区的发展，吸引了更多的人才来此，也产生了更大的辐射效应。

---

① 刘广京著，黎志刚编《刘广京论招商局》，社会科学文献出版社，2012，第 185 页。

三 企业家：以唐廷枢和袁庚为例

在一百五十年的历程中，招商局产生了二十多位掌门人，这些人大多是有影响的人物，各有可评点之处。结合"中国工业史"，我选取两位掌门人——唐廷枢和袁庚重点讲述，这是因为唐廷枢最早进入招商局，有开创之功；袁庚在改革开放初期，引领招商局走出低谷重铸辉煌。我从企业家视角评点唐廷枢和袁庚，引导学生认识企业家的作用，对当今的创新创业有启示，对推动中国新型工业化有意义。

先说唐廷枢。早先的认识是他是洋行买办，对此，汪敬虞先生有深入研究，他在《唐廷枢研究》开篇写道：

> 唐廷枢是中国近代历史上一个著名的洋行买办。这个人的一生，对十九世纪中国买办阶级的发生、洋行的早期活动、买办资本的积累以及买办资本和民族资本的关系等方面，提供了一些值得注意的问题。对研究中国近代经济史说来，这是一个值得剖析的人物。[1]

历史学界都知道，在改革开放之前，说"买办"有政治上的含义，评价是要有批判意识的。20 世纪 80 年代初，汪敬虞先生基于长期积累，乘思想解放的春风，对买办和买办阶级给予了客观分析和评价，带给人们新的认识。

随着逐步破除思想禁区，对唐廷枢的评价上升到"中国近代民族工业先驱""中国近代第一个企业家"。

如今上网搜索"唐廷枢"，看介绍他当买办的经历，笔墨轻描淡写，更多的则是评价他开办中国近代民族工业的若干"第一"。

教学中我有意强调唐廷枢的企业家身份，将其放在中国工业化进程的大背景下，看他 1873 年成为招商局新掌门后的转型与淬炼，成为"中国近代第一个企业家"的经历，并引发学生思考：你能创办一个企业吗，都需要什么样的经验和历练？

再看袁庚。因时间较近，有关的资料很多，袁庚的早年经历，各种头

---

[1] 汪敬虞：《唐廷枢研究》，中国社会科学出版社，1983，第 1 页。

衔，重要荣誉有：2003 年被香港特别行政区授予金紫荆星章；2018 年 12 月，党中央、国务院授予袁庚同志改革先锋称号，颁授改革先锋奖章。

评价袁庚，也以企业家的视角，看他的人生转型，进入招商局后如何管理企业，如何敢闯敢试，带领招商局走出低谷，再创辉煌。

为何要强调企业家的视角？这是因为第四次工业革命来临，中国加快工业化进程，需要一大批新企业，需要一批新企业家，全社会提倡尊重企业家，倡导企业家精神，就需要将招商局的老故事讲出新意。

2021 年国庆节前夕，党中央批准了中宣部梳理的第一批纳入中国共产党人精神谱系的伟大精神，其中有"企业家精神"。因而结合招商局一百五十年的发展，探讨企业家精神是有现实意义的。

"企业家"这一概念由法国经济学家理查德·坎蒂隆（Richard Cantillon）在 1800 年首次提出。他认为企业家使经济资源的效率由低转高，"企业家精神"则是企业家特殊技能（包括精神和技巧）的集合。或者说，"企业家精神"指企业家组织建立和经营管理企业的综合才能的表述方式，它是一种重要而特殊的无形生产要素。

就中国的情况看，"企业家精神"有具体而丰富的内涵。有评论说，创新是企业家精神的灵魂，冒险是企业家精神的天性，合作是企业家精神的精华，敬业是企业家精神的动力，学习是企业家精神的关键，执着是企业家精神的本色，诚信是企业家精神的基石，等等。这些都有道理。

希望借纪念招商局创建一百五十周年之际，结合有影响的企业家，推动企业家精神研究，推动企业家精神传播。

参考文献

1. 汪敬虞：《唐廷枢研究》，中国社会科学出版社，1983。
2. 费维恺：《中国早期工业化：盛世怀（1844—1916）和官督商办企业》，虞和平译，中国社会科学出版社，1990。
3. 夏东元：《洋务运动史》，华东师范大学出版社，1992。
4. 刘广京著，黎志刚编《刘广京论招商局》，社会科学文献出版社，2012。
5. 黎志刚：《黎志刚论招商局》，社会科学文献出版社，2012。

招商局集团初期航运体系的发展

陈争平[*]

招商局集团初期十年在进行多元化发展的同时，始终坚持以航运为中心。在集团成立后航运体系发展虽有曲折，总体上速度仍然很快。经过十年努力，招商局集团已经不仅拥有颇具规模的远洋船队，而且拥有港口码头、仓库、驳船队、车队、船厂等设施；还有船务代理、船舶检验、港湾建筑工程、船舶打捞救助、船舶机械物料供应、船舶贸易等配套部门，建成门类比较齐全、业务比较完整的航运体系。

一 明华公司的曲折发展

香港明华船务有限公司是招商局的全资直属企业，主要经营船东、船舶代理、船舶买卖、船舶租赁、船舶管理、货物运输、集装箱运输等业务，是招商局集团航运体系的骨干企业。集团成立初期，明华公司遵循国际航运市场的经济规律灵活经营，实力有所增强。

当时，明华公司抓住世界航运市场开始复苏的有利时机，加快船队发展步伐。公司拥有船舶 1986 年为 10 艘，18.7 万载重吨；1987 年增至 13 艘，19.8 万载重吨。1988 年，明华公司各项业务增幅更大，船队发展更快。这一年，新购船舶 8 艘，30.5 万载重吨；新添合营船 9 艘，157.8 万载重吨；出售合营船 2 艘，3.48 万载重吨。至 1988 年底，明华公司已建成一支颇为壮观的国家计划外船队，有大、中型油轮 4 艘、集装箱船 4 艘、

* 清华大学人文学院教授。

大型散装船 1 艘以及各种类型的散装船 20 艘，共有船舶 29 艘，208 万载重吨（内 10 艘，158.5 万载重吨系与另一友好航运公司合营）。其中，特大型油轮"维开"号达 39 万载重吨，是当时中国载重吨位最大的油轮。这些船舶原值 29734 万美元，至 1988 年 12 月据伦敦经纪行估值已达 34840 万美元。明华公司以其雄厚实力跻身香港五大船东之列。其船舶航行于世界各主要港口。①

随着世界航运市场复苏及公司自身船队规模的扩大，明华公司当时营运态势良好。公司船舶营运率从 1986 年的 97.73% 增长至 1988 年的 99.75%；1989 年公司船舶增多，船运力与货运量明显增加（详见表 1）。

表 1　1986—1996 年明华公司船舶及营运概况

年份	船舶（艘）	船运力（载重吨）	货运量（吨）	船舶营运率（%）	船舶出租率（%）
1986	10	187000	1239694	97.73	100
1987	13	197272	1700000	98.00	100
1988	29	2079915	2956010	99.75	100
1989	41	3165040	16500000	94.8	99.41
1990	35	3250933	14930000	>90	>90
1991	35	3241933	16014768	98	97.9
1992	40	3665205	4719673.7	96.18	97.34
1993	37	3801778	7593947	>93	
1994	44	4141598			
1995	48	4124248			
1996	45	4138910	35575987	96.62	

资料来源：据朱士秀主编（代）《招商局史·现代部分》第 342 页表及《招商局能源运输股份有限公司史事长编》（内部资料）第 176、197、231、252、268、311、343、372、404 页有关数据制作。

明华公司船队主要是通过香港的商业银行融资发展起来的。公司自组建至 1986 年上半年向银行借款一亿多美元，而 1988 年因大量买船，借款

---

① 朱士秀主编（代）《招商局史·现代部分》，人民交通出版社，1995，第 340—342 页。

高达 2.3 亿美元。为按期偿还贷款本息，在不要国家投资拨款的前提下，尽早赚回一支自己的船队，明华公司付出了巨大努力。

明华公司注重经济效益，以诚待客，积极开拓航运市场。租船是明华公司的主要业务之一。明华公司十分注意正确处理与租家，特别是主要租家 ALCOA 的关系，不仅在船员调配、船舶保养、航行安全等方面为租方提供良好服务，待之以诚，而且密切关注租方的经营动态。当 ALCOA 公司因航业衰退而出现财政困难时，明华公司体谅其困难，答应其要求，自 1987 年起每天减少租金 7600 美元。此举虽使明华公司减少了收入，但巩固了与租方的友谊，有利于与租方的长期合作，并能保证明华公司在国际航运萧条期中仍能获取稳定的租船收入，从长远看这是非常明智的。其他租家对此亦反应强烈，认为明华公司是一个很好的合作伙伴，纷纷要求与明华公司建立和扩大业务联系，使明华公司的船舶出租率经常保持 100%。[①]

明华公司重视扩大揽货业务，努力开拓，在国际市场上自行揽取第三国货载。从 1987 年上半年起，业务重点逐步转移到亚洲各国特别是东南亚地区，并对船队结构做了必要调整，又增辟新加坡至黄埔港准班轮航线，深受货主欢迎。1987 年同明华公司建立业务联系的货主和租家已遍及中国内地、中国香港以及东南亚各国、澳大利亚和欧美，明华公司的货源 90% 以上来自第三国，已构成较为广泛的航运网络。

1988 年，董氏家族的金山公司管理的 31 艘船产权已为银行债权人拥有。董氏家族认为这批船留在手上就是有钱赚，也是为债权人作嫁衣，不如趁机脱手。招商局集团派明华公司与董家协商，同时也与债权人协商，从董家的债权银行手上收购 25 艘油轮和干散货船，共 299 万载重吨，动用资金 6.08 亿美元。由于这些油轮属于 20 世纪 70 年代蒸汽机老船，所以明华公司又与董家合作新造三艘超级油轮以替代老油轮，动用资金 391.3 亿日元。这批船买下后，明华公司把其中 3 艘散货船转手卖给希腊船东，获利 1000 余万美元；另有一艘散货船营运了 5 年才出售，仅船价就赚了 378 余万美元，又在营运上盈利 874 余万美元，总计共盈利 1253 万美元。这 4

① 朱士秀主编（代）《招商局史·现代部分》，第 343 页。

艘散货船买卖共盈利 2250 余万美元。这是明华公司成立以来首尝船舶买卖盈利的甜头。明华公司已不仅是一家航运公司，同时也进行船舶买卖。此后明华公司仍然继续进行船舶买卖活动。这一活动按照市场行情进行，船价高有赚头就卖，船价低就买。这就叫船舶运输与船舶买卖相结合。①

明华公司收购董家的油轮和散货船，其中原油船最大的为 VLCC，39万吨，成品油船最大的为 8 万吨，这都为我国填补了空白。明华公司买入这批船后，散货船自己经营，而油轮则由金山公司管理。由于大型油轮运输主要是和国际大石油公司打交道，所以必须有很高的管理信誉才行。这批油轮由金山公司管理，增强了招商局集团的声誉和实力，填补了我国有关大型油轮运营的空白，也培养了明华公司的员工和船员。1992 年 11 月，董家提出退出三艘新造油轮之股权，招商局集团同意了。至此。油轮船队全部归招商局集团所有。后来，董家又提出成立由双方合作的新油轮管理公司以策安全。招商局集团总经理办公会认真研究了董家的提议，同意在百慕大注册一家联合船务公司管理油轮。1994 年 4 月，双方合作的油轮管理公司"海宏轮船（香港）有限公司"正式成立。金山公司作为老牌油轮船王，有很强管理软实力，为招商局集团培养了一批管理人才和高级 VLCC 船员。②

明华公司是招商局集团下属创利大户之一。但是在 90 年代初由于国际航运市场连年不景气，明华公司受到了较大影响（见明华公司船舶及营运概况表）；再加上投资超级油轮的决策使明华公司背上了沉重的债务负担，资产负债率较高。如果长此以往，继续下去，明华公司不仅很难恢复元气，而且有被压垮的可能。为了解决明华公司的发展问题，使其能够轻装上阵，1996 年招商局集团对明华公司进行全面摸底，在清理资产、账目的基础上，采取了果断措施：一是将由明华公司承担巨额贷款的 32% 划归集团承担，并在今后若干年内逐步核销，以减轻明华公司的债务负担，使其轻装上阵；二是决定当美元与日元汇率达到某个区间的时候，明华公司与集团副总裁吴世荣、财务总监孙寅商定后，即可兑换，以减少汇率损失。

---

① 江波：《江海波涛：情系招商局》，中国大地出版社，2008，第 32—33 页。
② 江波：《江海波涛：情系招商局》，第 33 页。

这两项措施执行一年时间内，明华公司得益甚大，财务状况有很大改观。①

二 船企公司、货柜公司及集装箱运输的开展

随着航运业务不断扩大，1985 年 5 月招商局在原业务部基础上组建了在香港注册的招商局船务企业有限公司（以下简称"船企公司"）。该公司主要经营船舶代理、货运代理、中转联运、订舱、揽载、租船、代理修船、船员接待等一切有关航运业务，代理中远总公司、上海海运局、广州海运局、长江轮船总公司、天津航运公司、扬子江轮船公司、深圳船务公司、厦门水上运输公司等数十家运输和船务公司在香港的相关业务。

集团成立后，船企公司不断拓宽国内外代理业务的范围，在巩固原有的代理业务基础上，1986 年该公司取得了中远总公司增辟的波斯湾、马尼拉等新航线的代理权。1987 年 12 月，船企公司参与合营的瓯江船务有限公司"雁荡山"号客货轮首航抵港，开辟了温州—香港航线，船企公司取得其代理权。同年，船企公司下属的合营企业朝联公司先后在美国、韩国、中国台湾、新加坡、曼谷等地设立了代理点。1988 年，船企公司代理业务取得了重大进展。皇家太平洋豪华游轮公司、海口船务公司以及汕头、泉州、东山等地的有关船公司相继委托船企公司作为它们在香港的船舶代理。这一年，船企公司代理香港至大连、营口、秦皇岛、天津、青岛、上海、南通、张家港、南京、芜湖、武汉、宁波、温州、福州、汕头、广州、蛇口等港散杂货运输航线，香港至上海、海口、三亚等港口客货班轮航线，香港至美国、加拿大东西岸、西欧、地中海、波斯湾、马尼拉及东南亚各地国际集装箱运输航线等。

货物中转在招商局航运业务中占有重要地位。船企公司受货主委托，把抵达香港的中转货，合理组织转运，安全、经济、迅速、可靠地将货物送达目的地。招商局中转业务的目的港遍达世界各地，经营范围包括 30 多条国外航线以及 380 多个港口。为适应外贸运输不断发展的需要，招商局发展了海海联运、陆海联运、海空联运、陆海空联运等多种联运中转

---

① 招商局集团办公厅、招商局史研究会编印《刘松金文集》，2012，第 121 页。

业务。

　　船企公司重视发展中转业务，灵活地采取多种对策，随行就市，互惠互利，以扩大客户，争取货源。1987 年、1988 年，公司分别走访内地客户55 处和 58 处，仅在深圳一处接待客户即达 17 次和 22 次，两年在香港共接待内地客户代表团 46 个，签订海海联运、陆海联运协议 58 份，沈阳、云南、哈尔滨、石家庄、郑州、北海均为新开辟的揽货地区。1987 年船企公司首次试办海外与内地边远地区的大型集装箱海陆联运，是上述联运业务活动最具特色的一次。1987 年 3 月，船企公司获悉一批装有卷烟机的集装箱已由美国查里斯顿港运抵香港，并将转运到距云南昆明数百公里远的昭通。香港的成名公司对此均望而却步，船企公司却认为这是开拓海外与内地边远省份海陆联运的好时机，也是招商局与铁路合作共同发挥联运优势的好机会。船企公司本着开拓内地业务的宗旨和薄利多运、优质服务的精神与中国铁路服务（香港）有限公司联合兴办了这次多式联运全程运输，将货物由深圳北站发往昆明，再由公路转运昭通。有关部门通力合作，克服重重困难，终于顺利地将这一批集装箱运抵接收地。此次联运成功颇受云南省好评，该省当即与船企公司签订了一些合作协议。由此，船企公司开辟了在西南等边远地区揽载货物的新路子。①

　　船企公司的航运代理业务，虽然成绩显著，但是由于同业竞争日益激烈、自身运力不足以及国内调整经济政策种种因素的影响，仅靠维持原有的代理业务和经营方式，难以适应形势发展需要。招商局集团为此向船企公司提出了要发展为大型国际货运公司的构想。1988 年 7 月，船企公司参与了建瑞汽车运输公司的重组工作，承担了 30% 的股份；同年，船企公司与招商局国际旅游公司合资组建国际空运公司，进一步拓展了海陆联运、海空联运等多种形式的运输业务。

　　代理中远总公司班轮集装箱干线运输，是船企公司的主要业务之一。为了进一步发展集装箱运输业务，提高运输质量，加强集中管理，提高竞争能力，更好地为外贸运输服务，经招商局集团 1987 年 4 月 16 日总经理碰头会议决，船企公司货箱部与明华公司货箱部合并组成招商局货柜航运

---

　　① 朱士秀主编（代）《招商局史·现代部分》，第 346—347 页。

有限公司（以下简称"货柜公司"）。后来经招商局集团与中远总公司商定，货柜公司改由招商局与中远总公司合营，成立集装箱运输联营管理委员会，双方各占股50%。招商局所占一半股份，由其下属的船企公司和明华公司平均分担。货柜公司在香港注册，于1987年9月1日正式成立。原由船企公司代理的中远总公司的集装箱运输业务，和明华公司经营的沿海集装箱支线运输业务，包括集装箱船舶的代理、营运、租赁和集装箱提取等业务，均移交货柜公司办理。①

货柜公司成立后，根据货源、港口条件等情况，认真组织船舶运输工作，抓好船货衔接，合理调度船舶，加快船舶周转，发挥船舶潜力，大力开展揽货和代理等业务。货柜公司使用电脑和其他现代化通信设备，沟通中国香港与中国内地、东南亚及美国、日本、西欧等国家和地区的业务联系，干支线集装箱运输均有较大发展。招商局集装箱运量沿海支线业务从1986年到1988年增长了366.7%，代理中远班轮业务从1986年到1988年增长了79.4%。② 截至1988年，货柜公司代理与经营的集装箱航线共17条，其中经营香港至青岛、新港、上海、大连、汕头、厦门、张家港、广州等内地沿海港口的集装箱支线8条；代理中远总公司穿航欧洲、地中海、美国、加拿大、南美、阿拉伯湾、东南亚、日本等地的国际集装箱干线9条。1993年，招商局继1992年以13.5亿港元购买了香港现代货柜15%的股权后，又增资4.11亿港元，使招商局占股达到17.89%。

三　港口与仓库建设及驳船运输的发展

码头装卸和货物仓储也是招商局的重要传统业务。改革开放以来，这些业务大幅增长。因此，招商局在香港坚尼地城兴建深水码头及高层仓库，并组建仓码运输有限公司，以加强专业性经营管理。招商局又与香港安全货仓有限公司、利怡有限公司合作，在香港柴湾兴建大型干货仓库

---

① 朱士秀主编（代）《招商局史·现代部分》，第348页。
② 朱士秀主编（代）《招商局史·现代部分》，第349页。

等,① 并合资组建柴湾货仓有限公司。1987 年,招商局在坚尼地城兴建第二货仓。它于 1988 年 8 月竣工,随即对外营业。它楼高 16 层,为香港第一家全空调无柱式米仓,建筑面积 29536 平方米,可以储存大米等 19600 吨,成为香港最大的米仓。这个米仓既是香港粮食供应的重要保障,又为招商局实现了较好的经济效益。②

驳船运输是香港货物进出口和中转的重要运输环节,发展驳船运输是招商局发展航运业务的一项重要内容。招商局驳船运输公司除完成港口过驳业务外,还开展了香港至蛇口、广州等地的短途驳运业务。招商局成立仓码公司后,为了促进仓库、码头业务与驳船运输业务的配合协作,驳船运输公司随后划归仓码公司领导。为满足远洋货运对港口装卸业务不断增长的需要,招商局集团建成了一支与货运业务相适应的具有相当规模的港口作业船队。截至 1988 年,招商局驳船运输公司拥有港口作业船 104 艘,已成为香港最大的港口驳船队,在装卸和集散货物中发挥了重要的作用。招商局驳船队为稳定香港驳船市场及繁荣香港经济,做出了自己的重要贡献。③

为了适应香港、蛇口两地中转货运量不断增长的需要,更好发挥内外结合的优势,灵活经营驳船业务,招商局集团于 1987 年成立了招商驳船运输(蛇口)有限公司,同年 6 月正式向深圳市工商管理部门注册。原属招商局仓码公司的 1 艘拖轮及 54 艘驳船,转归蛇口驳船公司名下,以有利于雇用中国船员和降低营运成本。其调度、经营仍由招商局仓码运输公司统一管理。按照业已形成的运输格局,这些船舶大部分仍留在香港从事过驳作业,担负中国远洋船舶在香港的货物中转业务。同时,也有少量驳船从事港澳至华南沿海港口的短途运输业务,先后开辟了香港至蛇口、赤湾、珠海、大亚湾、沙头角等短途运输航线,主要承运石料、硅砂、棉花等货物。此外,蛇口驳船公司还开办了货运代理及保税储存等业务。

---

① 详见朱耀斌、朱玉华编著《招商局与中国港航业》,社会科学文献出版社,2010,第 233 页。
② 江波:《江海波涛:情系招商局》,第 43 页。
③ 朱士秀主编(代)《招商局史·现代部分》,第 285、356 页。

招商局的驳船队保持适当规模，主要是适应正常情况下的驳运工作需要。但是驳船运力在运量激增时仍显不足。在这种供求紧张情况下租用驳船便成为招商局集团扩大驳运能力的一项必不可少的措施。1987 年 5 月、6 月，内地经香港出口的货物猛增，船舶集中到港，船舶压港现象再度发生。招商局集团为克服驳力不足的困难，及时采取对策大量租用驳船，集中力量抢卸压港船舶。仓码公司以高价在当地租用驳船 60 余艘，使该公司投入过驳作业的驳船增加至 120 余艘，不到 10 天即扭转了压港局面，6 月底所有在港船舶均恢复了正常作业程序。

蛇口水道有 13 米深，除了台风时锚地的回旋余地少一点外，其他条件都很好。招商局在蛇口相继建成五湾顺岸式货运码头、石油作业码头、客运码头后，蛇口港进一步成为香港的重要分流港。蛇口不仅成为深圳特区物资进出口的门户、水路客货运输的枢纽和南方石油的后勤供应基地，而且逐步向国际中转港发展。1986 年 9 月，经交通部批准，蛇口港成为我国南方第一个远洋运输中转港，开始办理货物中转业务。招商局在蛇口又兴建第一突堤码头，于 1988 年 1 月落成，随即投产。招商局集团的集装箱运输业务，虽然发展迅速。但由于种种原因，主要是受到港英政府的限制，到 1988 年底尚不能在香港建设自己的集装箱码头，这在一定程度上限制了集装箱运输业务的进一步发展。1988 年，招商局集团不得不决定在蛇口成立集装箱码头公司，在蛇口港第三突堤兴建一个规模较大的现代化集装箱码头。1989 年 3 月，招商局与中国远洋运输公司开始合资兴建蛇口集装箱码头，该码头 1991 年投入使用。

1987 年招商局在赤湾港投资 5000 万元建设 3.5 万吨级码头。1988 年 5 月 3.5 万吨级的五号泊位竣工；8 月，3.5 万吨级的六号泊位提前 4 个月落成，标志着赤湾港首座 3.5 万吨码头工程已全部完成。赤湾港从此跨入了国内拥有 3.5 万吨、2.5 万吨、1.5 万吨级大型泊位的深水港行列。赤湾港也积极开展集装箱装卸业务。1988 年 8 月，赤湾港建成深圳特区第一个以集装箱为主的多用途泊位，能靠泊第三代集装箱货轮，年处理量达 6 万个标准箱。作为南海东部油田开发的后勤基地，赤湾港拥有 7 个石油工作船泊位，27 万平方米堆场和各种专业仓库，并于 1988 年建成了我国第一个深水海上石油平台导管架制造场。赤湾已成为作业设施齐全的现代化全天候石油后勤基地，为 8 家外国石油公司和数十家专业承包公司提供优质服务。

招商局开创了企业投资建港办港的成功先例，其经验是可贵的。截至 1988 年，招商局集团在香港、蛇口、赤湾共有码头岸线 5085 米，5000 吨级以上泊位 22 个，港口吞吐量达 760 万吨。香港、蛇口、赤湾各港互为犄角，遥相呼应，无论是作为客货吞吐港、中转港、分流港，还是作为多功能综合性港口，各自具有重要经济价值和较大发展潜力。招商局各港相互配合，相互补充，前后策应，内外结合，形成了极为有利的港口战略布局。1993 年，招商局投资香港西区海底隧道，占股 13%，投资 3.24 亿港元。1994 年底，漳州开发区 3.5 万吨级多功能码头、16 公里疏港公路、变电站土建工程、供水等基础设施已基本完成，为招商局港口战略布局翻开了新的一页。

四　友联船厂在激烈竞争中开拓业务

80 年代初期由于航运业持续不景气，日本船厂不惜工本抢夺修船生意，香港修船业普遍开工不足。面对着激烈竞争，招商局集团直属的友联船厂采取了以下有效措施：加强管理，讲求效率，采用先进技术，增强专业技能，提高服务质量。

1986 年，友联船厂严格实行计划用工，加强劳动管理，工时效率有较大幅度提高，从而得以精简员工 348 人，约占全场员工总数的 1/3。友联船厂十分重视改进工艺技术，以确保修船质量。1986 年，友联船厂在投标中击败两家中外船厂夺得南海西部石油公司下属南海"202"三用工作船改装为守护船的工程，在船上增建消防、救生等设施，其改装质量得到中外行家好评。1987 年，友联船厂组织专人对涂镀、喷镀、液压、坞修工艺以及螺旋桨修理、平衡实验、调速器实验等技术课题进行攻关并取得了较大进展，如涂镀这种修理磨损机件的快速先进工艺，已在友联船厂普遍推广。

友联船厂始终把为"中远"各公司提供优质服务视为办厂的基本宗旨。1986 年，友联船厂修船部分业务同"中远"总公司合营，给"中远"各公司让利，成立了"中远、友联修理业务合作管理委员会"，签订了合作经营协议。友联船厂作为"中远"各公司的修船基地，被用合营的形式固定下来了。因此，"中远"各公司修船艘数占友联船厂修船艘数的比例，由 1986 年的 50% 上升为 1987 年的 62.2%。

友联船厂还积极拓宽服务对象，尽力扩大业务新领域。友联船厂继修理改装"南海 1 号""南海 2 号"钻井平台、南海"202"三用工作船后，又于 1986 年战胜日本竞争对手，夺得渤海油田 3 艘船的修理工程项目。同年，友联船厂还中标承揽了南通港 3.5 万吨级大型货轮"滨海"号改造为过驳平台的任务。1987 年承修"南海 4 号"与"南海 5 号"，并在中国近海石油服务（香港）公司的协助下，承接了渤海油田 4 艘船的修理任务。1988 年，友联船厂击败 4 家船厂，一举夺得渤海石油公司"滨海 109 轮"的改造工程项目。该轮是中国当时唯一的一艘海底敷管船，十年前从新加坡购回后一直未能投入作业。日本一家船厂曾对该轮进行改造，未获成功。而友联船厂仅用 3 个月的时间便顺利完成了该轮的改造工程。这标志着友联船厂在修船业务方面又跨上了新的高度。

友联船厂面对日本、中国香港等国家和地区同业者的激烈竞争，坚持高质量、守信用、重管理，厉行改革，积极开拓业务新领域，业务量不断扩大，经济效益逐年提高，总收入从 1986 年的 17550 万港元增至 1988 年的 27592 万港元。[①]

1991 年，友联船厂的外轮修理艘数和产值大幅度上升，该厂在修理一万至三万吨级的船舶吨数和载重吨总和的排名由上年的世界第五名，分别跃至第三名和第二名。[②]

友联船厂和欧亚船厂地处香港新界，是招商局集团在香港最有价值的资产，拥有约 20 万平方米土地，约 2000 米长、水深 8 米以上的码头海岸线，3 个坞坑海床及附属修船设施。过去，受英国政府向清政府租借香港新界 99 年条款约束，这些地块批租到期日为 1997 年 6 月 30 日。为争取友联船厂和欧亚船厂土地使用权续期，从 1995 年底开始，招商局以集团企业部为主，聘请梁振英测量师行为代理，向当时港英政府交涉土地使用权续

---

① 朱士秀主编（代）《招商局史·现代部分》，第 358 页。

② 江波：《江海波涛：情系招商局》，第 119 页。

期事宜。申请续期过程中招商局集团遇到的困难主要是港英政府以当时香港修船业萎缩，两块土地已部分申请短期改变为港口装卸中流作业用途等为借口，有意阻挠招商局土地使用权续期申请。后来经过与港英政府反复磋商，在中英联络小组中方代表支持协调下，在梁振英测量师行及梁振英先生本人的大力帮助下，1997 年 6 月 24 日，在招商局大厦 22 楼会议室，香港地政署代表与招商局集团代表签署了香港友联船厂和欧亚船厂土地及两个坞坑海床使用权续期到 2047 年 6 月 30 日的文件，完成了保留香港友联船厂和欧亚船厂用地的任务。[①]

五 集团初期十年航运体系发展概述

招商局集团成立初期，很好地发展了航运业务，完善了航运体系，扩大了航运阵地，增强了航运实力，充分发挥了航运支柱作用和内外交流窗口作用。其中，明华公司抓住世界航运市场开始复苏的有利时机，加快船队发展步伐，并遵循国际航运市场的经济规律灵活经营，实力明显增强；明华按照市场行情，把船舶运输与船舶买卖相结合，也取得了较好效益。船企公司不断拓宽国内外代理业务的范围，取得了一条又一条新航线的代理权；港口与仓库建设也有了很大发展，招商局驳船运输公司已成为香港最大的港口驳船队，在装卸和集散货物中发挥了重要的作用；友联船厂在激烈竞争中，厉行改革，积极开拓业务新领域，业务量不断增加，经济效益逐年提高。

90 年代初，世界航运市场不景气，香港散杂货代理货运量持续大幅下降。航运系统各企业积极采取措施发展多式联运，开辟集装箱支线运输，增设揽货网点等，主要生产指标完成较好，问题是经济效益差。例如明华公司在 90 年代初由于国际航运市场连年不景气，再加上投资超级油轮的决策使自己背上了沉重的债务负担，资产负债率较高。又如友联船厂与修船业务相关的重工业务、拖轮业务营业额均有所增加，但是由于修船成本增加，修船效益较差。中远香港集团经过资产重整，占据了航运的龙头地

---

① 江波：《江海波涛：情系招商局》，第 42—43 页。

位，并掌握着庞大的揽货网络，有自己的码头，形成了自己的航运一体化体系。1995 年底又宣布停止委托招商代理，这使船企公司 1995 年账面亏损 1170 万元。仓码公司以中转杂货业务起家的驳船队已成为公司包袱，1995 年亏损 1800 万元。航运虽然在一个较长的时期是招商局的主业，但现在形势发生了重大变化。集团要及时地制定新的发展战略，调整企业定位，调整产业结构，走以增强产业创利能力为目标、几个支柱产业并举、扶持重点支柱产业发展的路子。航运业仍要作为招商局集团的一个支柱产业加以发展，但其发展的内容、规模应进行调整，以适应航运市场的需求。①

① 江波：《江海波涛：情系招商局》，第 119、121、126 页；《刘松金文集》，第 85 页。

招商局企业组织结构变迁研究
（1873—1936）

王玉茹　　刘福星[*]

企业选择何种组织结构经营，与企业自身体制、所处制度环境等有密切联系。招商局成立后引入西方股份公司制度安排，相应地在公司组织结构方面也形成了一套与股份制相适应的体系。但企业由于依附政府势力，所以在具体组织结构内部还出现了政府的身影。在招商局发展的不同时期，商人势力和政府势力在企业内此消彼长，而这种实力的消长状况也集中体现在企业的组织结构上。

一　近代招商局的发展历程

晚清时期，招商局取得了一定的发展，无论是从企业股本还是轮船吨数上都可以看出。从1872年到1911年，招商局的股本从6万两增加到400万两，增加了近66倍；企业的轮船数量从1艘增加到29艘，轮船总吨位从619吨增加到49000余吨，吨位增加了78倍。但如果深入审视企业不同年份发展状况，在晚清时期招商局的发展可以分为两个阶段，其分界线为1898年。在1898年之前，招商局大部分时期都有盈利，1898年之后，企业经营状况恶化，盈利消失甚至出现亏损的状况。

民国时期，招商局大部分时间都处于衰退状态，仅有两个时期出现短暂的繁荣，一个是一战期间，外国轮船公司受到严重冲击，从而为国内航

＊　王玉茹，南开大学经济研究所教授；刘福星，广东技术师范大学讲师。

运企业提供了发展机会；另一个时期是抗日战争结束初期，招商局通过接收大量航运资产，从而实力大增，规模迅速膨胀。招商局在 1916—1920 年间、1912 年和 1933 年有所盈利，其他年份都为亏损。从股本情况来看，招商局的股本从 1912 年的 500 余万元到 1947 年的 17 亿元，增加了 300 多倍；从江海大轮数量上看，招商局的轮船数量从 1912 年的 29 艘到 1935 年的 28 艘，轮船数量较为稳定，结构上不断优化，总吨位从 1912 年的 5 万多吨增加到 1935 年的 7 万多吨，创下了最高吨位数。

二 招商局企业组织结构的变迁

招商局成立初期即实施官督商办体制，在企业资本结构中出资认股成为股东，政府早期则提供借款进行扶持，同时政府派员监督企业，在企业中享有重大事项的决策权和用人、财务大权。因为权力界定不清，在企业运营中出现官、商对企业控制权的争夺，企业体制不稳定，在官商共治、商办、官办之间变化。潘必胜把 1873—1949 年之间招商局组织体制分为官商双头制、官办直线制、商办直线职能制、官办直线职能制，在一定程度上梳理出这一时期招商局企业体制的变迁以及在此体制下组织结构的变化。① 本文在其基础上进一步完善，将招商局组织机构的变迁主要划分为三大阶段，即事业部型组织结构（1873—1884）、直线型组织结构（1885—1911）、直线职能型组织结构（1912—1936）。

（一）事业部型组织结构（1873—1884）

事业部型组织结构最早由美国通用汽车公司总裁斯隆于 1924 年提出。在这种组织结构中，按产品或区域来设立事业部，各事业部都是一个独立经营单元，总公司负责全公司方针的制订与控制，事业部具体落实。事业部型组织结构实行的是"集中决策，分散经营"的管理体制，公司总部负责公司发展战略、经营方针、投资决策等战略性管理工作，

① 潘必胜：《中国近代企业的组织结构》，刘兰兮主编《中国现代化过程中的企业发展》，福建人民出版社，2006，第 112—117 页。

各事业部是具体的经营单元，是公司的利润中心，在自己的产品范围或领域范围内独自开展生产经营活动，负责向总公司上缴利润，完成利润目标。

在此时期，招商局管理实行官、商分权。在招商局总局，总办与商总各自独立，双方有一定程度的分权。总办由北洋大臣委派，代表官方对企业的监督，并对企业高层的人事权、决策权有一定影响力，但一般并不干预企业的日常经营管理。1873年《轮船招商局局规》对商董和总董之产生做出规定："每百股举一商董，于众董之中推一总董"，"商总为总局主政，以一二商董副之"，"总局、分局、栈房司事人等，由商总商董挑选"。① 在《重订轮船招商局章程》中对商总、商董事权进一步规定："商局设于上海，议交唐丞廷枢专管，作为商总，以专责成"，"轮船归商办理。再将股份较大之人公举入局，作为商董，协同办理"，"轮船归商办理"，② 由此规定企业日常经营管理归商总及其地方各局商董负责。在这种企业组织体制上，官方委任的总办和商人推举的商总、企业总办由唐廷枢一人担任，这有利于协调官商关系，分局领导也由商董担任，实现了企业所有权和经营权的统一。在总局与分局关系上，招商局在上海设总局，在天津、汉口各埠设立分局，随着招商局经营规模的扩大，陆续在各口岸设立分支机构，这些分局基本由出资大的商董负责管理，企业组织结构、管理体系的"商办"特征凸显。分局局长由总局向分局调遣商董担任，分局日常事务自行办理，但分局财务定期报告给总局。

招商局分权体制在1879年进一步加强，企业各分局在人事、业务和财务方面的事项由分局局长掌管，较少受到总局干涉。分局内部也实行一定程度的分权，分局码头、货栈等都成为独立的利润中心，并有独立的职能部门和人事权力。其组织结构如图1所示。

---

① 交通部交通史编纂委员会、铁道部交通史编纂委员会编纂《近代交通史全编》第2册《航政编》，国家图书馆出版社，2009，第227—228页。
② 交通部交通史编纂委员会、铁道部交通史编纂委员会编纂《近代交通史全编》第2册《航政编》，第229页。

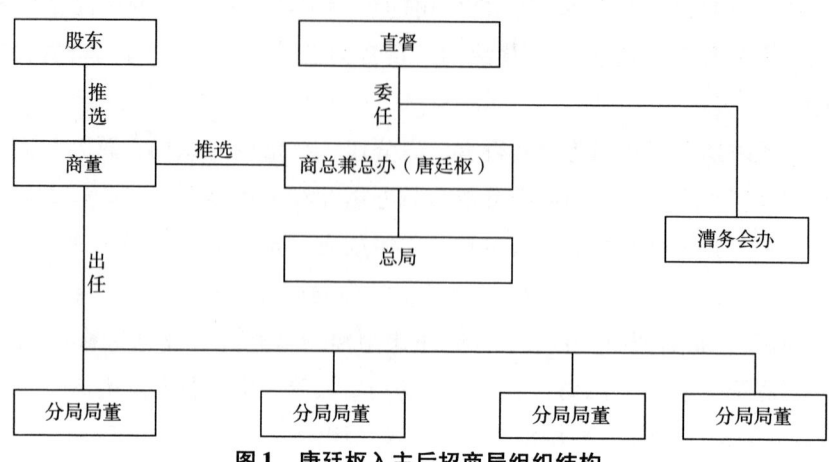

图1　唐廷枢入主后招商局组织结构

资料来源：易惠莉、胡政主编《招商局与近代中国研究》，中国社会科学出版社，2005，第268页。

事业部型组织结构的优点是总公司可以从日常事务中摆脱出来，潜心研究公司的全局问题。由于事业部是独立生产经营单元，独立核算，独立考核，更能够发挥事业部管理者的积极性。事业部的运行，对事业部经理的知识和能力要求较高，有利于管理人才的培养和锻炼。事业部是公司利润中心，能够保障公司的利润稳定受控。事业部型组织结构也有其不足之处，主要表现在总公司与事业部内部的管理职能有重叠，造成管理人员浪费，管理成本高；事业部独立运行，各事业部为了考虑自身的利益，会影响各事业部之间的相互协作，造成不必要的经济损失；事业部为了完成总公司利润目标，之间可能发生内耗，协调起来也相对困难；对事业部总经理的个人素质要求高；总公司对利润完成较好的事业部存在控制难度增加的可能。

（二）直线型组织结构（1885—1911）

直线型组织结构是最简单的一种组织结构，在这种结构中，命令传递"一对一"，互相之间绝不交叉，上级对下级有绝对控制权，下级只接受单一上级领导。唐廷枢、徐润退出招商局之后，1885年李鸿章任命盛宣怀为招商局督办，掌管招商局。盛宣怀以作为政府代表的督办的身份进入招商局，他取消了官商双头管理体制，兼任前期商总职能，管理权上实行了官方对企业的领导，企业股权仍为商人所有，商人虽占有股份，但他们在企业中的势力被大大削减而只能屈服于官僚势力。盛宣怀入主轮船招商局之后，改弦易辙，对企业制度和经营管理制度进行了大的调整，基本废弃了唐、徐时期的企业经营模式。盛宣怀主持制定了新的企业管理制度章程，轮船招商局"专派大员一人认真督办，用人理财悉听调度"；"会办三四人应由督办察度商情，秉公保荐"，三年一任；"各分局总办皆称董事，得力而无亏空者酌量留用"；"各局司事由各局董事自行选用"；"得力董事必须优给花红，不得力者亦须随时惩撤"。督办是官方指定的专派大员，之前每百股举一商董，于众董之中推一总董的制度安排被废除。企业会办（即副总董）也不再依照所据股权情况选举产生，改为由督办保荐。盛宣怀整合企业管理大权，实现对企业的统一领导，企业组织形式向职能制靠拢。这一时期企业组织结构如图 2 所示。

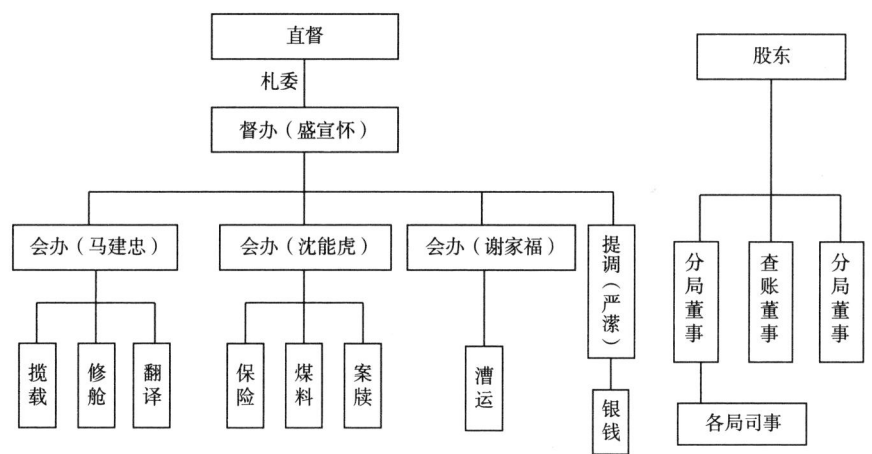

图 2　盛宣怀改组后招商局组织结构

说明：盛宣怀改组后的招商局组织结构，不同文献中有微小差别。

资料来源：黎志刚《黎志刚论招商局》，社会科学文献出版社，2012，第 119 页。

这一时期招商局取消商总，企业大小事务都由督办盛宣怀负责，督办对企业人事、决策、日常经营管理等方面进行集权，实现人事权和经营管理权的统一。招商局下属各分局，也都由督办认为得力的人员控制。各分局总办，不再实行以往由董事会公议决定选派的程序，而由督办根据他是否得力来酌量留用，企业经营人员存"董事"之名而去其实。据《用人十条》，盛宣怀还在总局设立揽载、运漕、银钱、保险、修验、煤料、翻译、案牍等 8 股，每股负责人称"帮办董事"，都归督办盛宣怀任免。分局总办（也称"董事"）的任命，也由盛宣怀控制。企业组织结构最终形成以督办为首的垂直组织体系。

1908 年盛宣怀任邮传部右侍郎，1909 年招商局被划归邮传部管理，同年邮传部派钟文耀为招商局坐办，"总理一切"，任命沈能虎为副坐办，负责招商局漕务，任命唐德熙、陈猷为会办总董，分别负责揽载与翻译业务，任命王存善为会办，负责稽核业务，邮传部正式控制招商局。1909 年在第一次股东大会上，由股东选出 9 名董事和两名查账员（具有监事性质），盛宣怀当选为董事会主席。公司章程规定每年召开一次股东大会，进行董事和查账人换届选举。① 在 1910 年股东年会上，盛宣怀又被选为招商局总理，最终重掌招商局大权。盛宣怀作为大股东，为防止招商局控制权被袁世凯夺回，便通过股东大会推选出董事会与袁世凯抗衡，董事会由盛宣怀、郑观应等 9 人组成，在第一届股东大会之后，形成部委坐办与商选董事会并存的局面。

直线型组织结构垂直层级较少，权力比较集中。其优点是结构简单，管理费用低；命令统一畅通，反应敏捷；关系清晰，职责明确。缺点是直线指挥、职能不分，对高层管理者的知识和能力要求非常高；各层领导实施的是综合管理，无专业分工，限制了专业管理水平的提高；结构简单，难以适应组织发展的需要。因此，直线型组织结构只适用于招商局成立初期产品单一、生产过程简单的阶段。对招商局而言，这种体制首先是管理层次多。企业上层方面，有总办、商总、商董、船主；中层有大副、二副、三副、大车等，组织链条过长。组织人员构成比较复杂，也造成了企业利益分歧较为严重。其次是管理面较大，商总下面又有许多总局、分局、商董以及附局企业。

（三）直线职能型组织结构（1912—1936）

直线职能型组织结构在直线型组织结构的基础上增加了职能部门的设

---

① 王处辉：《中国近代企业组织形态的变迁》，天津人民出版社，2001，第 287 页。

置，引进了标准化工作程序。在这种结构中，组织形成了两套系统，一是依照命令统一原则构建的生产指挥系统，而另一套则是按照专业化管理原则组成的职能管理系统。1912年招商局第二次股东大会，推选临时政府司法部长伍廷芳为董事会主席，杨士琦为副主席，把招商局改制为"商办招商局轮船公司"，交通部只派二人，一人负责监察，一人负责漕务，权力大大削弱，从此招商局进入商办时期。

在企业组织结构方面，把直线型组织形式从企业高层推向企业中层机构，并推进了职能型组织结构。盛宣怀通过召开股东大会决议学习日本邮船株式会社企业体制，1913年开始模仿日本邮船株式会社进行体制改革，由股东选举出杨士琦、盛宣怀、郑观应等9位董事，再由9位董事互相推选出两人为正副会长总管招商局，董事中三人负责主船、营业、会计业务，三部门领导称为经理，经理执行董事会决议，1913年经理改称科长，另外设立查账员负责监察公司营业。在这种体制下，董事可以兼任经理，公司决策权与执行权重合，在实施中侵害中小股东利益，于是1921年股东常会上做出决议"董事不宜兼充办事人"。此次会议实现了公司决策权、执行权和检察权的三权分立，[1] 企业组织结构如图3所示。但到了1924年股东大会，又恢复办事董事职位，规定董事可兼任科长。这一时期企业董事会与经理层混合，企业的决策权和执行权进一步集中。

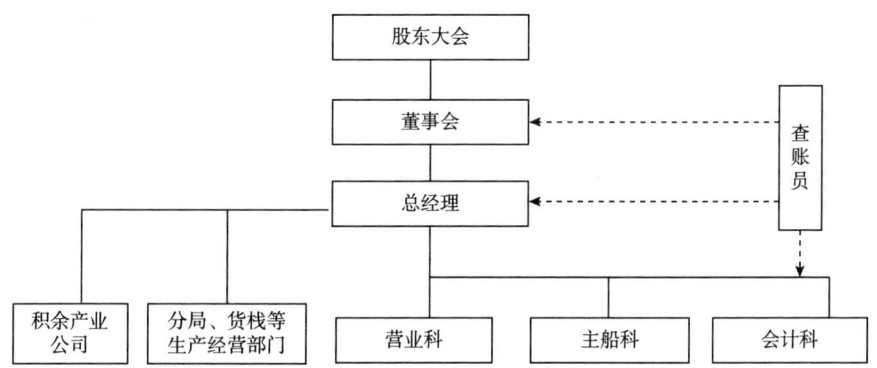

图3　商办时期招商局组织结构

资料来源：王处辉《中国近代企业组织形态的变迁》，第288页。

---

[1]　王处辉：《中国近代企业组织形态的变迁》，第288页。

南京国民政府成立后，派员对招商局进行清查，成立国民政府清查整理招商局委员会，在上海设立隶属交通部的招商局监督办公处，监督由交通部长王伯群兼任，总办由交通部赵铁桥担任。1928年交通部解散招商局董事会，改设为招商局总管理处，同时设立监事会和理事会，以及总经理一职，各部人员由政府任命。总管理处由赵铁桥和李国杰负责，随后总管理处重订企业章程，改组管理部门，对招商局业务进行整顿，官方代表赵铁桥逐渐掌握企业经营大权。改组后企业组织结构如图4所示。

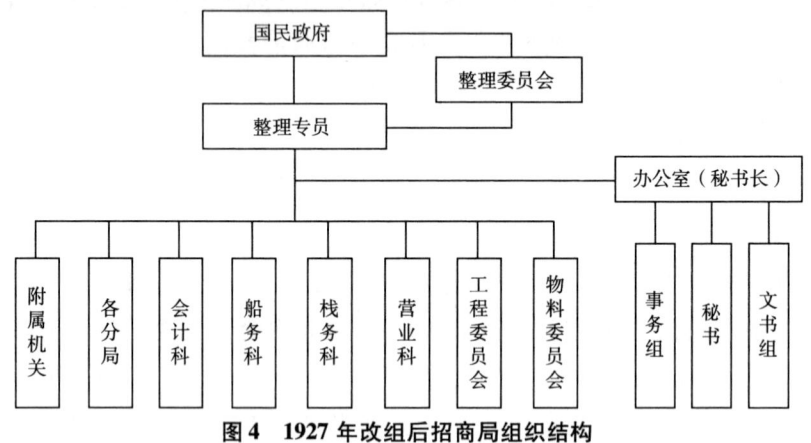

图4 1927年改组后招商局组织结构

资料来源：赵铁桥《接管招商局二周年纪念刊》，全国图书馆文献缩微复制中心《民国招商局文献选编》第4册，2014，第73页。

1928年赵铁桥代表交通部发布解散董事会命令，在企业中设总管理处，他兼任该处总办。改组后，重新修订企业章程。招商局设立总务、营业、会计、出纳、船务、栈务6科和业务改进、改良会计、燃料研究、工程四个委员会，还辞退外国船员，起用中国籍船长和大副。对内河招商局、仁济和保险公司也进行整顿，经营状况在一定程度上得到改善。同年交通部决定招商局收归国有，企业以官商合办作为过渡。1932年国民政府正式颁布招商局国营令，政府通过赎买办法收购招商局股票，最终完成了招商局的国有化。

招商局实现国有化之后，商人股票被政府赎买，商人的所有权也随之消失。国有化后撤销原董事会和监督处，新设理事会、监事会及总经理，刘鸿生、张嘉璈、杜月笙等7人为常务理事，理事会推选刘鸿生为总经理。

在刘鸿生的领导下直线职能型组织结构进一步完善。企业设置总务、业务、会计、船舶4科。总经理下设多个职能部门；废除轮船管理中的买办负责制，改为船长负责制，船上的人事权也收归局方；进一步收回分局的财务、编制和人事权力。总局权力更为集中。这一时期，企业直线制渗透到基层，总局和地方的分权关系重新调整，职能制又得到进一步完善。

1936年招商局再次改组，交通部废除理事、监事制，设总经理、副总经理；改组后刘鸿生辞职，蔡增基接任总经理。他废除买办制度，对企业职员进行考试选任，还废除各栈货码头的包办制度，派理货员监督装卸货物。还设立整理房地产业委员会。

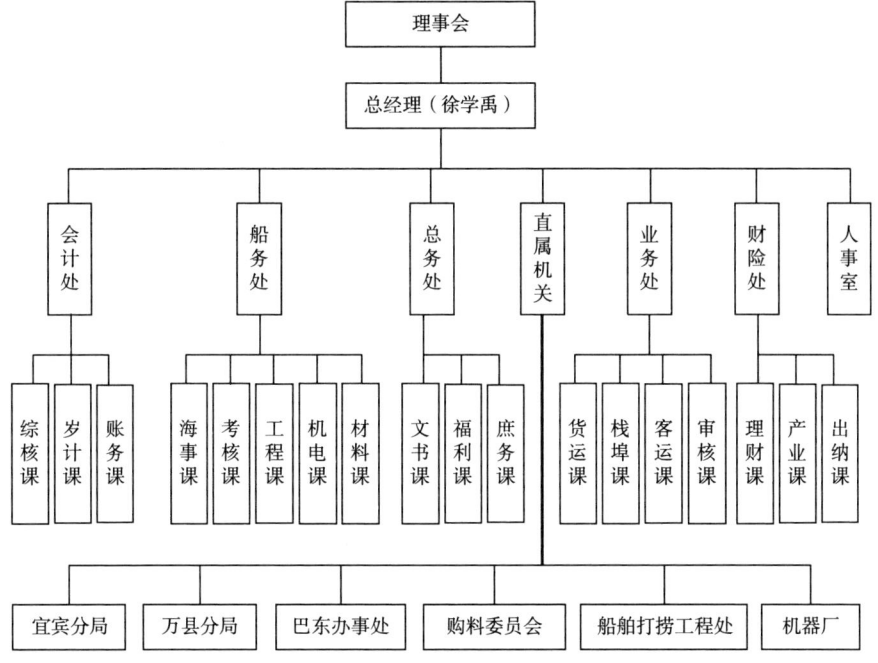

图5　国有化时期的招商局机构设置

资料来源：胡政主编《招商局与重庆：1943—1949年档案史料汇编》，重庆出版社，2007，第23页。

直线职能型组织结构的优点是推行标准化作业方式，使工作次序有条不紊，通过把同类专业人员配置在同一职能部门，最大限度地降低了重复配置问题，对中低层管理者的知识和能力要求较低。它既保证了统一指挥权的实施，又发挥了职能专业部门的参谋作用。直线职能型组织结构的缺点是容易形成本位主义，甚至出现职能部门的目标凌驾于组织整体目标之上的情况。直线指挥者与职能部门之间的工作不易协调。

三 招商局企业组织结构变迁的原因

（一）政府对招商局的控制力

近代以来，政府多次变换，政府控制能力也有强弱之分，但从晚清政府到国民政府，政府对企业的控制和渗透始终没有停止，这直接影响了招商局企业组织结构的变化。轮船招商局有李鸿章给予的官方扶持，李鸿章动用全国军政资源给予招商局借款解决日常所需，同时招商局还享受到诸多政策上的特权和优惠。从 1873 年唐廷枢入主招商局直到 1885 年进一步完善官督商办体制，这一时期官方放权，与商人在一定程度上达成默契，商权在企业经营中占主要地位。

南京临时政府成立之初就有过没收招商局的尝试，但终未实现。1911年盛宣怀所在的邮传部通过铁路国有化政策，引发了保路运动，从而造成了辛亥革命，之后盛宣怀外逃日本。1912 年南京临时政府成立，上海军政府和临时政府与招商局有过数次激烈交锋，最终因南北议和而"停火"，①但随后招商局还是借给沪军都督府 50 万两。局产抵押风波之后，袁世凯派杨士琦出任招商局董事会副主席，北洋政府准备通过恢复官督商办体制的方式将招商局收归国有，随后又命交通部实施这一计划，但遭到招商局股东的联合抗议，股东联合起来在上海召开"招商局救亡大会"，通过各种媒介批评政府的航业国有政策。

南京政府时期，政府仍未放弃控制招商局的努力，经过艰难的争夺和斗争，国民政府最终把招商局纳入国有。1927 年蒋介石率北伐军进入上海时，以招商局负责人傅宗耀资敌为由派员对招商局进行清查。同年国民党中央执行委员会决议成立以张静江、虞洽卿、杨铨等 11 人为委员的国民政府清查整理招商局委员会，张静江为该委员会主席，开始对招商局进行清

---

① 朱荫贵：《中国近代股份制企业研究》，上海财经大学出版社，2008，第 230 页。

查。清查报告书披露了招商局的诸多问题："轮船总局，俨同政府，秘书至十余人之多，而且兼职兼薪，……平日即不常到局，临时又不各负责任。分科办事，大率私人，兄终弟及，父死子嗣。及浮滥把持，实为罕闻。其实职人员，经手事项，无不染指。欧战时代，租出船只竟无存据。历年所用煤斤，亦多浮耗。各埠驳船，并不自办，另由局中办事人组织小公司，侵牟权利。轮船买办大半卖缺，栈房管事，相从偷货。而内河分局，亦处处亏耗。"① 委员会根据问题制定出相应整理方案，随后公布《监督招商局章程》，在招商局总局所在地上海设立隶属交通部的招商局监督办公处，监督由交通部长王伯群兼任，总办由交通部赵铁桥担任。

1928 年王伯群下令解散招商局董事会，改设招商局总管理处，由赵铁桥和李国杰负责，随后总管理处重订企业章程，改组管理部门，对招商局业务进行整顿。1928 年 8 月，交通部决定将招商局收归国有，1929 年 6 月，国民党三届二中全会决定招商局从隶属交通部改为隶属中央政府。此时招商局名义上虽然是商办，但实际上经营大权已被政府控制，官方代表赵铁桥力主将招商局收归国有，与商人代表李国杰的矛盾异常激化。1932年底，行政院会议通过了招商局收归国有的决议，国民政府正式颁布招商局国营令，政府通过收买招商局股票办法最终完成了招商局的国有化。自此招商局进入国营发展阶段，招商局更名为国营招商局。

（二）商人势力在企业中的消长

从招商局成立到1936 年，商人势力在招商局发展壮大乃至走向衰落过程中始终发挥着重要的作用。他们一方面把近代化先进组织模式引入招商局，另一方面又基于自身利益的考量，建立起有利于商人利益的组织架构。唐廷枢入主招商局后，把自己在洋行的经营管理方法引进招商局，他在新式交通工具基础上又实行了近代轮运管理制度，从而使招商局与旧式航运业区别开来，这可以说是完成了中国近代航运史上的一次变革。在人员上、管理制度上、企业体制安排上都进行了改革。他招募大量有洋行工

---

① 聂宝璋、朱荫贵编《中国近代航运史资料》第 2 辑（1895—1927）上册，中国社会科学出版社，2002，第 773 页。

作经验的中国买办加入招商局，招商局轮船上的账房也按照外国洋行的模式运作。

唐廷枢把外国航运企业买办制度引入招商局，招商局的船务、栈务等业务盈亏由买办负责，买办下面再设立二买办、三买办等。船上的日常经费，每月规定开支，到年终综合核算；而仓栈的收支则由负责买办直接向局报销。唐廷枢、徐润把怡和、太古买办制度移植到招商局，形成了以佣金为基础的买办制度，唐廷枢、徐润入局后提出"预算节略"，在企业内制定"水脚提成"制度。规定"局内商总董事人等，年中辛工饭食以及纸张杂用，拟予轮船运粮揽载水脚之内，每百两提出五两，以作局内前项经费。其栈内经费则酌将耗米开支；船内经费则将所定月费开支，统俟年终核计。一年所得水脚银两，除每百两提去经费五两，又照各股东银每百两提出利银十两之外，如有盈余，以八成摊归各股作为溢利，以二成分与商总董事人等，作为花红，以示鼓励"。这种"水脚提成"制度也是外资航运企业通行的制度，有利于发挥地方买办的积极性，但在招商局实施后，总局与分局买办的关系从隶属关系变为经纪人间的关系，在缺乏有效监督的情况下，地方买办容易滋生徇私舞弊的问题。

（三）企业多元化业务的发展

随着招商局的发展，其业务也从单一航运业务转化为多元化的业务经营，随着业务经营范围的扩张，企业的直线型组织结构难以满足其发展的需要，从而转向职能型组织结构。从招商局的航运业务来看，它需要其他近代产业的配合，如轮船航行中所需的燃料和造船原料上的煤矿和钢铁。李鸿章言："船炮及其之用，非铁不成，非煤不济。"这进而推动了煤矿业、铁矿业和铁厂的发展，而运输原料的需求又进一步推动铁路的修建等。同时船舶运行中的问题衍生出对修造业服务的需求，轮船公司的运营同样也需要金融业的支撑，如银行业资金融通和保险业的保障。招商局在开展航运实业过程中衍生出一系列连锁需求，这带动了相关产业的发展。

轮船招商局成立后向外商保险业提出保险时，受到百般刁难。1875 年徐润上奏提出设立保险招商局，获得批准，当年便与唐廷枢创办保险招商局。1874 年为适应船舶后勤保障业务发展的需要，改变船舶修理业务全由外商船厂办理的状况，招商局开始筹集资本，在上海开设船厂——同茂铁厂，同茂铁厂成立之初主要经营招商局轮船的小修业务。早在 1877 年招商局并购旗昌轮船公司之时就买入其全部航运和房地产资产，但当时航运和房地产混合经营，1912 年招商局土地和房产价值就达 1274 万余两，已远超过主业轮船资产的价值。到 1914 年，盛宣怀为保全资产，防止袁世凯的控制，开始实行航产分业经营，与航业无关的房屋和土地剥离成立积余产业公司，专门经营房地产业务，积余公司当时在全国多个城市拥有住宅、办公楼、仓库和码头等，而且都是在优越的路段。

四 结论与启示

第一，企业组织结构变迁主要受到内外环境制约。

企业组织结构变迁的动力不仅仅来源于外部，内部环境的变化也是组织结构变革的动力。企业组织结构变迁是组织内部对外部市场环境及竞争格局的一个适应过程，这个适应过程也会对企业管理模式以及业务运营产生相应影响。企业组织结构变迁有着一定的主观能动性，但受社会环境、生产关系和核心领导层的制约，企业可以依据外部环境的变化来对组织内部的各种要素进行改革，选择适合自身发展的组织结构。

第二，官和商力量对组织结构变迁发挥着重要作用。

在近代招商局组织结构变迁中，政府与商人共同界定了企业的组织结构，他们共同拥有对企业的所有权，进行合伙治理。但由于双方的地位不平等，他们在企业组织结构中地位的大小也不同。在商人势力强的时候，事业部型组织结构成为企业的选择；当政府势力增强时，直线型组织结构伴随着政府管理体制进入企业治理当中；随着工商业者地位的上升与讨价还价能力的增强，企业组织结构又调整为直线职能型组织结构。

第三，加强创新，探索符合自身特色的组织结构。

近代招商局组织结构变迁具有移植创新的特点，在变革中引入了现代企业经营管理理念，与中国实际结合，不断创新，探索出符合自身特色的组织结构变革之路。企业应该遵循市场规律，以社会化和专业化分工为改革依据，高效率利用现有内外部资源。同时协调好总部集权和地方分权的关系，在高层处理战略性决策、集中性决策和低层制定事务性决策、分散性决策之间做好平衡。避免出现过度集权或者过度分权的现象，加大对诸如市场营销部、技术研发部、财务部门的政策支持力度，合理地授权给这些关键职能部门。大力发展企业数字化转型，推动扁平化管理，以动态思路来设计和改革组织结构。企业可以通过数字化转型，适当地缩减管理跨度和层级，使企业的决策和管理富有创造性，调动各个层级人员的积极性，适应变化迅速的市场环境，进而创造一个开放的、高效的组织结构。

蛇口开发的历史渊源和决策过程再审视

魏 众[*]

众所周知，中国对外开放的标志性事件就是深圳等四个经济特区的成立和建设。而蛇口工业区作为深圳最早起步的一个对外开放窗口，在体制创新方面给我们留下了深刻的印象。及至多年以后的 20 世纪 80 年代中期，蛇口工业区仍旧保持着深圳经济特区的领头羊形象。然而，改革叙事大多从 1978 年开始，这就一定程度上截断了历史的延续性。本文即从蛇口工业区获准开发时开始，回溯深圳（宝安）开放的历程，以期获得与既有叙事有所差别的理解和认识。

围绕着稳定边陲，地方政府和基层曾经的努力

深圳不是普通的小渔村。1949 年 10 月 16 日深圳解放，在解放初期深圳就是宝安县的三个建制镇之一。[①] 此后不久，宝安县城就从南头镇转移到深圳镇。而从新中国成立以来的各种文献资料看，在对外宣传相关方面，深圳作为例子的频率远高于宝安。

在 20 世纪 60 年代，为更好地进行统战工作，深圳当地建设了一个水平相当不错的戏院，国内很多一流的演出团体专程来此演出，以吸引香港居民过来看戏。根据当时的新闻报道，歌剧《江姐》在深圳的演出吸引了

* 中国社会科学院经济研究所研究员。

① 另外两个镇是南头和沙头角。

七千名香港居民过境观看。①

　　根据当时在新华社香港分社工作的吴荻舟回忆："约一九五八年，解放后港英一直害怕我们的影片去港九戏院放映，每部影片放映前都要送审，剪去许多镜头，有的就干脆不让上映，也不欢迎我们的艺术团体去港九演出，影响港九同胞观看祖国的电影艺术。因此电影线的干部建议在深圳修建一戏院，不仅为当地的群众演出，港九同胞过深圳方便，所费不多，国内的文艺团体到深圳也可以演出。工委认为可行，而且还可以收入一些外汇，报请上级批准后便在深圳兴建一座影剧两用的戏院，工委电影线负责协助进口一些设备，如放映机、空调机、音响和效果光、座椅等都是从香港买来的。还有舞台设计和要求也是由电影线负责找专家。设备很好，舞台也大，中央芭蕾舞团，歌剧团都到那里演出过，在对外宣传上发挥了一定的作用。"②

逃港问题和游览区定位

　　深圳历史上出现过三次较大规模的偷渡逃港现象。第一次发生在1957年农村合作化高潮时期，再加上边境政策收紧，上千人出逃香港。

　　第二次发生在1961—1962年，时值三年困难时期，逃港人数估计在万人以上。为恢复元气和休养生息，宝安县适度放宽了出入境的限制条件。如1961年8月13日《宝安县边防工作双边会议纪要》中就提出了这样一些措施："一、……一般社员，生产大、小队干部经过公社管委批准，公安特派员或者派出所可发给贴有照片的下海证件，可以下海作业生产。二、恢复和发展边沿地区民间非贸易性关系……三、从有利生产和方便群众出发，适当放宽进出口人员……"③

　　在这期间，1961年5月1日陶铸到宝安检查工作，做出"利用香港，

---

① 《〈江姐〉在深圳公演吸引大批香港观众》，《南方日报》1965年7月18日，转引自舒国雄主编《建国卅年深圳档案文献演绎》第2卷，花城出版社，2005，第1154页。

② 程翔：《香港六七暴动始末——解读吴荻舟》，香港：牛津大学出版社，2018，第557—558页。

③ 《宝安县边防工作双边会议纪要（摘要）》（1961年8月13日），舒国雄主编《建国卅年深圳档案文献演绎》第2卷，第1151页。

建设宝安"，努力把深圳镇建成游览区的批示。6月他再度来宝安视察，指出："香港和宝安是城乡关系，香港是宝安的城市，宝安是香港的郊区。在深圳要建立游览区，让香港人到深圳游览。"① 这就是深圳游览区定位的由来。

不仅如此，为了把深圳建成游览区，1962年召开的中共宝安县第二次代表大会还拟定了一些建设项目，如自来水厂、服务大楼、图书馆、出口商品陈列馆、水库餐厅等，以适应游览区建设的需要。

《人民日报》记者的观察和内参

《人民日报》记者连云山在20世纪60年代初第二次逃港高潮期间前往宝安县调研偷渡逃港问题。根据他的回忆，"坐着吉普车从大鹏湾到蛇口一路看下去，十室九空，只剩下一些老头老太太，很少见到干部，我见人就问，为什么跑过去？一问就哭，说没有吃的，不跑会饿死，只有跑，老子管不了儿子，干部管不了群众"。为进一步了解情况，连云山提出来要过香港那边看看，广东方面虽然感觉很为难，但还是答应了他的要求。而在香港那边，他看到"逃港的深圳边民在山脚下用塑料布搭成一个个窝棚，他们早出晚归，竟完全是自谋生路，跟他们聊，他们就哭，说对不起党，对不起祖国，他们也是被生活所迫，没有办法"。②

在深圳和香港的所见所闻震撼了这位记者。于是在回到北京之后，他结合所思所想完成了多篇内参，前两篇分别介绍了香港富裕的情况，并分析了"大逃港"的深层次原因。在第三篇内参中，他建议划出一个地带，大致是沙头角、大鹏湾、蛇口、深圳一线沿香港九龙纵深100华里，为特殊区域，给予各种优惠，争取物价与香港大致相等，取消一切购物券，自由买卖，内有建立特区的建议。③ 内参递上去以后，未见下文。连云山报

---

① 深圳市史志办公室编《中国共产党深圳历史大事记（1924—1978）》，中共党史出版社，2003，第265页。

② 连云山：《对一件往事的追溯》，载舒国雄主编《建国卅年深圳档案文献演绎》第2卷，第1228—1231页。

③ 黄树森、龙迎春、张承良：《春天纪：改革开放30年的真实记录和鲜活映像》，广东人民出版社，2009，第34—39页。

告是目前所知最早建议在深圳划定特殊区域、实行特殊政策的报告。

第三次"大逃港"的规模和影响

第三次"大逃港"始于"文革"中后期，从 1973 年开始，一直持续到深圳特区建设初期。虽然没有全面准确的统计数字，但基本可以判定，这次的规模比前两次还要大。其峰值也远远超过此前两次的峰值。

1973 年 7 月 12 日李先念在国家计委《关于广东省宝安、珠海县边境地区生产建设几个问题安排意见的报告》上批示：（一）完全从生活上着眼，是不能解决问题的。只有提高了广大干部和群众的政治觉悟，才能从根本上解决问题。（二）各级领导同志，不要脱离群众，而是要密切联系群众，与群众共呼吸，要真正为人民服务。领导加强了，第一条才能做得到，否则是空的。（三）给外汇的办法要慎重。我记得过去有过经验。由地、县、公社掌握外汇，漏洞不少。而且此例一开，别的地方也不好办，倒不如由省统筹安排，不够可以增加点。

到了深圳建市初期，偷渡逃港现象仍未断绝。根据时任深圳市委副书记方苞的回忆："建市第一年（即 1979 年），曾出现一天两三万人偷渡的情况，归根结底是因为'穷'。推进农村改革，使农民尽快富起来，遏制偷渡风，为经济特区建设创造良好环境，成为当务之急。"而"到了 20 世纪 80 年代中期，深圳农村村民的一般收入超过了香港一般居民，困扰我们几十年的偷渡问题得到了圆满解决"。①

宝安建设外贸基地的呼声

为防止偷渡逃港，宝安县乃至广东省，以及边防部队都想尽了办法。从增派力量、群众动员到思想教育，所有的传统手段都用上了，但无法阻止偷渡的发生。

有着公安和边防经历的方苞在 1973 年被任命为惠阳地委副书记、宝安

---

① 方苞：《用经济手段解决偷渡问题》，《决策探索》2021 年 10 月上半月。

县委书记，但即便是这位在公安边防方面经验丰富的新书记也对此一筹莫展。

最终他们考虑通过经济手段来解决偷渡逃港问题，为此他们通过多种渠道反映他们的诉求。1974 年 7 月 27 日，宝安县革委会向地委、省委请示，"在搞好粮食生产的基础上，认真抓好多种经营，发展出口产品，逐步把宝安建成农副产品出口基地，促进边防经济建设"。[①] 1975 年 9 月 5 日宝安县革委会向省革委会请示，要求在宝安县发展外贸基地，请求纳入计划安排之中。[②] 1977 年春，财政部部长张劲夫到宝安调查研究，在县委书记方苞等人陪同下视察沙头角、莲塘、罗芳、皇岗、福田、渔农村等村镇。方苞汇报了边境经济政策在"文化大革命"前后的变化及其影响，并提出开放改革的一些建议和要求。张劲夫表示回去后要向国务院反映宝安广大干部群众迫切要求开放、搞活的要求。[③] 同年 11 月，国务院财贸领导小组组长姚依林率领国务院检查组到深圳口岸调研，县委书记方苞汇报"文化大革命"前后边境经济政策的变化及其影响，以及民心盼望开放改革的情况。姚依林肯定了宝安的意见，表示回去后向国务院领导反映。[④]

小额贸易旧话重提

早在 20 世纪 60 年代初期，根据中央关于港澳工作"长期存在，充分利用"的总方针，以及广东省委"利用香港，建设宝安"的本地方针，为了解决三年困难带来的问题，便适度放宽了过境和双边贸易的限制，一定程度上缓解了偷渡外逃压力。

1961 年 8 月 13 日，宝安县举行了边防工作双边会议。这次会议同时部署在全县范围内开放搞活，与香港开展"小额贸易"，准备先开放沿海一线 14 个公社和一个农场，之后考虑腹地 8 个公社，并开放 13 处口岸作为"小额贸易"和非贸易进出口指定地点，并规定了贸易商品包括水草、

① 深圳市史志办公室编《中国共产党深圳历史大事记（1924—1978）》，第 335 页。
② 深圳市史志办公室编《中国共产党深圳历史大事记（1924—1978）》，第 339 页。
③ 深圳市史志办公室编《中国共产党深圳历史大事记（1924—1978）》，第 347—348 页。
④ 深圳市史志办公室编《中国共产党深圳历史大事记（1924—1978）》，第 339 页。

鱼苗、"三鸟"（鸡、鸭、鹅）、蔬菜、水果等十多种商品。在向下传达贯彻的同时，宝安县委向省委和佛山地委请示《关于适当放宽边防管理政策，切实解决边防地区人民群众恢复和发展生产中必须解决的问题的报告》，这一设想得到了省委和地委领导，特别是省委书记陶铸的支持。同年 9 月 25 日省委做出正式批复，原则上同意宝安县适当放宽对边防地区农业渔业进出口人员的管理，保障边防地区劳动人民下海过境生产的正当权利，以促进生产的恢复和发展，提高人民生活水平。这一年宝安的经济得以恢复，出口土产 1861 多吨，进口物资（主要是化肥）1169 多吨。

此后小额贸易中也出现了一定的走私贸易问题，也招致一定的非议，从而导致在争议中前行的小额贸易政策时松时紧，在"四清"运动时期小额贸易规模逐渐缩小，直至"文化大革命"开始时彻底终止。然而这几年小额贸易的实施令当地居民尝到了甜头，也成为日后旧话重提的群众基础。

中央层面的行动和决策

中央层面对偷渡逃港问题早已有所了解，但早期的应对主要基于政治军事层面，如加强政治宣传，加强边境管理，但收效甚微。[①] 主要的行动和思路转变集中在"文化大革命"结束以后。

中央及部委领导的多次调查了解

根据记载，1977 年就有财政部部长张劲夫、国家财贸领导小组组长姚依林、外贸部副部长贾石、外贸部副部长郑拓彬等财经和外贸方面的领导前来宝安调研，一定程度上意味着中央试图通过经济手段解决偷渡逃港问题。同年 11 月 11 日，邓小平同志在听取广东省委工作汇报时指示，"供应香港、澳门，是个大问题，你们要提个方案，……譬如搞几个现代化养猪场、养鸡场，以进养出。……生产生活搞好了，还可以解决逃港问题"。这更是明确指出通过经济手段解决逃港问题。11 月 28 日，叶剑英在听取

---

① 《关于处理接邻港澳地区边境涉外问题的意见（摘要）》，舒国雄主编《建国卅年深圳档案文献演绎》第 2 卷，第 1605—1608 页；《毗邻港澳边防禁区管理规定（摘要）》，舒国雄主编《建国卅年深圳档案文献演绎》第 2 卷，第 1620—1624 页。

广东省委汇报时也指示：在宝安搞出口商品基地比较好。以上种种情况说明，当时中央领导的头脑中，已经有了通过建设出口商品基地来供应港澳，进而提高宝安等边境地区人民生活水平，从而解决逃港问题的思路。

国家计委和外贸部联合调查组

1978 年 3 月 15 日至 24 日①，国家计委和外贸部、中国人民银行、国家进出口总公司及其驻香港五丰行等单位，还有广东省外贸厅联合工作组在宝安调研，调查组负责人为国家计委宋一民司长和外贸部基地局局长杨威，② 他们到宝安、珠海两地实地调研建设供港鲜活农副产品生产基地问题。工作组制订生产和出口的年度计划以及三年、五年规划，研究落实这些计划的政策、措施，初步计划调减宝安粮食种植面积 5 万亩及相应的粮食征购任务，用以养"三鸟"、生猪、塘鱼和种果菜，外贸部门答应增加出口配额。最后形成会议纪要上报省政府和国务院审批。③

港澳访问团

在改革开放之前，对港澳经济以及相关边境地区经济发展最为重要的，也最为综合的报告来自国家计委和外贸部以及北京等地经贸方面的负责同志组成的赴港澳经济贸易考察组。该考察组以国家计委副主任段云为团长，房维中为副团长。根据王志强的回忆，考察组成员除国家计委的陈先外，来自国家计委的有贾振之、肖秧、周之英、蔡宁林、文业经、陈一平、周起凤、孙志芳、丛梦卿以及作为段云秘书的他本人等，外贸部则派出两位局长凌诒泽、岳巍参加。考察的目的很明确，就是充分利用港澳，发展对外贸易。彼时我方存在的一个问题是，1977 年我们对港澳出口收汇 18 亿美元，占国家现汇收入的 30%。1966 年内地供应商品占港澳总进口的 20.4%，但当时下降到 16.6%，由占第 1 位变成第 2 位，远远落在日本之后。

该考察组在港澳深入了解了港澳经济发展状况，参观考察了我方设在

---

① 钟坚：《大试验：中国经济特区创办始末》，商务印书馆，2010，第 54—55 页。《深圳经济特区年谱（1978.3—2010.3）》（修订本）似乎将这一史实搞错了，在该年谱中，时间设定为 3 月至 5 月，且将段云考察组与这个考察组混在了一起。

② 还有一种说法是带队者为杨威。

③ 陶一桃主编《深圳经济特区年谱（1978.3—2010.3）》（修订本）上册，中国经济出版社，2010，第 1 页。

香港的两个工厂——天厨味精厂和南洋烟草公司，又分别与驻港澳的机构华润公司、轮船招商局、中国旅行社、南光公司等进行了深入交流，充分听取了他们的意见和建议。

5月6日，段云率考察组去宝安，考察组了解到当时外逃严重，而宝安因其地理位置，每年外逃人数是全省之最。

在广州，段云考察组与广东省委负责人习仲勋以及经贸方面的负责人省委常委、省革委会副主任刘田夫、吴南生，省计划战线革委会副主任曾定石一起座谈。段云将在港澳考察的见闻、想法、思路做了详细的介绍。他们整整谈了两天，反复研究情况、办法和规划，及规划的可行性。谈完后，段云高兴地说：达成共识，都认为可行。①

回京后，段云提出写作思路并修改定稿《港澳经济考察报告》②，就是基于考察的情况以及各方提出的解决方案。全文分为以下几个部分。

一是港澳经济发展概况。港澳一无耕地，二无原料资源，但香港通过进料加工和来料加工，经济发展速度很快，一些产品占据世界出口的第一或第二位。在谈到香港经济发展比较快的原因时，报告将其总结为五个方面：（1）有充裕的资金来源，对外汇没有管制，各国游资大量进入；（2）拥有较为廉价的劳动力，工资低，产品成本低，具有较强的竞争力；（3）港澳属于自由港，购进原材料和技术设备比较方便；（4）大力发展对外加工工业，大搞进料加工、来料加工，增加出口。这是港澳经济发展的主要途径；（5）产销结合，产品适应性强。

二是切实把宝安、珠海两个基地建设好，千方百计保持我在港澳市场的优势地位。在阐述了供港商品现状及问题，以及我方天然具有的地理优势之后，报告提出借鉴港澳经验，把宝安、珠海划成出口基地，通过三年到五年的努力，将宝安等地建成具有相当水平的工农业结合的生产基地、对外加工基地，成为吸引港澳游客的游览区。大办副食品生产基地，增加鲜活商品出口，积极发展建材工业和加工工业，开辟旅游区，办好商业、服务业和文娱场所。报告进而提出相应的建议：把宝安、珠海两县改为两

---

① 王志强：《从段云率组考察港澳到经济特区的建立》，《党史博览》2021年第7期。
② 《港澳经济所见》，《段云选集》，山西人民出版社，1987，第349—362页。

个直辖市（地级市），派得力干部，加强领导；进出口直接与我驻港澳贸易机构联系，不必事事上报；来料加工简化手续，免征关税；本地利税外汇暂不上交，用于扩大再生产；简化海关手续，方便海外游客进出；恢复边境小额贸易办法和给渔民一部分外汇购买渔业所需物资。

三是充分发挥我驻港澳贸易机构的作用。主要是既买又卖，进口设备技术和探索销路、以销定产，以及在海外设立分支机构等。

四是利用港澳大力发展对外加工装配业务。港澳地区不少厂商有意愿把产品转移到内地加工装配，由他们提供原材料、辅料、元器件和必要的技术设备。我方可通过补偿贸易方法还款。报告认为这项工作很急迫，但有一些问题需要首先得到解决：工厂和订户直接见面，减少中间环节；不征收关税，不实行加成作价；加工费收入单独结汇；加工费收入的外汇，留一部分给地方和企业使用。

五是加强我在港澳的经济力量。这是报告最后一个部分，提出"在金融、航运、旅游等方面，也应当有所作为"。（一）工业方面，在港澳设厂或者在港澳加工，特别是澳门，办厂条件更好。在香港两个工厂设备工艺落后，但厂区还有发展余地。（二）金融方面，要在港澳扩大存放款业务，为国家筹集建设资金。并建议银行利用港澳这个基地，设立海外分支机构，建立海外金融网。（三）航运方面，要发展我在港澳的远洋船队，补充国内航运事业的不足。该部分建议来自招商局（详后）。（四）旅游方面，要配合国内旅游事业的开展，在港澳修建旅馆。

从上述内容不难看出，港澳考察报告吸纳了各方的意见和建议，如宝安县恢复小额贸易和搞活经济的建议、中央和广东省建设出口商品基地的相应建议、华润和南光公司关于在引进设备和新技术等方面发挥作用的建议、招商局发展远洋船队的建议、天厨和南洋两个工厂厂区利用的建议、中国旅行社方面的建议等。也吸纳了一些已有的设计，如建成游览区的建议等。但该报告的亮点主要在这样几个方面：一是精炼地总结了香港制造成功的经验，进而提出通过"三来一补"的方式发展经济；二是在一定程度上形成了后来"三个建成"思想的雏形；三是初步提出了我驻港澳机构走出去的一些设想。

6月3日，港澳考察组与赴日经济考察团一同向中央政治局汇报。① 华国锋同志总结发言中提出"加工订货，进料加工，来料加工，原则定下来，具体问题还要研究，最好搞个文件，经过讨论，发下去执行"，并提出"委托计委、经委、建委牵头，不要议论议论就过去了，看准了的就要落实"。后一句话以后被进一步总结概括为："说干就干，马上干。"② 当汇报到在宝安、珠海搞出口基地时，华国锋说："这个我感兴趣。就在那里养牛、养猪、养鸡、养鱼，省得从外地运。"又说："宝安、珠海的工资，搞固定工资加奖励。把宝安、珠海搞好，不单是个经济问题，还有个政治问题，人都跑出去了，还荒了地。广东是祖国的南大门，宝安、珠海是大门口。人跑要拦，但光靠拦不行，总的是要把生产搞上去。"③

随后，邓小平发言："下个大决心，不要怕欠账，那个东西没危险。林乎加同志说得对，只要有产品，就没有危险，就不怕还不上钱。抢回一年时间，就补偿有余。思想要解放。"④

来自李先念的关注

李先念同志当时担任中共中央副主席，并主持负责财经方面的全面工作。早在"文革"期间，李先念就对宝安的情况有所了解，并曾做过批示。1978 年 4 月 10 日李先念同志将人民日报社《情况汇编》第二十九期刊载的《建设深圳边防的一些政策问题》一文批送余秋里、李人俊、段云、姚依林、陈国栋、林海云。批语说："无论如何要把宝安和深圳建设好，不建设好就是死了也不甘心。请依林、国栋、段云、海云同志再与广东省委负责同志商量，一定要抓紧抓好，一年抓两次也行。请酌。"⑤ 该批

---

① 房维中《在风浪中前进——中国发展与改革编年纪事（1977—1978）》（中国计划出版社，2014）中记录为 6 月 1 日、3 日，但很显然根据华国锋的发言，这是同一天进行的。且有资料显示，当年 6 月 1 日是中共中央赴南斯拉夫和罗马尼亚考察团向中央政治局做汇报。所以，日本和港澳考察团、考察组的汇报会应该是在 6 月 3 日。

② 王志强：《从段云率组考察港澳到经济特区的建立》，《党史博览》2021 年第 7 期。

③ 王硕：《深圳对外开放的缘起》，《百年潮》2011 年第 5 期。

④ 房维中：《在风浪中前进——中国发展与改革编年纪事（1977—1978）》，第 120 页。

⑤ 《李先念传》编写组、鄂豫边区革命史编辑部编写《李先念年谱》第 5 卷（1970—1978），中央文献出版社，2011，第 582 页。

示在 5 月份由李人俊前往宝安时传达给宝安地方领导同志。可见，该批示并不是简单地与经济建设相关，更是关乎边境管理问题。

在 6 月 3 日听取港澳考察组的汇报时，李先念提出："针织、家具、电子表，还是尽量在广州搞，那里有基础。宝安、珠海主要搞农、林、牧、副、渔，搞砖、瓦、沙石。"①

7 月 23 日李先念主持国务院务虚会议，听取段云关于扩大出口问题的发言。在讲话中说：进口，可以提高我们的技术水平，这一点大家明确了。出口，也可以提高我们的技术水平，大家还不明确。部长既要管出口，也要管进口，要指定一位强的副部长管进出口的工作。引进专利，必要。但要相信自己的力量，如果买一个四个现代化，这叫什么路线？要考虑两笔账：一是引进一美元国内要负担多少人民币，一是八年中自己搞多少设备。不要说引进五百亿美元，就是四百亿美元，也不一定消化得了。用国外贷款四百亿美元，可不是简单的事，苏联也没有用到那么多吧！什么都引进，我们自己的机械行业就要失业、停工了，看来，首要的一条，还得自己干。把自己的力量估计太低也不行。日本人看了我们渤海湾的石油钻探，说我们能做到这个程度，相当不错。来料加工的步子还不够大，我们在这方面还可以搞大一点。手工业不能搞掉，还要发展。要增加手工业品和工业美术品的出口。让厂商直接同外商见面，这一条改革好，将来外贸部就是搞"皮包公司"，当"媒婆"。要把香港的石油市场重新拿回来。要发展科学技术，提高产品质量，增强竞争能力，占领国外市场。②

蛇口开发的最初设想和改变

最早的讨论和研究大多是基于宝安县和后来的深圳经济特区展开的。广东省和深圳特区建设相关部门也在努力开创局面，但深圳经济特区建设在开始阶段却滞后于招商局的蛇口工业区。在这一时期，蛇口工业区从配

---

① 王硕：《深圳对外开放的缘起》，《百年潮》2011 年第 5 期。

② 《李先念传》编写组、鄂豫边区革命史编辑部编写《李先念年谱》第 5 卷（1970—1978），第 637 页。

角一变而站在了中国对外开放舞台的中央。这是交通部和招商局上下努力换来的。

叶飞的出国及其认识

根据《叶飞回忆录》记载，叶飞在 1977 年 5 月 9 日至 29 日出访北欧四国，除正常的外交接触外，还专门考察了港口和造船厂，见到国外港口管理和造船工业的先进程度，深受触动。在与同行的外事局局长袁庚聊天时，谈了他的一些思考和认识，并联想到交通部驻香港的招商局，对袁庚说："招商局大有可为，要把这个有 200 年历史的老企业搞兴旺起来。"[1]他当时就属意袁庚去做，袁庚本人也跃跃欲试。因为叶飞觉得派去香港工作的同志，应该熟悉香港，会广东话，以及懂得市场，会做生意。他感觉袁庚正合适。

港澳考察组报告中的招商局

段云率领的赴港澳经贸考察组在香港期间对招商局也进行了调研，王志强和李海文对段云访问招商局有较为详细的记录，[2] 但两文可能都源于王志强的回忆，其中一点可能是错的，即与段云交流的招商局负责人应不是袁庚，因为根据现有资料和其他人回忆，袁庚是 6 月下旬才前往招商局调研的，而段云访问港澳是在 4—5 月。[3] 但段云访问并在一定程度上了解了招商局的情况应该是确实的。招商局香港负责人还陪考察组到港口、工地看，向段云汇报招商局打算买一批新船和半新船，建成一支比较有竞争力的船队，以及利用当地港湾增建浮船坞等。

这些建议得到了段云的认可，并体现在《港澳考察报告》中。有关招

---

① 《叶飞回忆录（续）——在交通部期间》，人民交通出版社，2001，第 421 页。当时的招商局只有 100 年出头的历史，原文如此，或许是叶飞搞错了，或许是笔误。

② 王志强：《从段云率组考察港澳到经济特区的建立》，《党史博览》2021 年第 7 期；李海文：《筚路蓝缕 以启山林——改革开放的广东起点》，《同舟共进》2018 年第 12 期。

③ 王志强文中附有标注为与袁庚合影的照片，经核查，照片中的合影者并非袁庚。

商局的政策建议体现在报告最后一个部分，即第五部分"加强我在港澳的经济力量"中，兹全文照录如下："（三）航运方面，要发展我在港澳的远洋船队，补充国内航运事业的不足。驻港机构有这样的想法，利用当地银行外汇贷款，抓住船价大跌的有利时机，增添一批新船和半新船，建成一支较有竞争力的船队，开辟班轮航线，开展对外揽载业务。也可以逐步把外贸部门现在租用的外轮代替下来。他们还打算利用当地港湾，增建一个浮船坞，发展修船业务，增加外汇收入。我们认为，这些意见可以考虑。此外，我们认为，可以考虑在香港搞个集装箱码头，改装我出口货物，并且为国内发展集装箱运输积累经验。"① 可见，招商局的意见确实被吸收进了该报告。但值得注意的是，在该报告中，关于宝安、珠海部分占将近30%的篇幅，而招商局部分，大约只占3%的篇幅。在当时的决策部门看来，孰轻孰重，一目了然。

袁庚南下与交通部对招商局的初步考虑

1978 年春，港澳工委梁威林来京汇报工作，叶飞派袁庚和杨战生去旁听。梁威林提及招商局有派系问题，比较乱，询问交通部是否需要派人去整顿一下。

1978 年 6 月，经交通部党组讨论，决定派袁庚去香港招商局。叶飞指示袁庚："这个机构是否有用？能用到什么程度？"袁庚于 6 月 23 日飞往广州，然后前往香港。②

几天后的 6 月 27 日，交通部在国务院会议上向中央领导汇报招商局的利用设想。叶飞说："我们感到，现在国家对设在香港的招商局利用得很不够。交通部计划今后要通过招商局，充分利用香港的资金、技术，来为国家的社会主义建设服务。利用招商局的有利条件，在香港筹建一个航运公司，实行单独经营、单独核算，目的是为国家赚取外汇。除了经营海上运输外，还可以在香港建设修船厂、浮船坞、钢丝绳厂、尼龙缆厂和配件

① 《段云选集》，第362 页。
② 引自招商局档案。

厂，发挥香港这个阵地在资金、技术和管理方面的优势，既为国家海运服务，又把生意做到境外去，为国家赚外汇，搞扩大再生产，同时积累、总结管理经验。这是件一举多得的事情。"① 这一发言得到了李先念的赞许。这可能也是李先念在港澳报告之外首次了解到交通部利用招商局的设想。

方针的确立

袁庚到达香港后，深入了解香港招商局的情况，并试图在香港或澳门找地方建码头，但香港的地皮太贵，澳门又无合适地点，所以最终没能成交。回到北京后，他在 8 月上旬向交通部党组提交了《关于充分利用香港招商局问题的请示》，该请示提出，香港招商局的"经营方针应当是'立足港澳、背靠国内、面向海外、多种经营、买卖结合、工商结合'。并争取在五至八年内将招商局发展成为能控制香港航运业的综合性大企业。我们应当冲破束缚，放手大干，争取时间，加快速度，适应国际市场的特点，走出门去搞调查，做买卖。凡是投资少、收效快、盈利多、适应性强的企业可以争取多办"。资金来源方面，"主要是就地筹集资金，依靠扩大发展业务，采取'滚雪球'的办法，或向银行贷款（包括向外资银行抵押贷款），也可试行发股票和有价证券，多方吸收港澳与海外的游资，并建议允许香港招商局的中转代理、仓储、驳运等业务每年约二千万港币的净收入，从一九七九年起留用五年，不上交财政，用以扩大业务"。该报告还建议简化审批手续，确定招商局就地独立处理问题的机动权，授权可以一次批准招商局动用当地贷款五百万美元的权限，从事业务活动。8 月 9 日经交通部党组讨论后，该报告被提交给中央领导。②

10 月 12 日李先念将该报告批送华国锋、叶剑英、邓小平、汪东兴、纪登奎、余秋里、谷牧、康世恩阅批。批语说："拟同意这份报告。只要加强领导，抓紧内部整顿，根据华主席'思想再解放一点，胆子再大一点，办法再多一点'的指示，手脚可放开些，眼光可放远一些，可能比报

---

① 吴殿卿：《叶飞与"蛇口模式"》，《党史博览》2013 年第 2 期。
② 《关于充分利用香港招商局问题的请示》，招商局档案馆文件。

告所说的要大有作为。妥否，请阅示。"同日，华国锋、叶剑英、邓小平等均圈阅同意了这份报告。① 之所以批复得这么快，叶飞在回忆录中透露了个小秘诀——"不向国家要投资"。

在 8 月份交通部党组讨论提交请示报告时，叶飞还专门力挺了袁庚："往香港派的干部，要懂得做买卖，懂得广东话，懂得资本主义经营方式的人，否则是要吃亏的。既然派袁庚去，就要授予袁庚在香港工作的权力，他有权就地处理，不要事事请示。"② 同年 9 月，交通部改组了招商局董事会，由交通部第一副部长曾生担任董事长，袁庚任副董事长，实际主持招商局董事会工作，袁庚就此成为招商局第 29 任掌门人。③

从后勤服务基地到蛇口工业区

回到香港招商局，袁庚就开始准备"冲破束缚，放手大干"了。他首先一步步地落实请示中提到的各项工作。回到该请示报告，我们会发现其具体举措方面仍大量贯彻了之前的一系列思路，特别是港澳考察组报告的一些思路，比如买船、办新的航线、发展拆船业、增设浮船坞、兴建集装箱码头等，基本上是港澳报告中招商局部分的翻版。再比如来料加工，装配业务，引进新技术、新设备和装配线等措施则显然受到港澳报告其他相关部分的影响。至于兴办现代化建筑公司、建造港口和进一步发展一批中小型现代化交通工业和其他工业企业，以及购进或卖出与航运有关的港湾、房地产、仓储等，乍看起来也都是围绕着交通运输业打转的。所以，最初的设想是建立一个招商局航运业的后勤服务基地。根据《袁庚传：改革现场（1978—1984）》，这是袁庚于 10 月 18 日在招商局见面会上提出的，但因为香港地皮太贵，澳门又无合适地点，所以打算把基地设在宝安县。

---

① 《李先念传》编写组、鄂豫边区革命史编辑部编写《李先念年谱》第 5 卷（1970—1978），第 667—668 页。

② 《叶飞回忆录（续）——在交通部期间》，第 426 页。

③ 《授权书》，招商局档案馆文件。该授权书由曾生于 1978 年 10 月签字，授权袁庚行使香港招商局董事长职权。

如何从建设后勤服务基地发展成蛇口工业区，目前的资料并不充分。但有一个信息值得注意，叶飞在 8 月份部党组会议上对袁庚说："你去以后，可以看哪个赚钱就可以干，如盖旅馆办餐厅赚钱，你可以搞。只要看准了就可以干。授你权，就是这个方针。大家赞成不赞成？"①叶飞还指示："要跳出交通部的范围。不光从交通部的角度，要从国家的角度出发。体制完全改变……"还应当看到的是，请示报告中的"其他工业企业"也是一个伏笔，为以后的蛇口工业区开了一个口子。此外，10 月 12 日交通部在上海召开了一次部党组会议，袁庚等人列席会议。会上叶飞提出在内地和香港各建一个拆船厂的想法，但因为香港地价太高，袁庚建议在大鹏湾建一个拆船厂，这个想法得到了叶飞的支持，并指示他去与广东省方面谈。

上任之后，袁庚与香港本地企业家交往很多。在 11 月 10 日，袁庚和金石拜访霍英东先生。在交谈中，霍英东先生认为，香港地价太高，严重影响了工商业的发展。目前搞工业和商业都很费劲，而且赚不了多少钱，唯有房地产业一枝独秀，这是畸形的。这也可能进一步坚定了袁庚将重心转向内地，特别是距离香港不远的宝安的决心。

11 月 22 日下午，袁庚前往广东省拜访他的老朋友、负责经济工作的广东省革委会副主任刘田夫，刘田夫很愉快地答应了原则上招商局在宝安沿海选址建设工业区的请求，以及建立一批与交通航运有关的工业企业的构想，认可该工业区参考香港的做法进行经营管理，并商定待叶飞从海外考察回国时做进一步商讨和决定。

12 月 18 日叶飞率团回到广州，在袁庚的陪同下在省委招待所与刘田夫会谈。与叶飞同行的国家经委副主任郭洪涛，以及广东省革委会副主任王全国在座。叶飞还特意让曾生从北京飞到广州一起和刘田夫等人座谈。这次会议转入实质性会谈，主要讨论了工业区地址，初期用地面积，原材料、产品购销和境外技术人员进出工业区手续等问题。刘田夫当时表示，税收和出入境手续广东省无权过问，其他问题都好解决，并指示省革委会

---

① 《叶飞回忆录（续）——在交通部期间》，第 427 页。这段话后来有人传成了"除了妓院、赌场两项不能干，其他都可以干"。为此，叶飞通过查阅部党组会议记录特地予以澄清。

副秘书长陆茨、曾定石与招商局金石、张振声商谈。①

会上，招商局同志提出想在沙头角、蛇口、大鹏湾三个公社实地查看，然后选定地址。叶飞建议由交通部和广东省革委会联合向中央写一个报告，请示中央的意见。

12 月 21—24 日招商局金石、张振声、朱士秀、陈松、张鸣、许康乐等 6 人在广东省同志陪同下实地察看了蛇口、大鹏湾和盐田地区，24 日金石、张振声等向刘田夫汇报情况，认为蛇口具备开发的有利条件。工业区地址就此确定。

申请成立工业区

随即，招商局起草了《关于我驻香港招商局在广东宝安建立工业区的报告》，该报告经曾生同志审定，1979 年 1 月 5 日，广东省领导刘田夫、曾定石和王全国签字同意该报告后，由招商局送交通部，次日，由叶飞部长签字后报国务院和党中央。该报告提出招商局初步选定在宝安县蛇口公社境内建立工业区的方案，这样既能利用国内较廉价的土地和劳动力，又便于利用国外的资金、先进技术和原材料，把两者现有的有利条件充分利用和结合起来。蛇口工业区的建设项目为货箱（集装箱）制造厂、钢丝绳厂、玻璃纤维厂、拆船厂和氧气厂，共占地约三百亩，产品以出口为主，计划 1980 年上半年建成投产。②

1 月 29 日，叶飞给李先念写信，信中说："我去年十二月出访欧洲三国结束后，在返国时经过香港，在香港停留了五天，看了一下在香港招商局所属单位，听取了招商局同志汇报。他们的工作正在开展，局面已开始打开，正如你的批示所说，确实大有可为，大有希望。袁庚同志现已由香港回京度春节并汇报招商局工作情况，知道您对香港招商局工作很关心，希望您能抽一个空，听取袁庚同志汇报并给予指示。我由香港回国经广州

---

① 刘田夫：《创办蛇口工业区的经历》，周祺芳等主编《见证蛇口》，花城出版社，1999，第 7—10 页。
② 《李先念传》编写组、鄂豫边区革命史编辑部编写《李先念年谱》第 6 卷（1979—1992），第 2 页。

时，已与广东省商妥在广东宝安地区建立一个招商局的工业区，我部已和
广东省革委会联名写了一个报告呈国务院，请您审核，若可行，望即批
示，就可以动手去干了。"①

1月31日上午，李先念在住地同谷牧听取彭德清、袁庚关于香港招商
局建立广东宝安工业区问题的汇报。在谈话中说："现在就是要把香港有
利条件（资金、技术）和国内的有利条件（土地、劳动力）结合起来，把
香港外汇和国内外汇结合起来用，不仅要结合广东，而且要和福建、上海
等连起来考虑。建工业区，可以给你们一块地，给个半岛（指蛇口以南的
半岛面积达五十平方公里，当场用红铅笔画出，但袁庚未敢要，只要了九
平方公里——编者），要赚取外汇，要向国家纳税。交通部要同香港结合
起来，搞好国内外的结合，把生意做大一些，可以创造外汇，要把远洋船
队管理好，要为外贸服务。我想不给你们买船、建港，你们自己去解决，
你们自己去奋斗。国内投资是一个方面，更重要的是利用外资，你们有了
路子，现在路子更宽了。现在包括远洋船，沿海地区有一千多万吨船，就
是通过买旧船，节省了运租费，把钱都赚回来了，等于没花一分钱。十多
年经验，说明路子是对的。"谈话结束后，当场即在1月6日交通部和广
东省送来的《关于我驻香港招商局在广东宝安建立工业区的报告》上批
示："拟同意。请谷牧召集有关同志议一下，就照此办理。"②

2月2日，谷牧召集国家计委、建委、外贸部、人民银行、财政部、
交通部等有关负责同志，研究落实李先念的批示。谷牧最后总结发言，提
出"原则已定，要支持"，同时也特别谈到"邓副主席认为不仅宝安、珠
海县可以搞，广东、福建的其他县也都可以搞"。③ 会议当天，谷牧致信李
先念，报告召集会议情况。3日，李先念在谷牧的信上批示：拟可照办。④
此后，广东省革委会在关于招商局蛇口工业区的土地、交通、税收、劳动
力、供电、供水、粮食供应等问题上，制定了一系列的优惠政策。蛇口工

---

① 1979年1月26日叶飞致李先念的信，招商局档案馆文件。
② 《李先念传》编写组、鄂豫边区革命史编辑部编写《李先念年谱》第6卷（1979—1992），
第6—7页。
③ 招商局档案馆文件。
④ 招商局档案馆文件。

业区建成后，被誉为"蛇口模式"，成为我国对外开放和改革的第一块"试验田"。

几点启示

回顾蛇口工业区的历史，我们可以从中得到一些启示。

第一，中国的对外开放模式是一步一步摸索出来的。从本文的叙述中不难看出，对外开放的出发点和最初的设想，已经有了一点以经济建设为中心的味道。随后，根据国际国内情况的发展演变，改革开放初期的对外开放逐渐摆脱了计划经济的模式，而以市场的方式来运作和经营，这是解放思想、实事求是作风的具体体现。

第二，蛇口工业区之所以走在了前头，是因为招商局从自己熟悉的港口和航运开始，反应快，动手早，从实际出发，一点一点地突破了原有的计划体制，体现了"时间就是金钱，效率就是生命"的精神。

第三，宏观层面的解放思想和"以经济建设为中心"是蛇口工业区设想走向现实的根本保障。党的十一届三中全会以及此前不久的中央工作会议，标志着中国经济体制改革的开始，但实际上重视经济建设和鼓励解放思想在会前已经通过各种渠道传递给了中高层领导人，各种创新和试验因而得以展开。

第四，从地方到中央，上下同心，共同造就了中国改革的辉煌。蛇口工业区以及深圳经济特区，是在上下同心的基础上得以推进的。一方面在底层实践中，宝安县干部早已发现靠原有的政策措施已无法阻止偷渡问题，而提出以经济手段阻止逃港现象的发生；另一方面，在高层，则很好地听取了来自基层的意见和建议，择善而从。最终上下一体，齐心协力，促成了中国最早的对外开放局面。

最后不能不提的是在蛇口工业区建设过程中社会网络的作用。曾生本人是紧邻宝安的惠阳坪山乡（现已划入深圳市管辖）人，并曾在香港工作，袁庚更是本地人，家在大鹏湾畔。而且曾生、刘田夫和袁庚都是两广纵队的老人。曾生是纵队司令，刘田夫是政治部副主任，袁庚是司令部作战科科长、炮兵团团长，刘田夫自称与袁庚是老熟人，而当东江纵队搭乘美国军舰北撤时，曾生和刘田夫同在第一条船上且同为该船负责人。所以当袁庚作为招商局副董事长兼实际掌门人前去找刘田夫商议时，带来的是这样一句话："曾生同志曾经向我交代，在广东宝安筹建工业区之事，如果刘田夫同志支持就干，不支持就不干。"① 解放战争时期，两广纵队曾配属并接受华野一纵及后续的十兵团指挥，而一纵和十兵团的司令员正是当时的交通部部长叶飞。叶飞对曾、刘、袁之间的关系可能也很了解，所以在他1978年从国外回到广东与刘田夫等人会谈时，特意请曾生从北京飞到广州参与会谈。另一条线上，在解放战争时期，华野的一纵、四纵和六纵作为华野主力部队经常一起配合作战，指挥官并称"叶王陶"。叶飞对当时担任四纵主力师十师师长的彭德清印象极佳。② 这可能是1月31日彭德清而非曾生和袁庚一起去见李先念的一个原因吧。

---

① 《刘田夫回忆录》，中共党史出版社，1995，第446—447页。
② 《叶飞回忆录（续）——在交通部期间》，第38—40页。

从应战到合作：招商局收购旗昌轮船公司的前因与后果

虞和平[*]

在近代中国，华资企业和外资企业之间，始终存在着斗争与合作的情形，其结果除了你死我活、两败俱伤之外，也不乏彼此合作、互利共赢之事。以往的相关研究大多着眼于前者，着重赞扬中国企业的民族主义精神，对于后者则很少论及，即使有涉及，也大多批判其"软弱""妥协"之祸患。其实后者的效应并非完全是消极的，其中不乏由斗争走向合作，由合作寻求互利，由互利走向强大，最终利国利民的事例，轮船招商局（以下简称"招商局"）在其成立初期与外商轮船公司的博弈过程就是典型一例。

招商局在1873年初正式开办之后，即进入了激烈竞争的轮运市场之中，它的生存和发展遭遇严重的危机和障碍。如何突破这一困境，是招商局必须回答的一个问题，其中，收购美商旗昌轮船公司前后应对美资、英资公司挤压的举措则为关键所在。从完整的视角来看，招商局收购旗昌经历了三个阶段，一是应战阶段，二是收购阶段，三是善后阶段。以往的相关研究，大多只着眼于第二阶段，简略第一阶段，无视第三阶段；同时或因资料不全，或因时代观念影响，所见不够全面，持论难免有所局限。因而有必要对此再做更为全面的考察。

---

* 中国社会科学院近代史研究所研究员、招商局史研究会特邀专家。

一 招商局成立时的市场应战举措与收购旗昌

招商局发起于 1872 年，正式成立、运营于 1873 年，正值外商轮船公司激烈竞争之时。在招商局成立之前已有多家外商在华设立轮船公司，它们之间的竞争一直存在。近代早期最大的外商轮船公司美商旗昌轮船公司（以下简称"旗昌"），正式成立于 1862 年，成立后即与各外商轮船公司展开激烈竞争。上海到汉口之间的每吨货运价格，从 1861 年的上水 20 两、下水 10.5 两，降到 1864 年 7 月的上水 5 两、下水 2.4 两，跌价幅度分别为 75% 和 77%。到 1864 年底，旗昌企图缓和这种惨烈的恶争状况，与各外商轮船公司达成和解协议，将价格定为冬季每吨上水 6 两、下水 4 两，其他季节为 5 两和 3 两，[①] 但缓和程度很小。到 1867 年，旗昌最终淘汰和兼并了包括英商怡和洋行轮船公司在内的多家外商轮船公司，确立在华轮运尤其是长江航线的霸主地位。到 1872 年，英商太古轮船公司成立，于 1873 年进入长江航运领域，并不惜血本与旗昌展开激烈竞争，旗昌因此制定了对付太古的战略。4 月 1 日"旗昌轮船公司把上海—汉口间的运费从每吨 5 两减至 2.5 两"。但是更出乎旗昌意料的是，"斯怀尔（太古）的船甚至采用比 2.5 两更低的运费——起先是 2 两，后来继续下降，特别是旗昌船只停泊在港埠的时日"。[②] 这可谓长江航线运价的历史最低点，较之 1864 年之前的竞争运价又降低了许多。直至 1874 年 2 月，这两家外轮公司达成妥协，"F. B. 福士（旗昌）和约翰·斯怀尔终于签署了联营协议，这个协议基本上是斯怀尔的原建议，另外也拟定了运费的新价目表。'贵重商品'的运费提得很高，上海至汉口每吨收费 5 两，汉口至上海 4 两，中国生产的各类杂货（即茶、布、棉等）的运费则保持得'很低'，每吨在 2.5—3 两之间"，[③] 基本回到 1864 年的协议价。同时，在北洋航线上，

---

① 聂宝璋编《中国近代航运史资料》第 1 辑（1840—1895）上册，上海人民出版社，1983，第 442、443 页。

② 刘广京：《英美航运势力在华的竞争（1862—1874 年）》，邱锡铼、曹铁珊译，陈曾年校，上海社会科学院出版社，1988，第 148、149 页。

③ 刘广京：《英美航运势力在华的竞争（1862—1874 年）》，第 164 页。

旗昌也与英商怡和洋行旗下的北清、华海两家轮船公司展开竞争，也签订了联营协议，其激烈程度低于长江航线。由此可见，上述旗昌等外商轮船公司的运费跌价，并非针对招商局，而主要是外商公司之间的竞争所致，当然招商局也必须面对这个价格和竞争。或许在 1874 年后，旗昌和太古还另有一些对招商局的临时性跌价竞争举措，如他们的联营协议中称"又拟定凡他公司有同日并走者，必与之争拒。故凡招商轮船有船将开，乃将水脚减去一半"。[①] 显然这一做法亦非专对招商局，且这种情况较少发生，所涉运费数目也很小，无论对旗昌还是对招商局来说都是不会伤筋动骨的。

但是，招商局诞生时所面对的这种恶劣竞争的市场环境，是它必须认真应对的，它所采取的措施主要有以下两条。

一是争取官方扶助。这一条主要是漕粮专运特权和官方拨借垫款。这在已有论著中多有述及，本文仅就漕运方面做些补充。漕运数量 1873—1874 年为预定 20 万石（一说 30 万石），1874—1875 年为 45 万石，1875—1876 年为 29 万石；[②] 运价每石 0.56 余两，[③] 而"公开市场的运价仅值该数的一半"，[④] 虽内扣海运局公费 5%，但又另加补贴"八升耗米"（即所运漕粮的 8%），[⑤] 相当于运价每石增加近 0.2 两，还可免税"酌带二成（即所运漕粮重量的 20%）货物"，[⑥] 实际所得大大高于规定运价。如第一年度的漕运实际数量为 30 万石，收入为 15.5 万两，[⑦] 该项收入占运费总收入"四十二万余两"的约 37%。第二年漕运数量增至 45 万石，运费收入按照规定运价计算约为 25.2 万两，占该年运费总收入"五十八万两"的约 43%。第三年漕运数量为 29 万石，运费收入为 16.24 万两，占该年运费总收入"七十一万余两"的约 23%。这一年的情况比较反常，上一年

① 聂宝璋编《中国近代航运史资料》第 1 辑（1840—1895）下册，第 1167 页。
② 张后铨主编《招商局史·近代部分》，中国社会科学出版社，2007，第 69、70 页；聂宝璋编《中国近代航运史资料》第 1 辑（1840—1895）下册，第 903、905 页。
③ 《商局官帑分年抵还折》（光绪六年三月二十七日），《李鸿章全集》，海南出版社，1997年影印版"奏稿"卷 36，第 33 页。
④ 聂宝璋编《中国近代航运史资料》第 1 辑（1840—1895）下册，第 909 页。
⑤ 《论南漕折色并由绅董采运》（光绪十年八月十二日），《李鸿章全集》，"译署函稿"卷16，第 5 页。
⑥ 聂宝璋编《中国近代航运史资料》第 1 辑（1840—1895）下册，第 902 页。
⑦ 聂宝璋编《中国近代航运史资料》第 1 辑（1840—1895）下册，第 910 页。

和后来历年都在 45 万石以上，唯有这一年少了很多。如果从广义的漕运收入，即加上漕运的各项优待收入来看占比就更大了，据招商局第三届账略所记，非漕运期的阴历七月至年底的运费收入为：第一年度"十四万五千余两"，是二月至六月漕运期收入 27.5 万两的 52.7%，是全年收入的 34.5%；第二年度"十九万余两"，①是漕运期收入 39 万两的 48.7%，是全年收入的 32.8%，可见招商局开创之初广义漕运收入在全年度收入中约占 2/3 的比重（见表1）

表1　1873—1876 年轮船招商局漕运收入情况

年度	漕运石数	每石运费（两）	纯漕运收入（A）		漕运期收入（B）		非漕运期收入（C）		运费总收入（D）
			收数（万两）	A\D	收数（万两）	B\D	收数（万两）	C\D	
1873—1874	30 万	0.56	15.5	37%	27.5	65.5%	14.5	34.5%	42
1874—1875	45 万	0.56	25.2	43%	39	67.2%	19	32.8%	58
1875—1876	29 万	0.56	16.24	23%	—	—	—	—	71
合计	104 万	0.56	56.94	33.3%	66.5	66.5%	33.5	33.5%	171

因此，唐廷枢在1873年接办招商局的预算节略中说："我第运三月漕粮，将及一年费用，即使货物全被揽去，水脚全行放低，亦何不可相敌之有？"② 至于官方垫借款项，在 1876 年上半年，原定 100 万两的股本只招得 68.52 万两，而官方拨款高达 82.4 万两，③ 超过股本 20% 多，从开办到各项投资、经营费用多靠官款维持。诚如沈葆桢所言，招商局"以商本而论，似未足以抗洋行，而该局所以尚能支持者，则以漕粮水脚稍补跌价之亏，而本年北洋又酌拨官帑以济之也"。④

---

① 各年运费总收入数和非漕运期收入见《第三届（1875 年 7 月至 1876 年 6 月）帐略》，聂宝璋编《中国近代航运史资料》第 1 辑（1840—1895）下册，第 1007 页。另见《申报》光绪三年三月初八日（1877 年 4 月 21 日）。

② 聂宝璋编《中国近代航运史资料》第 1 辑（1840—1895）下册，第 849 页。

③ 《论维持招商局·轮船招商局公议节略》（光绪三年九月二十九日），《李鸿章全集》，"译署函稿"卷七，第 26 页。

④ 中国史学会主编《洋务运动》第 6 册，上海人民出版社，1961，第 13 页。

二是避重就轻。即避开外商轮船恶争的长江航线，集中开拓特权所在的北洋航线，以及竞争较少的南洋和远洋航线。北洋航线以运输漕粮为主，是招商局的特许优惠业务，无人可与之争夺，也是其营业收入的稳固来源和生存的基本保障，可谓招商局的生命线。从 1875—1876 年度起，有多艘轮船开辟新航线，"永清、富有往来广东，和众派往汕头、厦门，厚生往南洋"，以及新购之"保大、丰顺到后，先会同附局船走长江，后分走闽粤"，又另派零星船只走"东洋"。① 这样就减轻了与外轮公司竞争的激烈程度。

那么招商局的这些应对外商竞争的措施究竟有多大的成效？已有相关研究认为招商局以此打败了旗昌公司而得以收购之。事实是否确实如此？旗昌公司于 1876 年酝酿出售，1877 年初正式被招商局购并。对于这一事件，已有不少研究，主要涉及三个问题。

第一个问题是招商局何以能并购旗昌。已有的研究大多认为其原因主要有二，一是招商局在竞争中打败了旗昌，使之不得不出售，这是主要原因；二是旗昌考虑到美国在南北战争后出现了经济发展的高潮，与其在中国困于竞争，不如撤回本土寻求更好的发展前途，这是次要原因。如胡滨、李时岳认为，1872 年后，旗昌"由于太古、怡和的竞争，垄断地位日趋动摇。1874 年招商局轮船开始在长江航行，旗昌又受到新的威胁，利润不断减少。这时，美国战后国内出现了繁荣景象，旗昌行东为了追逐更高的利润，开始从中国抽调大量资金回国。……急于将全部资产出售"。② 陈绛认为："面对着严峻的竞争，唐廷枢积极经营，从而改变了中外轮船航运势力的对比。特别是它的轮船投入长江航运进行竞争，促使霸占这一航线的旗昌公司于 1877 年初……盘给招商局。"③ 夏东元认为，招商局通过

---

① 《第三届（1875 年 7 月至 1876 年 6 月）帐略》，聂宝璋编《中国近代航运史资料》第 1 辑（1840—1895）下册，第 1006—1007 页。
② 胡滨、李时岳：《李鸿章和轮船招商局》，易惠莉、胡政主编《招商局与近代中国研究》，中国社会科学出版社，2005，第 425—426 页。
③ 陈绛：《唐廷枢与轮船招商局》，易惠莉、胡政主编《招商局与近代中国研究》，第 518 页。

竞争，实现"对旗昌的胜利"，"迫使财力超过自己的旗昌认输"。[①] 这些观点各有其依据所在，但亦有再予斟酌之余地。

招商局的竞争虽然对旗昌的弱化和出售有一定的影响，但不是主要原因，甚至影响微小。旗昌的衰落主要是在与太古、怡和的竞争中形成的。据招商局自我陈述说，该局开办之后，旗昌长江各项运费大幅下跌，从"未开之前，茶叶每吨五两，匹头亦五两，杂货四两，重货每担四两，棉花每百斤一两五钱，……搭客自沪至汉，每人十两"跌至"前二年（1874—1875 年），改为茶叶每吨三两，匹头二两五，杂货二两，重货每担六钱，棉花每百斤九钱。搭客自沪至汉，每人五两"。"较前五年定率，已减其半。"[②] 同时，旗昌走长江航线的轮船亦从 1872 年的 9 艘，减至 1874 年的 6 艘；其面值 100 两的股票价格，从 1871 年底的 188 两降至 1874 年底的 80 两。[③] 旗昌的这种降费行为和股票面值下跌，被相关论者认为是与招商局竞争的手段和结果。

但事实并非完全如此。就运费跌价而言，长江航运的跌价从旗昌创办之初就已经存在于它与其他外资轮船公司的竞争之中，上面已有论述。至于旗昌航行长江船只的减少和股票价格的下跌，也主要是与太古的竞争所致。对长江船只从 9 艘减为 6 艘之事，旗昌的老板福士说："预计 1874 年将是一个生意清淡的年头。……因此我们的作法应当是开航的船只越少越好，只要能维持正常的班次就行了。……我们也不怕太古轮船公司的竞争。"[④] 旗昌股票价格则随着竞争的缓剧而起落，早在旗昌创办之初，就因竞争而导致股票价格下跌，且跌幅远大于 1873 年之后，其原先面值为 1000 两的老股票（1867 年起改为面值 100 两），在 1863 年 11 月降至 750 两，1864 年 1 月又降至 600 两，1865 年 11 月再降至 500 两，后来甚至一

---

① 夏东元：《盛宣怀与轮船招商局》，易惠莉、胡政主编《招商局与近代中国研究》，第 476 页。

② 《招商局复上海道查询各节》（光绪三年十一月），陈旭麓、顾廷龙、汪熙主编《轮船招商局》（盛宣怀档案资料选辑之八），上海人民出版社，2002，第 64 页。

③ 《北华捷报》1871 年 12 月 31 日、1874 年 12 月 31 日，转引自张国辉《中国近代航运业的酝酿和轮船招商局的产生》，易惠莉、胡政主编《招商局与近代中国研究》，第 197 页。

④ 刘广京：《英美航运势力在华的竞争（1862—1874 年）》，第 165 页。

度降至 300 两。① 1867 年之后股票面值开始上涨，到 1871—1872 年间达于顶点。1873 年由于与太古的竞争再次转入下跌，至 1875 年达于低点，但亦有波动："（1875 年 1 月）开盘为七十八两，收盘下降至七十两；但是，在该公司 1874 年报告公布以后，股票价格迅速上升至八十四两；……到 8 月，股票行市又逐渐下降到六十两。……其原因可以从这两种看法加以追溯：一是储备基金没有稳妥地投放，二是长江的航运大大衰落。……9 月份该公司股票行情好转，12 月收盘为七十二两。"② 诚如时人所言："因与他行角胜，……统计十五年中，旗昌生意忽盛忽衰，原难一律。"③ 其股票自然亦随之波动不已。

就旗昌的收入减少而言，也是多有疑点。通常被相关研究引以为据的是 1876 年 12 月太常寺卿陈兰彬的说法，即"招商局未开以前，洋商轮船转运于中国各口，每年约银七百八十七万七千余两。该局既开之后，洋船少装客货三年共约银四百九十二万三千余两，因与该局争衡，减落运价三年共约八百十三万六千余两。是合计三年中国之银少归洋商者约已一千三百万余两。"④ 这里涉及三个数据，对评价招商局与外商竞争的成效关系甚大，需要做一些考察。

第一个数据是招商局未开之前，洋商轮船每年运费收入为 787.7 万两。据旗昌的资料记载，1871 年总收入为 226.3 万两。⑤ 据 1872 年的统计，旗昌有轮船 17 艘，共计 25333 吨（另一统计为 24991 吨⑥），以此计算每一船吨年收入 89.33 两。而与旗昌同时航行于长江、天津、宁波航线的全部 3 家外商轮船公司共计为 10 艘轮船、8121 吨，⑦ 旗昌分别占总数的 62.96%、75.72%。如以旗昌的每吨收入水准做统一计算，那么这 3 家公司的总收入为 725449 两，加上旗昌总共为 2988448 两，只占陈兰彬所说总

① 聂宝璋编《中国近代航运史资料》第 1 辑（1840—1895）上册，第 468—469、582 页。
② 聂宝璋编《中国近代航运史资料》第 1 辑（1840—1895）上册，第 575—576 页。
③ 聂宝璋编《中国近代航运史资料》第 1 辑（1840—1895）上册，第 582 页。
④ 《奏为招商局关系大局办有成效请饬疆臣认真经理》（光绪二年十月二十四日），王杰编《陈兰彬集》（一），广东人民出版社，2018，第 9 页。
⑤ 刘广京：《英美航运势力在华的竞争（1862—1874 年）》，第 97 页。
⑥ 聂宝璋编《中国近代航运史资料》第 1 辑（1840—1895）上册，第 472 页。
⑦ 刘广京：《英美航运势力在华的竞争（1862—1874 年）》，第 76—77 页。

数的 37.94%。因此，这个数据的来源和内涵有待进一步考察，它可能是指所有在华和来华航行的外商轮船，包括外商的远洋轮船的总和。如此，则与我们所讨论的招商局与外商轮船在 3 条航线上的竞争不是一个范围了，这个数据也不适合作为旗昌等洋商轮船公司收入减少的基数。

第二个数据是招商局开办之后，洋船少装客货 3 年（1873 年 7 月至 1876 年 6 月）共约银 492.3 万两，言下之意这个数即为被招商局所分利者。但据招商局第三年"账略"所说，这 3 年"生意共得水脚银一百七十二万两"，①与陈兰彬所说的数字差距甚大。因此，即使陈氏所言之数确有依据，亦非全为招商局分利所致，而是另有原因，可能牵涉多方面的因素。如 1873 年爆发世界经济危机，中国外贸萎缩，据海关统计的进出口贸易总值，如以 1912 年的指数为 100，则 1871—1875 年历年为 14.1、14.6、14、13.5、14，以 1872 年为最高；而与此相同年份的进出口船只吨位却基本连年增加，其指数依次为 7.9、9.1、8.8、10、10.6，以 1875 年为最高。②贸易额减少而船只吨位增加，不仅使货物运量减少，船舶载货率降低，而且必然引起跌价竞争，货运收入自然就会减少。

第三个数字是外轮因与招商局跌价争衡导致其减少运价收入三年共约813.6 万余两。如果依据第一个数据计算，那么依其所言原先每年运价收入 787.7 万余两，3 年共计为 2363.1 万两，剔除 3 年减运减收的 492.3 万两后为 1870.8 万两，跌价减收的比例约为 43.5%，这与旗昌和太古竞争的减价幅度基本相同，有其可信之处。但其所减之数，主要是由外商之间的跌价竞争造成的，非全由招商局竞争所致。如从旗昌来看，它的收入从1872 年就开始减少，净收入即从上一年的 94 万两降至 52.4 万两，是年太古刚刚开始与之竞争，而招商局则尚未投入运行；1873 年更降之最低点，仅为 10.6 万两，这年即它与太古竞争最为激烈之时，而招商局刚开始运营，仅有轮船 4 艘，且无船航行于旗昌最为重要的长江航线，③诚如旗昌

---

① 《接续轮船招商局第三年帐略》，《申报》1877 年 4 月 20 日。

② 杨端六、侯厚培等：《六十五年来中国国际贸易统计》，中央研究院社会科学研究所，1931，第 1、132 页。

③ 聂宝璋编《中国近代航运史资料》第 1 辑（1840—1895）下册，第 988 页。

自言，1873 年"一年贸易之不佳至于如此，盖因与太古洋行竞争故也"。①
1874 年，旗昌与太古签订联营协议，竞争结束，运价稳定而有所上升，尽
管招商局的船只增加、漕运增量，并开始有 3 艘小轮航行于长江，参与竞
争，但旗昌的净收入却增加到 18.8 万余两，比上年增加了 77.4％。② 此后
两年，招商局的轮船吨位数虽较 1874 年各增加了 91.63％和 189.97％，③
但旗昌由于与太古的竞争已经稳定，收入亦基本稳定，几乎不受招商局的
影响，1875 年净收入上升至 19.6 万两，④ 较上年增加 4.26％；到 1876 年
尽管忙于出售船产，仍"共净赚利银十七万八千九百万两"，⑤ 仅比 1874
年减少 4.84％。由此观之，旗昌收入的下降主要是太古的竞争所致。有的
论者仅以旗昌 1871 年的净收入与其 1874 年相比，而论定它在招商局的竞
争下收入大减，未免片面。

就招商局的竞争力而言，其对旗昌的影响是微弱的。招商局自有的轮
船数为：1872 年 1 艘 619 吨，1873 年 4 艘 2319 吨，1874 年 6 艘（不含附
局者 2 艘）4088 吨，1875 年 9 艘（不含附局者 4 艘）7834 吨，1876 年 11
艘（为下半年船数，不含附局者 5 艘）11854 吨。⑥ 旗昌在这几年的船只
总吨位及对招商局的比例依次为：27769 吨、44.86 倍，27421 吨、11.82
倍，27002 吨、6.61 倍⑦，此后 2 年总吨位不变，比重各为 3.45 倍和 2.28
倍。虽然招商局的力量在逐渐加强，与旗昌的差距在逐渐缩小，但仍是强
弱悬殊。而且在旗昌投入船力和获得收入分别占 60％—70％⑧的长江航线
上，招商局直至 1876 年 12 月仍"无专走长江轮船"，⑨ "专靠附局之洞庭

① 《旗昌公司聚会情形》，《申报》1874 年 3 月 19 日。
② 聂宝璋编《中国近代航运史资料》第 1 辑（1840—1895）上册，第 466 页。
③ 聂宝璋编《中国近代航运史资料》第 1 辑（1840—1895）下册，第 1000 页。
④ 刘广京著，黎志刚编《刘广京论招商局》，社会科学文献出版社，2012，第 67 页。该书该页和次页列有华海轮船公司和旗昌轮船公司的盈利表，但表中的内容被互换了，现采用纠正后之数据。该书还有多处资料引用的错误。
⑤ 《旗昌聚议琐述》，《申报》1877 年 3 月 26 日。
⑥ 聂宝璋编《中国近代航运史资料》第 1 辑（1840—1895）下册，第 1000 页；陈振汉：《"官督商办"制度与轮船招商局的经营》，易惠莉、胡政主编《招商局与近代中国研究》，第 87 页。
⑦ 聂宝璋编《中国近代航运史资料》第 1 辑（1840—1895）上册，第 472 页。
⑧ 参见聂宝璋编《中国近代航运史资料》第 1 辑（1840—1895）上册，第 464 页。
⑨ 《洋务运动》第 6 册，第 13 页。

等三小船转运"。① 此"三小船"始于 1873 年下半年，当年只有"永宁""洞庭"两艘附局轮船。该两船均是唐廷枢入局时带来的，所有权归船主个人，只是挂了招商局的名义和旗号。其业务"向由该商自主，去来莫定"，② 收益亦归船主所有，招商局只是"每年每船仅收码头费，多则三四百两，少只百余两，"③ 其盈亏与招商局无关紧要。该两船的吨位仅有 240 吨和 315 吨；④ 后来又加入"汉阳（汉洋）"号（275 吨），⑤ 3 船相加仅为 830 吨，只相当于旗昌的半艘中型船只。因此，其业务量自然是极为有限，在 1873—1876 年 3 个年度中，包括航行长江的 3 艘船在内的 4 艘"附局轮船，共得水脚银三十五万两"。⑥ 而且如上所述，在招商局的全部收入中约有一半来自漕运及其优惠收入，来自市场的收入就更少了，这对招商局来说是保本立命之所，对旗昌来说则毫无分利之忧。虽然这 3 艘打着招商局旗号的小船闯入长江航线立即引起了旗昌、太古的警觉，并"联合起来抵制这家中国公司"，⑦ 但实际上对旗昌、太古来说，招商局在长江的如许运输力可谓微不足道，其用意在于保持垄断地位，防止招商局坐大。

还需要指出的是招商局所面对的还有太古、怡和。从 1873 年下半年起太古在长江航线上已经和旗昌旗鼓相当。正如唐廷枢在给李鸿章的禀文中说，在长江航线上，"旗昌、太古各有轮船六号往来其间，每船可容货二千五百至三千八百吨，而卑局仅有附局之洞庭、永宁、汉阳三船，共只装货一千五百吨，因而客货往往退去"。⑧ 由此可见，唐廷枢亦深感招商局在长江航力之低下。

当时，中国轮船航运业的竞争集中于旗昌、太古和招商局三家之间，

---

① 《论维持招商局·轮船招商局公议节略》（光绪三年九月二十九日），《李鸿章全集》，"译署函稿"卷 7，第 26 页。

② 《唐廷枢复江海关道沈秉成》（同治十三年二月二十三日），招商局档案。

③ 《沈葆桢札盛宣怀文·附件：刘瑞芬〈轮船招商局变通调剂章程〉》（光绪三年十一月）（原资料为光绪七年，有误），陈旭麓、顾廷龙、汪熙主编《轮船招商局》（盛宣怀档案资料选辑之八），第 57 页。

④ 《火船装载吨数》，《申报》1874 年 7 月 25 日。

⑤ 聂宝璋编《中国近代航运史资料》第 1 辑（1840—1895）上册，第 560 页；下册，第 992 页。

⑥ 《接续轮船招商局第三年帐略》，《申报》1877 年 4 月 20 日。

⑦ 刘广京：《英美航运势力在华的竞争（1862—1874 年）》，第 188 页。

⑧ 聂宝璋编《中国近代航运史资料》第 1 辑（1840—1895）下册，第 992 页。

如果说旗昌是被招商局打败的，那么太古、怡和、招商局当是战胜者，然而这4家的实际业绩不足以论其胜败。就旗昌而言，股本225万两保持不减，所发股息以往历年为12%，1874—1876年每年均为7%，利润率分别为8.3%、8.7%、7.9%，[①] 发息之后尚有一定余利；1875年底，"每一股份的资产额为一百二十六两"，市场价格比"每股资产额的价值要低40%"，即75两左右；尚有"现金储备四十三万八千两、存货投资九万二千两"，[②] 合计约53万两，较1872年75万两[③]下降29%。就太古而言，其日子比旗昌艰难得多，作为一个1872年刚成立的公司，一开始就与旗昌展开激烈竞争，所获利润比旗昌更为低微，又没有像旗昌那样有充裕的利润积累，股本36万英镑（约合97万两），[④] 1874年仅获利8500两，利润率仅为0.87%，无力发放股息；1875年虽发放股息5%，却向人借款5700英镑（约合1.5万两）。[⑤] 就怡和（华海轮船公司）而言，股本32.5万两，分发的股息1874年为1分，1875年为5厘，1876年则为零，股价跌至56两。[⑥] 就招商局而言，分发股息第一年为10%，余利2100余两；第二年为15%，尚余银2.3万余两；第三年为10%，但亏空3.5万余两，若以实际盈利发放只能发4.5%，[⑦] 且至"光绪二年秋冬间，又亏折数万两之多"。其发放股息虽较旗昌为高，但利润率低于旗昌，三年间"通盘计之尚有七厘之利"；在1876年上半年"不但新股不来，而旧股竟售至四五折者"，[⑧] 大大低于旗昌股价，因而原定股本100万两只招得68.52万两，而官方拨款高达82.4万两，[⑨] 可谓资不抵债。其所以能不断地添船、发息，维持这般状况，几乎全因官方的漕运和拨款为之扶持。正如沈葆桢所言，招商局

① 刘广京著，黎志刚编《刘广京论招商局》，第67页。
② 聂宝璋编《中国近代航运史资料》第1辑（1840—1895）上册，第575页。
③ 刘广京：《英美航运势力在华的竞争（1862—1874年）》，第146页。
④ 聂宝璋编《中国近代航运史资料》第1辑（1840—1895）上册，390页。
⑤ 刘广京著，黎志刚编《刘广京论招商局》，第66页。
⑥ 刘广京著，黎志刚编《刘广京论招商局》，第67页。
⑦ 聂宝璋编《中国近代航运史资料》第1辑（1840—1895）下册，第972、974页。
⑧ 《第九届（1881年7月至1882年6月）帐略》，聂宝璋《中国近代航运史资料》第1辑（1840—1895）下册，第1011页。内中回溯历年经营状况。
⑨ 《论维持招商局·轮船招商局公议节略》（光绪三年九月二十九日），《李鸿章全集》，"译署函稿"卷7，第26页。

"以商本而论，似未足以抗洋行，而该局所以尚能支持者，则以漕粮水脚稍补跌价之亏，而本年北洋又酌拨官帑以济之也"。① 由此而言，不说旗昌是状况最好的，也不能说是唯一在竞争中被打败的（见表2）。

表2　1874—1876年旗昌、太古、怡和、招商业绩比较

公司名	创建时间	股本数量	股息（%）	股价	利润率（%）	公积金	负债数
旗昌	1862年	225万两	7/7/7	75两	8.3/8.7/7.9	53万两	无
太古	1872年	97万两	0/5/5		0.87	无	1.5万两
怡和	1873年	32.5万两	10/5/0	56两		无	不清
招商局	1873年	68.5万两	10/15/10	45两	7/7/7	无	82.4万两

那么旗昌为何要把自己出售给招商局？原因主要有二。一是经营上的战略转移，即将资本撤回本国，谋取更好的前景，这一点现有研究已多有论及，无须再言。二是鉴于招商局的发展势头。招商局自1873年由唐廷枢等接办以后，虽然资金拮据，负债沉重，竞争激烈，盈利低下，但在官方大力扶持和商界积极支持下，呈现出不断进取的良好势头。其不仅稳定北洋和南洋航线，开拓远洋航线，更为重要的是准备进军长江航线，直逼旗昌的首要领地。唐廷枢等此举始于1875年春，他们在给李鸿章的禀文中说："伏思揽载生理，以长江为最。……是江轮不可不添置也。其应如何办造，现于本年春绘图寄英国估价，缘款无可筹，故未举行。嗣禀蒙两江督宪，拨江藩库银十万两，以备添购之用……因于九月二十三日已发电报至英国，照春间所绘图式定造二船。"②后又详述其事说，招商局"新旧轮船十一号，尽属海船。近年长江货物通行，局中并无江船，若专靠附局之洞庭等三小船转运，势难周全；且是年有江（江西）广（湖北）采办本色由江达海运津之议，不得不筹置江船。因禀商署两江督宪刘、两湖督宪李、浙江抚宪杨，均荷顾全大局。湖北允置江海并用之汉广轮船一号，交局行走；两江由江宁木厘，浙江由塘工项下，各拨银十万两，以造江宽、

① 《洋务运动》第6册，第13页。
② 《光绪元年十月初八日招商局禀呈李鸿章文稿》，聂宝璋编《中国近代航运史资料》第1辑（1840—1895）下册，第992—993页。

江永两船"。① 这就是说唐廷枢等已从 1875 年秋季开始，通过两江总督刘坤一、湖广总督李瀚章、浙江巡抚杨昌濬的帮助向英国订造"汉广""江宽""江永"三艘专走长江的轮船。其中汉广号于 1876 年 6 月抵达上海，7 月租与招商局，开始航行于长江。② 江宽号、江永号于 11 月抵达上海试航、装饰，"不日亦走长江"。③ 该 3 船之吨位，江宽、江永合计为 4000吨，④ 汉广未见记载，当在 500 吨之上，共计超过 4500 吨，约为原先 3 艘小轮的 5 倍多，这将大大增强招商局在长江航线的竞争力。这不能不引起旗昌的顾虑。加之先前已有撤资回美的计划，于是便产生了将公司卖与急于扩张的招商局，实现全身而退的想法，遂于 1876 年春开始寻机，至冬季末便成决计。正如沈葆桢说："今春旗昌已有归并之意，其尚犹豫不决者，盖窥招商局亦在勉强支持，且无专走长江轮船，该洋行尚可擅汉口、九江之利。自'江宽''江永'两船到，而旗昌气夺矣。"⑤

二 招商局收购旗昌及其利弊

关于招商局收购旗昌的利弊得失，已有研究主要涉及下面两大问题。

第一是值不值的问题。多数论者认为值，甚至占了大便宜；少数论者认为不值，买贵了。据有关记载，收购旗昌的估价构成是：大轮船 16 艘（江船 9 艘、海船 7 艘）作价 148.8 万两；小轮船 4 艘、驳船 5 艘、救火机2 副、机器厂等作价 8.56 万两；上海码头栈房、江船机器厂等作价 76.36万两；汉口、九江、上海趸船作价 11 万两；各种存物作价 6 万两。以上合计 250.72 万两，折价 200 万两，打了八折。另加汉口、九江、镇江、宁

---

① 《论维持招商局·轮船招商局公议节略》（光绪三年九月二十九日），《李鸿章全集》，"译署函稿"卷 7，第 26 页。

② 国民政府清查整理招商局委员会编印《国民政府清查整理招商局委员会报告书》下册，1927，第 23 页。

③ 《译录试"江宽"船纪略》，《申报》1876 年 11 月 28 日，转引自李玉主编《〈申报〉招商局史料选辑·晚清卷》第 1 册，第 44—46 页。

④ 《光绪元年十月初八日招商局禀呈李鸿章文稿》，聂宝璋编《中国近代航运史资料》第 1辑（1840—1895）下册，第 992 页。

⑤ 《洋务运动》第 6 册，第 13 页。

波、天津的楼房、栈房折价22万两。合共222万两。① 招商局和官方的有关当事者，均认为买得值，甚至占了便宜。如唐廷枢等认为："该公司通记成本不下三百万两，即去年大减船价，亦有二百五十万两之多。今以二百万受之，似非失算。"② 沈葆桢、李鸿章也确信之。从上列估价中的江海轮船16艘估价148.8万两，八折成交价120万两而言，平均每艘约7.5万两；按招商局收购的总吨数（收购后29艘总吨数30526吨，减收购前11艘总吨数11854吨，③ 再减1877年初到沪的江永、江宽二轮约4000吨）约1.5万吨算，平均每吨约80两。而招商局在1876年新购的江永轮，造价13.5万两，吨数约2000吨，④ 每吨67.5两。所收购之船大多为船龄10年左右之旧船，且多为落后的木质铁甲船。如此算来，这个买价怎么能说"不失算"呢？

　　第二个是利弊关系问题。唐廷枢等在给沈葆桢的收购旗昌禀文中，对其利弊做了多方面的考究，列出了8点疑虑。依次为：（1）不能禁太古、怡和之继续竞争，甚或"反可处处与我角逐"；（2）"旗昌码头目前因最扼要"，但太古码头亦据扼要之地，且"不能禁人添筑"新码头；（3）所收旗昌之船"新旧各半"，且今后"不能再添新船"，若现有及新来之洋商"再添新船，反形我之船旧"，不利竞争；（4）"船多一半，生意未必再添一半"，收益可能更低；（5）"万一有人在吴淞创造码头"，由火车转运，则现有码头"反居其后"；（6）商局"得旗昌而成四百万之公司，官居其半，而资本尽是轮船、码头"，一旦官本追还，"一时无从变价"，还债无着；（7）"商局全恃运漕帮贴"，但目前"船倍于昔，而米不能倍于昔，则帮贴愈微"；（8）若旗昌以所得现银"再购新船与我争衡"，则商局或"不能相抗"。⑤ 这些疑虑之事皆是隐患，大多有可能发生的理由，不能视

① 张后铨主编《招商局史·近代部分》，第100页。
② 《招商局第三年帐略》，《申报》1877年4月24日；聂宝璋编《中国近代航运史资料》第1辑（1840—1895）下册，第1176页。
③ 《招商局船只吨资本额及盈亏统计》，聂宝璋编《中国近代航运史资料》第1辑（1840—1895）下册，第1000页。
④ 《光绪元年十月初八日招商局禀呈李鸿章文稿》，聂宝璋编《中国近代航运史资料》第1辑（1840—1895）下册，第993页。
⑤ 《光绪二年十一月廿二日招商局禀》（1877年1月6日），聂宝璋编《中国近代航运史资料》第1辑（1840—1895）下册，第1172—1173页。

为无事生非、杞人忧天，但均被唐廷枢等一一否定，以说服沈葆桢予以赞同。尤其是对其中的三大问题的态度过于乐观，也对官方产生了一定程度的误导。

一是不能禁洋商之继续竞争的问题。对此，唐廷枢等的辩解是："有旗昌而水脚日跌，我与彼均其亏。无旗昌而水脚可定，我从此专其利。太古、怡和船少势衰，有鉴于旗昌得附和我而不至于倾轧我，此生意之不足虑也。""旗昌未并以前，太古、怡和亦已亏本，无可设法。旗昌既并之后，我局声势大振，太古、怡和决不肯再添资本，与我争已定之局。况长江、天津两处，我局尽可多派船驶，则其船少不能以少敌多，即使其船多亦不能以客抗主，此口岸不足虑也。"① 他们不仅认为招商局从此强大，其他洋商再无能力与之竞争，甚至天真地觉得可以拥有"专其利"的垄断地位，无论生意还是口岸都已占绝对优势。

二是船只多而货物少的问题。对此，他们的愿望是"漕米至少须加倍拨运"，"可否咨请总理衙门转咨户部，将江（江西）安（安徽）漕米准交轮船暂改海运，并由江浙酌量加拨，此船多货少之不足虑也"。② 认为清廷增加漕米轮运数量可以满足局船装载之需。

三是官本多而股本少的问题。对此，他们的谋算是："官本二百万，必须有一百万免缴官利，既借为商股之饵，且可以利归本，按年拨还十万，商力可纾，官本有着，无俟奉提，克期清楚，此暂存官本之不足虑也。"③ 认为官本可以申请免缴利息，本金可以用局中所得利润分年归还。

但是收购旗昌后的事实正如疑虑者所想的那样。就第一个问题而言，招商局收购旗昌后，太古、怡和的竞争不仅没有偃旗息鼓，反而变本加厉地汹汹而来，较之旗昌"忌嫉更甚"。唐廷枢等自述收购旗昌后与太古在长江航线的竞争状况说："讵今春（即 1877 年春）太古……竭力跌挤，遂至茶叶每吨减至一两五钱，匹头、杂货一两或七钱，重货一钱，则惟搭客

① 《光绪二年十一月廿二日招商局禀》（1877 年 1 月 6 日），聂宝璋编《中国近代航运史资料》第 1 辑（1840—1895）下册，第 1173 页。
② 《光绪二年十一月廿二日招商局禀》（1877 年 1 月 6 日），聂宝璋编《中国近代航运史资料》第 1 辑（1840—1895）下册，第 1174 页。
③ 《光绪二年十一月廿二日招商局禀》（1877 年 1 月 6 日），聂宝璋编《中国近代航运史资料》第 1 辑（1840—1895）下册，第 1174 页。

未经再减。若与前两年较之，不及四五成，再与前五年较之，更不及二三成。计有局船六只，行驶半年，……共亏银四万八千余两。……此外码头、栈房、趸船，……应给半年息银与〔计〕二万九千余两。另有停船三只，所付置本亦应给息半年一万六千五百两。以上三项共亏银九万四千三百余两。"① 此外，"上海至汕头（水脚）每百斤六分，又分一船走宁波，以挠我势"。② 据徐润说："上年（1877）水脚，七月起至年底较前年约少十万两，皆因太古添走北洋，怡和添走长江，未免为其纷扰。"③

第二个问题也是相当严重。李鸿章在回应御史董儁翰参奏时说，所收"旗昌江船最多，内虽有旧敝者，江路尚可通行，徒以船大费巨，水脚过减，多行一船则多赔巨款。现该局但于长江择新船、小船费省者，装货开行，与太古相敌；其大者、旧者，暂搁勿用，借节糜费"。④ 停运船只较多，且不少为二千吨以上的大船。他尽管将此归咎于英商公司的竞争，但其实质同样是船多货少之故。即使在"同太古定议后"，这一问题虽有所缓解，但仍相当突出。唐廷枢给李鸿章的禀报说，"统计江海轮船三十一船"，"走南北洋海船十六只"，走长江者 6 只，其中 4 只为原旗昌之船，走宁波者 1 只，共计 7 只；改作驳船者 4 只，走内河者 1 只；此外改作码头者 1 只，停航及修理者 2 只，尚余 6 艘未做交代。⑤ 这就是说即便与太古、怡和联营后，真正做航运业务的轮船只占总船数的 54.8%。

第三个问题从一开始就是症结所在。其官本免息之请求，连大力支持收购旗昌的沈葆桢都没能同意。其在给清廷的奏折中明确指出："其乞免息银一节，臣以为难以准行。……是宜甘苦与同，官商一体，商得若干之利，官亦取若干之息，仿助法之意以行之，庶几上下交而其志同矣。"而

① 《招商局复上海道查询各节》（光绪三年十一月），陈旭麓、顾廷龙、汪熙主编《轮船招商局》（盛宣怀档案资料选辑之八），第64—65页。
② 《论维持招商局·轮船招商局公议节略》（光绪三年九月二十九日），《李鸿章全集》，"译署函稿"卷7，第27页。
③ 《徐润致盛宣怀函》（光绪四年正月二十三日，1878.2.24），陈旭麓、顾廷龙、汪熙主编《轮船招商局》（盛宣怀档案资料选辑之八），第74页。
④ 《论维持招商局·轮船招商局公议节略》（光绪三年九月二十九日），《李鸿章全集》，"译署函稿"卷7，第22页。
⑤ 《光绪三年招商局禀稿》，聂宝璋编《中国近代航运史资料》第1辑（1840—1895）下册，第994页。

且还建议以前由李鸿章给招商局"所发官帑，可否饬令并照官商一体之意，以广招徕，而坚民信"，① 同样照这一方法办理。沈葆桢的这一方法，确实能使官商利益与共，生死相连，共同绑在一辆战车上应对各种困难，但也将官息低于股息的惯例改为两者平等，显示了他更强的与商分利之意。唐廷枢等亦自言："现就局势而论，即使生意可保，而欠项累累，年复一年，终恐支柱万难。"而且，在太古竞争之下，"获利固无把握，归本更无定期"。② 至于增加商股，亦难以招集。收购旗昌时，"原拟由局添招商股，分期筹给"，但因太古跌价竞争，"运脚减则利息微，商情更多观望。是以归并以来，仅添新股四万五千余两"。③

　　除了上述这三个已被较多关注的问题之外，其实还有一个被忽略的问题值得关注，这就是市场份额的占有率问题。"到了 1873 年，上海的三大轮船公司已拥有二十七条船，总吨数 41087 吨。其中旗昌洋行有十七条（27421 吨），太古洋行四条（8868 吨），怡和洋行六条（4798 吨）。"④ 1876 年，据唐廷枢说，"查各口轮船，除英法美东洋各公司由香港、汉口、上海等处直达外国不计外，其专在各口往来者，旗昌有十七号，太古八号，怡和六号，禅臣五号，得忌利时四号，又洋行数家有数号，合约五十号"。⑤ 加上招商局有轮船 11 号，合计 61 号。那么按轮船数量而言，旗昌的全国航运市场占有率为 28%，招商局为 18%；到 1877 年招商局收购旗昌 16 艘轮船，再加自购新船 2 艘，合计拥有轮船 29 艘，则市场（63 艘）份额的占有率提高到了 46%，成为第一大公司。如果按吨位计算，因招商局的轮船较大，其市场份额占有率就更大了。市场份额占有率的提高，意味着对市场影响力和竞争力的提高，这是招商局接下来和英商轮船公司实行联营合作的有利条件。

---

① 《洋务运动》第 6 册，第 13 页。
② 《论维持招商局·轮船招商局公议节略》（光绪三年九月二十九日），《李鸿章全集》，"译署函稿"卷 7，第 28 页。
③ 《论维持招商局·轮船招商局公议节略》（光绪三年九月二十九日），《李鸿章全集》，"译署函稿"卷 7，第 22 页。
④ 聂宝璋编《中国近代航运史资料》第 1 辑（1840—1895）下册，第 1164—1165 页。
⑤ 《招商局第三年帐略》，《申报》1877 年 4 月 24 日。

三 招商局收购旗昌的善后和与英商公司的合作共赢

由上可见，招商局收购旗昌后并非万事大吉，而是产生了重重危机，如何化解危机则成为收购旗昌是成是败的关键所在。这些问题的显露，既使招商局经营艰难，也引起了朝野议论。御史董儁翰领头发难，参奏招商局收购旗昌后，"因置船过多，揽载货物之资，不敷经费"；又"因用人太滥，耗费日增"，亏损严重，"亟须整顿"，并提出沿海沿江中国官商需轮船运载货物"统归该局揽载"，各省轮运漕粮"再予加成"的补救建议。清廷发布上谕："着李鸿章、沈葆桢逐盘筹画，认真整顿，体察情形，妥筹办理。"① 总理各国事务衙门亦向李鸿章"函询如何设法维持"。②

李鸿章奉旨后，立即着手筹划。此时，正值丁戊奇荒，朱其昂、唐廷枢、徐润正好在天津办理华北赈灾之事，徐润先行回沪。李鸿章遂做出安排："饬丁臬司（丁寿昌）、黎道（津海关道黎兆棠）就近（与朱、唐）询商整顿之法。徐道回沪，应饬刘道（江海关道刘瑞芬）查询妥筹，札饬复议禀复。"就招商局应如何设法维持，"抒发其所见"。③

在天津，李鸿章则亲自参加，"督同该道等，及商局朱其昂、唐廷枢、徐润各员，集思广益，悉心筹议变通推广三策：一请缓缴官帑利息也。……将该局承领各省公款暂行缓缴三年利息，借以休息周转，陆续拨还旗昌及钱庄欠项，三年满后，自光绪六年起，即分四年提还官本。……又四年满后，官本有着，再行酌量分年补缴此七年之息。……一请加拨漕粮也。……虽叠奉谕旨饬令多拨，而核计近三届，浙省漕粮分拨商轮装运尚及四五成，苏省漕数最多分拨不及二成，……今商局轮船支绌如此，势不得不酌予调剂。拟请自光绪四年起，苏浙海运漕米必须照四五成一律加拨，不准再有短少。又得江（江西）鄂岁拨采办漕粮多多益善。……一请

---

① 《清实录》光绪三年九月庚午。
② 《复沈幼丹制军》（光绪三年十月初一日），《李鸿章全集》，"朋僚函稿"卷17，第27页。
③ 《李鸿章札盛宣怀文》，陈旭麓、顾廷龙、汪熙主编《轮船招商局》（盛宣怀档案资料选辑之八），第76页。

推广华商轮船办法也。……准（商局轮船）赴不通商口岸揽载"。①并写成节略，李鸿章即以此"据情酌核，缄复总署"。②在上海，刘瑞芬"邀徐道详询，当据徐道将朱、唐二道在津议办节略录送前来"，参照拟就招商局章程八条，内容与朱、唐所拟节略大同小异，增加了一些企业管理上的条文。③

然后李鸿章又综合朱、唐所拟节略和刘瑞芬所拟章程，再加上自己的意见，在1877年底向清廷递交了一份内容更为详细的《整顿招商局事宜折》及《海运官物统归商局片》，并经清廷批准饬谕各相关机构执行。其中的主要内容如下。

对于船多货少的问题，该奏规定："拟令该局逐加挑剔，将旗昌轮船年久朽敝者，或拆料存储，以备配修他船；或量为变价，归还局本，借省停船看守之费。……其现行各船内有附局带管者，……除永宁、洞庭二船已据报由局收买归入商股外，其余三船应全行辞去。"④"嗣后沿江沿海各省，遇有海运官物，应需轮船装运者，统归局船照章承运。"各省漕粮，"江安漕粮明岁改由海运，交招商局承运"，"苏浙海运漕米，须分四五成拨给招商局承运，不得短少"，"江西、湖北采买漕米，仍照案归局船运津。"⑤

对于官本和商股的问题，该奏提出自光绪三年起，所有官本"均予缓息三年，俟光绪六年起缓利拔本，匀分五期（还清），……其缓收息款，以后或作官股，或陆续带缴，届期察看情形再议"。原定每年发给商股的一分官利，今后"以一半给各商收领，一半存局作为续招股本，亦按年计息，以五厘给商，五厘存局，弥补缺本，俟八年后，局本补足，息即全

① 《论维持招商局·轮船招商局公议节略》（光绪三年九月二十九日），《李鸿章全集》，"译署函稿"卷7，第22—24页。
② 《复沈幼丹制军》（光绪三年十月初一日），《李鸿章全集》，"朋僚函稿"卷17，第27页。
③ 《沈葆桢札盛宣怀文》（光绪三年十一月初十日）及附件、《李鸿章札盛宣怀文》（光绪四年五月初十日）及附件，陈旭麓、顾廷龙、汪熙主编《轮船招商局》（盛宣怀档案资料选辑之八），第54—58、77—81页。
④ 《整顿招商局事宜折》（光绪三年十一月二十五日），《李鸿章全集》，"奏稿"卷30，第29页。
⑤ 《海运官物统归商局片》（光绪三年十一月二十五日），《李鸿章全集》，"奏稿"卷30，第33页。

给"。此外，为更好保证局款补缺，"拟自光绪三年七月起，按年截数，其有盈余银两暂缓派分，全数留局作为公股，照章一分起息，其息全留作本，俟八年期满，统计此项股本积息若干，除酌提换购新船外，再分派众商均沾"。①

对于洋商继续竞争的问题，除了上述两条可作为有力支撑之外，唐廷枢等采取了与太古、怡和订立齐价合同的办法。首先与太古订立长江航运齐价合同。太古在与招商局的竞争中，即使令招商局"不无吃亏"，但自己也"受累甚重"，于是想与招商局"转圜"息争。徐润得悉此讯后，即函知在天津的唐廷枢"回沪时会商"。待唐廷枢"于初九日（1877 年 12 月 13 日）由津抵局，适太古行东英商施怀雅（J. S. Swire）、船东贺利施两人于十四日自汉口回沪，来局晤会"，表示"以抢装跌价，亏折太多"，而招商局有政府保护，"争衡无益"，必得"终归和好，两有所裨"。随后经过 6 天的谈判，"直到二十二日（26 日）始行定议，立约三年，互订章程签字"。规定"无论商局船之多寡，其水脚总以商局的五五之数，太古得四五之数"；以 1878 年 1 月 1 日"即中国之十一月二十八日为始"。② 随后，招商局又与怡和订立了类似的天津—福州航线齐价合同。③ 此外，宁波航线议定："第一年由职局专走，第二年准太古分走，其水脚仍照长江。"④

其合作方式是，"按旧章照收客货水脚"，恢复到旗昌、太古联营时的价格；"各派各船，各认各费，所收客位货载二项水脚，商局得五五，太古得四五。继而怡和洋商亦将北洋搭客水脚订立合同，其货物水脚因商局漕粮系属公事，不比长江客货，是以各不分派"。⑤ 即漕粮运输为招商局专擅，不受合同约束。

齐价合同订立后，招商局的境况立即得到好转。招商局自述："自去

---

① 《整顿招商局事宜折》（光绪三年十一月二十五日），《李鸿章全集》，"奏稿"卷 30，第 31—32 页。
② 招商局档案，转引自汪敬虞《唐廷枢研究》，中国社会科学出版社，1983，第 195 页。
③ 《轮船招商局第六年办理情形节略》，《申报》1879 年 9 月 26 日。
④ 《光绪三年招商局禀稿》，聂宝璋编《中国近代航运史资料》第 1 辑（1840—1895）下册，第 1210—1211 页。
⑤ 聂宝璋编《中国近代航运史资料》第 1 辑（1840—1895）下册，第 1209 页。

年（1877）同业履行齐价和约之后，经济顿形宽裕，本年复有内部局务之整顿，成效大著。"① "光绪四年七月至五年六月结第六届总帐，以洋商均已议和，无跌价争轧之弊，复获盈余，扣除船、栈成本四十二万八千余两"，自开局以来第一次实现船、栈折旧。"光绪五年七月至六年六月第七届结总，亦折除船、栈成本四十余万两。"②

此后，招商局与太古、怡和之关系虽然不免变故和波折，又经受中法战争之影响，但齐价合同则一直维持，③ 直至清朝结束，这使招商局在合作共存中逐渐走出困境。诚如李鸿章在此合同订立 3 年后所说，招商局在收购旗昌之前，"无利有亏，商股亦多裹足"；在收购旗昌之后，"资本短缺"，"仍须出息借贷"；"嗣经唐廷枢等与怡和、太古设法议和，生意顺手，意外亏赔之数亦少，故自光绪四年七月至六年六月，两届结帐皆有盈余，仅借钱庄银七十余万两，较之光绪三年缺本一百四十余万两，已减轻七十万两，又除船旧等项银八十余万两，其尾欠旗昌价银六十九万两，亦经归结清楚，实系渐有起色"。④ 此后，1881—1882 年不仅股本"招足一百万两"，而且"再招股本银一百万两，合成二百万两"，股价亦"售至二百两以外"，1882 年底达到 231 两。⑤ 折旧年年皆提，多者 40 多万两，少者 20 余万两；所欠官款如期从 1880—1881 年度起开始拨还，至 1884 年 5月唐廷枢离局时，已归还 107 万余两，余额降至 83 万余两。⑥ 盛宣怀接管招商局后，受中法战争影响，企业经营有所挫折，但唐廷枢时期的既定方针基本保持。至 1891 年，船、栈折旧金"结存三百七十六万两"，公积金"增至七十余万，官款业已还清"。⑦ 至此，招商局彻底摆脱了困境。其所经历的时间，虽因各种原因而较李鸿章在整顿折中所预想的 8 年多了 6 年，

---

① 陈玉庆整理《国民政府清查整理招商局委员会报告书》，社会科学文献出版社，2013，第 422 页。
② 聂宝璋编《中国近代航运史资料》第 1 辑（1840—1895）下册，第 1209 页。
③ 参见陈潮《晚清招商局新考：外资航运业与晚清招商局》，上海辞书出版社，2007，第 171—197 页。
④ 《查复招商局参案折》（光绪七年二月十一日），《李鸿章全集》，"奏稿"卷 40，第 24—25 页。
⑤ 《十一月十八日平准公司各股份市价》，《申报》1882 年 12 月 28 日。
⑥ 《接录轮船招商局第十一年帐略》，《申报》1885 年 12 月 4 日。
⑦ 陈玉庆整理《国民政府清查整理招商局委员会报告书》，第 427、428、445 页。

但其脱困的路径和趋势并没有改变。如果没有中法战争，按照唐廷枢离职前两年每年归还官款40多万两的数额，基本可以按期还清。

当然，招商局走出困境转危为安，是上述三大决策共同作用的结果，但是齐价合同应该是最为重要的一节。增加漕运数量、缓免官款本息二节，只是政府对它的援助和保护，故李鸿章称之为"维持"。漕粮增运虽比较稳定，但运价有较大下降，利润低微；官款虽予展期，但终归要还，不过获得一点优惠而已。而齐价合同则使招商局发挥了本身的盈利功能，通过市场获得源源不断的利润，企业呈现"蒸蒸日上之势"，[①] 从根本上解决了它的危难处境。

综上所述，从招商局收购旗昌的全过程来看，在激烈的中外企业竞争中，政府的支持和企业的奋斗，以及两者的有效配合，是中国企业与外商竞争的重要支撑，缺一不可。竞争只是进入或占领市场的一个手段，是一种临时应对之策，不是长远之计。互利合作，才是共存共赢之道，才有长久发展的可能。

---

① 《接录轮船招商局第九年帐略》，《申报》1882 年 10 月 15 日。

大连汽船株式会社青岛支店与国营招商局

〔日〕松浦章*

一 绪言

1906 年南满洲铁道株式会社作为半官半民的"国策会社"，在日本政府的扶持下，以中国东北部的铁路业为基础而创立。此后，该公司发展为经营采煤、制铁等矿工业的大型企业，[①] 1945 年日本战败后解体，前后存续了约 40 年。

南满洲铁道株式会社在各个领域都有关联企业，其中包括以大连为据点开展海运业的大连汽船株式会社。大连汽船株式会社创立于 1915 年 2 月，总部设于大连。该公司以大连为基点，主要运营环绕辽东半岛沿海的航线以及大连至天津与山东半岛的芝罘、登州、青岛的航线。但是，1945 年日本战败后，大连汽船株式会社在中国各地开设的据点被国民政府接管。

本文试探讨被国民政府接管以后的大连汽船株式会社青岛支店与国营招商局在青岛航线上的运营情况。

二 大连汽船株式会社的大连—青岛—上海航线

大连汽船株式会社在南满洲铁道株式会社的资助下，于大正 4 年

---

* 日本关西大学名誉教授。

① 财团法人满铁会编《满铁四十年史》，吉川弘文馆，2007，第 262—266 页。

（1915）2月1日成立。公司成立初期拥有资本50万日元、船舶5艘，船舶总吨位达3241吨，昭和4年（1929）其资本增至2570万日元，船舶增至48艘，船舶总吨位达165843吨。该公司的定期航线主要有：大连—青岛—上海线、大连—天津—安东线、大连—营口—阪神线、大连—名古屋—横滨线、天津—芝罘—青岛—上海线、大连—龙口线、大连—营口—香港线。此外还有通往南洋、印度、澳大利亚、北美、欧洲等主要港口的不定期远洋航线22条。①

大连汽船株式会社以大连为基点，将从营口、天津、龙口、芝罘等渤海沿岸主要港口以及辽东半岛东南部的安东、山东半岛东南部的青岛等地南下上海的航线作为主干航线。

首先从贸易额的角度分析大连港与中国其他沿海地区之间的关系。1922年（大正11年）南满洲铁道株式会社编纂的调查报告《北支那贸易年报上编·满洲》中载有1918年至1922年间的"大连港对支那诸港移出入品价额累年比较"，②据此，表1选择了其中与大连港之间贸易额较高的六个港口的数据加以整理，即从中国北部的安东、牛庄、秦皇岛、天津、龙口、登州府、芝罘、威海卫、青岛以及山东其他海港中选取贸易额较高的天津、芝罘与青岛三个港口，从长江沿岸的汉口、九江、芜湖、镇江中选取贸易额较高的汉口，从中国中部的上海、宁波中选取贸易额较高的上海，从中国南部的福州、厦门、汕头、广州中选取贸易额较高的厦门进行比较。

表1　1918—1922年大连港对中国其他港口移出入品价额累年比较

单位：海关两

地区	1918 年	1919 年	1920 年	1921 年	1922 年
天津	3338876	6729413	4468746	6780622	6748251
芝罘	5253232	4668666	4291143	4632977	4228130

---

① 增田义男：《大连汽船株式会社二十年略史序》，水地庆治：《大连汽船株式会社二十年略史》，大连汽船株式会社，1935，第1—2页。

② 参照南满洲铁道株式会社庶务部调查课编《大正十一年北支那贸易年报上编·满洲》（南满洲铁道株式会社庶务部调查课，1922）第82—83页"大连港对支那诸港移出入品价额累年比较"制作。

续表

地区	1918 年	1919 年	1920 年	1921 年	1922 年
青岛	6571079	6940918	3731926	3673440	8572380
汉口	597052	241195	49530	101313	21116
上海	25140674	25736590	24364147	37439706	47808155
厦门	807960	692480	1655836	1270484	2779997
合计	41708873	45009262	38561328	53898542	70158029

由表 1 可知，1918 年至 1922 年的五年间，对大连港而言，最重要的北方贸易港口是青岛，中部地区的主要贸易港口是上海，南方则是厦门。但是，大连港对上海的贸易额远超其他港口。

另外，与上海同等重要的港口城市是青岛。因此，大连汽船株式会社创立的同时，在青岛开设了分公司。[①]

那么，青岛港在外国航线以及中国国内航线中发挥了何种作用呢？以下试通过比较 1932 年至 1936 年这五年间出入青岛港的船舶吨位[②]来说明这一问题。

表 2　1932—1936 年青岛港国外、国内航线船舶吨位比较

单位：千吨

航线	1932 年	1933 年	1934 年	1935 年	1936 年
国外航线	1108	1168	2315	3602	3342
国内航线	4991	5392	4624	3620	4965

如表 2 所示，到 1936 年为止，中国国内航线即中国沿海航线的船舶吨位明显高于国外航线。可以说，青岛港是中国国内航线中极为重要的港口。

因此，大连汽船株式会社将分公司开设在青岛。该分公司最初驻在代

---

① 水地庆治：《大连汽船株式会社二十年略史》，第 179 页。
② 参照阿部勇编《昭和十一年北支那外国贸易统计年报 天津·青岛·芝罘·秦王岛·龙口·威海卫》（南满洲铁道株式会社天津事务所调查课，1937）第 4 页"北支六港外国航路出入船舶表"与"北支六港内国航路出入船舶表"。

理店岩城商会内，1917 年 1 月在位于叶樱町的满铁埠头事务所内开设办事处，1927 年 5 月在馆陶路 18 号新建一处占地 327.9 坪的事务所。[①]

事务所本馆面积为 150.86 坪，附属建筑占地 25.43 坪，1927 年 11 月开始施工，次年 10 月 10 日竣工。[②] 青岛支店负责管理满铁的定期船舶停靠、接待乘客、处理邮件以及大连汽船株式会社船舶载货等。1926 年以后，还配置了定期船只即大连丸、奉天丸、青岛丸，整顿了大连—青岛—上海航线，并开通了天津—芝罘—青岛—上海航线。山东腹地的青岛支店为大连汽船株式会社的发展做出了巨大贡献。[③]

大连—青岛—上海航线是南满洲铁道株式会社通过西伯利亚铁路联络欧洲的主要航线。1921 年，该公司 3400 吨位的榊丸、2848 吨位的西京丸、2923 吨位的神户丸 3 艘汽船每相隔三天离开大连港，每月共定期航行 10 次。此后，大连汽船株式会社与南满洲铁道株式会社协定，自 1922 年 7 月开始一同运营该航线。南满洲铁道株式会社的榊丸、西京丸、神户丸，再加上大连汽船株式会社 1717 吨位的长平丸，此 4 艘汽船每月按定期航线航行 10 次。[④]

天津—芝罘—青岛—上海航线于 1929 年 11 月开通，该航线上有 2352 吨位的天津丸、1717 吨位的长平丸两艘航行。[⑤]

作为不定期航线的青岛—上海航线，承担将山东煤炭从青岛运往上海以及将上海杂货运往青岛的业务。[⑥]

关于 1937 年中国国内贸易，据《中华民国二十六年海关中外贸易统计年刊》可知，该年国内贸易中的"煤"（包括出口船用煤在内）的"进口"总数量为 3301708 吨，其中上海为 2288214 吨，占总数量的 69.3%，约为中国整体的 70%。与此相对，"出口"的总数量为 3977225 吨，煤输出量最多的地方是秦王岛，总计 1401772 吨，占 35%，其次是胶州即青

① 水地庆治：《大连汽船株式会社二十年略史》，第 179 页。
② 水地庆治：《大连汽船株式会社二十年略史》，第 179 页。
③ 水地庆治：《大连汽船株式会社二十年略史》，第 180 页。
④ 水地庆治：《大连汽船株式会社二十年略史》，第 240 页。
⑤ 水地庆治：《大连汽船株式会社二十年略史》，第 247—248 页。
⑥ 水地庆治：《大连汽船株式会社二十年略史》，第 253 页。

岛，总计887139吨，占22.3%。① 可见，从青岛运出的山东煤炭基本运往上海。

如表3依据《1926—1928青岛港贸易统计年报》②《1928—1930青岛港贸易统计年报》③《1931青岛港贸易统计年报》④，整理了自1926年至1931年从青岛港输出的煤炭数量。

表3 1926—1931年从青岛港输出的煤炭数量

单位：吨

地名	1926年	1927年	1928年	1929年	1930年	1931年
上海	91083	88243	316198	365683	69702	252684
大连	392	710	1380	1578	177	1017
镇江	6800	—	8845	15156	27944	2200
日本	30906	61542	57642	90249	47565	52460
合计	129181	150495	384065	472666	145388	308361

从表3可以清楚地看出，青岛港输出的山东煤炭半数以上运往上海，其次是日本，但运往日本的煤炭吨数远低于运往上海的煤炭吨数。由此可知，航行于青岛—上海航线的大连汽船株式会社承担了部分将山东煤炭从青岛运往上海的业务。

三 大连汽船株式会社青岛支店的接管与国营招商局

19世纪清朝末期，青岛被德国侵占，1914年第一次世界大战爆发后被日本占领，此后1922年被北洋政府收回。但1938年青岛再次被日本占领，1945年日本战败后，国民政府收回青岛。1949年6月青岛被中国人民解放

① 上海总税务司署统计科编印《中华民国二十六年海关中外贸易统计年刊》卷4《国内转口土货类编》，1938，第82—83页。

② 岛津忠男编《1926—1928青岛港贸易统计年报》，青岛日本商工会议所，1929，第223页。

③ 岛津忠男编《1928—1930青岛港贸易统计年报》，青岛日本商工会议所，1931，第232页。

④ 岛津忠男编《1931青岛港贸易统计年报》，青岛日本商工会议所，1932，第232页。

军接管。①

　　1945 年 8 月日本在太平洋战争中失败，其在其他国家设立的企业大多被当地政府接管。当然大连汽船株式会社也不例外，其在中国大陆开设的相关运营机构大多被国民政府接管。大连汽船株式会社青岛支店亦如此。其被接管的协议保存于招商局档案馆。该档案馆藏有 1946 年 7 月 1 日 "青岛分局经理方重" 负责处理的 "国营招商局产业调查票（接收产）接收大连汽船株式会社房地产及图纸各表"。其中载：

　　　　产业名称及类别　　二层楼房二所
　　　　产业所属省县区　　山东省青岛市
　　　　接收日期　　　　　民国卅四年十月廿六日
　　　　接收员及其职位　　青岛办事处主任方重
　　　　向何机关接收　　　大连汽船株式会社
　　　　对方请负人员　　　出上带一
　　　　所属区会阅接收政府　青岛市政府
　　　　　　　　甲　地产部份
　　　　原业主　　大连汽船株式会社
　　　　契　据　　原契据向早寄存日本，国内现仅存抄本（详见附推存）
　　　　所在地　　馆陶路三十七号及三十九号
　　　　四　至　　东至广东路地，西至馆陶路地，南至广东路地，北至馆陶路 41 号地
　　　　面　积　　（宽丈）1084 平方米（契据记录）
　　　　地上物　　二层楼房二所、汽车房一所
　　　　　　乙　房产部份
　　　　原业主　　大连汽船株式会社
　　　　间数及当地编号　　四十间
　　　　占有面积　　　（宽丈）608.5 平方米（附图样）

---

① 青岛档案馆、青岛日报社编《百年青岛》，青岛出版社，2000，第 6、16、28、34、36、38、72 页。

式样及内部构造

西式二层楼，石水泥钢骨造楼房及砖石造楼房各一所，汽车房一所

建造年月　　昭和三年十月十日竣工，即民国十七年十月十日竣工

使用状况　　青岛分局办公室及宿舍

附　注　　［申告书一分、谕敌取引许可证一纸、英文土地买卖契约书一纸、土地所有权移转证明声请书一纸、青岛民政署证明书一纸、建筑说明书一分（附图）］

按照抗战前廿六年物价标准，大楼房约估法币 80000 元，小楼约估 8000 元，汽车房估 2000 元，地约估 20000 元。

机构名称　　青岛分局

地　　址　　馆陶路卅七号及卅九号　　电报挂号　　1581

经理或主任　经理方重　方重印

填表日期　　中华民国　　卅五年七月　　日

此后还附有照片。①

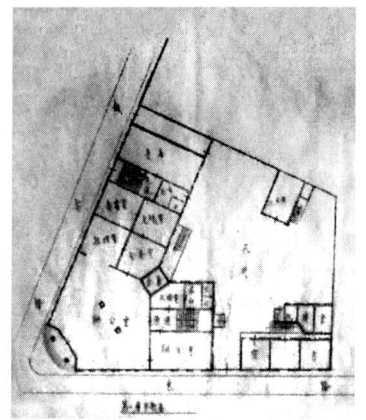

图1　日本大连汽船株式会社青岛分局建筑说明书

从"国营招商局产业调查票（接收产）接收大连汽船株式会社房地产及图纸各表"可知，大连汽船株式会社青岛支店于"民国卅四年十月廿六

---

① 招商局档案馆藏，档案号：B016 – WS – 399/7。

日"即 1945 年 10 月 26 日被国民政府接管，成为国营招商局青岛分局。图 2 为该青岛分局的照片，收录于《国营招商局七十五周年纪念刊》中的"插图"部分。①

图 2　民国时期的国营招商局青岛分局

目前大连汽船株式会社青岛支店旧址被保存下来，虽然该建筑物正面上半部分与《国营招商局七十五周年纪念刊》中插图不同，但从建筑物正面的柱子可以看出两者显然是同一建筑物。

图 3　日本大连汽船株式会社青岛支店旧址

---

① 参见国营招商局编印《国营招商局七十五周年纪念刊》（1947）"插图"中的各分局、处，以及青岛分局。

大连汽船株式会社青岛支店旧址位于现在的青岛市馆陶路，2003 年青岛市人民政府将其作为"历史优秀建筑"而加以保护。标牌记载：

> 大连汽船株式会社青岛支店旧址　馆陶路 37 号　建于 1927 年，欧式风格，整栋建筑造型刻意建成船型，建筑面积 4123 平方米。
>
> 青岛市人民政府　2003

该建筑物自 1945 年 7 月始作为国营招商局青岛分局而使用。

至于国营招商局在接管大连汽船株式会社青岛支店前，其分局位于何处，记载 1934 年国营招商局上海—青岛航线的资料为我们提供了线索（见下节）。

四　国营招商局的上海—青岛航线

1934 年 3 月 3 日青岛发行的《工商新报》① 第 1520 号中刊登了汽船的运行时间表，其中载：

> 国营招商局
> 普安特别快轮　常川来往上海·青岛航行日期表（参照卷末的表）
> 青岛分局 绥远路十三号　电话五二九五
> 普安轮船　停泊大港一号码头　电话拨一一〇接普安
> 每逢星期三，到上海。星期六，开青岛。每逢星期日，到青岛。星期二，开上海。

可知，招商局普安号轮船每周三到达上海，周六离开上海前往青岛，周日抵达青岛，周二再从青岛开往上海。另外还可知国营招商局青岛分局位于"绥远路十三号"。1945 年 10 月以后该分局迁至馆陶路。

---

① 《工商新报》（青岛）1934 年 3 月 1 日创刊，1936 年 6 月 30 日终刊。全国图书馆文献缩微复制中心编《1861—1949 中文报纸缩微品目录》（一），中国书籍出版社，1993，第 150 页。

接下来考察国民政府统治时期位于青岛的国营招商局汽船航运情况。根据《工商新报》第 1520 号中的"航行日期表"可知，从青岛航行到上海需要 28 个小时，从上海到青岛需要 29 个小时。另外，从青岛与上海之间相隔 404 海里①可推测，普安轮船的航行速度大约为 14 海里/小时。

表 4　1934 年 1—2 月招商局普安轮船的青岛—上海航班

日期	出港时间	出港地	入港地	日期	出港时间	出港地	入港地
1 月 6 日	9：00	青岛		1 月 24 日	13：00		上海
1 月 10 日	13：00		上海	1 月 27 日	9：00	上海	
1 月 13 日	9：00	上海		1 月 28 日	14：00		青岛
1 月 14 日	14：00		青岛	1 月 30 日	9：00	青岛	
1 月 16 日	9：00	青岛		1 月 31 日	13：00		上海
1 月 17 日	13：00		上海	2 月 3 日	9：00	上海	
1 月 20 日	9：00	上海		2 月 4 日	14：00		青岛
1 月 21 日	14：00		青岛	2 月 6 日	9：00	青岛	
1 月 23 日	9：00	青岛					

资料来源：《工商新报》第 1520 号，1934 年 3 月 3 日。

上海刊行的《申报》中亦有关于上述普安轮的航行报道。1934 年 1 月 1 日《申报》第 21812 号中的"招商局船期广告"载："普安快轮准于一月六日星期六上午九时开往上海。"1934 年 1 月 10 日《申报》第 21818 号中的"招商局船期广告"中载："普安快轮准于一月十三日星期六上午九时开往青岛。"另外，1934 年 1 月 19 日《申报》第 21827 号中载有如下广告：

国营招商局理事会悬赏一万元缉拿骑劫普安轮海盗广告

此次本局普安轮于十五日被海盗骑劫，掳去乘客九人，至诏安湾离船。查此项不幸事件不但影响国营航业，甚至摧残国人爱国热忱，

---

① 《沿海主要港口间里程表》，《全国交通营运线路里程示意图》（第二版），人民交通出版社，1983，第 30 页；《中国交通营运里程图》，人民交通出版社，1991，第 349 页。

本会极为愤慨。除分电当局从严缉捕、设法营救外，经议定，不论何界人士，如能帮同破案，审明属实者赏洋一万元，特此通告。①

从这则广告可以看出，1月15日普安轮船在航行中遭遇海盗袭击，九名乘客被绑架至福建的诏安，对能提供海盗线索者，国营招商局将提供赏金一万元。

表5整理了青岛《工商新报》的报道与同时期的上海《申报》中刊登的从上海到青岛的轮船航行日程表。

表5　1934年1—2月上海至青岛轮船航班

出港日期	船名	公司	目的地	出港日期	船名	公司	目的地
1月6日	普安	招商	青岛	1月22日	山东	太古	青岛
1月7日	龙山	招商	青岛	1月23日	和生	怡和	青岛
1月8日	新宁	太古	青岛	1月26日	盛京	太古	青烟津
1月9日	贵生	怡和	青岛	1月26日	泽生	怡和	青岛
1月10日	靖安	三北	青岛	1月26日	海祥	招商	青岛
1月12日	绥阳	太古	青岛	1月26日	新疆	太古	青岛
1月12日	怡生	怡和	青岛	1月27日	普安	招商	青岛
1月13日	普安	招商	青岛	1月28日	海祥	招商	青岛
1月15日	四川	太古	青岛	1月29日	新宁	太古	青岛
1月15日	盛京	太古	青烟津	1月30日	明生	怡和	青岛
1月16日	海瑞	招商	青岛	2月2日	绥阳	太古	青岛
1月16日	富升	怡和	青岛	2月2日	贵生	怡和	青岛
1月19日	苏州	太古	青岛	2月3日	普安	招商	青岛
1月19日	源生	怡和	青岛	2月5日	湖北	太古	青岛
1月21日	海上	招商	青岛	2月5日	盛京	太古	青烟津

资料来源：参照1934年1月1—31日《申报》刊登的"轮船出口报告·北洋班"制作而成。

如上，1934年1月6日至2月5日的一个月内，由上海至青岛的汽船

---

① 1934年1月20日、24日《申报》亦刊登同样广告。

航行次数达 30 次，其中除招商局汽船外，还有太古、怡和与三北三家公司的汽船航行于两地之间。招商局有普安号、海上号、海祥号、龙山号、海瑞号，太古有新宁号、绥阳号、四川号、盛京号、苏州号、山东号、新疆号、湖北号，怡和有贵生号、怡生号、富升号、源生号、和生号、泽生号、明生号，三北有靖安号。

1935 年的《航业年鉴》中记载有招商局三艘汽船的基本情况。"普安"号的英文名为 Poo-an，船籍港为上海，1896 年该船建造于意大利的的里雅斯特（Triesle），总吨位为 4290.88 吨，登记吨位为 2404.54 吨，船速为 14 海里/时，当时属江南造船厂所有。[1] "海上"号的英文名为 Hai-shang，船籍港为上海，1904 年建造于英国北部的港口城市桑德兰（Sunderland），总吨位为 3301.80 吨，登记吨位为 2073.53 吨，船速 9.5 海里/时，属华商轮船股份有限公司所有。[2] "海祥"号的英文名为 Hai-hsiang，船籍港为上海，1918 年建造于美国威斯康星州苏必利尔（Superier Wiss），总吨位为 2048.57 吨，登记吨位为 1184.95 吨，船速 9 海里/时，属国营招商局所有。

"三北"即三北轮埠股份有限公司，[3] 拥有靖安号轮船。靖安号的英文名为 Ching-an，船籍港为上海，1907 年建造于德国北部城市吕贝克（Lubeck），总吨位为 2144.51 吨，登记吨位为 1316.13 吨，船速 11 海里/时。[4]

国营招商局在 1947 年后扩大业务范围，在北洋线上增设海州、烟台、青岛、天津、秦王岛、葫芦岛分局。[5]

五 小结

如上所述，以中国北洋海域中的重要海港大连为基础的大连汽船株式会社，在扩大其航线的基础上，又在青岛开辟据点。该公司承担了将山东

---

① 上海市轮船业同业公会编辑《航业年鉴》，编者印行，1936，第 163 页。
② 上海市轮船业同业公会编辑《航业年鉴》，第 135 页。
③ 松浦章：《三北輪埠公司の汽船航運業について》，《关西大学东西学术研究所纪要》第 50 辑，2017，第 19—40 页。
④ 上海市轮船业同业公会编辑《航业年鉴》，第 210 页。
⑤ 行政院新闻局编印《招商局轮船公司》，1947，第 13 页。

煤炭从青岛港输送到上海的航运业务。

大连汽船株式会社以在馆陶路开设的青岛支店为中心开展活动。但是，1945 年日本战败，青岛支店被青岛市政府接管，由国营招商局管理。

1934 年国民政府统治青岛，当时国营招商局的轮船每隔 3—4 天航行于上海与青岛之间，上海—青岛航线成为中国沿海航线的重要路线之一。

（本文由郑州大学博士生许浩翻译）

从"反查办"到"被国有":1920 年代招商局政企关系的几个节点

李 玉[*]

官商关系是影响轮船招商局近代发展的关键因素之一,也是招商局史研究绕不开的重要话题。晚清至民国,轮船招商局与历届政府的关系变化较大。从晚清的"官商合办"与"官督商办",至清末民初的"商办",再到国民政府时期终被"国营",招商局经营机制发生巨大变化。值得注意的是,后面两种企业机制之间转换体现的官商关系,在招商局史上的影响绝不亚于晚清时期围绕该局的官商之争。而关于招商局史的研究,历来重晚清轻民国,[①] 虽然对于招商局在民国时期的"改制"有所关注,[②] 但

[*] 南京大学历史学院教授。

① 例如笔者于 2021 年 11 月 15 日在中国知网(CNKI)进行"主题"为"招商局"、"篇关键"为"晚清"的检索,共得 154 篇文章。而将"晚清"换为"民国",则仅得 43 篇文章。社会科学文献出版社 2012 年推出的《易惠莉论招商局》《朱荫贵论招商局》《黎志刚论招商局》《刘广京论招商局》四部重要著作,也均以晚清时段的研究为主。历届招商局史国际学术研讨会的主题虽然较为宽泛,但参会者提交的学术论文则存在明显的"重晚清轻民国"倾向。

② 除了张后铨主编的《招商局史·近代部分》(人民交通出版社,1988,中国社会科学出版社,2007 年再版)以及交通部财务会计司与中国交通会计学会组织编写的《招商局会计史(1872—1992)》(人民交通出版社,1994)对相关史实有所叙述之外,朱荫贵教授在《从招商局的历程看近代中国的政企关系》一文(收入《朱荫贵论招商局》)中,以一节内容专论"南京政府时期招商局被收归国营"。其他堪供参考的论著还有姜铎《略论招商局历史上的三次发展》(《社会科学》1993 年第 3 期)、王双《刘鸿生改革招商局的回顾与思考》(《学术月刊》1993 年第 5 期),以及朱英、张世慧《百年招商局史研究:评述及思考》(《近代史学刊》2014 年第 1 期)。需特别提到的是,段金萍的硕士学位论文《南京国民政府对招商局的接办与经营(1927—1937)》分别就国民政府对招商局的"清查"与"监督整理"过程,以及其间的权力博弈问题进行了考察,强调了"国民政府始终凌驾于招商局之上"对于双方关系走向的决定性影响。其已经大体意识到双方的"非均衡博弈",惜受"说理"思路影响较多,未能进一步展开"说理"性评析。

尚有进行深入讨论，尤其是进行"说理"的必要，而且一些历史细节也有进一步发掘的余地。有鉴于此，本文拟聚焦1920年代招商局应对北洋和国民政府干涉的几个案例，对该局在这一时期的应变与结局再加窥探，以期加深对近代政企关系、官商关系的认识。

以往关于招商局史的研究，同中国近代史其他议题一样，多主"说理"性考察，即强调历史主客体功能与效果的政治学分析。[①] 拙文则拟在进一步细化相关历史情节的基础上，从"合作博弈"与"非合作博弈"的视角加以解读，期能提升相关研究的"说理"性。成效如何，不敢自持，尚祈专家教正。

一　招商局抵制北洋政府"查办"

从晚清邮传部到民国交通部，轮船招商局的主管部门虽然有所更易，但其干涉与控制该局的尝试则前后相继。晚清邮传部强行要求招商局实行"商办隶部"，激起该局股东与社会各界的普遍不满；北洋政府成立后，交通部先于1912年介入招商局的内部改制，意欲将其"收归国有"，后又于1914年干涉招商局资产重组，但均未达到目的。进入1920年代，轮船招商局的内部矛盾与外部效应又招来了交通部的干涉。其缘起与局中一个重要人物有关，他就是傅宗耀。

傅宗耀，浙江镇海人。他长期垄断着招商局的五金供应，兼做其他生意，还担任过洋行买办，在上海颇有影响。傅是招商局的实权人物之一，但也有不少反对者，其中主要的对手就是盛宣怀后人所组成的盛氏集团。在1921年5月28日举行的第47届股东大会上，股东派系矛盾再次爆发，会场一度失控。选举结果，傅宗耀落选董事，于是唆使他人向租界会审公廨提起控诉，要求判定此次会议通过的议案及其选举结果无效。后者居然

---

① 近年来，在招商局史研究方面也渐有"说理"性较强的成果问世，例如黄伟民的硕士学位论文《依附性政企关系结构下的软预算约束现象研究——基于轮船招商局发展史（1872—1911）的分析》（华中农业大学，2018），以及狄金华、黄伟民《组织依附、双边预算约束软化与清末轮船招商局的发展——基于轮船招商局与清政府关系的分析》（《开放时代》2017年第6期），王明、龙登高《官督商办企业的兴与衰：企业治理的机制视角》（《中国经济问题》2021年第7期）等。

受理，且支持这一请求，并"判定"招商局"暂仍由老董事担任职务"。①
结果，引发招商局多数股东以及董事会的强烈不满，咸认为租界此举不仅
破坏中国法律，而且有损国家主权与政府治权，要求政府介入，进行"严
重交涉"，"以保主权，而维商业"。② 北洋政府极为关注，并派员赴沪调
查，但因事关租界，相关工作难以进行。后来，股东施肇曾、陶湘等出面
调解，双方息争，旧董事傅宗耀等仍照旧任职，英、法两租界公堂讼案取
消。③ 股东会选举风潮暂时平息了，但招商局内对于傅宗耀的不满情绪却
在滋长，④ 一年之后矛盾再次爆发。

1922 年秋间，部分招商局股东多次向交通部"呈控该局董事会傅宗耀
等草菅人命，败坏航政，舞弊营私，侵占公产"。此时，第一次直奉战争
已经结束，傅宗耀因与此前附和奉系的卢永祥、何丰林等交厚，受到掌控
北洋政府的直系势力的"追责"。⑤ 交通总长高恩洪呈请总统黎元洪，对傅
宗耀进行"查拿"，除了"政治错误"之外，"把持招商局航政"也是傅
氏罪行之一。黎元洪同意了交通部的请求，命邵恒浚、张福运、殷泰初三
人"前往切实查明，呈候核办"。⑥ 于是，"查人"发展为"查企"，引发
了招商局的又一次风潮。

奉命之后的邵恒浚等人抵申后即着手调查。在傅宗耀的策动下，招商
局股东起而抵制，⑦ 一部分以"事出非常，关系公司安危大局"为由，发
起组织股东维持会，进行抵制。该会致函招商局董事会，声明"本局为完
全商办公司，不受官厅非法处分，官厅实无干涉之理由"；即使真正股东，
查知本局实有弊端，亦应自行联合，申请彻查，"不应以非股东而干与局
内之事"。否则，"此端一开，始则查办，继而干预，终且没收，引狼入
室，为虎作伥，将我股东数千万血本攫夺而去，谁司其咎？"所以，"本股

---

① 《招商局股东会选举之涉讼》，《申报》1921 年 5 月 31 日，第 10 版。
② 《招商局接解谕后之致中央电》，《申报》1921 年 6 月 10 日，第 10 版。
③ 陈玉庆整理《国民政府清查整理招商局委员会报告书》，社会科学文献出版社，2013，第
　515 页。
④ 关于招商局 1921 年股东大会前后的"争权斗争"，张后铨主编《招商局史·近代部分》
　（中国社会科学出版社，2007）亦有详论，见该书第 319—321 页。
⑤ 《查办傅宗耀案尚未妥协》，天津《益世报》1922 年 11 月 26 日，第 6 版。
⑥ 陈玉庆整理《国民政府清查整理招商局委员会报告书》，第 518—519 页。
⑦ 张后铨主编《招商局史·近代部分》，第 323 页。

东等今日集议，金以此次官厅查办，毫无理由，万难承认"。股东维持会还不忘对董事会进行警告："贵会董事为股东代表，近来各省装兵运械，动辄扣用局轮，不付运费，视本局与国有铁路相等。贵会职责所在，不能尽力为股东争持，已属有负委托。若再图保持禄位……轻允官厅非法查办，将来或派官督，或收国有，陷本局于万劫不复之地，则贵董事等岂能任此重咎哉？须知官厅无缉拿商办公司董事之权，股东有撤消本局原举董事之柄，何得何失，孰去孰从，惟贵董事图之。"①

同时，该维持会还向全体股东及全国商界发表《宣言书》："本局完全为商办公司，非官吏所能违法侵害。就令有关民刑被控嫌疑，亦应按照《公司条例》及民刑现行各律，执行手续，循序依法处理，岂有不问受理管辖权之合法与否、控告权之及格与否、证据与理由充分与否，贸然即行查办其公司，且先逮捕其职员之理？此为专制时代暴君污吏所不敢出。"而交通总长高恩洪"以民国公仆，悍然肆无忌惮至此，此而可忍，则中国无论何种商办公司，官厅可据不知谁何者出面一控，破裂之而有余，凡我商界宁不人人自危？"所以，维持会"为本局计，为全国商办公司计，不能忍受交部此种举动，应即公电府院，声请撤销该部查办职员，以杜官侵商业之害。"②

著名实业家张謇等人亦列名股东维持会，并领衔向相关政要以及政府重要部门发电，谴责交通部的行为，其中一电这样写道：

> 窃维民国以法治为本，行政之处分与执法之行使，均经定有条例，非可轻用威权，逾越常轨，断无不问受理管辖权暨告诉权之合法与否、证据及理由充分与否，贸然据一自称股东片面之辞，遽行查办其公司、拿办其职员之理。试问交部所据呈控者是否真正招商局股东？有股权若干？所谓草菅人命何年月日？何事？何证？所指舞弊何款？占产何地？既尚未查明，何以即信其为情罪重大？既请派员查办，何以即与先行拿交法庭？似此举动，其为有意破坏商业、蒙蔽府院，显而易见。且查本局为完全商办公司，非官吏所可违法蹂躏。即

① 《招商局股东维持会紧要函件》，《申报》1922年11月21日，第13版。
② 《招商局股东维持会紧要函件》，《申报》1922年11月21日，第13版。

有关涉民刑被控嫌疑，亦应按照法定手续，循序处理。股东等非敢无故反对命令，特以公司为千百万血本所关，股东身家性命所托，碍难坐视交部当局非法干涉。伏祈大总统收回前项查办命令，撤该部呈派各员，以杜官吏恃势违法之渐，而安商办航业之常。至该董会之有无情弊，虚实均应彻查，股东等利害切肤，现已集合大多数股权，组织维持会，自当克日公同彻底查明，分别依法处理。届时并当公布正确报告，昭示国人。如有呈报官厅之必要，亦当按照《公司条例》及民刑现行各律手续办理。总之，股东等不愿受局外非法之灭裂，亦决不听局员溺职之败坏。①

张謇本人对此事的参与程度如何，尚未找到确切证据，但列名招商局股东维持会通告，为招商局声辩，应该是符合他的本意。与张謇同时列名的还有李经羲、朱佩珍等，也不排除招商局股东借名人效应，以扩大对抗交通部的用意。其意在维护商业法制的独立与商办公司的尊严，强调"完全商办公司，非官吏所可违法蹂躏"，必须遵依《公司条例》等相关法规，期使商业公司的合法权益得到切实保障。

张謇是江苏省议会的领袖，或许与之有关，江苏省议员们也起而支持招商局，陈琛等50多名省议员联名发表致总统与国务院的通电，严厉谴责这一举措，并称"高恩洪违法扰商，滥使职权，应请即日免职，付高等惩戒委员会依法惩戒，以彰国纪，而平民怒"。②

张葆培等另外30多名江苏省议员亦联名致电总统与国务院："招商局为完全商办公司，忽奉明令查办，深滋疑讶。即使该局董事果有犯罪行为，亦应依法律程序办理。今政府任意弄权，是否欲摧残实业？谨尽忠告，乞收成命。"③

宁波旅沪同乡会在朱葆三、虞洽卿、周金箴、谢蘅牕、盛竹书、李征五等多名会董集议之下，联名致电政府，为傅辩护，声明傅宗耀"平日处

---

① 《上海轮船招商局股东维持会通告（第二号）》，《申报》1922年11月22日，第2版。此通告在《申报》连登三日。
② 《苏议员为招商局案致府院电》，《申报》1922年11月26日，第10版。
③ 《苏议员为招商局案致府院电》，《申报》1922年11月26日，第10版。

事质直公允，该局内部屡有龃龉，难保无意图破坏者砌词诬陷。交部不察情由，但凭片面之词，据以呈请，滥用职权，罗织人罪，群情愤激，人人自危"。故此，要求交通部"明白宣布，以维法律，而保人权"。①

正在召开的中华商会联合会对此事也极为关心，将此案在大会提出讨论，"佥谓招商局为商办实业公司，如有违反《公司条例》，政府自有依法制裁之责，乃交通部徒凭匿名呈控，根据前清奏案官督商办资格，而遽用其查办手续，殊属有意侵害，曷胜公愤！"该会除电呈大总统、国务总理令行交通部撤销查办，并饬农商部依法保护外，还致函招商局股东维持会，请速行召集股东大会，彻查内容，革新章制，公告全国。以期"真相既明，群疑自释，庶可谋航业之发展，奠国基于巩固"。②

社会各界对于招商局股东维持会拒绝查办之举亦多表支持，有一封匿名电报给招商局支着儿："为贵局计，欲谋正当之解决，究实在之真相，莫如依据交部之行知，呈请交部抄示高以［总］长之呈文，然后查明其列名伪冒之股东（查明地址），遵照新刑律第一八二条之规定，提起反诉。如交部狡辩拒绝，则向平政院（查照《行政诉讼法》）控诉交部，亦无不可。再以我股东及国民坚决之精神为后盾，则本案自有水落石出之真相，岂不较诸无为之通告，及电求社会之救济，并呈请冥顽政府之撤回成命，为有益也！夫如是正当之办法，虽有非法之官吏、万恶之势力，我其何畏彼哉！"③

还有人以第三者资格发起国民保航会，发表宣言，主张保全招商局商办，拒绝政府派员查办，其论调与招商局股东维持会如出一辙，兹不赘述。

可见，在此次查办案中，"查人"与"查企"相互纠缠，广大股东与社会各界对于后者的关注更多，其立论要点就是"公司独立"，即依据公司法的规定，进行相对独立的经营管理。也有人注意到该案对于"司法独立"的破坏，反对北洋政府的中国国民党就是此论的积极传播者。④

---

① 《宁波同乡会紧急会议记》，《申报》1922年11月17日，第13版。
② 《关于查办招商局之消息》，《申报》1922年12月4日，第13版。
③ 《招商局查办案之昨讯》，《申报》1922年11月25日，第14版。
④ 力子：《傅宗耀拿办令与商界》，《民国日报》1922年11月17日，第2版。

邵、殷等人奉命而来，自然尽力论证其查办理由，除了致函招商局董事会，并接连发表《告招商局股东书》《致股东公函》等公开信，解释查办原因及目的，并引该局章程证明该局仍为"官督商办"。对此，招商局董事会副会长李国杰在股东维持会上予以回应："彼所谓官督商办一层，如照旧章，应由政府派员督察，乃前清末叶，迄未派人，是前清政府已不适用旧章，矧自国体改革，交通部亦从未派员督察，是交部已无引用旧章余地。"①

而邵、殷则质问招商局："既有所谓不受官厅干涉之先例，何以去年股东联合会及旧董事傅宗耀等为选举事，均曾电请交部派员彻查？何以彼时不顾先例而请求彻查，今又借口先例而拒查耶？"股东维持会对于邵委员等所提出各点亦无辞答辩。② 但拒绝查办之态度不稍更改。

邵恒浚等委员以长此相持亦无结果，故致函招商局董事会，责备其"以所谓股东维持会之名义，抗令拒查，迭经本委员等解释劝导，迄无转圜意思，深为可惜"。并告知"拟在此仍候数日，以待憬悟受查。如三日内仍无转圜表示，本委员等即当回京复命"。③ 而招商局股东则希望维持会"坚持到底，以保血资"。④ 数日之后，三位委员见招商局"始终坚拒，无法进行"，遂"结束手续，摒挡行李，离沪北上"。⑤

时北方政潮起伏，内阁多变，吴毓麟代高恩洪为交通总长。1923 年 2 月 22 日，总统黎元洪发布指令，批准撤销"傅宗耀拿办案"。同时声明："招商局为中国唯一商办航业公司……惟该局营业关系中国商务至重，该股东等务各破除情面，实行整理，毋托空谈，勿争意见，以副国家维持航政之至意。"⑥ 如同当初发布彻办令一样，撤销查办令，也引起了社会的关注，甚至外文媒体也予以报道。⑦

由前可见，就此次查办风潮而言，"政府与公司各执一词，公司以纯

---

① 《招商局股东维持会开会纪》，《申报》1922 年 11 月 23 日，第 13 版。
② 陈玉庆整理《国民政府清查整理招商局委员会报告书》，第 519 页。
③ 《招商局全体股东董事会同鉴》，《申报》1922 年 12 月 6 日，第 1 版。
④ 《招商局股东维持会消息》，《申报》1922 年 12 月 6 日，第 14 版。
⑤ 《查办招商局员已回京》，《申报》1922 年 12 月 10 日，第 14 版。
⑥ 陈玉庆整理《国民政府清查整理招商局委员会报告书》，第 520 页。
⑦ "Mr. Fu Sian-en's Exoneration," *The China Press*, 1922 - 2 - 28 (12).

粹商办为理由，拒官力非法之侵入；政府以整理航政为名，自护其干涉政策之正当"。[1] 在对抗政府方面，招商局内部即使不同派系，也都没有分歧，例如与傅宗耀矛盾较深的盛氏愚斋义庄亦登报声明反对官督商办或收归国有。[2] 但当时有人曾"平心观察本案"，也觉得政府之举动，虽然"以手续言为不当，以动机言为可疑"，但招商局之所以"授政府干涉之隙者，则招商局股东平时之放弃责任，使局务不能如量发展，亦难免外界之责言"。[3]

为抵制交通部的查办，招商局提出依照《公司条例》由股东自行清查。既然交通部查办案已撤销，招商局股东维持会便自设查账委员会（后又改名"检查委员会"），就傅宗耀被控各端进行"自查"，并请总商会、银行公会、钱业公会、国民保航会四团体派人监督。其后，出台一份17000余字的检查报告书，对于傅被控各端力为洗刷，即偶有一二项"确有不合者"，亦必声明其责任在董事会或历任总办，不得专诿其咎于傅宗耀等人。报告书"颠倒事实、强辞夺理之处甚多，盖存心既有所偏袒"。[4] 自此之后，傅宗耀在招商局未降反升，成为招商局的实权人物。他以股东维持会为奥援，凌驾于股东会之上，结党揽权，营私舞弊，加重了招商局的管理混乱。

二 招商局被国民政府全面清查

进入 1920 年代，轮船招商局在各方面因素的作用下，有向"糟伤局"演变的迹象。"糟伤局"见诸时人评论，可见社会各界对该局经营成效的不满。事实上，辛亥革命之后的轮船招商局也并非一直很"糟"，使其成为"糟伤局"的原因也很复杂。冰冻三尺，非一日之寒。上海商界代表在1919 年的一封请愿书中言及招商局"不发展"的原因：

---

① 《国民保航会筹备会宣言》，《申报》1922 年 11 月 30 日，第 14 版。
② 《盛氏愚斋义庄紧要声明》，《申报》1922 年 11 月 24 日，第 1 版。
③ 《国民保航会筹备会宣言》，《申报》1922 年 11 月 30 日，第 14 版。
④ 陈玉庆整理《国民政府清查整理招商局委员会报告书》，第 523 页。

我国招商局与日本邮船会社同时出世，招商局之商船队势力之增长如故，局中船只罕有出国门一步者；至于日本邮船会社之商船队，已由三十余艘而增至二百余艘，其势力膨胀之速、航线之广，已遍全球。两相比较，优劣立判。何以故？因招商局之组织，官督商办，内容腐败，暮气已深，不可救药也。加以政府无相当之保护，未与津贴之巨款也。该局支持尚且不易，又焉能与人竞争，扩充航业、广辟航路哉？①

商界代表说这番话，意在责备政府对招商局等商办企业管控过严，而保护不力、扶持不够。事实上，即使这些可以算作重要原因，也不是全部原因。除了官商关系和时局影响之外，招商局内部组织散乱、管理不善，也是其经营每况愈下的重要因素。1923 年企业结亏 101 万两，"为开创以来未有之巨额亏损"，② 招商局不得不停发股息。此后数年招商局营业收入"愈跌而愈甚"，企业开支"愈涨而愈增"，整体业绩"年逊一年"。③ 航业股息金全无，产业股虽有些微股息，也因局内缺乏现金，只能暂记于积余公司"股份存息"项下。到 1926 年底，招商局因连年亏损，加之江轮被孙传芳军队征用扣压，损失惨重。而海员罢工，又使南北洋各船相继停驶。在内外困境相逼之下，该局董事会不得已报告股东维持会，暂行停航，并布告全国。"招商局股票行情从二百多两跌到六十两以内"，④ 企业岌岌可危。陷入困境的招商局又遭到国民政府的清查。虽然后者动机复杂，但"挽救"招商局无疑是其堂而皇之的理由。

早在 1927 年 1 月下旬北伐军向上海进发的过程中，作为总司令的蒋介石就发布命令，委任杨杏佛"办理招商局事宜"，但杨因故未能就职。北伐军占领上海之后，对上海总商会进行整顿，并开始通缉会长傅宗耀，理由是傅"助逆扰乱，挟会营私"，"献媚军阀"，不仅为军阀孙传芳提供大量军饷，而且以招商局轮船为孙军服务，"阻碍义师"。傅不得不辞掉招商

---

① 《商业公团联合会上国内和会请愿书（三续）》，《申报》1919 年 4 月 19 日，第 11 版。
② 陈玉庆整理《国民政府清查整理招商局委员会报告书》，第 527 页。
③ 陈玉庆整理《国民政府清查整理招商局委员会报告书》，第 529—530 页。
④ 《敬告招商局各埠股东注意议决选举票！！！》，《申报》1927 年 7 月 19 日，第 2 版。

局职务，离申远遁。①

1927 年 4 月 16 日，国民党中央政治会议上海临时分会召开第四次谈话会，讨论"改善"招商局问题，议决派蒋尊簋、钱新之与招商局负责人员沟通相关事宜。4 月 27 日蒋、钱等人邀集该局董监事李国杰等 6 人在银行俱乐部谈话，向其声明，"招商局为中国唯一航业机关，事关航政，政府自有指导监督之责。且历年局务腐败情形无庸讳言，国民政府既为人民谋利益，更不能置之不问"。不过，"为尊重股东意见计，对于局务改善办法，特先征求董事会意见，以凭参考"。而招商局董事、监察等各述局务大概，及办事困难情形，并无具体意见发表。② 4 月 30 日国民党中央政治会议决定派委张静江、蒋尊簋、虞洽卿、郭泰祺、陈光甫、宋汉章、钱新之、杨杏佛、潘宜之、杨端六、李孤帆 11 人为清查整理招商局委员（7 月 5 日，中政会又议决添派何焕三为委员），5 月 3 日国民政府正式发文任命。5 月 9 日国民政府正式通知轮船招商局，声明进行"清查"，理由是："招商局为吾国唯一航业机关，成立以来，为官僚商蠹所把持，最近又经傅宗耀垄断局务，献媚军阀，若不积极清查整理，不特大背为国造产之政纲，更无以遏止外轮内航之侵略。"③

清查委员会由张静江担任主席，杨杏佛、杨端六与李孤帆为常务委员，下设总务、审计、秘书三组，同时，聘请潘序伦、徐广德两会计师清查账目，魏道明、秦联奎两律师为法律顾问。为"免外界及该局股东有所误会"，该委员会特向社会发表宣言。

宣言对比日本邮船会社，指出轮船招商局存在巨大问题与危险："轮船招商局为我唯一之大规模航业机关，创设在日本邮船会社之先，五十年来绝少发展，邮船会社之航线已遍布全球，招商局则依然局促于长江及南北洋三航路。公司之资产尽归抵押，股东之血本日趋萎缩，长此因循，必至航权皆归外人，股票尽成废纸。受其累者岂特公司之股东，中华民国之国计民生皆将蒙无穷之损失。"然后抬出国民党政纲之一的民生主义，开始为国民政府"不得不"清查招商局摆出政治依据："衣食住行为人民之

① 张后铨主编《招商局史·近代部分》，第 334—335 页。
② 《蒋伯器、钱新之关于招商局之谈话》，《申报》1927 年 5 月 3 日，第 13 版。
③ 陈玉庆整理《国民政府清查整理招商局委员会报告书》，第 3 页。

四大需要，故本党总理之民生主义及《建国大纲》皆以解决此四者为首要。国民政府既为实现总理之民生主义而设立，对于此关系全国民生命脉之招商局，自当力谋整顿、救济之道。"

在宣言中，该委员会向社会承诺办理清查整理招商局事宜期间，"当谨守总理建设廉洁政府之遗教，研求局务不振之症结，妥拟航业扩大之计划，以政府与人民之合作、谋股东与社会之利益，对公司之资产当力加保护，原有之事业当督促维持，股东及社会之意见当尽量容纳。本会委员均不支薪俸，即办公经费亦由政府拨给，以示国民政府为人民服务之精神"。同时表示，委员会"尤愿受股东及社会之监督，如委员中任何个人有受贿害公之事实者，一经举发，证据确凿，为党纪国法所不容，愿受人民之裁判，以定应得之惩罚"。号召"全国人民与招商局股东共起指导，群策群力，挽已失之航权，立民生之基础，不负国民政府清理之意"。[1] 委员会向社会公布的还有《国民政府清查整理招商局委员会条例》和《国民政府清查整理招商局委员会办事细则》。

清查委员会正式成立之后，除张静江之外的 10 位委员，以及潘序伦、徐广德、魏道明、秦联奎等会计师与律师齐赴轮船招商局，于 5 月 20 日同董事会进行了接洽，交谈甚欢，局方对于清查表示欢迎，甚至有董事当场提出，"希望五月二十日为招商局之复活节"。[2] 足见现场气氛之欢愉。

在清查过程中，该委员会与国民党中政会、国民政府交通部、招商局董事会文牍往还，在招商局内调阅账册，当面质询相关人员。除了上海总局之外，委员会还重点对积余公司、内河轮船局、仁济和保险公司、招商内河机器厂、祥大源五金号等相关企业进行账目与资产审查。包括董事会长李国杰在内的绝大多数招商局人员与机构均能给予一定的配合。但也有些机构账目不全，档案散失；有的机构某年账册，因为涉及关系复杂，"实属无从可送"；[3] 还有的机构管账人员失踪，"账簿均无着落"；[4] 有的

---

① 陈玉庆整理《国民政府清查整理招商局委员会报告书》，第 11 页；《清查整理招商局委员会发表宣言》，《申报》1927 年 5 月 12 日，第 13 版。

② 《清查整理招商局委员会开始办公》，《申报》1927 年 5 月 21 日，第 9 版。

③ 陈玉庆整理《国民政府清查整理招商局委员会报告书》，第 63 页。

④ 陈玉庆整理《国民政府清查整理招商局委员会报告书》，第 64 页。

人员不愿与清查人员谈话；还有一些账目问题则以诿祸傅宗耀而了事。凡此，均给清查带来了不小难度。

该委员会就调查所得，制就清查报告书7种，各项统计表26种。针对招商局此前股东、股票与股权管理混乱的状况，清查委员会拟定《股东登记调查单》《股东名册》《转股册》《股票抵押挂号申请书》等簿据格式12种。①

清查过程中，该委员会的角色逐渐发生变化，逐渐变为一个监督机构。国民党上海市党部、国民革命军东路军前敌指挥部、淞沪卫戍司令部等党、军部门均将该委员会当作招商局的"上级"单位。招商局轮船和码头员工则向该会诉说其在局内所受不公平待遇，请给予裁断。②清查委员会还列席招商局股东会，实施监督指导；参与该局轮船事故处理，敦促该局尽早支付遇难船员家属抚恤金，并指导招商局恢复航线。因身份变化，且与交通部的职权不无抵触，于是国民党中央政治会议决议，"招商局各种问题，交通部……如与清查整理委员会职权相抵触时，可与该会直接商酌办理"。③

综合而言，该委员会不仅清查了招商局的相关账目，而且提出了初步的整理办法。其清查结果，汇集成数十万字的报告书，揭示了总局会计制度与账目管理的九大弊病，包括"账目不备""手续简陋""银洋不实""稽核乖方""账簿不当""科目凌乱""整理疏虞""记账迟缓""单位不一"；④同时查出招商局上海分局（沪局）账法的七大缺点，即"系统紊乱""货币纷杂""手续疏漏""制度不宜""簿名不当""科目欠妥""形式不佳"。⑤

招商局的这些账目弊病，由来已久。该委员会根据清查所得，并参照国内外航业状况与股东之意见，拟订了《整理招商局办法大纲》，包括"实行股票登记""解决股权问题""董监改选问题""规定办事章程""取

---

① 《国府清查整理招商局委员会发表清查报告》，《申报》1927年8月19日，第15版；张后铨主编《招商局史·近代部分》，第335—336页。
② 陈玉庆整理《国民政府清查整理招商局委员会报告书》，第59页。
③ 陈玉庆整理《国民政府清查整理招商局委员会报告书》，第37页。
④ 陈玉庆整理《国民政府清查整理招商局委员会报告书》，第179—182页。
⑤ 陈玉庆整理《国民政府清查整理招商局委员会报告书》，第217—218页。

消董事兼职""从实估算财产""整理外债方法""废除九五局用""废除买办制度""改组内河招商局""整顿内河机器厂""整顿仁济和保险公司""引用本国船员""实行投标办法""改良会计制度"，共计 15 项。以往"招商局股东间最大之争执，厥维股权问题。扰攘多年，迄无解决方法"。该委员会"统筹全局，折衷群议"，参酌理论与实践，制定了"累积票选法"，以解决此项股权问题之纠纷。① 这些办法也为国民政府交通部对招商局的继续整理提供了参考。

三 招商局从"国营"到"国有"

继"清查"之后，国民政府很快开始对招商局进行"整理"。后者的借口，一则为国家护航权，二则为股东谋利益，间或提到"节制资本"的党纲。正如交通部长王伯群所言，轮船招商局积数十年发展，上不能为国家拓展航权，下不能为股东谋取利益，形势危殆，而造成这一局面的直接原因就是该局管理层挟持股东、操控股权，营私舞弊。与"官僚政治时代政府"不同，国民政府监督招商局秉民生主义之旨，既为巩固国家航权，更为保全股东利益，其"所不利者，把持中饱之少数办事人而已"；且其所作所为，无不是在"革命旗帜"之下。

王伯群还信誓旦旦地表示，轮船招商局"主体为股东，最高事权在股会。今股东权利剥丧殆尽，若非政府主持而规复之，将永无解决之日"。② 政府本意，"完全是维持招商局，不是破坏招商局，亦不是觑觎招商局；是保护股东权利，不是剥夺股东权利"。一句话，国家对招商局"实行督促整理，无非为国家保持航权，为股东保存财产"。③

一方面有强大的政治推力，另一方面，又代表股东在招商局进行维权，国民政府遂对已深陷困境的招商局进行"监督"。先是在清查的基础之上，由交通部委任政府参事赵铁桥为招商局驻沪坐办，"用资整理一

---

① 《国民政府清查整理招商局委员会解职宣言》，《申报》1927 年 11 月 1 日，第 5 版。
② 《王伯群就招商局监督职后新猷》，《申报》1927 年 11 月 29 日，第 10 版。
③ 《招商局监督昨行就职礼》，《申报》1927 年 11 月 27 日，第 14 版。

切"。[1] 后来，交通部又成立"监督招商局办公处"，并颁布《监督招商局章程》。1928 年 2 月复下令易名为"招商局总管理处"，局内"所有与外方往来文件及接洽事务，均由总管理处名义行之，无论何科皆不得单独具名对外；各分局暨各附属机关凡涉及请示办法事项，着即径呈本处核夺"。[2] 赵铁桥被委任为招商局"总办"，并"率领内定人马单方面接管了招商局全部业务"。[3]

就在赵铁桥对招商局进行整顿改革的过程中，1929 年 6 月召开的国民党三届二中全会议决，招商局由国民政府特派专员负责办理，并组织委员会监督指导。专门制颁的《特派整理招商局专员暂行办事规则》声明："特派整理招商局专员，直隶于国民政府，承委员会之监督指导，负责整理全局及各附属机关事务""专员于整理范围内，清理局产、股份、债务及发展营业，并对外代表招商局，其重要事项应陈明国民政府及委员会办理""专员每届月终应将全月整理及营业收支情形，每届年终应将全年整理及损益计算、财产目录，呈报国民政府及委员会审核"。[4] 自此，国民政府已基本控制了轮船招商局的管理大权。或者说，招商局"虽然名义上仍为商办，但实际上已经由国民政府代管了"。[5] 企业的命运已经不能自主了。正如董事会长李国杰所述：

> 近自政府监督整理以来，一切用人行政，悉操之总管理处之总办，官重商轻，董事会空存虚名，虽曾颁订《暂行规则》，明定董事会与总管理处划守之职权，而迄未见诸实行。是以股东数千万血汗经营之资本，对于局事，不容置喙，胥由政府派员代为支配管理。[6]

被"接管"之后，招商局被"国营"的进程就加快了。在 1930 年 3 月召开的国民党三届三中全会上，特派整理招商局专员赵铁桥积极建言献

---

① 《南京快信》，《申报》1927 年 10 月 17 日，第 6 版。
② 《招商局整理近讯》，《申报》1928 年 3 月 30 日，第 14 版。
③ 张后铨主编《招商局史·近代部分》，第 337 页。
④ 《各机关纪念周汇志》，《申报》1929 年 12 月 3 日，第 14 版；《国府整理招商局》，《申报》1929 年 12 月 1 日，第 14 版。
⑤ 张后铨主编《招商局史·近代部分》，第 343 页。
⑥ 《李国杰解决今日招商局问题之意见》，《申报》1928 年 12 月 7 日，第 16 版。

策："铁桥忝奉政府命令，并承监督指导，权管局务，业逾二年，上体党国之使命，下审招商局之内情，积二年观察经验所得，认定根本解决方法，最上之策，唯有遵从总理手定政纲，收归国营办法为第一。必如此，然后已往之纠纷困难可解，将来之整理、发展可期。"① 虽然招商局董事长李国杰等人据理力争，极力辩解，"招商局轮船公司系完全商股商办，迭经依照《公司条例》，呈请主管官厅暨全国注册局注册立案给照营业，与其他普通商办轮船公司，规模虽有大小，性质毫无歧异……不能因交通部监督整理之故，遂误认为交通部附属机关，彰彰明甚"，② 但终究难以抵抗国民政府的强力干涉。1930 年 10 月 28 日，国民政府颁布命令，将招商局收归国营：

> 查招商局为我国设立最久之航业机关，乃经理无方，腐败滋甚，濒于破产。前经本府派员整理并制定章程，组织委员会监督指导，营护经年，仍少成效，自非根本改革，无以挽航政而慰众望。兹将该局收归国营，切实整顿，借谋航政之统一，并促航业之发展。所有股权债务之清理等事宜，仰由该整理委员会，迅即妥拟办法，呈候核定施行，此令。③

同时，国民政府为将招商局收归"国营"大造舆论，赵铁桥被刺之后，由国民政府委任为该局总办的李仲公对媒体说道："招商局之创办原为政府之拨款"，"招商局之维持及发展完全得于官款官力之扶持"，"招商局自开办以达宣统年间均由政府派员办理"，"招商局由官办改为商办，系权贵营私自利之结果"，"招商局兴于官办，而衰于商办"。他得出结论：该局"由创办维持以至扩充发展，莫不得力于政府之扶持，此时言收归国营，不过使其返回本来面目而已。故此次国府决定收归国营，一方面固以主义政纲为根据，一方面实深符招商局发展之历程，及今后事实之需要也"。④

---

① 《赵铁桥为招商局事建议》，《申报》1930 年 3 月 20 日，第 14 版。
② 《招商局呈王监督文》，《申报》1929 年 3 月 5 日，第 14 版。
③ 《国府下令招商局归国营》，《申报》1930 年 10 月 29 日，第 6 版。
④ 《招商局收归国营历史根据》，《申报》1930 年 11 月 1 日，第 13—14 版。关于赵铁桥在招商局的各项改革引发的企业内外矛盾冲突加剧，及其遇刺后国民政府对该局的人事安排困境，可参阅张后铨主编《招商局史·近代部分》，第 337—347 页。

在"国营"令下达两年之后，招商局又被"国有"。1932年11月8日，国民政府行政院应交通、财政两部的请求，向中政会提出，将招商局所有股票由国家照最近平均市价现款收回，由政府继承该局原有产权及债务，改组管理层，设立总经理，进行"彻底规划"，以期"造成近代企业"。1932年11月9日，中政会第331次会议通过该案，并"着行政院令交通部拟定招商局组织法及整理计划，呈候核定"。① 交通部遂很快确定改组招商局的领导班子名单：总理刘鸿生，常务理事叶琢堂、刘鸿生、史量才、张寿镛、张嘉璈、杜镛、杨英等7人，理事胡笔江、李铭、王晓籁、钱永铭、余日章、张寅、胡筠庄、盛升颐等8人，监事卢学浦、陈光甫、虞和德、胡祖同、秦祖泽、荣宗敬、黄金荣、金庭荪、郭顺等9人，"由行政院函达国府文官处转呈明令简派"。② 据说，此次招商局收归国营组织工作之所以得到实质性推进，除了交通部长朱家骅的主导之外，与财政部长宋子文的介入及其与蒋介石的密商有很大关系。据当时的媒体报道：

> 该局于民国十八年间，由政府派员整理后，迄今数易其人。最近，监督陈孚木因整理无方，外界稍有啧言，兼之该局经济困难达于极点，负责者点金乏术，对于债户，日处于千疮百孔。总经理李国杰日前曾分赴汉、京，向蒋委员长及新任交通部长朱家骅，对此后招商局整理有所建议。蒋、朱两氏，亦以该局历年来根本在举债度日，对李氏之计划尚表同情。故日前朱部长尚谈总经理一职仍由李氏蝉联。会财长宋子文鉴于招商局自国民政府派员整理以来，不但局务毫无进展，抑且加多债额，考其原故，厥为经济不充。然欲招商局切实有办法，非有大宗财力，不足以言整理。此次招商局之改组，实出宋氏之意为多。……财长宋子文于本星期一，在沪寓邀集银钱界重要人物，作最后商议改组招商局办法（外界曾传宋氏向银钱界商借款，或系此事而误会），结果极为圆满。次晨，即乘飞机入京，出席行政院会议，提出改组办法。当经通过，转呈中央政治会议。当日即乘原机飞汉，向蒋总司令面呈一切，并提出收归国有种种计划及改组后继任人选。

---

① 《中政会通过收归招商局案》，《申报》1932年11月10日，第3版。
② 《中政会通过收归招商局案》，《申报》1932年11月10日，第3版。

蒋氏则表示可行，将原有监督一职取消，另组理事、监事两会及总经理一人，主持局务。此项人选名单亦经蒋总司令参阅，提出于下次中央政治会议通过后任命。①

朱家骅对于推进招商局"国有"非常积极，他这样回答记者的提问：

> 至于收回国有、另行改组原因，实鉴于招商局在国营时期，营业尚极发达。购买地产，渐臻至四千万财产，皆在此时期。自改为商办后，愈趋愈下，渐入危境。且为少数人所把持，负债累累，无法整顿。此为我国较大之航业机关，与工商业关系甚大，故政府几经考虑，决心收回国办。②

在宋子文、朱家骅等人的推动之下，1932 年 11 月 15 日，国民政府在洛阳发布对于招商局收归"国有"的命令：

> 查航业关系国用、交通、商业、运输至为重大。近年以来，我国硕果仅存之招商局，营业日形退化，若不亟图改革，将何以保持航权？兹据财、交两部会呈，与沪各界领袖协商，金谓非借众力不足以恢复信用，非收归国营不足以根本规划，拟将监督处改组为理事会、监事会，并设总经理，按照十七年八月交通会议决议以收归国有为原则，将招商局作为国营事业；所有股票照三年平均市价，每套计三十两零六钱六分，拟定为每套现银五十两，由国家现银收回，以示优惠股东之意。并由政府继承该局原有一切权利及一切合法债务；一面遴选各界声望卓著人士充任理事、监事及总经理……查所拟办法，对于国家航政、股东股本，均能统筹兼顾，应准如所拟办理，着财部迅筹现款收回股票，一面由交部克日派员接收，妥为规划，积极进行，俾我国航政以逐渐发展，用培国本而利民生。此令。③

至此，轮船招商局与政府的新一轮博弈基本结束，该局的企业性质与

---

① 《招商局归国有》，《申报》1932 年 11 月 10 日，第 13 版。
② 《招商局全体理监事宣誓就职》，《申报》1932 年 11 月 15 日，第 13 版。
③ 《收办招商局国府明令已下》，《申报》1932 年 11 月 16 日，第 4 版。

发展方向也发生了根本变化。

代结语　从合作博弈到非合作博弈：轮船招商局
政企关系的长时段演进

轮船招商局之所以是考察中国近代政企关系的一个焦点案例，是因为围绕招商局发生了较多的官商博弈故事，牵扯较多的社会关注。就长时段的官商较量而言，大致又可分为三个时段：晚清《公司律》颁布之前为官商非合作博弈时期，此后进入官商合作博弈时期，而国民党清查、整理，直至收归国营则基本上可称为非合作博弈时期。合作博弈与非合作博弈的区别在于博弈双方是否具有共同的约束力，如果有就是合作博弈，如果没有就是非合作博弈。

轮船招商局的创办首先是清政府"招商"的结果，包括初创资金、业务设计在内的企业启动要素大多由政府提供。在"官督商办"的框架下，清政府不仅掌握了企业的人事大权，而且管控着后者的业务活动。就连作为商股代表的"商董"也由官方批准任命。官商之间从根本上讲是一种不合作博弈。之所以可以如此认定，是因为企业的主导权完全掌握在官方手中，商股除了少量登报抗议行为之外，几无表达诉求与维护权益的途径；官方对于企业的"付出"也好，"攫取"也罢，基本是单向度的意思表达，几无官商在共同原则之下的商量或折冲。

这种局面在清末《公司律》颁布之后有所改变。该律不仅只字未提"官督商办"，而且规定"无论官办、商办、官商合办等各项公司及各局"，乃至一切"经营商业者"，"均应一体遵守商部定例办理"。并着重强调"附股人不论职官大小，或署己名，或以官阶署名，与无职之附股人均只认股东一律看待，其应得余利暨议决之权以及各项利益，与他股东一体均沾，无稍立异"。① 这些条款，有利于消除官股在企业中的各项特权，落实股权平等的经营原则。该律还对股东会、董事会的设置做了具体规定，为公司股权的运作提供了指导。《公司律》的颁布，确立了晚清公司创办的

---

① 《钦定商律（续昨稿）》，《申报》1904年3月2日，第1版。

准则主义机制，促进了商办公司的大力发展，同时也为"官督商办"企业的转型提供了依据。

正因为有了"普天之下"必须遵循的法律准则，招商局以股东会、董事会为主的内部力量开始不断壮大，并发挥作用，这使该局在对抗官权方面有了新的进展，其突出表现就是依律发起"商办注册运动"。其间，虽然遇到邮传部的阻挠，但招商局以《公司律》为依据，反复力争，使政府不得不承认其"商办"性质。招商局的"商办"属性在北洋政府时期得到更加广泛的社会认同，北洋政府1914年公布的《公司条例》成为各方维护招商局对抗官方干涉的主要依据。1921年上海会审公廨违法受理部分股东起诉申请，而干涉招商局"内政"，遭到该局多数股东反对，就是如此。在次年北洋政府交通部派员"查办"招商局时，不仅该局股东以《公司条例》为据，进行反驳，社会各界也从维护商法权威方面立论，予招商局以大力支持。例如陈琛等50多名江苏省议员联名发表致总统黎元洪与国务院的通电中这样说道："商办公司，官厅有依法保护之责，无任意干涉之权……股东与公司之关系，早有条例公布，股东依法自有职权可以行使，不能任一二人以控诉为毁坏。政府对于公司，亦只能以条例为依据，不能根已消灭之官权，加商人以压制。"陈琛等苏省议员强调指出，他们最为担心的就是"由此以后，人民依法取得之权利，将不时被官厅无上暴力之侵害"，商人公司被"摧残无遗"，所以要求政府"从速收回成命"，使招商局的"内政"由该股东等"依法自决"。①

正如时人所言，"民国以法治为号召"，② 而法制也恰成为企业与社团维护自身权益、与政府进行博弈的基本前提。在支持招商局的论据方面，晚清时期的《公司律》③ 和民国初年颁布的《公司条例》，连同由此确立的行政权力边界、政商关系原则等被反复言说，使政府在社会舆论之中处于非常不利的地位，乃至知所退却。这种合作博弈，使招商局自晚清到北洋时期，多次取得与政府折冲的局部乃至全局胜利。前者如晚清时期招商局与邮传部的"商办"与"隶部"之争，后者即如1922年招商局抵制交

---

① 《苏议员为招商局案致府院电》，《申报》1922年11月26日，第10版。
② 《招商局查办案之昨讯》，《申报》1922年11月25日，第14版。
③ 该律在民国初年仍在沿用。

通部"清查"的最终成功。

但是，国民党执政之后，政商博弈的条件与规则发生改变，双方逐渐形成不合作博弈。国民政府对招商局的"清查"，几乎没有遇到该局股东会与董事会此前对待北洋政府交通部那样的强力抵制，社会反响也没有那么强烈。这固然与招商局在国民政府成立之时已变成"糟伤局"有关，但更主要是因为国民政府从一开始奉行的法治理念已大异于北洋及晚清政府。

从招商局方面而言，虽然股东会、董事会仍在，也不断发表抗议之声，但其在政企博弈之场中的影响已大不如前，甚至可以说逐渐消失了。而后者的论据越来越成为主体话语。国民政府虽然于1929年公布了《公司法》，同样承认公司为法人，但在清查、整理与接管招商局过程中，大谈保护国家航权、股东权益，以及节制资本、实行民生主义的党纲，极少提及《公司法》，且将接收招商局上升为"国策"层面，从而规避了《公司法》的制约，也使招商局与政府对话的框架越来越小，话语越来越弱。

从根本上而言，轮船招商局与国民政府之间早已不存在合作博弈的条件，而进入一种非合作博弈。在此过程中，政府的意旨成为支配性原则，事关企业前途的重大事宜，政府"事前并未依照法定手续，竟以迅雷不及掩耳之手段出之"，[①] "一纸命令作为定则，毫不顾及股东意见"。[②] 结果，招商局股东虽有抱怨，也无力抵抗，最后只能接受政府对博弈结果的安排。

总体而言，影响招商局政企关系走向的既有"政"的因素，也有"企"的因素，招商局之所以分别被北洋政府和国民政府"查办"，皆与企业的内部治理与经营状况有关。也就是说，是"企"的因素引发"政"的关注与介入，而"政"的介入又引发或促进了"企"的变化。该局虽然能够取得抵制北洋政府"查办"风潮的成功，却未能逃脱被国民政府先"清查"，后"国营"，最后"收归国有"的命运。各方往来及其因应互动，

---

① 《招商局股票收回问题》，《银行周报》第16卷第48号（总第779号），1932年。
② 寰澄：《招商局问题（十一月二十日三余社集餐席上演讲)》，《新社会半月刊》第3卷第11号，1932年。

反映了政企之间从"合作博弈"向"非合作博弈"的过渡。招商局面对北洋政府和国民政府"查办"的不同结局，也为长时段观察中国近代政企关系走向提供了较好的案例。

（本文曾发表于《社会科学辑刊》2022 年第 1 期，原题为《从几个节点看 1920—1930 年代招商局政企关系演变》）

争租敌船档案折射出的招商局地位浮沉

王志刚*

第一次世界大战时期，因德国实行无限制潜艇战，中国北京政府于 1917 年 3 月 14 日宣布对德绝交。3 月 16 日、18 日，北京政府先后接收德国在天津、汉口的德国租界，德属在华境内德公共财产，凡可供军用者，一概关闭或没收。① 随着对德外交政策的转变，原有的《中立条规》不再适用，北京政府出台了相应的《在华德奥商船处理办法》，德国在长江内河航行之船舶，由中国机关严密监视，必要时停止其营业。

1917 年 8 月 14 日中国政府向德、奥宣战。德、奥在华商船也变成了敌船，交通部电饬各海关监督及上海交涉员，对德奥商船一律进行收管。此时在上海、汉口、九江、镇江、厦门、汕头等处的德奥船舶，计有奥商轮"中华"号、"西里西亚"号、"波西米亚"号三艘；德轮"德奇利抹"号、"阿尔本加"号、"喀帝"号、"现术"号、"细克斯泰"号、"掘拉姆夫"号、"希林尼"号、"美大"号、"美利"号等。另有三艘德国内河炮舰，也被接收（其中一艘内河炮舰为避免被俘，自凿沉没）。这其中"远洋轮船 5 只，约 3.7 万余吨；沿海轮船 5 只，约 1.2 万吨；长江大轮 2 只，3364 吨，合计 5.3 万余吨"。② 参照协约国共同做法，北洋政府采取了将德奥轮船出租的做法。

随着第一次世界大战的爆发，欧洲在华航运企业的船只或回国助战，

---

　*　中国第二历史档案馆四级调研员。

① 蒋恭晟：《中德外交史》，中华书局，1929，第 58 页。
② 黄逸平、虞宝棠：《北洋政府时期经济》，上海社会科学院出版社，1995，第 249 页。

或毁于战争，导致"中国及南洋各埠轮船供不应求，吨价奇涨"。① 中外船商纷纷想承租德奥商船，借机牟利，一时间租船竞争愈演愈烈。招商局高层人士也欲抓住此发展机会，承"非办到国内航线逐渐收回、国外航线逐渐推广不止"② 之志，开始积极行动。

在中国对德、奥宣战的次日，即 1917 年 8 月 15 日，招商局董事会就致电交通总长曹汝霖："政府已对德奥宣战，彼国在中国海轮四艘、江轮二艘，照万国公法，应归中国没收，未识政府作价处置。查内有大海轮二艘，政府可留为运船，其余四轮，于商局运输江海货物，尚属适用，可否由商局缴款承领，抑或以部产交局经理，请密商伯唐总长（指时任北京政府外交总长汪大燮），□以为可，即由贵部径电商局董事会议办。仍乞电复。士〇（琦）。咸。八月十五。"③ 从此封电文可以看出，招商局似乎信心充足，认为"即由贵部径电商局董事会议办"就能顺理成章遂愿。

一周之后，交通部对招商局来电未做任何理会，且传出将公开招租的消息。8 月 22 日，招商局密电天津分局负责人麦信坚："……尚未得复，今报载有每吨二十元出租之说，商局无愿承租。请即日赴京□商两部长，特交通部面商总次长……"④ 要求其亲自到交通部沟通。需要说明的是，请麦信坚前去，主要有三层原因，一是麦氏为李鸿章一手提拔而起，亦为北洋元老级人物，资历较深。二为麦氏早年为医师，且曾于 1914 任交通部次长，有人脉优势。三是天津分局有就近优势。

8 月 24 日，交通部回复招商局，直接拒绝了招商局的要求："招商总局航密咸电悉，处置德奥商船办法经与各方面再三筹议，由商局缴价承领或交局经理二节，均不无窒碍，恐难办到，特此电复。并希转达杏城先生查照。交通部。漾。印。"⑤ 麦信坚也于 8 月 26 日汇报招商局，告知交通

---

① 交通铁道部、交通史编纂委员会编《交通史航政编》第 3 册，编者印行，1931，第1074 页。

② 陈旭麓、顾廷龙、汪熙主编《轮船招商局》（盛宣怀档案资料选辑之八），上海人民出版社，2002，第 1230 页。

③ 招商局发电稿，中国第二历史档案馆藏，档号：468-00070-001-0001。以下档案均为中国第二历史档案馆藏，不再一一标明藏所。

④ 招商局发电稿，档号：468-00070-002-0001。

⑤ 招商局收电稿，档号：468-00070-004-0001。杏城即杨士琦。

部已经电复。

8 月 27 日，招商局拟一长电，指示麦信坚以"同样缴租""运兵船只受损""为嫡系船政""有别纯商者，关系国家利权、商路"等理由赴交通部要求拨租："……昨部电云缴价承领或交局经理二节不无窒碍，恐难办到等语。闻各商家纷纷向部承租，是以部电如此，但交商局经理，岂有不缴租费之理。现在商局江轮装兵无穷日，商货停滞，营业大受影响，海轮新裕撞沉，安平触礁，海上转运更形竭蹶。交通部视商局为四政之一，航权所在，理应□力维持。宣战以后，倘有战事，轮运商轮恐难撑危。今现有收没船只，若全租他商，置理应承领□□于不顾，恐未得事理之平，全体股东属望甚殷，公议应请大驾即日赴京，切□交通、外交两部，□念商局平日运兵运械、无役不从情形，即于收没德奥各船内，酌拨四轮，由局承租，商局重在疏通内地停滞商运，与他商专求获利必须大船者宗旨不同，能转中等海轮拨租四艘，最为合用。至租费每吨若干，亦请持平协商，另行定议，务请据电婉陈……"① 此时招商局仍然"以理推之"，以较高"姿态"向交通部争取。

在 27 日电发出的次日，招商局董事会会长杨士琦以个人名义致电交通部总长曹汝霖："昨商局得部电知价买暨代理两层均有窒碍，报载阁议决用出租办法，未知确否。查华商轮船公司受部节制者仅商局一处，倘归他商承租，是担义务在商局，享权力在他商矣，商局所不服也，若租与洋商，则航权所关，当亦公所深悉。鄙意此项没收德奥商船须取法于日美两国，将来战事平复，亦可仿照办理，庶政府责任稍轻。果系出租，无宁商局□□□□，除电属商局佐之赴部请示外，请与接洽为幸。士琦。勘。"② 在杨氏电文中，以"公平"相挟交通部，可见杨氏也未能充分认识此时招商局之地位、此事其中之"奥妙"。杨士琦没有料到的是，在 9 月 1 日，麦信坚来电报告他一"惊天霹雳"，交通总长曹汝霖亲口告知船舶全部归于"大达公司"，招商局欲收用，自行向大达公司租用——"奉电谕诣部切商船事，曹总长云：'已归大达。须自向该公司商租。'"③ 在麦信坚力争

---

① 招商局发电稿，档号：468 - 00070 - 005 - 0001。
② 招商局发电稿，档号：468 - 00070 - 006 - 0001。
③ 招商局收电稿，档号：468 - 00070 - 012 - 0001。

之下，曹汝霖才告知可接洽之人，"坚据理与辩，始云俟部电萨监督酌办，可告贵局与萨接洽云"。[1] 麦信坚在致杨士琦电文中建议应尽速发电施压、提请要求，"我局似宜即日电部……惟主脑在部，似不妨再三要求，但贵神速。是否，乞酌夺"。[2] 麦氏在电文中亦提出"要挟"之思路，即"……似非情理，倘政府不能令该公司照原订租价分拨数轮归商局租用，恐（以后）有调遣，办事人信极为难"。[3] 招商局主脑采纳了麦信坚的建议，在来电稿上批复："照此意速再电部。"

电文提及的大达公司是何来头，为何能有如此大之能力？1903 年清末状元、实业巨子张謇联合沙元炳等人成立大达内河轮船公司。1905 年，张謇在上海与沪绅李厚裕等募集银股 100 万两，在上海南市十六铺一带购入土地建造码头、仓库，创办上海大达外江轮步公司。1906 年，张謇又在南通天生港构建码头、仓库，设立天生港轮步公司。三个公司同时经营着长江下游及"小长江"航线的轮运与港埠业务，人们习惯将其合称为"大达公司"或"大达轮船公司"。大达公司取得德奥轮船之后，付给政府租金极低，却能转手出租赚取差价，而自身不负经营之责任。因承租商轮获利极大，大达公司还为此增加股本，设计出一新型组合股本，不与公司原有之股票相混，会计独立，所有盈亏亦不与原有之财产营业相合。张謇轻而易举承租所有德奥商船，且利润可观，在当时引起一场风波。有风传此举是交通系借"大达"之名营私，借机发财，怀疑张謇有行贿嫌疑。对此，张謇均"置之不答"。直到 1919 年合同期满后，交通部才将租给大达公司的船只收回，由租船监督处经理放租。[4]

9 月 1 日，招商局以董事会全体人员的名义向交通部发出诘问性质的长电："查商局数十年服从政府，遇有战事征调，艰险不逊，承运官用物品，均以起着收费，统计亏耗不可胜计。去岁运兵赴闽，兵轮撞沉新裕，仅以债票抵押，商局少一运船，明亏暗耗，为害更烈，只以托庇帡幪，尚

---

① 招商局收电稿，档号：468 - 00070 - 012 - 0001。
② 招商局收电稿，档号：468 - 00070 - 012 - 0001。
③ 招商局收电稿，档号：468 - 00070 - 012 - 0001。
④ 聂宝璋、朱荫贵编《中国近代航运史资料》第 2 辑（1895—1927）下册，中国社会科学出版社，2002，第 1134 页。

冀随时维护。此次没收敌船，以公理论，似应交局经理，今求拨海轮四艘，并未敢全数邀求，□□请拨两轮，专备运兵，窃以为钧部俯念数十年服从报效微忱，谅可允为所请。乃今自劝说公司承租，又适值运兵，紧要之时，是商局应尽服从之义务，不能得毫末之利益。且□□公司以昂贵之租价，而收往来运兵之贱脚，察之情理似欠持平，以后调遣，办事人信极为难。应请大部转饬大达公司，照原定租价，分拨数轮归商局租用，以便即日开宁接运军队……乞电复商办。招商局董事会公叩。"① 比较正式地将分拨德奥轮船与以后的"军事、行政上的配合程度"联系起来，口气非常强硬。

在接到招商局董事会 9 月 1 日之措辞强硬、要求"照（交通部与大达公司）原定租价，分拨数轮归商局租用"的电文后，交通部于 9 月 4 日回电称："招商总局电称请饬大达公司照原订租价分拨数轮归招商局租用以便运兵等情，业经电知特派员萨福懋（楙）向大达公司介绍，希即径与接洽。"② 以"电知萨福楙向大达公司介绍"为辞，将"皮球"踢出。针对交通部的这一回电，从签批文字可以看出招商局险落入圈套，即一方面仍纠缠于"是否承担军运任务、租金豁免"等事项，另一方面着手准备与萨福楙商谈。"拟批：……运兵运货，由局经理，则租费应照商租减半，专备运兵，则未便认租，应应公推董事两位，与萨君商办之处，应请钧裁。"批示："可请周金翁（即周金镳）、傅小翁（傅宗耀字筱庵）姑与萨商。"③

在 8 月 30 日，麦信坚就与交通部洽谈、探听到的内幕消息等给杨士琦接连发出私函："……遂并电话与叶次长（即叶恭绰）接洽，据云此等承办有人，并经部电复商局等语，词气间似无再商余地，旋于星期一即与大达公司签订租约，每吨廿二元，先缴押款一百万。（一因）由先约国（疑为协约国之误）争欲承租，二因得汕头急耗，西南方面（即护法军政府）欲攫此项船艘，并闻当日院议阁员于新裕一事犹有微词，且今年绝交事起时商局未能仰体政府之意，畏奉调遣云。再德奥船开共十四艘，海部留大

---

① 招商局收电稿，档号：468 - 00070 - 010 - 0001。
② 招商局收电稿，档号：468 - 00070 - 013 - 0002。
③ 招商局办文稿，档号：468 - 00070 - 013 - 0002。

小各一，余均出租，某公司此次如愿以偿，措置亦甚周洽……"① 麦信中透漏了四点消息，一是直接向交通部索取已绝无可能，因大达公司幕后运作得力，已经取得租约；二是交通部之所以迅速做成此事，是因为避护法军政府、列强的趁机生事；三是北京政府内部有人对招商局有不满情绪；四是德奥商船承租价格为每吨二十二元。杨士琦就麦氏来信做出批示，认为（向大达承租）价格过高，不能盈利，仍存向政府直接索拨之一线希望："麦函奉阅并与邵科长阅，租价每吨廿二元，当须先交三百万元，譬如我局分租三千吨，须先交三十万，而每吨每月廿二元，恐国内生意亦难盈余，鄙意倘国务院肯拨一二艘固好，否则分租一层亦可不谈。"②

继 8 月 30 日发信后，麦信坚从北京返回天津后，又发二信。一信为汇报曹汝霖、叶恭绰之态度，分析自交通部直接拨船已没有任何运作的余地，只能通过大达公司租用："坚即于是日赴部晤总次长，据云船归大达，即部里租用，亦须与该公司酌量，因劝我局向该公司商租，部中不便干预。"③ 在麦氏以"商局屡当政府义务，讵能堪此？现在长江一带运兵无虚日，商局义不敢辞，今政府有没收之船，悉数出租与他商，而责商局当减价运输之义务，且使商局向该公司租昂价之船，而收运兵之贱脚，恐将来再有调遣，股东必有违言，办事人必更棘手"为辞面攻曹汝霖时，曹氏亦不能置辩，表示："商局历当义务，素所深悉。当嘱该公司拟给予商局以优先权，由部电饬萨监督酌量办理，可电告贵局向萨监督接洽云云。"④ 曹汝霖之言词态度，貌似确感理亏而酌抚让，实际只是推脱，麦信坚判断，这是一个积极信号，称"窥其言论之间，似有转圜之意"。⑤ 另一信为麦信坚于旧历七月十五日（9 月 1 日）致杨士琦的密信，判断招商局求船不得、大达得利是利益集团刻意策划、交通部首脑刻意而为之，若再呶呶不休直接向交通部疏通，反而无益，需要促动更高层级的人物出面斡旋、争取："此事主脑在部，向萨接洽云云乃系敷衍之词，似非于数日间电部力争不

---

① 招商局收电稿，档号：468－00070－014－0001。
② 招商局阅文稿，档号：468－00070－014－0001。
③ 招商局阅文稿，档号：468－00070－015－0001。
④ 招商局收电稿，档号：468－00070－015－0001。
⑤ 招商局收电稿，档号：468－00070－015－0001。

可，若能致函当道，请其晤谈部长时将政府与商局关系稍道一二语，必能收斡旋之效。此次大达两字，外间游词谓系某要人临时组织，果一而再，则多言可畏。"① 麦氏还建议，若纯为利益考量，应尽量通过政府要人造势、施压，以期迅速争取租到一些船只，否则将染一指而不可得："我局但能力争，彼未必不惧而让步，刻间逐膻之蚁纷集沪上，冀尝一脔。此指为利益而言，稍纵即逝（若如先缴若干、每吨若干，究竟尚利否？至于大达公司再加租□一层，则□虑也），鄙意以速为妙，再过一星期则分割已完，虽有拔山之力亦无法转圜矣……"② 在接此密函后（推断为 9 月 4 日之后），杨士琦批示，请招商局几位主要负责人（傅宗耀、邵子瑜等）尽快核实。从这几封函电内容、阅示、批办来看，杨士琦及整个董事会及麦信坚等人，已经在受"棒喝"之后清醒，走向无奈之下的"现实主义"。

9 月 7 日，事情再生变故，租船监督萨福楙来函，对招商局所要求的以交通部官方名义撮合招商局与大达公司租船之事，予以拒绝，要求招商局自己直接与大达公司接洽。从信函中又可以看出，交通部的两面虚与委蛇之态度和萨福楙承上峰暗示之推却态度："（交通部）当经告以如该局与其他航商有同一条件，由该局与执事接洽后由其径商大达公司……等因奉此，相应函达，请烦查照。现大达公司代表刘君垣业已抵沪，贵局意旨如何，请便中见示可也。"③ 不但萨福楙态度生冷，就是大达公司也是刻意刁难，即租船合同也不肯向招商局出示："昨经董会赴商，萨君仅允介绍，余不预议，适大达代表刘君在□，索阅合同，亦不允许……"④ 对此情形，招商局颇感无奈，只能再次请麦信坚赴北京交通部商谈求阅合同，并要求以"招商局日后仍向政府效力，股东怨言"为辞恳商："请君入部转陈总、次长，设法维持。商局未见合同条款，无从着手，盖□由部抄发，借守秘密，即请向航政司密抄，告以绝不宣布。日前长江上游运兵甚繁，扣船减费，股东颇有烦言。租船事乃双方□顾之计，嗣后调遣，能否全□大达，政府亦应先事顾筹，办事人为难情形，笔难尽述，并希详达，以为收□地

---

① 招商局收电稿，档号：468-00070-015-0002。
② 招商局收电稿，档号：468-00070-015-0003。
③ 招商局收电稿，档号：468-00070-014-0001。
④ 招商局发电稿，档号：468-00070-016-0001。

步……"① 接命后麦信坚再次入京面见交通总长曹汝霖，面对麦氏的追问，曹汝霖则示以彻底的搪塞战术，"当即赴部面晤曹总长……据其答复，殊不得要领，仅云当再切实致函前途，嘱其（指萨福楙）与贵局接洽云云……"② 对于江轮与海轮的定价是否有差别问题，曹汝霖亦未给明确答复，显然是为操弄留空间，"见询大达租价，言人人殊，究竟二十二元之数是江海轮与海洋轮同价，抑专指能出大洋者而言，彼云微有不同。坚询其两种确价，则云碍难宣布，坚知其为大达守秘密"。③ 而麦氏向政府中人打探交通部与大达之内部合约，亦不可得，可见此事黑幕重重，而招商局不自知也。无奈之下，麦信坚只能向北洋元老王士珍求助："部中亦鲜有能知内容者，遂托国务院中人觅当时之议案或合同草稿，旋得友人复信，谓院中均守秘密，无从刺探。坚见此情形，知探亦无益，旋往谒见王聘老，以我局运兵始末经过情形，政府非不深悉，此次有船出租，反置商局于度外，似非事理之平，请其晤当局时以危词，聘老已允相机动议，此当日抵京之情形也。窃思此次大达承租，始终严守秘密，其内幕必有不可告人之隐……"④ 在阻力重重而无力破局的情况下，麦信坚在私函中向杨士琦建议放弃以官方文牍方式索求解决，应该动用非常手段——促动媒体舆论诘问，向总统府、国务院直接明电"宣言"。⑤ 招商局董事最终采取了麦氏的建议，于 9 月 20 日拟好稿件向北京国会、总统府、国务院发出了明文电报，声索正义，又以将来拒绝公务运输作为威胁——"为国谋利权者暗室向隅，取巧附势者捧樽相庆""再有征发，惟有以公价相论"。⑥ 9 月 21 日，麦信坚又来信补充，意为黑幕之下，于事无补，再努力徒伤声誉，虽然有借口以后不奉调遣，但各省的强权也难免侵扰，所以建议提高运费作为应对手段。⑦

面对招商局的"破釜沉舟"之举措，交通部于 9 月 25 日发来了一封

---

① 招商局发电稿，档号：468 – 00070 – 016 – 0001。

② 招商局收电稿，档号：468 – 00070 – 015 – 0004。

③ 招商局收电稿，档号：468 – 00070 – 015 – 0004。

④ 招商局收电稿，档号：468 – 00070 – 018 – 0001。

⑤ 招商局收电稿，档号：468 – 00070 – 018 – 0002。

⑥ 招商局收电稿，档号：468 – 00070 – 019 – 0001。

⑦ 招商局收电稿，档号：468 – 00070 – 020 – 0001。

解释电报，似有塞责与"定案"的双重意思："招商局航密，马电悉查，大达合同内载，如将所租之船转租与第三者，应先尽华商及协商国承租等语。前此面告麦代表，已电萨交涉员介绍照原定合同尽先分租等语，即系指此条而言，意谓该局可根据此条与大达商租，至合同全文与先尽华商转租之意义无涉。惟该局与政府关系较密切，兹已再电萨特派员转知大达，令其与该局推情商办，俾得有成……"① 针对交通部的态度，招商局自以为舆论施压见效而占据主动，等待交通部向萨福楙、大达公司沟通："电令萨转大达，与局商办，应候特派员知会大达，是否来商，再议，我局未便再先开口。"②

事情延宕至10月，机变再起，"协约国已从大达公司手中承租到大部分德奥轮船"。10月15日，招商局尽一切可以动用之"名头"发电寻求帮助，先是以招商局全体董事的名义急电北京交通部提出诘问为何交租协约国，国家利权是否考虑，语气非常强硬："拟租敌船一案，前奉敬电，已再电萨特派员转商，尽先分租，极感。前闻该船已由协约国直接与大部商准承租，自毋庸与大达再商。查钧电尽先一语，股东业已周知，上海商界亦已大部顾全大局，固深感顷。今闻全租于协约国，相顾色沮，颇滋疑虑，且查没收之大海轮尚可至为战事所需，其余江海较小之船，转租他人与我争中国境内之利，所得者微，所失者大，商界殊切隐忧，政府极宜注意。至商局股东今称服从政府，四十余年，又为大部四政之一，理应量为优待，维持航业即所以保全商界，亦即所以巩固部权，应请俯照前电，即赐酌拨数轮，发交招商局承租，庶于军需、商货各项运输均有裨益。乞电复。招商局董事会公叩。"③ 再以招商局全体股东的名义上书上海总商会，请求奥援。④ 又借上海总商会的名义拟写公电，向北京大总统、国务院、外交部、交通部、农商部发电"申张"。⑤ 针对上海总商会名义的函吁，交通部回复以"台函拟请政府发给敌船数艘……时势所迫，实苦无法维

① 招商局收电稿，档号：468-00070-021-0001。
② 招商局办文稿，档号：468-00070-021-0001。
③ 招商局办文稿，档号：468-00070-022-0002。
④ 招商局办文稿，档号：468-00070-023-0001。
⑤ 招商局办文稿，档号：468-00070-024-0002。

持"。① 招商局又通过上海总商会借丝绸、茶叶商会的名义向北京各部施压，以德国潜艇战阻碍中国土货出口、金融没有回款之理由，要求没收之德奥船只必须留在中国，不能由大达转租给协约国国家。②

10 月 17 日夜，戏剧性的一幕出现，交通部以"湘岸榷运局移转湖南督军文电再咨转财政部再咨转交通部"之行文，以"缺盐告急、事关民食"，请招商局将次等商轮两艘租与湘岸榷运局运盐。交通部来文口吻极为谦恭，"贵局如能抽拨此项船只……实所盼祷"。③ 招商局则给了一个"现世之报"——于十月十八日答交通部："民食起见，理应拨借，无奈江轮本少，长江运兵、商货阻碍，业已怨声载道，没收敌船，全属他人，更无希望，实过处此，无从租借……"④ 直接拒绝了交通部。交通部 18 日迅速回电，口吻近似央告，以无奈之词解释轮船租与外国实因："此事外交问题，日益困难，现时与本部敬电情形已有变迁。查日、英公使代表协商各国都称中国政府应按照协商国共同所定之租价，将德国商轮两部归协商国政府租用，如不允全租，是代表无诚意之协助，协商国无从与中国政府议及其它问题云云。政府迭次拒议，因外交上种种关系，未便以此事坚执，诸碍进行，万不获已，业经转知大达遵照。惟公订租价十分低廉，将来大达自身亦大受损，该局董事会所请一节，本部实属无法维持……"⑤

在招商局彻底放下身段与颜面的系列操作后，交通部内部又放出消息，建议招商局与协约国轮船公司联合承租剩余部分德奥轮船。招商局遂即设法与太古、怡和、日清联合承租美大、美利两轮，并向外界发出消息。消息传出，遭到内部外部双重反对。12 月 1 日，招商局董事傅宗耀致电董事兼业务科长邵子瑜反对联合之事，"接洽或电嘱租美利、美大事，本局签约……有利他人……不必代人出面，以绝外人借口"。⑥ 1918 年 1 月 16 日，航业华商巨头虞洽卿致函邵子瑜，以民族利益、友商情谊为辞发难："贵局向大达公司订租美大、美利一事，闻已成就。惟知道其中与太

---

① 招商局办文稿，档号：468 - 00070 - 029 - 0003。
② 招商局办文稿，档号：468 - 00070 - 025 - 0001。
③ 招商局收文稿，档号：468 - 00070 - 026 - 0001。
④ 招商局发文稿，档号：468 - 00070 - 027 - 0001。
⑤ 招商局发文稿，档号：468 - 00070 - 028 - 0001。
⑥ 招商局办文稿，档号：468 - 00070 - 030 - 0001。

古、怡和、日清合而为一⋯⋯究竟贵局系华商领袖,与宁绍、鸿安两公司素称联络,今若被外人破坏,是贵局对于舆论感情上均有窒碍,似非善策。又问此举贵局实在勉强,因太古持公司联合之说强迫贵局,是以行之,殊不知联合云者是航路问题,非租船问题也,尽可据理拒却。况此两轮行驶长江,势必亏蚀,于贵局亦有不利,则贵局亦何苦此损人不利己之行为乎?⋯⋯解散此事,华商航业赖以维持,则感荷有难言喻者尔⋯⋯"①

针对内外反对之声,招商局行文批示曰:"四公司合租美大、美利一事,萨监督未允,合同稿已取回,谢局长据李载之言似可作罢。"② 最终定论批示为:"虞言亦颇近理,作罢亦可。"③

在经历了"运作舆论""借重外洋"两项操作后,1月21日、26日大达公司主动通知招商局可"单独租美大、美利两船",并催取早日成交。"敬启者,查华大、华利两船本由公司与贵局议租,嗣闻有四公司签字之说,迁延多日,迄未定夺。现经公司决议,此项租约务请贵局单独签字,俾符原议,即希见复为幸。"④ "华大、华利两船租赁一事,曾于本月二十一日函请贵局查照,原议单独签字在案,未奉函复,毋任翘企。现该两船修竣日久,若不早日解决,亏损实多,即希贵局速为示复为荷。"⑤

自此,招商局求德奥轮船之路,从趾气高扬欲拨收全部,到义理相据请拨部分,再到敛声求拨一二,再到戚声求援,再到泼声诘要。最终仅得两船,也算可慰怀也。但在后来,在华大、华利两轮的续租问题上,招商局又屡遇梗阻,使其声气难舒。

根据文件,华大、华利两船租金每月各八千七百五十元,租期六个月,⑥ 自1919年8月1日起租,至1920年1月底为止。⑦ 1920年1月13日,交通部租船监督处萨福楙来函催退租,招商局以合同附件中有"合同

① 招商局收文稿,档号:468-00070-031-0001。
② 招商局办文稿,档号:468-00070-031-0002。
③ 招商局办文稿,档号:468-00070-031-0003。
④ 招商局收文稿,档号:468-00070-034-0001。华大、华利即美大、美利,系船转手后改名。
⑤ 招商局收文稿,档号:468-00070-032-0001。
⑥ 招商局收文稿,档号:468-00070-039-0001。
⑦ 招商局收文稿,档号:468-00070-041-0001。

期满及双方同意下优先原租户续租"的条款，表示要"继续承租"，不能以"其它华商要求"而违反优先租赁权益，① 回驳萨福楙。1920 年 2 月 10 日，招商局又致电交通部请求展期，并请交通部饬萨福楙"准予续租"。② 值得玩味的是拟稿人原写"惟仍求照原价赐准展租六个月"，被高层删去"六个月"字样，招商局又宣称"其它商家要求减价承租，招商局虽然无利可图，但仍原价租船"。③ 这似乎有"争一时志气"的成分在内。

2 月 19 日交通部致电招商局："本部收管江海各轮，业经全数租与裕丰公司，该局拟租用华大、华利两轮之处，应即径与该公司接洽。"④ 再次私相授受整租与另一公司，且毫不留情、直截了当地拒绝了招商局的请求。

2 月 27 日，招商局董事会会长李国杰来电："敌船现归裕丰包租，我须向彼立转租约，部允电萨介绍。"⑤ 得知又被转租之后，招商局无计可施，态度转向谦恭，在致李国杰的信中说："大、利事，请切恳曹（汝霖）回局体面，亦弟体面……"⑥ "切恳首座，假捩靳阁、交通部总辞职及湘绅有力者，……将两船商裕丰准我局续租"，⑦ 又求某张督办请托，"婉陈主座靳阁及交通部总次长切嘱裕丰准予续租……请求补救斡旋"。⑧ 最终，招商局请求交通部向租船监督员萨福楙说项："昨今由敝会长李君两电传布，意华大、华利，大部昨允电萨监督租给敝局，嗣裕丰包租，仍允赐电介绍，仰见优待维持之盛意，曷任钦感。惟萨监督处据云迄未奉部钧电，拟求大部径予赐电，敝会俾便介绍，免有舛误……"⑨ 2 月 27 日，北京被请托人给招商局来电："容当面陈主座及靳阁、交通部，主持公道。惟……势力恐非公理可能争，奈何……"⑩

萨福楙在 2 月 28 日致招商局电，口吻生硬，要求其在 3 月 1 日必须将

---

① 招商局发文稿，档号：468 - 00070 - 042 - 0001。
② 招商局发文稿，档号：468 - 00070 - 043 - 0001。
③ 招商局发文稿，档号：468 - 00070 - 044 - 0001。
④ 招商局发文稿，档号：468 - 00070 - 097 - 0001。
⑤ 招商局收文稿，档号：468 - 00070 - 046 - 0001。
⑥ 招商局发文稿，档号：468 - 00070 - 047 - 0001。
⑦ 招商局发文稿，档号：468 - 00070 - 049 - 0001。
⑧ 招商局发文稿，档号：468 - 00070 - 048 - 0001。
⑨ 招商局发文稿，档号：468 - 00070 - 045 - 0001。
⑩ 招商局收文稿，档号：468 - 00070 - 052 - 0001。

华大、华利两船交由裕丰行业公司承租，"如拟继续租用，请径向裕丰公司接洽转租"。① 招商局则致电李国杰抱怨云："由傅筱庵往询萨处，云迄今未接部电，闻有裕丰包租，亦不接洽，语甚惝恍……此事似有黑幕……务请两船饬裕丰转租我局，稍全体面。"②

3月3日，出任过国务总理，曾任曹汝霖上级，担任过招商局董事会会长的孙宝琦致电招商局，挑明一切："……姚次长云，须商局径与裕丰和商，部难强从，传清节（傅良佐字清节）系裕丰股东，亦切托转达。"③ 裕丰公司乃安福系口袋中物，难以与强权抗衡。3月5日交通部来电："孙督办交来该局董事会书……惟本部已将各船茳租与裕丰，未便由部权迫之，似应仍由该局就近径与商办为周妥。"④ 为孙宝琦的请说被拒而缓颊。

3月8日，孙宝琦又为招商局带来一线生机："据裕丰罗协理来电云，一艘已允沪商，一艘定租听商局等语，嘱速与罗君际同接洽。"⑤ 4月21日，萨福楙致信招商局称可将一艘续租给招商局："因招商局与商帮协会争租华大、华利一事，据裕丰公司罗协理拟各出租一艘，以示公道……等因奉此，已由裕丰公司拟定一船租与招商局……请贵局查照，迅与裕丰公司接洽订租。"⑥

5月6日交通部又允诺将另一船延期："现拟将华大由招商局续租，华利宽缓两个月，到时收回，由裕丰租与商帮协会等情，查所拟办法系为双方兼顾起见，尚属可行……仰即遵照。"⑦ 萨福楙5月6日来函，重申了交通部来电内容，至此，招商局二次租船折冲结果尚属差强人意。

1921年4月，华大、华利两轮续租期届满，14日，裕丰公司来函称："租期行将届满，未识贵局是否续租。如果续租，请惠临敝公司接洽。"⑧ 主动问询续租问题，招商局得以续租。

---

① 招商局发文稿，档号：468 - 00070 - 051 - 0001。
② 招商局发文稿，档号：468 - 00070 - 053 - 0001。
③ 招商局收文稿，档号：468 - 00070 - 055 - 0001。
④ 招商局收文稿，档号：468 - 00070 - 056 - 0001。
⑤ 招商局收文稿，档号：468 - 00070 - 057 - 0001。
⑥ 招商局收文稿，档号：468 - 00070 - 058 - 0001。
⑦ 招商局收文稿，档号：468 - 00070 - 059 - 0001。
⑧ 招商局收文稿，档号：468 - 00070 - 060 - 0001。

1921 年 9 月，租约又将到期，招商局得知裕丰公司因经营不善，与政府终止合作，继而谋求成为"第一代理"。招商局董事会会长李国杰向交通部接洽后，告知招商局董事会"需要三百万才能承租，有人愿意出一百五十万来接租一部分船，速定承租之计，桐孙（萨福楙）欲从中取利。虞洽卿谋求租四船"。① 招商局的对策是仅代理部分船只（大轮及船况较优者），请求李国杰再婉商代理，倘政府必责令全租，只可中止。② 而招商局商董施肇曾则极力怂恿招商局全部承接德奥轮船，"商局若承接办理，吨价不高，有利可图……似为难得机会"，③ "办外洋航业政府有补贴，希望继续运动"。④ 招商局的表现则极为冷静，以"倘能以廉价得此大批船只，诚千载一时机遇，未可交臂失之。但局中近来经济异常困难，各庄通挪已逾百万"，⑤ 婉拒施氏提议。⑥ 施氏则又迭函言："斯可全保守之地，倘仍畏首畏尾因循苟安，言念前途又岂肇曾迂拙之夫所敢妄赞一词也。"⑦ "海军节前需款甚殷，尤易商购，招商局既然决意要买，请举代表来，闻内阁近又有改组之说，失此机会，殊觉可惜。"⑧ 表示遗憾。

究其为何有如此反复，乃是一战结束，列强返华竞争，华人航运繁荣时代结束，运费跌价，扩充船只已无利可图，故诸如张謇之大达、安福系之裕丰等弃德奥轮船承租如敝屣，招商局内部有识之士亦明了此点。如招商局谢志铺、陈兆桐等向董事会上书，分析了养船费用、国际航运不振形势等，建议谨慎考虑承租德奥轮船，⑨ 故招商局推脱整租德奥船只，避免落入彀中矣。

至此，招商局争租之事，大体已毕。北洋领袖李鸿章辞世后，招商局这个北洋怀抱的"天之骄子"，失去一大依靠。清廷覆灭，招商局虽"商办"，但亦失去了部分政治特权。1916 年 6 月袁世凯身死，北洋各系纷争，招商局进一步式微。往来故牍，可观旧貌。

---

① 招商局收文稿，档号：468－00070－074－0001。
② 招商局收文稿，档号：468－00070－075－0001。
③ 招商局收文稿，档号：468－00070－076－0001。
④ 招商局发文稿，档号：468－00070－078－0001。
⑤ 招商局发文稿，档号：468－00070－079－0001。
⑥ 招商局发文稿，档号：468－00070－077－0001。
⑦ 招商局发文稿，档号：468－00070－084－0001。
⑧ 招商局收文稿，档号：468－00070－080－0001。
⑨ 招商局收文稿，档号：468－00070－082－0001。

招商局与政记轮船公司资敌案

梁丽婷*

抗战期间，作为国营公司，招商局在沉船御敌、协助西迁、开辟航线等方面做出了巨大的贡献。随着对招商局史研究的深入，学者们越来越注意到招商局抗战时期的各项活动，并对其作用进行了客观的评价。如潘前芝在《论抗战初期国民政府的民船征用问题》[1] 中，提及了招商局在构筑长江封锁线过程中船只被征用的情况。张晓辉在《抗战时期国民政府驻港企业研究（1937—1941）》[2] 中，分析了包括招商局在内的几家驻港国营企业机构在抗战时期的经营弊端与历史作用。赵洪宝在《透视抗战时期招商局的作用》[3] 中，较详细地考察了招商局在抗战时的各项损失，肯定了招商局的作用。但关于招商局在香港与政记轮船公司的诉讼案，甚少涉及，本文试对该事件本身的发展历程进行梳理，以供学界参考。

一　政记轮船公司概况

政记轮船公司，系辽宁航商张本政、张本才于 1905 年集资正式创办，[4] 公司设于烟台。1920 年 4 月，改组为有限公司，定资本总额为一千

*　中国第二历史档案馆助理馆员。

[1]　载《抗日战争研究》2010 年第 1 期。

[2]　载《抗日战争研究》2009 年第 2 期。

[3]　载《史学月刊》1994 年第 3 期。

[4]　关于政记轮船公司创办时间，各种档案、资料、论著之间有差异，盖因其经历了"政记轮船公司""政记轮船合资无限公司""政记轮船股份有限公司"三种形式，究以哪年为其创办时间，各方看法不同。本文采用中国第二历史档案馆所藏交通部档案的记录。

万元，分十万股，每股一百元。招商局以商记名义，占有股份。营业范围为购置轮船、航海运输、海上保险以及其他与航业有关系之各种营业，在天津、大连、上海、香港、广州各埠均设有分公司。1935 年，交通部所编《交通年鉴》第四编第三章"民营航业暨外人在华航业"中，对政记轮船公司有专门介绍：

> 政记轮船公司，系辽宁航商张本政、张本才于前清光绪三十一年正月集资创办，初仅资本四万元，为无限公司，设公司于烟台。宣统三年，增加资本八万元，扩充营业，次第设分公司于大连、安东，并继续设分号于龙口。欧战期间，获利颇巨，因陆续添置船舶及其他资产。民国九年四月，改组为有限公司，定资本总额为一千万元，分十万股，每股一百元，规定营业范围为购置轮船、航海运输、海上保险、代理保险、代理轮船、贩卖煤炭，以及其他与航业有关系之各种营业。十三年，奉直战争，双方扣船运输军队，营业停顿，所受损失达五十万元，公司当局议将船产售于日本大连邮船会社，后经各方维持，由军政当局补回损失二百万元，始免出售。嗣经积极整理，尚能有盈无亏，惟九一八东省事变，北洋营业大受影响，损失不赀……现除总公司仍设烟台外，天津、大连、安东、龙口、上海、汕头、厦门、香港、广州各埠，均设有分公司。①

张本政的发家与其亲日有直接关系。他出生于旅顺，早年务农，后做小生意。甲午战争期间，他投靠以经商为名在中国进行特务活动的日本人高桥。后来，张本政来到烟台，从事海运贸易业务。1890 年，张本政担任烟台德和洋行的经理，管理海运业务。1892 年，张本政接手德和洋行，他将其改名为政记轮船公司，租用日本籍轮船，主要往来于烟台、大连等地。

1904 年，日俄战争爆发，张本政以经商为掩护，在旅顺、大连、烟台等地替日军搜集情报，还为日军运送军需物资。战争结束后，日本取代了

---

① 《交通年鉴》（1935 年 9 月），中国第二历史档案馆藏交通部档案，二〇/1289。本文所引档案均为该出处，以下不另注。

沙俄在大连的地位，张本政将原俄国侵略当局公益局局长张德禄的两只船和其他部分财产据为己有，扩充了经济实力。

1905 年，张本政又买了一艘轮船，与其弟张本才合资，在烟台正式挂牌"政记轮船合资无限公司"。1910 年，张本政从日本租到一批轮船，并向清政府邮传部注册领照。次年，该公司轮船总吨位超过 4000 吨，在当时的华商轮船公司中，已经颇具规模。

1920 年，政记轮船公司已有轮船 15 艘，总吨位在 1.5 万吨左右，已成为一家大轮船公司。为了进一步拓展业务，张本政于是年 4 月将公司改组为政记轮船股份有限公司，总公司仍设在烟台。1935 年，根据《交通年鉴》中的《政记轮船股份有限公司现有轮船一览表》，该公司已有轮船 25 艘。

此外，政记轮船公司还以公司或张本政个人的名义投资和经营其他企业。如在大连设有政记油坊等，在长春、沈阳、哈尔滨设有政记五金行，在大连日本正隆银行、满洲实业银行等均有股份，张本政还兼任两个银行的董事。

政记轮船公司直接受日本控制，接受日本官署的补助金。该公司的船长、大副、轮机长等高级船员大部分是日本人。1937 年 9 月，该公司坤利船报务员林济臣组织船上华人船员准备起义，事泄被镇压。

八一三淞沪抗战前夕，中国政府"密电各船商，将所有海轮，驶入长江，其有不能或不及驶入者，则往香港或其它海口"，① 避免资敌。张本政置国民政府的命令于不顾，将停泊在香港之外的船只调集大连，帮助日本运送军火物资。而政记公司停泊在港海的胜利、茂利、安利、丰利、英利、新利六艘轮船，于 1937 年 9 月 2 日遭受了"丁丑风灾"（又称"九二风灾"），后修复了胜利、茂利、安利三轮，其余三艘较小未修理，但是仍然可以航行。1938 年，政记公司密谋将六艘轮船换旗开往大连，遭爱国船员密报交通部广州航政局，遂引发了政记轮船公司资敌案。

① 《十五年来之交通概况》（1946 年 4 月），二〇（2）/108。

二 事件起因

1938 年 4 月，交通部广州航政局接到香港政记轮船公司船员陆治文密报，称政记公司拟将停泊在香港的胜利、茂利、安利、丰利、英利、新利六艘轮船借称转籍，驶出港海前往台湾或大连，以供租与敌人应用。

接到密报后，广州航政局当即检同《轮船转籍限制》一份密函外交部驻粤特派员，请其转照英国领事馆转知香港总督府，在政记公司轮船未经呈准交通部注销中华民国国籍暨领有注销国籍证件呈验以前，不得驶出港海，并令中国轮船驻港联合办事处主任郑伯元（兼任招商局香港分局经理）查明各艘轮船究竟有无转籍之事。

由于事关重大，不久广州航政局局长卢逢泰亲自赴香港调查，认为政记公司确有资敌嫌疑。其间，该局又接到了第二次密报：

> 近据确悉公司有异动事，大连已派王乾一（日本通）奸人于本星期来港，对于已修竣之胜利等轮（由汉奸孙国忠船主领去）另换英旗，由北方裕隆行代理为名，待结关出港海后另悬伪旗，由敌军舰保送到大连，为敌军用来残杀同胞。[1]

广州航政局将此事上报交通部，请该部咨请外交部转照英国大使馆转香港总督，制止政记公司轮船驶出港海，俾免资敌。

知悉此事后，交通部于 5 月 3 日咨请外交部照会英国大使馆转电港督制止轮船出港。但是在 8 日外交部的回复中，经外交部驻广东、广西特派员与英国总领事两度洽商，英方始终认为此事系属法院管辖范围，香港政府不能禁止各轮出港。"英方之立场，似甚明显。"[2] 鉴于英方的态度，外交部建议交通部将此案由外交途径改由司法途径解决。

但是交通部认为事态紧急，因此于 5 月 9 日致电广州航政局，要求该局与广东绥靖公署主任余汉谋先行颁发征用令，征用政记公司轮船。

---

① 《卢逢泰致张嘉璈快邮代电》（1938 年 4 月 27 日），二〇（22）/892。
② 《外交部致交通部咨》（1938 年 5 月 8 日），二〇（22）/892。

5月13日，卢逢泰会同兵站分监部简作桢等人赴香港，当晚约集郑伯元等人，并传原告发人陆治文征询实情。次日上午，走访香港律师罗文锦及香港理船厅查询香港法律手续及转籍真相，下午传询政记公司驻港经理阎经九。15日，前往政记公司调查款项来源及修理费用，下午派人前往各船检验修理情形。经过数日调查之后，决定由兵站分监部先行下令征用六轮，并遴派各轮管理员、助理员及特务员。16日上午，再赴罗文锦律师处详询法律意见，下午召集原有各轮船员在丰利轮上训话并由兵站分监部颁发守则，之后走访军事委员会西南进出口物资运输总经理处（以下简称"西南运输处"）会商租用已征各轮事宜。17日返回广东。

三 招商局奉命接收

政记公司轮船被兵站分监部征用，事情看似告一段落，实则不然，经费、营运、人员管理等问题随之而来。招商局在最初因地利而协助广州航政局参与此事，在解决这些问题的过程中，该局作用日益增大，最终演变为由招商局接收了政记公司的六艘轮船。

（一）招商局接收经过

因政记公司六轮均停香港，交通部鞭长莫及，此时恰好招商局停港海元、海亨、海利、海贞、海云五艘轮船拟于租约期满后即向西南运输处收回自用，因此，1938年5月30日，交通部致函西南运输处，询问是否需要租用政记公司轮船以接替招商局轮船。负责具体征用事务的第十二兵站分监部也认为该轮船最适合驻港西南运输处使用，余汉谋于5月30日将该事电呈军事委员会委员长蒋介石。

于是，军委会致电西南运输处主任宋子良接收使用，但宋子良在回电中称："本处无增加船只必要，接收徒耗费用，拟恳令饬交通部接收。"[①] 6月8日，军委会发出快邮代电，令交通部接收使用。

接到军委会的快邮代电后，交通部部长张嘉璈于6月12日分别向国营

---

① 《蒋中正致张嘉璈快邮代电》（1938年6月8日），二〇（22）/892。

招商局总经理蔡增基、广州航政局局长卢逢泰发出代电，询问六艘轮船此后究竟应该如何营运，才能获得收益维持开支。

> 案奉蒋委员长庚侍参鄂代电，以前据余副司令长官汉谋卅电云云全叙至希查照接收，审慎使用为盼等因。查英利等六轮征用后，本部亦准余副司令长官代电，以该六轮综计月需经费约国币贰万元，暂拟五折支给，月约壹万元，请给款维持等由。查该六轮停泊香港，最合于西南运输处租用，现在该处既经表示不能接租，则此后究应如何设法营运，俾能获款维持，仰迅核议具复为要！①

在交通部还在思考如何处理政记公司轮船时，广东绥靖公署已经依照军事委员会的命令，要求广州航政局接收六艘轮船，并将垫支的一切费用如数拨还。广州航政局自觉人力财力均无法接收，在6月14日的快邮代电中请求交通部：

> 拟请派员或电令招商局蔡总经理先行接管，然后将西南处原租招商局五轮设法交涉收回自用，同时将政记六轮为之替代，庶可不再推托。其次，现查香港商货□集堆栈颇感缺乏，为适应社会需要及经费有所抵注计，可否将该六轮交由招商港局负责办理堆栈业务。②

张嘉璈于6月15日致电余汉谋，表示轮船的营运问题，正饬招商局核议，在问题未解决以前，希望所需经费，贵署暂照五折核发。并于同一日再次致电招商局：

> 文航船代电计达。英利等六轮征用后，抛泊香港，损失不赀，亟应设法营运。查西南运输处租用之四海轮及海云，该局既欲收回，自可将该六轮接替应租，仰即进行商洽或另筹其他办法呈核为要。③

既然军委会已经令交通部接收，余汉谋自然想将"烫手山芋"尽快移

---

① 《张嘉璈致蔡增基、卢逢泰代电稿》（1938年6月12日），二〇（22）/892。
② 《卢逢泰致张嘉璈快邮代电》（1938年6月14日），二〇（22）/892。
③ 《张嘉璈致蔡增基电稿》（1938年6月15日），二〇（22）/892。

交，因此并未理会张嘉璈的电报，反而一再催促广州航政局并限其于21日接收。即使卢逢泰晋谒也没有作用，余汉谋依然"面令先行接收报部处理"。[①] 卢逢泰自知理亏，"窃按此事由于兵站部以奉命征用供协助性质，既奉委座核准由钧部接收，自应交还处理。余主任亦以应付非常，未便久悬"。[②] 他只能请求余汉谋暂时不要撤回派驻各轮人员，只做管辖上之移转，并请求交通部速电招商局接收，再计营运，免生枝节。

6月23日，张嘉璈致电蔡增基，命其先行接收。

> 删电计达。胜利等六轮，仰即先行接收。善后事宜，可会同卢局长审慎洽办具报。[③]

而蔡增基则在6月25日的回电中表示，计划先接收可以使用的胜利、安利、茂利三艘轮船。

> 本局以各轮月需经费颇巨，须详查方能议复。正办理间，复奉漾航船电，饬先将胜利等六轮接收等因。查各轮中除新利、美利、丰利三轮在未加修理前绝不能用外，仅胜利、安利、茂利三轮尚可使用。经与卢局长洽商，拟先将胜利等三轮接收，设法营运，其余新利等三轮则从长计议。[④]

但是由于余汉谋一再要求，交通部要求招商局将政记公司全部六艘轮船"先行接收，再筹营运办法"。[⑤]

6月28日，蔡增基在致张嘉璈的快邮代电中表示，经过与卢逢泰商议，暂不接收未修理好的三艘轮船，并且轮船仍由广州航政局管理。

> 谨查胜利、安利、茂利三轮业经本局接收，并于感日会报在案。新利轮船底已穿，英利、丰利两轮船头亦破，绝对不能使用。如将三

---

① 《卢逢泰致张嘉璈电》（1938年6月19日），二〇（22）/892。
② 《卢逢泰致张嘉璈电》（1938年6月19日），二〇（22）/892。
③ 《张嘉璈致蔡增基电稿》（1938年6月23日），二〇（22）/892。
④ 《蔡增基致张嘉璈电》（1938年6月25日），二〇（22）/892。
⑤ 《张嘉璈致蔡增基电稿》（1938年6月27日），二〇（22）/892。

轮修理，需款在港币三十万元以上。爰经与航政局卢局长商洽，暂不接收，并仍由航政局管理。①

对此处置措施，卢逢泰显然与蔡增基意见不一致。卢逢泰认为，轮船之经营、管理应由招商局全权负责，广州航政局只负责协助：

兹谨就管见所及分条缕陈如下。

一、按照商决办法第一点对于各轮之行政管理仍由本局负责处置一节，只以当时招商局一再坚持推诿，虽经局长将本局处境及人力、财力不足多方解说，终无结果，为免僵持计，始从权商定。其实该已经修妥之胜利、安利、茂利三轮，既经交由招商局接管并负责办理业务营运，则所谓行政管理与有息息相关，必须调度灵活，庶足以言事功，无论本局远处省会，难以顾到，为统一事权便于指挥计，亦应由招商局直接处理。现由本局照案函托代表执行，徒然于形式上多费一番手续而已。此层拟请令饬招商局对该三轮有经营管理之全权，俾切实际而免周章。

二、按照商决办法第三点，对于新利、英利、丰利三轮之处置一节，招商局之意以其船身破旧不堪使用，不如直截了当建议钧部暂予解征。就征用后之营运立场而言，则该三轮既然无可利用，自以解征为宜，以免得物无用，反须负担经费开支及增加一切管理上之琐烦。但按诸当初征用之意，原以资敌为可虑（该三轮船身虽坏，机件尚好，仍能行驶）；就政府整个立场而言，则又似未便取舍互异，前后分歧。兹再补陈处置办法乙项如后。

甲、照商决办法，即请钧部电达粤绥署将该三轮解除征用。

乙、令招商局一体接收，如可设法营运应尽量利用，如果确属不能使用，由招商局核定该三轮最低限度经费额，就胜利等三轮盈余项下支付，若犹不敷，呈请钧部拨之。当局长在港时，曾面商蔡总经理，允先行派员勘验该三轮之船身破坏程度斟酌利用，返省后曾于具报余主任接收情形，文中请饬江防司令部转饬留港修理兵舰在未经呈

---

① 《蔡增基致张嘉璈快邮代电》（1938 年 6 月 28 日），二〇（22）/890。

奉钧长核示确定处置办法以前，随时设法暗加监护，免生意外……

三、原由兵站部派驻该六轮管理、助理、特务人员虽经呈准绥署暂勿撤回，亦不过维持过渡之意。且该管理员等能力有限，虽肩重责，一经确定办法自应另予调度，俾专责任。……对于该六轮人事管理须严密调整，不独杜渐防微，隐患潜消，而各种问题亦均迎刃而解。现在各方面之所以此推彼诿不肯坦率接受，人事问题实为症结所在。兹综合环境与事实而论，应请令饬招商局统筹核定，克日先行派定船主，再图整饬。如与绥署及兵站部有所接洽须本局协助之处，本局自当尽力照办，以利推行。①

（二）营运问题

自政记公司轮船被征用后，六艘轮船的经费问题便令各方感到棘手。而几经波折后，招商局接收了政记公司胜利、茂利、安利三艘轮船，营运问题也亟待解决。

按照船舶征用条例，被征用船只应该由政府支给船租及发放员工薪水，"综计各轮每月员工薪饷约共需国币六千六百余元，另各轮一切煤水杂项修理药费等约共需港币一万一千余元"。② 船租方面，政记公司要求与西南运输处租用招商局停港船舶同等待遇。西南运输处租用招商局留港轮船，计海元、海亨、海利、海贞每艘二千五百元，海云月租三千五百元，但政记公司轮船之吨位与船龄稍有差别。

抗战期间，各部门经费紧张，交通部认为，政记公司原列各船各项经常费用，为数甚巨，应斟酌实际情形，切实核减，借资撙节。其中如例修一项，在各轮停航期间，概可毋庸开支。所以最终决定，其他费用按照五折发给，每月约需国币一万元左右。

除了船舶的维持费用，更重要的是各轮的营运问题。营运问题如果可以解决，就可获得收益，可以偿付因征用而支出的各项费用。

按照开始的设想，交通部打算用政记公司轮船接替招商局租给西南运

---

① 《卢逢泰致张嘉璈呈》（1938年7月1日），二〇（22）/890。
② 《卢逢泰致张嘉璈呈》（1938年5月21日），二〇（22）/892。

输处的轮船，但由于西南运输处租用招商局的轮船是用来存贮军火等危险品，而政记公司不愿意轮船存储危险品，从而陷入僵局。

> 本局接收政记公司胜利、茂利、安利三轮后，曾接该公司七月一日来函，略称各该轮若能租作货仓茓存商品，自系极端欢迎，倘属军火一类之货则不敢贮存，实为环境所迫，顾虑繁多等语。此中情形业于日前台从莅港时面告。兹再接政记公司七月六日来函略称，该三轮上次修理所费浩大，迄今仍欠船坞巨款，当斯债务未清之时，若茓存危险品，不无窒行之处。敝公司财力匮乏，偿付无期，诚恐因此引起法律问题等语。查本局四海轮前经西南运输公司租用，茓存危险货物（现海元、海利、海贞三轮尚在存贮军火等危险品），如欲将四海收回，则必须以接收政记之三轮替代，方可将四海腾出。惟本局先后据政记公司来函，斤斤以不能存贮军火等危险物品为言，如将各该轮交由西南运输公司用为存贮军火，势将引起纠纷。缘本局不能在香港行使警权，且须受港地法律之羁束，绝对不能强制办理。①

四 广州沦陷，风波再起

在交通部、招商局、政记公司等各方就政记公司轮船营运问题交涉过程中，1938 年 10 月，广州沦陷。由于粤海形势严峻，派驻于胜利、茂利、安利三轮（新利、英利、丰利三轮因船待修解征）之管理员亦暂予撤退。

1939 年 2 月初，交通部接到密报：

> 政记公司竟将六轮擅行让与日本，图谋出航。该公司在港办事人员均已逃匿无踪。②

2 月 8 日，张嘉璈急电蔡增基：

> 政记六轮既据密报有通敌图逃情事，仰迅代表中国政府先与香港

---

① 《蔡增基致何墨林函》（1938 年 7 月 7 日），二〇（22）/890。
② 《交通部致行政院秘书科笺函》（1939 年 2 月 17 日），二〇（22）/887。

当局协商制止出口办法，再候外交方式进行。①

2月24日，"胜利"轮代理大副陆治文在致交通部的信中，详细记叙了政记公司委托大连汽船会社为代理人，更易各轮船长，代以日人，准备将轮船驶离香港的阴谋。

直至广州失陷，汉口撤退，奸人的迷梦又起，自己不能出，须由地方出面，香港公司大小职员于一月十三日全体秘密北返，招牌拆去，成□公司状态。事前全体船员不知其逃走原因。于一月廿五日（为领薪日）薪无着，全体着急万分，奔走无门。廿九日，忽接香港大连汽船会社给各船长一信，大意奉大连公司命，你们要薪者可来领，但各船长接信后不假思索于卅日领了回来。余得此消息有了根据，即向国营招商局□□社（前海员公会）等报告，及请前四路军高级参谋吴德洋先生转告驻港各机关，设法呈请香港当局，使中国船只在此抗战期间不准离港海，因时间短□未有呈报请示，罪甚之至！忽于月之四日下午一时，日籍船长四人、大车二人、领导华籍二副四人、水火夫数十人，分别列茂利、安利、英利、新利四轮，另由印籍巡捕（武装）每船二人看守保护。彼等上船无正式信件，原有船长、大车，不问情由，即纷纷离船，敌船长到船后即下令生火准备开航，并即上煤水及日常所需，四轮共装煤九百吨，由三井公司供给之。余已由丰利调往英利□代理大副之职，见彼等一切不合法如强盗行为，即向原来船长辞职，后由敌船长指示，与胜利轮大副对调（因胜利装军火不开，丰利破船不开），故于五日到了胜利任原职，蒙胜利黄船长鸿骞同情余意并合作继续向有关者请示，幸招商局向港政府担保一切，制止不得开航。而备开之四轮，虽如何之宣传今日开，明日开，结果至今未开，这是我们国家之幸福，未失去六轮。该六轮价值二三百万，虽在此抗战期间对于国家无补，然开出港海给敌人军用受莫大损失，故余为国民一份子，尽个人能力，有始有终，继续反对开航。依现势看下，六轮实无法开出港海，希□进一步办法收为国有，由招

---

① 《张嘉璈致蔡增基电稿》（1938年2月8日），二〇（22）/888。

商局接管，是十二万份愿望的！①

交通部一面电请最高法院检察署先行颁发扣押六轮命令，一面由招商局径请香港法院阻止安、茂两轮离港。

五　招商局起诉政记公司

1939 年 2 月，交通部电请最高法院检察署先行颁发扣押政记公司六轮命令，由招商局以股东资格，向重庆地方法院申请解散该公司。重庆地方法院以 1939 年 2 月 21 日声字第五十九号民事裁定，将该公司宣告解散，并派蔡增基、章鼎峙、王云五为清算人。嗣后该公司张本政等人，向重庆高等法院抗告，亦经裁定驳回。

4 月，政记局以股东资格，委托布律端律师行，诉请香港高等法院制止政记公司轮船出航，施以扣押之紧急处分后，随即诉请解散政记公司香港分公司。法庭先后核准该六轮船予以扣押，并派蔡增基、王云五、章鼎峙三人为该分公司临时清算人，接管停港之六艘轮船。张本政等人委托日籍律师松本为代表，就近请律师行代理诉讼，不服香港高等法院颁布的临时清算命令，诉请撤销。

7 月 3 日，香港高等法院开庭审理此案，判决招商局胜诉，但张本政等人仍然不服，复向香港高等法院合议庭提起上诉。

11 月 13 日、14 日，香港高等法院合议庭开庭审理该案，并于 1940 年 1 月 5 日正式宣判政记公司败诉。但是张本政等人对于香港高等法院合议庭的判决，仍然不服，向伦敦枢密院（Privy Council）上诉。

1941 年 5 月，政记公司的上诉被驳回。依照香港法例，香港政记分公司所有清算程序由香港法院清理员专门办理，扣押的政记轮船亦由清理员掌管。6 月开始，交通部、招商局就政记轮船承购及营运问题与各方进行交涉。12 月，太平洋战争爆发，不久香港沦陷，政记公司茂利、安利、胜利、新利四艘轮船被敌所掳，丰利、英利两艘轮船被港务局解体售卖。

---

① 《陆治文致交通部航政司司长函》（1939 年 2 月 24 日），二〇（22）/887。

洋务企业家的来源及不同表现

——基于李鸿章系统官督商办企业的考察

周建波　孙淑彬*

一　引言

作为中国工业现代化起点的洋务运动，具体以洋务企业为载体。从经济角度看，以新式工商业为内容的洋务企业按照一种新的方式对经济资源进行了整合，而这种整合是通过具体的企业家的行动实现的。根据熊彼特的定义，企业家是"实施新组合的人"，这种生产资料的新组合具体表现在产品、生产方式、市场、原料基地和组织方面进行的创新，且企业家是"经济发展的根本现象"。因此，企业家的具体选择与洋务运动的发展密切相关。

虽然洋务企业家是洋务企业的灵魂人物，但已有相关研究却很少从企业家职能角度加以展开。国内学界在早期主要关注企业家的政治属性及其转型问题。张国辉及稍后的严中平是这类研究的代表性学者，他们按照社会来源将洋务企业创办人和投资人分为洋务派官僚、买办和旧式商人上层三类，在描述各类代表性人物个人活动的基础上考察其向民族资产阶级的转化情况，以此讨论中国早期资产阶级的来源问题。后来马敏将这一阶层重新界定为传统绅士与近代工商业资本家之间的过渡性社会阶层，是为"近代绅商"，进而按照士人型、买办型、官僚型的划分来讨论他们的转型

---

* 周建波，北京大学经济学院教授；孙淑彬，北京大学经济学院博士生。

问题。同时期的国外学界则更为关注洋务企业家的官僚主义作风问题。如费维恺较早地注意结合官督商办企业管理人员的背景出身来考察企业的官僚作风情况。刘广京分析比较了 1883 年金融风潮前后，轮船招商局在唐廷枢时期的"商承"形态和盛宣怀时期的"督办"形态下的业务政策和管理情况，指出盛与招商局管理官僚化的关系。在近些年的研究中，国内学界提出了从赈务与洋务交叉背景来考察洋务企业家活动的新视角。这方面最主要的学者是朱浒。他着眼于盛宣怀这一关键人物，阐明盛宣怀把与江南绅商形成的赈务关系转化为洋务事业的资源，进而推动了洋务建设的社会化和本土化。他还重拾企业家分类问题，提出了向新兴阶层的转化程度或新陈代谢程度这一较为明确的衡量标准，以此来讨论转型问题。

整体而言，关于洋务企业之运作、表现乃至效率评估的研究硕果累累，而从企业家的选择考察洋务运动发展的研究成果并不多。朱浒在盛宣怀或江南绅商的案例研究中涉及了这一问题，此前刘广京也明确揭示了1883 年金融风潮之后轮船招商局主要经理人变动对该局长远发展的深刻影响。至于为什么会发生这种人事变动，学界也不乏讨论。例如，刘广京揭示了 1883 年金融风潮对招商局这一人事变动的重大影响。朱荫贵提出，官对商根深蒂固的不信任是促使 1885 年招商局由"商事商办"转向"商事官办"的根本原因。这些洞见为进一步深入研究奠定了重要基础。不过，学界仍然鲜有基于洋务运动全局而开展的对洋务企业家的专门研究。

本文试图基于企业经营视角，以李鸿章——洋务运动的核心人物——布局的官督商办企业为例，从选人标准、实际人选及其来源特征三方面刻画洋务企业家群像，并具体结合不同来源企业家之资源整合功能的实现，考察洋务企业家的选择与洋务运动发展的关系。

二　洋务企业家的选择

（一）洋务企业目标决定的选人标准

近代中国的企业首先是由地方督抚这类高级官员以地方为基础局部地发展起来的。这些现代企业——习称为洋务企业——酝酿于咸同时期的军事环境中，是部分地方高级官员——习称为洋务大吏——用来应对西方随时可能的侵略的手段。整体而言，洋务大吏主导的现代化发展战略采取了优先发展军事工业的路线。这一路线以国防为主导，旨在引导社会资源服务于实现民族自强，具体的实现形式就是发展各种类型的洋务企业。而作为一种前所未有的新生事物，洋务企业最初由幕府制度脱胎，且始终没有被纳入国家政府体制，结果其指挥与负责主要仍归于发起倡办的洋务大吏。不仅洋务企业的类型选择、人事差委均取决于洋务大吏，而且企业之创办、发展也与洋务大吏的行动密切相关。就李鸿章而言，他主要通过札委高级管理人员来控制洋务企业，使企业服务于其洋务战略蓝图。相应的，李关于洋务企业的认识及定位限定了其人才选择标准。

首先，在李之"自强"政策推动下，洋务企业的布局以国防安全为核心。李很早就意识到外国侵略的可能，从 19 世纪 60 年代开始就积极倡导"自强"政策，主张学习西方技术增进中国潜在的军事经济能力。在任直隶总督后，李提出了更加广泛的计划，主张在运输、采矿、制造各方面采取西方技术，为铁路和电报的商业和军事价值做辩护，并努力谋求其他督抚的合作共同推动计划。对于李而言，这种向民用领域的拓展是优先发展军事工业的延伸。

一方面，部分民用企业具有直接的军事价值。通过西法开采矿务，可直接向兵工厂和造船厂提供极其重要的原料和燃料，对接军需，避免花费巨资及受制于外人："中国兵商轮船及机器制造各局用煤，不致远购于外洋，一旦有事，庶不为敌人所把持，亦可免利源之外泄"，"制造枪炮子弹及各项军器所需物料，以青白铅为大宗，中国矿产未开，历皆购自西洋，价值运费岁糜巨款……亟应设法开采，以尽地力而济军需"。电报、铁路除了有商业价值外，还有明显的军事价值。李鸿章列举兴办铁路之利有九，其中即包括便利军队行动、腹地拱卫京师之利——"中国创办电报，南北消息往来，瞬息呼答，实于军务、洋务大有裨助"也出于"开利源而杜边患"（漠河金矿）的综合考虑。

另一方面，民用企业所得之利可通过金钱、服务等各种形式的报效支持国家财政对军事工业的经费投入。具体而言，轮船招商局向中国海关缴税，解决漕运和灾赈中的物资运输问题，并根据政府需要运送军队服务于海防。1891 年以后，招商局还要每年向政府报效大约 10 万两白银。1899 年开始，电报局每年也要上缴 4 万两报效银，1884—1902 年电报局通过免费或半价服务以及金钱形式缴纳的报效费估计在 124 万元到 143 万元之间。上海机器织布局和各类金银矿务局与国家服务没有直接关系，明确采取金钱报效形式。上海机器织布局的建立是为了"扩利源而敌洋产"，"稍分洋商之利"。光绪四年（1878）即有御史提议"招徕殷商，听其开办，酌量征收厘税"，进而富强以固最要之海防。因为在不平等条约体制下，土货对洋货的进口替代被认为有利于渐塞漏卮。虽然李鸿章为该局争取了十年垄断经营权以及与洋商一致的税收待遇，但同时不忘提出，届时如果真能减少洋布进口，将调整政策。李还认为开采矿山可实现"借地宝以资海防"。开采金属矿藏之利润一开始就具有指定用途，如漠河金厂所获利润的分配，"除开局用官利外，当以十成之三呈交黑龙江将军衙门，报充军饷，应用矿师"。

李在奏请试办机器织布局时提出了自己对强与富关系的看法："维古今国势，必先富而后能强，尤必富在民生，而国本乃要益固。"不仅强调了民富对于国家财政的基础作用，也反映出"强"即国防安全是终极核心。大约在同一时期，李还明确拒绝了郭嵩焘提议的学习日本政府的留学方针、改学习军工相关技术为学习立国之本制度的建议，认为"兵乃立国之要端，欲舍此别图大者远者，亦断不得一行其志"。这些都说明对于李鸿章而言，中国国防是其洋务事业不可动摇的核心。

其次，李对洋务事业的发展预期有一种民族自强的取向。除了"自强"之外，李在谈及洋务企业时常用的另一个词是"大局"。例如，李指出湖北矿务"动关大局"，源于此举关乎中土风气之开，中外注目，"一涉颓沮，势必旁观窃笑，后来裹足"；谈开平煤矿"似于大局关系匪浅"，因为"开煤既旺，则炼铁可以渐图，开平局务振兴，则他省人才亦必闻风兴起"；称赞盛宣怀对具有重要军事价值的电报局有创办之功，并成功招集华商使各省电报局改归商办，"俾公家久享其利，商人亦获什一之盈，实能裨益大局"。这些用法显示，洋务"大局"并不以官局为限。李希望其所倡办的洋务企业大开民间效法之风气。早在置办江南制造局时，李就对机器制造这一新生产方式的前景充满期待："洋机器于耕织、刷印、陶埴诸器皆能制造，有裨民生日用……料数十年后，中国富农大贾必有仿造洋机器制作以自求利益者。"

因此，李鸿章期待洋务企业本身要开风气之先，实现民族自强，同时要统筹全局，服务于国防战略核心。对于采取官督商办形式的民用洋务企业管理人员而言，这意味着既要实现盈利、振兴局务，又要站在国家角度为国防需要提供服务上或财政上的支持。相应的，筹资能力、经营能力、超越企业自身考虑的大局观成为李鸿章选择洋务企业家的重要参考要素。

（二）洋务企业家人选的现实约束

在官督商办企业中，企业的实际业务全权交由所札委的经理人办理，李鸿章的控制角色则类似于中国传统商号中的老板，一般不会干预经理人的活动。因此，从经济功能上讲，洋务企业经理人本人的社会关系直接决定了企业可获得的经济资源（包括李鸿章最注重的筹资能力）；而反过来，这种获取资源的能力也是他们之所以被选择的重要参考。

就微观经营管理经验而论，中国经济近代化起步时主要有三类现成的经验持有者群体。

第一类是掌握中国经营管理经验的传统商人。第二类是直接接触西方经营管理经验的买办。在洋务运动起步的 19 世纪 60、70 年代，在外国洋行任职的买办是唯一接触西方经营管理经验的群体。买办在洋行中的职责是多重的，而且随洋行业务发展的需要而变化。最初买办担任洋行内务总管，管理华籍雇员并担保其人品。60 年代以后，买办开始转变为业务副手，他们要担保钱庄和华商的偿付能力，同时充当洋行司库、融资对象和翻译员，还要提供市场情报，经手商业交易。当洋行开始进入中国航运业时，买办新增了照料洋行船运业务的职责，特别是负责揽载生意。买办最重要的职责是从内地采购中国土产，除了 19 世纪最重要的茶叶和生丝以外，还涉及矿产开采的调查与协商。到了 60、70 年代，买办的职责逐渐拓展到商业、轮船、保险和工厂各类事务，这种广泛而密切的参与使他们有机会接触到西方的经营管理经验。与此同时，条约口岸的洋行所凭恃的西方法律思想和制度，也为买办理解现代工商业提供了合同法、有限责任等新观念。这些经历使具有买办背景的群体不仅更有意愿参与近代商业与工业投资，而且有能力与外商展开竞争。买办确实是最早投资于中国近代工业的群体。相比于传统商人，当环境变得有利时，买办背景的人对新式工商业的反应往往更加敏锐。

第三类是具备行政或军队涉及的核算管理经验的幕友。清代的幕友是地方官员自雇的行政管理专家。幕友的职能分工很细，一般包括刑名、钱谷、征比、挂号、书启、朱墨、账房等。太平天国战争和捻军战争期间，因军事需要而诞生了一些新的幕友职能，如曾国藩的主要幕友在职能上包括治政务、治文书、出谋划策、治水师、治军饷、自强事业等。李鸿章也因军务、政务、洋务等方面的需要而发展出庞大的幕友群体。在平定咸同年间的战乱后，随着李鸿章就任直隶总督兼北洋大臣，一些当年军务所需的幕友或被保举为官，或转型应对新的需要。这些应付军务的幕友有两类，一类是淮军将领，一类是后勤机构，后者负责粮饷与军械的供应。淮军军饷主要来自厘捐与海关税，粮饷军械等物资则靠粮台供应，李设法将幕友安置到相关局所机构的关键职位来筹措饷需，保证供应。供应军需的新职能从经验上讲仍然是传统的，并不涉及竞争性质的商务经验。但幕友关于新式军械的采购管理甚至自行制造经历，确实使他们成为近代军事工业最初的人才基础。

表1至表3整理了1900年以前李鸿章所布局的官督商办企业的企业家基本情况。其中，"籍贯"代表地缘这一传统社会关系中的重要联结，"入局前经历"指当事人在入局任职之时已具备的与企业经营管理有关的经验，除了"传统商人"、"买办"、具备某类经验的高级官员的"幕友"三类直接有关经验之外，还标记出（正途或杂途）"官员"、作为为突破社会关系渠道而严重稀缺的"新学"等当事人具备的最可能接近入局要求的经历。

表1　轮船招商总局主要管理人员情况（1873—1900）

年份	人员	职务	籍贯	入局前经历
1873—1875	唐廷枢	总办、商总（专管轮船揽载行运事宜）	广东·香山	买办

年份	人员	职务	籍贯	入局前经历
1873—1875	徐润	上海局内商董	广东·香山	买办
	朱其莼	上海局内商董	江苏·宝山	传统商人
	朱其昂	司漕运	江苏·宝山	传统商人
	朱其诏	司漕运	江苏·宝山	传统商人
	盛宣怀	襄办两事	江苏·武进	幕友（军务）
1876—1877	唐廷枢	总办、商总	广东·香山	买办
	徐润	会办	广东·香山	买办
	朱其莼		江苏·宝山	传统商人
	朱其昂	在局督理收兑漕米事宜	江苏·宝山	传统商人
	朱其诏		江苏·宝山	传统商人
	盛宣怀（不在局）		江苏·武进	幕友（军务）
1878	唐廷枢	总办、商总	广东·香山	买办
	徐润	会办	广东·香山	买办
	叶廷眷	专办漕务兼照料轮船生意	广东·香山	杂途官员（军务）
	朱其莼		江苏·宝山	传统商人
	朱其诏		江苏·宝山	传统商人
1879—1880	唐廷枢	总办、商总	广东·香山	买办
	徐润	会办	广东·香山	买办
1881	唐廷枢（不在局）		广东·香山	买办
	徐润（不在局）		广东·香山	买办
	张鸿禄	帮办局务	江苏·无锡	买办
1882	唐廷枢（不在局）		广东·香山	买办
	张鸿禄		江苏·无锡	买办
	郑观应	八月到局帮办揽载	广东·香山	买办
	徐润	会办	广东·香山	买办
1883 上半年	唐廷枢（不在局）		广东·香山	买办
	徐润	办理局中公事	广东·香山	买办
	张鸿禄		江苏·无锡	买办
	郑观应		广东·香山	买办

续表

年份	人员	职务	籍贯	入局前经历
1883 下半年	盛宣怀	到局维持一切	江苏·武进	幕友（军务）
	唐廷枢	协助	广东·香山	买办
1884	马建忠		江苏·丹徒	幕友（新学）
1885—1890	盛宣怀（不在局）	督办	江苏·武进	幕友（军务）
	马建忠	会办	江苏·丹徒	幕友（新学）
	谢家福	会办	江苏·吴县	义赈
1891	盛宣怀（不在局）	督办	江苏·武进	幕友（军务）
	沈能虎	会办	浙江·海盐	幕友（军务）
	严潆	总局商总、商董（银钱）	江苏·吴县	传统商人、赈务
	唐德熙	商董（揽载）	广东	商人
	陈猷	商董（交涉）	广东·新会	新学
1892	盛宣怀（不在局）	督办	江苏·武进	幕友（军务）
	沈能虎	会办	浙江·海盐	幕友（军务）
	郑观应	会同沈能虎驻局以总其成	广东·香山	买办、义赈
	严潆	商董	江苏·吴县	传统商人、赈务
	唐德熙	商董	广东	商人
	陈猷	商董	广东·新会	新学
1893—1896	盛宣怀	督办	江苏·武进	幕友（军务）
	沈能虎	会办	浙江·海盐	幕友（军务）
	郑观应		广东·香山	买办、义赈
	严潆	商董	江苏·吴县	传统商人、赈务
	唐德熙	商董	广东	商人
	陈猷	商董	广东·新会	新学
1897—1900	盛宣怀	督办	江苏·武进	幕友（军务）
	顾肇熙	会办	江苏·吴县	正途官员（防务，盐法道，赈务，藩司）
	郑观应		广东·香山	买办、义赈
	严潆	商董	江苏·吴县	传统商人、赈务
	唐德熙	商董	广东	商人
	陈猷	商董	广东·新会	新学

表 2　开平矿务局主要管理人员情况（1874—1900）

年份	人员	职务	籍贯	入局前经历
1874—1877	唐廷枢	总办	广东·香山	买办
1878—1880	唐廷枢	总办	广东·香山	买办
	黎兆棠	会办	广东·顺德	正途官员（军务、赈务、藩司、防务）
	丁寿昌	会办	安徽·合肥	幕友（军务、洋务）
1881—1884	唐廷枢	总办	广东·香山	买办
	徐润	会办	广东·香山	买办
	吴炽昌	会办	广东·四会	买办
1885—1890	唐廷枢	总办	广东·香山	买办
	吴炽昌	会办	广东·四会	买办
1891—1892	唐廷枢	总办	广东·香山	买办
	吴炽昌	会办	广东·四会	买办
	徐润	会办	广东·香山	买办
1893—1894	张翼	总办	顺天·通州	醇亲王随员
	吴炽昌	会办	广东·四会	买办
	徐润	会办	广东·香山	买办
1895—1897	张翼	总办	顺天·通州	醇亲王随员
	陈言	会办	广东·新会	洋务（近代报刊、驻外国使馆参赞）
	徐润	会办	广东·香山	买办
1898—1900	张翼	督办	顺天·通州	醇亲王随员
	周学熙	会办、总办	安徽·至德	科场生涯

表 3　上海机器织布局、中国电报局、漠河金厂部分主要管理人员情况（1878—1900）

年份	人员	职务	籍贯	入局前经历
			上海机器织布局	
1878—1879	彭汝琮	总办		杂途官员
	郑观应	会办	广东·香山	买办、义赈
	卓培芳	帮办		买办
	唐汝霖	帮办		买办

续表

年份	人员	职务	籍贯	入局前经历
1880—1882	戴恒	总办	江苏·丹徒	正途官员
	郑观应	总办，常川驻局（招股、用人、立法）	广东·香山	买办、义赈
	龚寿图	会办	福建·闽县	杂途官员
1888—1889	龚寿图		福建·闽县	杂途官员
	龚照瑗		安徽·合肥	幕友（洋务）
	杨宗濂		江苏·无锡	幕友（军务）、官员、洋务
1890—1893	马建忠	总办	江苏·丹徒	幕友（新学、洋务）
	杨宗濂		江苏·无锡	幕友（军务）、官员、洋务

中国电报局

年份	人员	职务	籍贯	入局前经历
1881	郑观应	上海分局总办	广东·香山	买办、义赈
1882	谢家福	上海分局、苏州分局	江苏·吴县	义赈
1882—1900	经元善	上海分局总办	浙江·上虞	商人、义赈
1883	李培松	扬州分局	浙江·扬州	商人、义赈
1881	谢庭芝	苏州分局	江苏·吴县	义赈
1881	张世祁	镇江分局	安徽·绩溪	义赈
1881	严作霖	镇江分局	江苏·丹徒	义赈
1887	沈嵩龄	广东分局	江苏	义赈
1889	何梅阁	南昌分局	江苏	义赈
1892	谢庭芝	烟台分局	江苏·吴县	义赈
1893	王柳堂	泸州分局		义赈
1893	章蔚斋	泉州分局		义赈

漠河金厂

年份	人员	职务	籍贯	入局前经历
1889—1890	李金镛	总办	江苏·无锡	商人、义赈
1891—1895	袁大化	总办/督办	安徽·涡阳	异途官员（军务）
1896—1897	周冕	总办		
1898—1900	徐杰	总办		

显然，李鸿章自身的社会关系一定程度上也限制了其人才选择的范围。在不存在职业经理人市场及其对应物的晚清，洋务企业家从哪里来？

李鸿章只能借助自身的社会关系寻找合作者。这些关系主要包括同年、师生、幕友、同僚，以及由此出发的"因友及友"。张国辉考察了一些主要官督商办企业的创办者和投资者的社会关系，发现"几乎所有规模较大的企业，无一不是与李鸿章关系密切，或直接由他策划，或间接与他联系"。不过，很难将这种关系简单列为腐败的裙带关系。一方面，通过这些关系招徕进洋务企业的人并非纯然尸位素餐之徒。19 世纪 60 年代开始，李鸿章由于发展洋务事业的需要，在幕府中汇集了一批具有现代化倾向的思想精英和具有新学知识的技术精英，"标志着原来处于自发分散状态的现代化推进力量以幕府为中介，实现了一次大聚合"。这些幕友在李鸿章倡办的军工及民用洋务企业中扮演了重要角色。另一方面，这些关系主要充当了信息渠道而非选择标准。在当时，创办新式企业是一种前所未有的冒险。李鸿章作为企业的倡办者、企业家的担保人而负有总责任，他既要筹划洋务企业服务于自己的国防战略大局，还要避免企业出现闪失而给对手提供政治攻击的把柄。这些都要求李鸿章在选择企业经理人时把经营管理企业的能力作为首要考虑。体现这种考虑的一类证据是李鸿章在向清廷奏调洋务企业人选时对该人履历资质的介绍。表 4 列举了李鸿章奏稿中的部分说明，可以看出商务经验、业务经验等被视为奏调入局的重要条件。

表 4　李鸿章选人奏调入局评语选摘

奏调人选	评语
朱其昂	承办海运已十余年，于商情极为熟悉，人亦明干
唐廷枢	熟精洋学，于开采机宜、商情市价详稽博考，胸有成竹
郑观应	才识并优，条理精密，久为中外商民所信服
叶廷眷	廉正朴直，条理精详，实心为公，能任劳怨……于洋务漕运各机宜均甚熟悉，商局利病情形亦所素谙
吴炽昌	老成干练，朴实精详，通晓西国语文字，于矿务商务尤为熟悉
李金镛	血性忠勇，不避艰难，向本随臣办事……奏办珲春垦务兼理中俄交涉事件，前后将及十年，边情最为熟悉

续表

奏调人选	评语
袁大化	前随吴大澂在吉林珲春一带筹办垦荒练兵事宜，耐苦耐劳，结实可靠……到工后派充该局提调……李金镛以病请假，即派该员代理局务……熟悉该处中外情形，竟无出其右者
盛宣怀	历办轮船招商局及各省电报局，著有成效，于商务、洋务尚肯苦志研求

（三）洋务企业家的来源与类型特征

由表1、表2、表3可知，就可确定籍贯的28人而言（暂未包括电报局），李鸿章系统的官督商办企业家有26人来自广东和江南地区（包括安徽）。结合入局前经历来看，广东企业家主要曾充任洋行买办，在正式参与过官督商办企业的9个广东企业家中（未包括唐廷庚），明确具有买办经历的有4个；江南地区的企业家有17个，有传统商人和幕友经历的分别有6个。从时间趋势来看，买办背景的企业家在19世纪70年代开办的轮船招商局和开平矿务局中扮演过重要角色，分别在1884年和1892年以前较长期地占据总办、会办等关键位置。在80年代开办的洋务企业中则罕有入局前充当买办经历者，主要由来自江南地区的企业家主持局务。

针对李鸿章对洋务企业家提出的要求，广东买办、江南商人、江南幕友三类背景的企业家呈现出不同的优劣势。面对新式企业，江南地区一般的传统商人，无论是知识还是资金大多不敷用，而殷商富贾在传统投资经营渠道中的成功又使他们投身新式企业的机会成本相对较高，止步于驻足观望。早在为筹办轮船招商局物色人选时，李鸿章就寄厚望于富商胡光墉，鉴于胡在1871年直隶水灾中捐赈踊跃，李评价胡"素顾大局"。然而，胡却拒绝加入。李很快清醒地意识到，财力雄厚的传统商人较难招徕，他们由于知识上存在壁垒，预期机会成本较高："中国殷实可靠之商皆系别有生业，以素所未习之事，而出其重资，涉于重洋，势必望而裹足。"除了轮船招商局早期的朱氏兄弟外，江南绅商从19世纪80年代开始才在部分洋务企业中扮演重要角色。

买办背景的企业家不仅自身拥有财富，具备现代企业管理经验，而且其社会关系能够成为洋务企业所需要的资金和经营管理人才的来源。研究普遍表明，买办背景的企业家能够很好地胜任"与洋商争利"的目标。但与此同时，他们的私人商业与局务关系密切，这埋下了重大隐患。对于买办背景的企业家而言，1883 年金融风潮是个重大事件。这次危机中大量华商被牵连破产，信誉扫地，正在轮船招商局、上海机器织布局、开平矿务局中扮演重要角色的徐润、唐廷枢、郑观应等人在经济上遭受严重打击，以至于徐润破产，唐廷枢北上，郑观应隐退，甚至"几乎给对轮船航运、矿业以及工业企业有兴趣的华商圈子以灭顶之灾"。1885 年底，李鸿章向接办招商局的盛宣怀表达了对唐廷枢和徐润只顾营私图利，不顾政府利益的不满："从前局事曾屡饬整顿，屡议章程，乃唐、徐等阳奉阴违，往往自私自利，言之实堪痛恨。该道等此次接办，誓不少存私利之见，足见志趣不苟，迥与前办各员不同。"此后，不复见具有买办背景的广东企业家的新面孔。除了在 1883 年危机中幸免于难的开平矿务局基本维持管理层直到 1892 年唐廷枢去世以外，其他企业中出现的具有买办背景的广东企业家只剩郑观应一人，而郑在社会关系上却主要属于江南绅商的义赈圈子。

幕友背景的企业家虽然由于企业经营经验和筹资能力均不突出，在洋务运动早期未在洋务企业中发挥引人注目的作用，但幕友背景的企业家更能以与政府一致的立场理解洋务企业。在官商关系中，盛宣怀就始终坚持官对洋务企业的控制，与唐廷枢、徐润等极力规避官方不必要的监督形成了鲜明对比。此外，幕友掌握的官场知识在由官倡办的洋务企业中是一种优势。对于盛宣怀最初受札委入招商局，唐廷枢就去信表达了对盛拥有这类知识的积极反应："第运漕一节……将来云翁（朱其昂）即有他往，得阁下主持其间，弟等亦不致仔肩独任，闻信之后，不禁喜出望外。"不过，当幕友占据洋务企业家的关键职位时，他们的知识优势、政府立场、官场兴趣导致他们对企业经营事务漠不关心，这又不利于企业的长远发展。

总体来看，就筹资能力、经营能力、大局观三个对洋务企业家的要求而言，买办背景的企业家具备前两者，而缺乏大局观，在遭受 1883 年金融风潮打击之后逐渐退出；幕友背景的企业家前两者欠缺，大局观上拥有优势，在金融风潮之后开始在洋务企业中扮演重要角色；传统商人背景的企业家在三方面的表现存在较大差异，他们不曾担任总办，在 80 年代以后主要通过与江南背景的盛宣怀合作才扮演起洋务企业家的角色。基于不同背景的相对优势，各类洋务企业家究竟是如何获取资源进而实施生产之新组合的？结合他们的相关表现，这种主导洋务运动之洋务企业家类型的转变对于洋务运动发展有何重要意义？

三　洋务企业家的不同表现

（一）经济资源（资源禀赋）

在社会风气未开之时，面对洋务企业在创办、发展时所需要的资本、技术、人才等要素，经南北洋大臣札委入局的洋务企业家，依靠自身的社会关系来尽可能地获取相应资源。不同背景的洋务企业家资源渠道各不相同。

从经济资源角度看，李鸿章按照官督商办设想创办洋务企业的重要背景是缺乏资金和人才。这一设想部分借鉴了盐务中募派富商来提供资本和管理技能的先例，同时模仿西方模式的股份公司，从大批商人中吸引投资。作为第一个官督商办企业的轮船招商局，其最初的总办朱其昂虽为沙船业主和浙江海运局总办，但对于轮船仍缺乏基本的技术知识，在关键的资金和人事方面也没能取得预期的成效。这时盛宣怀向李鸿章推荐了时任上海洋行买办的唐廷枢和徐润。随通商口岸发展而积累起巨额财富的买办群体正好拥有李鸿章创办新式企业所急需的资金和管理人才。就资金而言，买办是中国最富有的商人群体。据郝延平估计，1842—1894 年买办群体的收入累计大约有 53000 万两。就管理才能而言，买办的管理经验不仅随洋行业务发展而增加，而且在参与洋行业务的同时，他们大多自营商业，并借助洋行职权提供的便利为自己的商业服务。即使买办后来离开洋行成为独立商人，由于多涉足传统行业，故只不过是换了一种身份与洋行保持业务往来，并不会互相决裂。这种关联为利用外国技术人才提供了便利。对于中国商人，唐、徐等著名买办通过广肇公所以及个人的影响力而建立起广泛的关系网。特别地，买办形成了家族传统，"实际上，许多买办将他们的职位视为世袭的，一个著名买办同别的买办没有某种亲戚关系是很少见的"。这些在买办时期积累的资金、知识和社会关系网络，在唐、徐入局以后很快转化为企业发展的资源。

在资本筹集方面，企业创办之初，买办群体认购了大部分股份。如轮船招商局计划招股 100 万两，唐廷枢和徐润通过自购股份以及"因友及友，辗转邀集"，在入局第一年筹集到 47.6 万两实收资本，1878 年股本达到 80 万两，其中在"期功之亲友""戚党""亲姻"中就招集了 70% 的股本。大约同一时期，1877—1878 年唐廷枢又以此方式为开平煤矿筹集到至少 20 万两股本，次年又筹集到 10 万两，从而使企业能够顺利开工。1881 年徐润和具有买办背景的广东商人吴炽昌又认购了大量股份，至 1882 年矿务局资本达到 100 万两。对于企业发展而言，钱庄借款是买办经常借助的一种资金来源，尽管高额的利息并不经济。在招商局发展初期，唐、徐实行了扩大船队的计划，在企业利润和政府贷款均不可倚靠的情况下，他们通过向上海钱庄借款来支付增购轮船的款项。之所以能这样做，是因为唐、徐在任职招商局的同时开展有自己独立的生意，这一方面能够在资金上作为招商局的后盾，另一方面商局经理和独立商人的双重身份使他们能够以良好的信誉为招商局从钱庄获得贷款，不过他们也通过向钱庄借款来持有招商局和开平煤矿的股份。此外，政府贷款在企业创办、发展的关键时刻起到了重要作用。在 70 年代，主要由于李鸿章的干预，政府贷款被用于招商局开办、偿还钱庄贷款利息、购买江轮、补足盘购旗昌轮船公司中的商人资本，总额计 192.8 万两。虽然政府贷款要求 7%—10% 的利率，但相比于利率一般超过 15% 的钱庄贷款，企业承受的经济成本压力要小很多。

在知识方面，买办背景的经理人不仅具有管理新式企业的知识，而且逐渐从商人向实业家转变。例如唐廷枢和徐润在任洋行买办期间积累了经营近代轮船航运业的经验，唐廷枢本人还掌握轮船技术知识，使其能够为招商局订购适宜中国沿海贸易的新船，并实施全面的管理，把对外国人的需要限制在航行和维修上。唐所具有的对西方商业习惯的广泛知识也是他成功主持中国第一家大型煤矿企业的基础，在订购机器设备、雇用外国工程师和有经验的工人方面均能亲力亲为、卓有成效。徐润在 1883 年金融风潮后复出，所承办的洋务企业均属矿务。他频繁赴各地勘测矿产，处理有关专业事务，在林西煤矿、承平银矿、建平金矿、永平金矿中充当了重要的管理角色，回忆时自述"出省四十四年矣，历事已不为少，最难莫如办矿"。相对而言，郑观应在总办上海机器织布局时对纺织业的专门知识所知不多，不过他仍然在厂房建设、订购适宜中国原棉的织布机器、雇用外国技术人员等方面的筹建工作中发挥了重要作用。

在企业内部的人事安排上，买办背景企业家的社会关系也占据重要地位。按照局规，作为招商局业务经理的董事主要根据持有股份多少来任命，"选举董事每百股老股举一商董，众董之中推一总董"。开平矿务局也在章程中规定"股份一万两者，准派一人到局司事"，"所有司事必须于商股中选充"。考虑到唐、徐的社会关系在企业股份认购中的重要影响，各局董事大多具有买办背景并与唐、徐有私人关系就不足为奇了。如唐廷枢之弟唐廷庚 1876 年成为广州分局负责人，后来又进入上海总局负责揽载。唐廷枢的儿子在开平矿务局中占据重要职位，吴炽昌之子留学归国后也在该局任事。徐润也以用人为己之一功，自述总分各局所用中外得力人员中，有的是他"素曾共事之人"，有的是他"及时引进之人"。

此外，地域背景也在初期发挥了重要作用。卡尔森指出，开平煤矿所雇的熟练工人最初主要来自广东，这些矿工很可能曾在加利福尼亚和澳大利亚获得了现代采矿经验。地域背景同样有不利的一面。上海开埠以后，当地两大主要地区性团体广东帮与宁波帮就存在激烈的经济竞争。江南社会对广东帮的拒斥，使粤商主导的洋务企业在人力和物力方面很难从江南地区的富庶资源中获得支持。虽然这种不合作的影响充其量只是针对个别企业的发展而言，并不意味着江南社会拒斥洋务，但考虑到民间自发办洋务受到种种因素限制——毕竟唐、徐等也是在官方提供足够的保护与便利之后才愿意加入与洋人争利的洋务企业的——江南社会确实未能在一开始就通过积极参与获得相应经验。相应的，在这种情况下，洋务企业建设也无法推广成为一项社会化运动。

买办背景企业家的优势一定程度上反衬出其他背景企业家的劣势。轮船招商局初始的总办、传统商人出身的朱其昂难堪重任。李幕军务出身的盛宣怀在督办湖北煤矿矿务时也接连出现了在尚未勘明矿藏的情况下贸然设局兴工、托人聘请的矿师资质不足却九个月后才发觉、招不到股金等问题，而适逢"丁戊奇荒"，洋务事业资金被严重挤占，李鸿章也无闲余官款可以挪借。不过，幕友背景企业家具备另外两种背景人士所没有的优势：一是熟谙官场情形，更容易筹借官款；二是试错成本低，能够逐渐积累经验。

志在仕途、缺乏商界联系的幕友背景企业家一般较难招徕商人资本，但他们在做幕僚以及为官后所建立起的官场关系则是筹措资金的有利条件。在官督商办企业中，负责专门与官方打交道的往往是擅长官场交往的有幕友背景的人士。在唐、徐主持招商局期间，政府贷款的安排常需要朱其昂与盛宣怀的协助。盛宣怀在此边缘化时期的高光时刻，是在轮船招商局收购旗昌时指出两江总督沈葆桢自己都不知道的两江"闲款"五十万两，说服沈借给了招商局，而此时唐、徐已经筹不到商人款项了。19世纪90年代接办上海机器织布局的杨宗濂及其弟杨宗瀚均曾在李幕工作，杨父还与李鸿章颇有交谊。杨宗瀚在代其兄经理布局时，正值资金匮乏周转不灵，直接北上直隶向李鸿章借得官款十余万两，使布局顺利周转。然而，官款是否可借取决于政治形势是否有利于洋务事业。像"丁戊奇荒"期间紧急的赈灾需要，1884年恭亲王奕䜣免职、军机处改组后腐败开支的增加，都使李鸿章可支配的经费大幅缩减，使洋务企业对官款的期待越来越难以落实。

不同于商人，官僚背景人士在承办企业时承受的并非经济压力，而主要是政治压力，且压力也不是非常大。这是因为在官督商办企业中，商人担任总办或会办的前提是必须入股且盈亏自负，当企业破产时则优先保全官款。而拥有幕僚背景或官员身份的人并不需要在经济上对企业责任。最典型的例子是上海机器织布局会办杨宗濂。布局失火后，官款的赔付是由接办者盛宣怀来负责的，就像官办洋务企业中督办官员不需要对官款的损失负责一样。能否弥补主要看是否有人愿意接盘。如贵州青溪铁厂停办后五年，一个道员表示愿意承办，先缴银三万两，试办期五年。但最后还是没有开工，投入的三十万两官款除了收回这三万两外，都打了水漂。特别的，或许由于洋务企业属于一种新的探索，即使办理不善也不会对当事人的仕途造成致命性后果，而且洋务并非仕途考量标准，在其他政府所重视的事务上积极表现仍然会获得新的机会。结果我们就会看到幕僚背景的企业家有机会逐渐成长起来。比如盛宣怀督办湖北矿务失败后，李鸿章不久因他在赈务中表现出色又给了他督办电报局的机会。

正是盛在赈务中结交的江南义赈群体为他的洋务事业提供了新的资金渠道和可供合作的人才，而反过来，也正是由于盛宣怀的引荐才使得江南社会资源直接对接到洋务企业建设中去。除了郑观应，买办群体并没有主动加入当时江南社会流行的新兴义赈实践。为什么他们也没有如盛宣怀一样，在"丁戊奇荒"中获得"被动加入"的机会呢？首先，李鸿章不可能调用招商局之唐廷枢、徐润。唐廷枢身兼数职，且时值开平矿务局开办在即，而徐润独力主持招商局，该局在赈灾中"承运了大批接济华北灾区的赈粮"，代为采买、运输，不计成本，出力甚多，故二人于手头业务均须臾不可离。其次，盛有同治十年大水赈灾经验，且相较于主持河间赈务的另外两人，与李鸿章关系更为紧密，值得信赖。此次赈务结束后，盛与江南义赈人士在洋务企业中建立起紧密的合作关系。从70、80年代之交开始，江南义赈人士先后积极参与到了盛宣怀所督办的湖北矿务局、上海机器织布局、电报局等洋务企业之中。这些义赈人士大多具有商贾背景——如李金镛"少为贾"，经元善系钱庄主，李培松系扬州盐商，蔡鸿仪系宁波富商，郑观应系香山买办——而且将义赈筹资方法引入洋务企业的招商集股，通过"登报招徕，自愿送入"，1880年布局迅速完成了招股计划。这一方法在资金范围上突破了商帮亲友这类人际关系，更广泛地吸收社会资金，而且大开社会风气，使洋务建设开始对接到江南社会富庶的社会资源之中。

不过，这种好的开始并没有顺利延续下去。正如刘广京所强调的，1883年金融风潮是中国近代工业发展史上的一次顿挫，不仅直接导致有能力与洋商竞争之华商破产，而且官督商办企业管理开始走向官僚化，失去了对于"企业精神较高、技术知识较多的商人"的吸引力。由于唐、徐及其人脉圈的华商在1883年金融风潮中受到严重打击，他们作为合作者的吸引力被削弱了。与此同时，具有商人身份的江南义赈圈的部分人士如郑观应、经元善等也因这次金融危机而财力大减。于是，不承受经济压力也不容易受到经济动荡波及的非商背景人士走到台前。以1885年盛宣怀入主轮船招商局为标志，大多数洋务企业开始由商人直接管理转向由官员直接管理。在轮船招商局，除去常不在局又坚持控制经营细节的盛宣怀外，对于出身淮军、后来直接办理局务的会办沈能虎，马士在书信里多有诟病其商务经验之匮乏与官僚习气。谢家福、经元善也看到了官督商办企业中的官僚主义风气，管理者不精业务却偏要控制，批评盛"官气太浓……又务博不专……用人喜阿谀唯诺"。这种官僚主义作风失去了商人的信任——原本商人认股就是基于对总办的忠心和信心而非对企业本身的知识，企业的筹资开始走上借外债的道路。特别是80年代中期政治气候变化，李鸿章的可支配经费陷入左支右绌的境地，只好批准盛宣怀以"极苛刻的条件"向汇丰银行借洋债30万英镑（时值121.7万两），很快盛又为电报局从一家德国公司借款250万两。开平矿务局由张翼接手后也很快转向了借洋债。随着主要经理人的置换，洋务企业获取经济资源的渠道发生了深刻改变。

（二）经营管理（资源配置）

如何对企业所获得的经济资源进行配置呢？对此不同类型企业家也存在明显差异。

对经营方针方面的迥异，不少研究以轮船招商局和开平矿务局为例进行了说明。对于轮船招商局，唐、徐、郑力争与洋人争利，积极拓展业务，扩大船队规模，开辟新航线，在大胆地盘购旗昌轮船公司时，即使一时高成本地向钱庄负债也在所不惜，因为这对于企业的长远发展具有决定性意义。而在盛宣怀手中，盛津津乐道于"敛字诀"，不关注企业的长远发展，在其主持期间招商局的业务相对停滞，水脚毛收入几乎没什么变化，轮船严重老化，只是在1892年入局的郑观应坚持不懈地申诉请求下才在1897年新添了三艘轮船。对于开平矿务局，在唐廷枢主持局务期间，机器设备、煤矿产量和国内市场都在不断扩张，当该局传到张翼手中时，业务仍在继续扩张，但开平煤矿已经"失去了其在唐手中时所享有的诚实无欺、富有效率的管理的名声"。卡尔森认为张手中矿务局的发展实际上应视为唐所奠定的稳定发展的延续，而非张之功劳。此外，无论是出于有意还是不能，盛与张到局后都不再招股。

在经营利润的使用方面，除了买办背景的企业家能够不断地进行再投资以外，一个引人注目的现象是企业资金出现了不同类型的被挪用现象。唐、徐是在自己的私人商业与洋务企业资金之间互相借调。这或许延续了他们在买办时期的经验。盛则是在其所督办的不同的洋务企业之间借调，汪熙称之为"联锁投资"。从90年代盛所督办的各官督商办企业之间的投资关系来看（见表5），既有双向的，也有单向的，其中经营情况较好的轮船招商局、仁济和保险公司、中国电报总局和铁路总公司的资金在单向流出。在此之前，1884年盛曾挪用奉天金州骆马山煤矿所集股本14.6万两用于办理闽粤电线，当时矿局实收资本为20.8万两，1890—1891年盛从招商局提取30万两白银转到上海机器织布局。盛一人同时兼任数家企业的督办，用当时经营状况相对较好的企业的资金去接济另一家处于困难时期的企业，是司空见惯的事，这与当时政府经常借调暂时闲置款项的做法并无不同。像张之洞也把其所开设官办洋务企业的利润甚至资本作为他开办的其他企业融资的当然手段，认为各企业之间应当相互支援、不分彼此，而且他实际也是这样做的。但这种投资方式本质上不以单个企业自身发展为念。盛自言"招商、电报、铁路、银行皆属笼罩之中，不必真有商股，自可统筹兼顾"，显然是把利润视为一种应急的融资手段。这两类挪用现象的区别在于，唐、徐、郑等由于私人商业所挪用资金必然是要还的，像徐润在1883年金融风潮时私自动用局款偿还个人债务被发现后，在本人离局的同时，于当年抵还所有欠款，唐廷枢也交股抵债离局。然而，盛、张所实行的这种企业之间的"相互支援"，不仅在会计结账制度上较为混乱，而且亏欠应如何负责也很模糊，很难定性为某种性质。

表5　盛宣怀对官督商办企业的"联锁投资"

单位：两

被投资单位 ＼ 投资单位	上海机器织布局（1893）	华盛机器纺织总厂（1894）	汉阳铁厂（1896）	中国通商银行（1897）	萍乡煤矿（1898）
轮船招商局	222000		250000	800000	230000
仁济和保险公司	80000	320000			
中国电报总局			220000	200000	
中国通商银行			328000		220000
汉阳铁厂					200000
萍乡煤厂			100000		

续表

投资单位 ＼ 被投资单位	上海机器织布局（1893）	华盛机器纺织总厂（1894）	汉阳铁厂（1896）	中国通商银行（1897）	萍乡煤矿（1898）
铁路总公司					150000
（A）总计	302000	320000	898000	1000000	800000
（B）被投资单位各该年资本账的负债额	1090290	1000000	1000000	2500000	1000000
（A）占（B）的百分比	27.70	32	89.8	40	80

在企业用人方面，虽然洋务企业家的社会关系决定了获取合作人才可能性方面的差异，而且官僚安插私人的现象并不以企业家的类型为转移，但是同样是利用社会关系，内容上的差异似乎很明显。盛宣怀督办的各类企业充斥了家族关系，中国电报局各分局负责人中盛之叔父、堂弟、堂侄、姻亲、女婿达 31 人，1913 年汉冶萍公司 1200 余名职员中大半为盛之"厮养""妾之兄弟"，这些人对业务的熟悉程度存疑。盛还从亲信中挑选招商局的高层管理人员，而不问他们股份的多寡。此外，盛之用人要求在经营思想上必须与他一致，而如前所述，他的经营并不以企业自身的长远发展为念。相对而言，出身买办背景的企业家在用人上强调能力与效率。在唐廷枢和徐润主持局务时期，招商局各埠分局负责人多曾充任买办，精于业务，且对商局投资较多，无论是业务能力还是利益动机都与企业发展相一致。不过招商局中仍然冗员不少。唐廷枢并不愿意雇用没有能力的人，只是由于受惠于官款的支持，招商局不得不应付这些官员安插的私人。但他坚持不在局内重要位置上松手，并努力降低有势力官员在企业内安插冗员引起的人事费。徐润在 1899 年回忆此前办理商局情况时，也颇感欣慰地指出，自己当年招入局中的人"事无大小，克称厥职"，很多至今仍在局任事。虽然唐之弟、子及部分亲戚也在轮船招商、开平矿务两局中担任要职，但从买办的家族性来看，似乎业务能力上疑问较少。吴炽昌之四子也任职于开平矿务局，而其本人既曾是第一批留美幼童，后又赴英攻

读矿务，系清末民初重要的矿冶专家。

对于现代企业管理中的一些新理念，幕友背景的企业家并没有很快加以吸收。以保险思想为例，近代保险业最先是在条约口岸推行的，买办很快体会到了经商中保险的便利和价值。有据可考的中国第一家民族保险企业创办于 1865 年，创办者据说与怡和洋行关系极为密切。唐廷枢、徐润主持轮船招商局时最初利用外商提供的保险业务，但后来外商借此掣肘，他们遂领衔华商先后自行创办了保险招商局（1875）、仁和水险公司（1876）、济和船栈保险局（1878，旋即扩大经营范围，更名为"济和水火险公司"）。与买办背景企业家的保险认识形成鲜明对照的是上海机器织布局的悲剧。1883 年金融风潮后郑观应离开上海机器织布局，其后来的继任者杨宗濂此前曾与人合办新式火柴厂天津自来火公司，但他认为保险不过是浪费资金而停止为布局继续支付保险费。这一观点即使在其火柴厂厂房于 1891 年 5 月失火后似乎也没有改变。结果 1893 年 10 月布局不幸失火，损失惨重。

（三）战略决策（企业目标）

买办背景和幕友背景的企业家在经营方式上呈现出相当大的差异。何以如此？除了凭借自身已有经验处理局务的惯性以外，两类群体对于洋务企业的前景怀有不同的设想。从经济角度来看，洋务企业是为了生产新产品或提供新服务而对传统经济资源进行重新组合的一种方式。督办或总办、会办作为这一行动的实施者，他们为什么愿意改变传统经济资源的使用方式呢？

买办背景的企业家具有强烈的经济动机。买办是近代中国最早接触与投资新式工商业的群体，无论在知识上还是资本上都具有积极意愿。李鸿章在筹备轮船招商局时称，"其素在洋商经商得利者，彼与洋人交易已久，非官法所能钤束，未必乐于他图"。李意识到买办虽认识到新式工商业中潜藏的经济机会，但他们因在洋行任事而受到外国人的庇护，这在制度上形成了不利招徕的壁垒。因此，官督商办就是要提供一种制度空间。对于买办来说，在中国当时的社会经济环境下，放弃买办身份作为独立商人创办新式企业，不仅要直面强大的外商，而且要应对政府勒索和腐败官员的索要。但是，如果与有权势的高级官员合作——如有李之见识和政治庇护的担保，这相当于经济资源扩展和官商关系风险有所保证——他们就可以在相对不那么劣势的环境中独立地利用这种经济机会。特别的，对于轮船招商局，李鸿章设想的主要定位是"争洋商之利"，这与买办群体的目标表面上相一致。如唐廷枢和徐润入招商局不久时共同拟定的《预算节略》呼吁："惟盼各帮联络，共襄大局，使各口转运之利，尽归中土，岂不美哉！"疾呼商战的郑观应慨叹中国商人"贪小利者多而顾全大局者寡"。这些都是在强调洋务企业的目的在于与洋人争利，是就纯经济意义而论的。因此，买办背景的企业家在实际经营中能够以企业发展为命脉，具有改变资源组合的持久动力。

以政治仕途为关切的幕友不以经济目的定位洋务企业。虽他们以洋务为杂途，明白对洋务企业经营得法，无疑将得到关心洋务的李鸿章等高级官员的保举，但洋务显然不是唯一途径，在赈务等政府关心的重要事务上出力同样是条捷径。特别的，洋务企业即使经营不得法也不需要承担多少经济和政治后果。因此，幕友背景人士在洋务企业中的表现参差不一。而且由于幕友背景人士更加经常地分心于企业外的行政事务，在非军事性质的、营利性的民用工商企业中，幕友背景的企业家并不多，业务主力仍是具备经营管理经验的买办和传统商人。在洋务之路上一骑绝尘的盛宣怀，后来陆续成为电报局、轮船招商局甚至上海机器织布局后身华盛纺织总厂的督办，并坚持亲自过问所有主要决议，但盛由于身兼数职且职官在津而不常驻局，局务主要依赖会办和商董，主办人员仍然是具有融资、经营、会计等相关商务经验的人员。盛的联合投资以及企业报效行为表明，他对洋务企业的定位并非谋求单个企业的长远发展，而是要发展出一个洋务企业网的事业版图，聚集个人财富，巩固政治势力——毕竟作为一个中级官员，盛自己的政治势力不足以保证他的洋务事业免于他人的侵夺。与此同时，盛将自己所得收入大部分投入到当铺、不动产和土地等传统而安全的渠道中。这些行为均表明，就单个企业意义而言，并不存在改变资源组合的持久动力。

幕友背景和传统商人背景的江南人士在19世纪80年代逐渐形成联合，前者总统全局，后者助理业务，他们通过将在江南义赈活动中开辟的社会化筹资方法引入洋务企业招股活动，以及实际参与洋务企业，来打破此前在资金上和知识上的相对不足，把洋务企业建设的风气对接到了江南地区的民间社会。

四　结语

19 世纪 60 年代开始，以新式工商业为内容的洋务企业作为一种前所未有的事物逐渐发展起来。从企业经营视角看，督办或总办、会办等洋务企业家是官督商办企业的灵魂，其选择关乎洋务企业之经济资源的获取和配置效率，对于理解洋务运动发展至关重要。历史地看，洋务企业家的选择受到洋务企业发展目标的需要以及实际人选供给的约束。在优先发展军事工业的现代化发展战略下，李鸿章期待洋务企业本身要开风气之先，实现民族自强，同时要统筹全局，服务于国防战略核心。这就对洋务企业家提出了具备筹资能力、经营能力、超越企业自身考虑的大局观的要求。实际最接近这一要求的是有买办、幕友和传统商人经历的人。三类背景的洋务企业家各具相对优势，以各自的社会关系为基础，为洋务企业吸收经济资源并进行配置。但由于缺乏政府立场的大局观，买办背景的广东企业家在遭受 1883 年金融风潮打击之后逐渐退出洋务企业。幕友背景的企业家取而代之成为洋务企业的主导力量。不过，幕友背景的企业家以仕途为指向，对于企业发展更容易采取同政府一致的、不以单个企业发展为念的统筹观点，不关心单个企业的经营发展，结果反过来不利于企业长远发展，从而意味着官督商办的洋务企业无法应对中国经济现代化进一步发展的需要。

结合不同背景洋务企业家的相对优劣势，主导洋务运动的洋务企业家群体的更替表明，洋务运动以买办背景的广东企业家首开风气，继而在由赈务关系结合起来的幕友背景和传统商人背景的江南企业家的联合努力下，不仅于 1883 年金融风潮中保留了江南地区的洋务建设成果，而且推进了中国近代工业化的社会化和本土化进程，最终实现了现代化生产方式与最具活力的江南传统经济的接轨。1895 年以后，随着江南民间商人纷纷投身现代企业，中国经济的现代化进程不可遏制。

唐廷枢等招商局"三杰"成功登上
近代中国政府舞台的因缘和合

张富强*

洋务运动是 19 世纪 60—90 年代晚清洋务派主持进行的一场"自强运动"。它以兴办近代民族军事和民用工业为开端,通过引进和改造西方先进机器设备和科学技术,以"自强""求富"为号召,"内促变法","外争利权",以尽快摆脱备受西方列强欺凌的"积贫积弱"困局,实现民族复兴、国家强盛。而唐廷枢、徐润和郑观应等近代香山买办绅商群体,所以能够在民族利权外溢、国家急需兴办企业人才的关键时刻,响应国家召唤,牢牢抓住历史赐予的机遇,从外资企业中拥有充足资本和企业经营经验的买办,迅速转型为勇于创新的近代首批杰出的企业家、教育家和启蒙思想家,成功地登上近代中国的政商舞台并做出卓有成效的贡献,显然是受十分复杂的国际、国内和个人等因素影响,而概要述之,则着重表现为"势""义""利"的三大因素相互交织。

一 兴办民族企业以求民富国强成为中华民族
救亡图存的必然之势

所谓"势",是个多义词,有权力、权势、声势、形势、情势、势头、趋势等多种词义。"势"也是一个哲学名词。老子说,"道生之,德畜之,

* 华南理工大学法学院教授,澳门科技大学社会和文化研究所特聘教授。

物形之，势成之"。道为本体，代表最原始的生命力，为含有生命力的种子。种子要发芽成长，它需要土地与肥料，需要阳光雨露，这就是所谓的"地之德""天之德"。"德"就如阳光雨露是用来培育万物的，即所谓"德畜之"。由于道与德的共同作用，万物的形象及机制就形成了。万有事物的生成与衰退，离不开"势"的作用，如春生夏长，秋收冬藏，这是一年四季的"势"，顺之者昌，逆之者亡。据此，可以将"势"理解为用以表征事态演变特征的"加速度"，以及产生这种"加速度"的影响力，由此形成的系统综合状态可称为"势态"，并派生出趋势、大势、谋势、集势、蓄势、借势、乘势、顺势、造势等多重含义。在这里，我们用"大势所趋"来指近代中国以轮船招商局等事关"国计民生""国家利权""民族复兴"的民用企业崛起的必然性和迫切性。鸦片战争后外国资本主义利用强加于中国人民头上的不平等条约体系，加紧对中国经济利权的侵夺，激起国内有志之士民族经济主义情感的高涨，进而为我国民族民用企业的兴办，为香山买办群体成功转型为首批近代企业家并在近代中国政商舞台留下不可磨灭的、强有力的印痕奠定了基础。欧美国家凭借工业革命带来的"坚船利炮"轰开中国大门，又割地又索赔款，更侵夺中国经济权益，致使各口通商以来，"江海各口门户洞开，已为我与敌人公共之地"，[①] 中国沿海沿江之利，尽为外国商轮侵占。1862 年至 1863 年间，至少有 20 家洋行在上海经营轮船业务，在激烈的竞争中，有的或被美国旗昌洋行挤垮，或被迫与旗昌妥协。至 1867 年 1 月，旗昌与英国怡和、宝顺等洋行在不断的竞争中达成"协议"，共同霸占了我国内河沿海轮运业务，对我国旧式航运业构成致命的打击，而承担着官粮运漕任务的沙船业更是濒临破产。如何解决江南诸省漕粮北运京城的问题，成为清朝统治者深感棘手的难解之题。"东南海疆万余里，各国通商传教来往自如，麋集京师及各省腹地，阳托和好之名，阴怀吞噬之计，一国生事，数国构煽，实为数千年未有之变局。"[②] 作为洋务派领袖之一的李鸿章始终认为，西人所以能横行于我中土，所仗恃的，无非就是近代化的枪炮、轮船。而正是这些用"坚

---

① 《筹议海防折》，顾廷龙、戴逸主编《李鸿章全集》（6），安徽教育出版社，2008，第159 页。
② 《筹议海防折》，顾廷龙、戴逸主编《李鸿章全集》（6），第 159 页。

船利炮"武装到牙齿的西方列强,给中华民族带来了"数千年未有之变局",如想阻止列强从海上侵我之疆域、夺我之利权,唯有"变成法""建海军""办实业""用人才",① 才有可能完成"内求富强""外争利权"的双重历史使命。但在洋务运动初期创办的江南制造局、金陵机器局、天津机器局和福州船政局四大官办军工企业,制造的是枪炮、弹药和军舰,事关国防建设,因而并未寻求私人投资或交由私人经营,但结果是有投入没产出,财政十分吃紧。李鸿章等洋务派十分期待通过兴办民用企业,寻找到"求富"及其养"军工"的重要突破口。但兴办民用企业也得有一个突破口,首先得从众多的事关民生日用的行业中遴选出一个事关国计民生且能对其他行业起示范效应的核心行业,如航运业、纺织业或采矿业,且在该行业最先创办的龙头企业必须能引领其他行业也迅速创办相应的龙头企业,从而带动全国各行各业的协同发展。在经过周密的调查研究及与曾国藩多次商议之后,李鸿章明确提出应当创办轮船招商企业。他从务实的态度出发,函请总理衙门改订轮运章程,准许华商合法拥有新式轮只,组建一支由轮船和夹板船构成的华商船队,构成"渐分洋商之利"、保障"漕运"正常营运的主力队伍。他指出,"海防非有轮船不能逐渐布置,必须劝民自置。无事时可运官粮客货,有事时装载援兵军火",② 通过商战与兵战协同,才有可能建"数千年未有之伟业",才有可能"借纾商民之困,而作自强之气"。③ 在李鸿章等洋务派的努力推动下,这些建议终于得到朝廷的批准。1872 年 12 月 26 日中国近代第一家民族轮船运输业企业——采用"官督商办"体制的轮船招商局,正式登上历史舞台。创办中国民族企业很难,确定企业体制不易,但更困难的是遴选优秀的经管人才。李鸿章清楚地意识到,在突遭外国轮船闯入我领海内河、肆意侵夺我航运利权的危难时刻,要在身边众多洋务人才中,发现并遴选出有经营近代企业经验,在商界享有崇高威望、人脉,能筹资,适应官督商办体制的优秀的企业经管之才,可谓难上加难。事实上,在轮船招商局筹备之时,李鸿章一直费尽心思物色人才,最初把遴选的范围定在有协办洋务的官员身上,先

---

① 《筹议海防折》,顾廷龙、戴逸主编《李鸿章全集》(6),第 159—160 页。
② 《轮船招商请奖折》,顾廷龙、戴逸主编《李鸿章全集》(6),第 257 页。
③ 《轮船招商请奖折》,顾廷龙、戴逸主编《李鸿章全集》(6),第 257 页。

后约请同买办绅商有密切交往的上海县知县、广东香山人叶廷眷，曾为左宗棠谈判筹借外债的著名钱庄主胡光墉①等人入局，但因种种原因未能如愿。最后才选定有着丰富海运和漕运经验的漕运局总办、海运委员朱其昂。朱其昂出身于一个普通富裕家庭，早年与人合伙在上海经营南北洋贸易致富，后大规模经营沙船，同时与美商在山东烟台合伙开设清美洋行，往来上海、烟台、天津各口岸经营贸易，并在广东、上海、天津、北京等地设有华裕、丰汇银号，旋捐纳入官，先为通判，累至道员，成为上海十里洋场有名的"官商兼通"式的传奇人物。但经办一段时间，李鸿章发现朱其昂并非轮船招商局的理想人选，首先，他缺乏筹资能力，虽经多方筹划，但各地商人或因畏惧洋商嫉妒，或因其他原因，均不愿投资入股。其次，朱其昂虽有丰富的海运和漕运经历，却缺乏经营新式轮船的经验，经手购买的 4 艘轮船，既不实用，购价又比洋行新造的头等船贵。再次，朱其昂不精通业务且不懂交涉术，在与洋行打交道及开展业务过程中，经常受骗吃亏，半年之内，竟亏损 42000 多两，致使招商局濒临倒闭。情急之下，李鸿章请他的属下四出寻觅合格人才。这时，盛宣怀等人向他推荐了在上海商界享有盛名、富有经营轮船业务经验且已捐资入仕，现尚在洋行从事买办职业的香山人氏唐廷枢。李鸿章后来向朝廷汇报时奏道："臣于派委唐廷枢、徐润之初，因与该二员素不相识，由盛宣怀为之介绍。"② 而盛同颐亦记道："府君（指盛宣怀）请于文忠（指李鸿章），号召熟悉商务之粤绅唐廷枢、徐润为总董，倡招华股，以乘其后。"③ 唐廷枢当时任职英国怡和洋行的总买办，他不仅协助怡和洋行开展收购丝茶、航运、口岸商贸等业务，投资当铺，经营地产和采矿业，还运销大米和食盐。同时，唐廷枢又是投资人和自营生意人，先后投资两家香港的当铺、三家上海的钱庄；与徐润一起创办丝业、茶业等三个同业公所；独自经营上海修华号

---

① 著名徽商胡光墉，字雪岩。朱其昂在筹办轮船招商局时，曾会集胡光墉、李振玉等富商，以身家作抵，以示招股能力，得李鸿章赏识，出任招商局总办。但经营半年，仅筹集到股本 1 万两，却亏损 4.2 万两。根据相关研究，李鸿章也曾试图约请胡光墉参与轮船招商局局务，但胡光墉最终没有接受这一新的挑战。参见《复孙竹堂观察》，顾廷龙、戴逸主编《李鸿章全集》（30），第 491 页。

② 《招商局局务陈情片》，顾廷龙、戴逸主编《李鸿章全集》（9），第 314 页。

③ 《洋务运动》第 8 册，上海书店出版社，2000，第 44 页。

棉花行，该行也是外国洋行购买中国棉花的代理机构；参股谏当保险行、公正轮船公司、北清轮船公司和美记等洋行船队，且是华海轮船公司的最大股东。在英商怡和洋行看来，唐廷枢在华商中享有的崇高威望，"简直成了它能获得华商支持的保证"。美国旗昌洋行老板也认为，唐廷枢"在取得情报和兜揽中国人的生意方面……都能把我们打得一败涂地"。① 李鸿章听了相关的介绍，觉得唐廷枢虽为效力洋行的买办，且没有追随他经办洋务的经验，但毕竟人才难得，可以不拘常例一试。于是，他先派遣天津常关的洋务官员林士志和招商局总办朱其昂，于1873年5月赴上海约请唐廷枢和徐润会面，② 林和朱在大致了解唐廷枢的意向之后，直接邀约唐廷枢赴天津面谒李鸿章细谈。唐廷枢于次月如约赴天津面谒李鸿章，在招商局的官督商办体制等一系列问题上与李达成大致的共识。李鸿章也进而表示可将"轮船招商公局"的"公"字删除，以更好地体现"商主商事"的原则。6月25日李鸿章正式札委唐廷枢为招商局商总，③ 而唐廷枢也向怡和洋行辞去总买办之职，于同治十二年六月初一日正式接事，就任招商局总办之职。④ 与此同时，唐廷枢推荐有着丰富经营航运和外贸经验的徐润担任招商局的会办，协助他具体经理商务，同时兼任招商局上海分局的商董，得到李鸿章的认可。徐润曾是宝顺洋行的总买办，协助洋行办理巨额进出口贸易和航运业生意，并扩展到日本的长崎、横滨、神户等埠。而当时宝顺洋行上海总行和各分行每年进出口总值达白银数千万两，他可在按经办的业务额中提取3%的佣金，积累了相当可观的财富。早在宝顺洋

---

① 1872年6月11日旗昌洋行的福士（F. B. Forbes）致爱德华·金能亨（Edward Cunningham），转引自刘广京《唐廷枢之买办时代》，《清华学报》第2卷第2期，1961年，第93页。

② 刘广京：《1862—1877年中国的两家轮船公司》（Liu Kwang-Ching, "Two Steamship Companies in China, 1862—1877"），博士学位论文，哈佛大学，1956，第112页；刘广京：《唐廷枢之买办的时代》，《清华学报》第2卷第2期，1961年，第169页。但也有一说是广东人林隆赴上海邀请唐廷枢。"津海关道员陈钦禀明直隶督臣李鸿章，派候补同知广东人林姓往上海，邀怡和行管事之道员唐廷枢凑集商股数十万，竭力补救，已有起色矣。"见《洋务运动》第6册，第38页。

③ 《近代上海大事记》，第298页，转引自汪敬虞《唐廷枢——中国工商业现代化的开拓者》，珠海出版社，2010，第169页。

④ 《教会新报》1873年6月28日，转引自汪敬虞《唐廷枢——中国工商业现代化的开拓者》，第170页。

行上堂帮账时，徐润就经营自己的茶叶等生意，与人合作开过一家"绍祥"商号，从内地收购茶叶、生丝等，转卖给上海各洋行，是近代中国最大的茶叶出口商。后又经营房地产，成为上海最大房地产商之一。1868年，徐润离开宝顺洋行，开始自立门户从事商贸活动，利用在洋行时积累的外贸经验和人脉，与各口岸建立了密切的商务关系，在商界享有良好的信誉。而正值此时，旗昌轮船公司也想聘用徐润为上海总买办，"我正努力把阿润（徐润）弄来，但愿成功，虽然他同中国公司（轮船招商局）的关系是一个严重的困难"，① 并以高薪劝诱之。徐润毅然拒绝了旗昌公司的"好意"，迅速加入招商局。此外，唐廷枢还设法将原琼记洋行买办刘绍宗和著名茶商陈树棠招募入招商局，分别请他们担任招商局以及汉口分局和香港分局的商董。"汉口、香港、汕头三处皆将来轮船分赴揽载之区，拟举刘绍宗、陈树棠、范世尧三人充当商董，分管汉口、香港、汕头三处事务，俾期联络。"② 数年后，大约在唐廷枢奉命担任开平矿务局总办，招商局经营和上海机器织布局筹备遭遇困难之时，唐廷枢又向李鸿章强力推荐了他的另一位香山同乡兼合作伙伴，时任太古洋行总买办，同样有着经营航运和外贸丰富经验的郑观应，来出任轮船招商局帮办和织布局会办。"乞请宪台札委郑道帮办招商局专管揽载事宜，以资臂助。"③ 郑观应，早年应童子试未中，即奉父命远游上海，先寄居在任新德洋行买办的叔父郑廷江处，边听差，边习英文，继之进入英商宝顺洋行任买办，利用业余时间进英国传教士傅兰雅开办的英华书馆上夜课，专攻英文两年，从那时起，他就对西方国家的政治学说、科学技术以及社会状况表现出浓厚的兴趣。在宝顺期间，他协助洋行开辟江西、福州等处揽载行，掌管丝楼及轮船揽载事项，同时投资中外商人合办的公正轮船公司；后参与创办太古轮船公司，并受聘为太古轮船公司总理，兼管账房、栈房等事，为洋行在长江各主要口岸开设了商务机构和金融机构。在太古洋行担任总买办期间，

---

① F. B. 福士（上海）致 S. G. 罗斯（S. G. Rose）函，1873 年 7 月 22 日，F. B. 福士函简。转引自郝延平《十九世纪的中国买办：东西间桥梁》，李昌荣等译，上海社会科学院出版社，1988，第 32 页。

② 国民政府清查整理招商局委员会编印《国民政府清查整理招商局委员会报告书》下册，1927，第 571 页。

③ 郑观应：《盛世危言后编》，夏东元编《郑观应集》下册，上海人民出版社，1988，第 3 页。

他积极投资各类实业，包括轮船招商局、开平矿务局、上海造纸公司、津沪电报局和上海机器织布局等民族企业。作为闻名上海滩的富有绅商，郑观应与经元善等创办筹赈公所，赈济山西灾荒；与徐润、盛宣怀等人创办义赈公所，捐资赈济河南、直隶、陕西等省灾荒，颇获社会各界的尊重。从此，唐廷枢、徐润和郑观应三人相互协助，相互支持，为轮船招商局、上海机器织布局和开平矿务局等中国首批大型民用核心企业的兴办和发展竭尽心力，做出了卓越的贡献。

二　兴办近代工业理当成为爱国绅商"争利权""求自立"的神圣义务

所谓"义"，是指"责任""职责""道义"。中国文明一开始就是道义文明，中国就是道义国家。《易经》讲"贞吉、贞凶"，"贞"就是守正，就是践行道义。孔子说："导之以政，齐之以刑，民免而无耻。导之以德，齐之以礼，有耻且格。""导之以政，齐之以刑"是基于利益、强权的，也是法家式的、反中国古老传统的；"导之以德，齐之以礼"，则是基于道义的、共识的，也是儒家式的，符合中国古老传统"天下兴亡，匹夫有责"。当外敌入侵或天灾人祸降临时，每个中国人都会很自然地从内心迸发"天下一家，中国一人"的道义观或舍身报国、舍身救人的牺牲精神。唐廷枢、徐润和郑观应等人从小接受西式教育或受到西方文化的熏陶，长期在洋行担任买办职位，受到西方经营理念和经营规则的影响，是典型的"半西化人"，特别是唐廷枢，穿得大多是西装革履，日常进出的是洋行洋场，接触的多是洋人，处理日常事务使用的是英式方式，"写一手极好的英文"，[1] 连美国商人都认为他说起英语"像个不列颠人"。[2] 唐廷枢、徐润、郑观应在他们担任买办期间，除了"向雇主取得薪水、佣金

---

① 威廉·克锡（上海）致詹姆斯·惠代尔（香港）函，1864 年 9 月 27 日，怡和档。

② R. I. 费伦致 A. F. 侯德函，1873 年 1 月 6 日，琼记档，HM－43."我［订约人黄顺记（Wang Sunkee 音）］在怡和洋行出示两份英文写的备忘录，由被告（怡和洋行上海大班 F. B. 约翰生）的买办译成中文，《北华捷报》1873 年 7 月 12 日，第 3G 页。

和其它合法收入外"，还可利用买办的便利身份和条件获得种种利益，并还以独立商人的名义来经商致富，比其他"大多数人更好地开拓其本人的生意"。[1] 1865 年时唐廷枢每年可得 5774 两开支经费，包括他本人的薪水 1500 两，从道理上说，他没有权力再抽取佣金。[2] 但 60 年代后期，事实上上海的买办对每笔交易抽取大约 2% 的佣金，仍然是司空见惯的，[3] 高的甚至达到 5%。[4] 但是，买办的主要收入来源既不是薪水，也不是佣金，而是"榨取"。[5] 应当强调的是，买办作为华洋之间的居间人，他们"上下其手的机会比一般中国人或一般欧洲人所享有的何止十倍以上"。[6] 例如，买办可以利用自己担任洋行司库的便利，为自己捞取外快，将行号的现金和钱庄庄票贷放给可靠的钱庄，而所收利息悉归自己。据 A. F. 侯德的估计，"仅此一项，买办每年可得 5000—6000 元的外快"。[7] 买办独享的另一项特殊权利是将洋行资金挪用于私人用途，为自己的生意筹款。据怡和洋行约翰生报告，1871 年唐廷枢为渡过自营生意的资金危机，用洋行托他代管、"尚未到期的约 80000 两庄票贴现，并且一直没有归还"。[8] 此外买办还可以因为自己的需要而利用洋行的种种便利条件。例如，利用洋行的仓库来存放他自己的茶叶等货物。[9] 当然，买办"最大的资本乃是同洋行有着密切关系而享有的信誉"，[10] 这使他们能够更有利地以商人的名义来经商致富。[11] 唐廷枢、徐润和郑观应在担任买办期间，又以独立商人的身份经营

① 郝延平：《十九世纪的中国买办：东西间桥梁》，第 107 页。

② 威廉·克锡（上海）致詹姆斯·惠代尔（香港）函，1865 年 12 月 2 日，怡和档，见刘广京《唐廷枢之买办时代》，《清华学报》第 2 卷第 2 期，1961 年，第 147 页。

③ 威廉·克锡（上海）致詹姆斯·惠代尔（香港）函，1865 年 12 月 2 日，怡和档。另见刘广京《唐廷枢之买办时代》，《清华学报》第 2 卷第 2 期，1961 年，第 148 页。

④ 小福士（John M. Fogbes, Jr., 广州）致金能亨（上海）函，旗昌档，实例 26。

⑤ 郝延平：《十九世纪的中国买办：东西间桥梁》，第 112 页。

⑥ 《北华捷报》1882 年 9 月 23 日，第 315 页。虽然向华商收取佣金的习惯是在 19 世纪 40 年代末才有的，但无法知道在以后的年代里普及到何种程度。

⑦ A. F. 侯德致约翰·侯德函，1859 年 9 月 17 日，琼记档，HL－14。

⑧ 约翰生（上海）致威廉·克锡（香港）函，1871 年 6 月 1 日，怡和档。另见刘广京《唐廷枢之买办时代》，《清华学报》第 2 卷第 2 期，1961 年，第 149—151 页。

⑨ 参见《北华捷报》1854 年 1 月 7 日的报道。

⑩ 郝延平：《十九世纪的中国买办：东西间桥梁》，第 115 页。

⑪ 郝延平：《十九世纪的中国买办：东西间桥梁》，第 107 页。

茶栈、轮船、典当、钱庄、盐业、揽载行等。① 唐廷枢甚至明确向怡和洋行的行东说，他在香港拥有四家当铺，每年可获 25%—45% 的利润。② 而在 1869 年，唐廷枢成为中国政府批准的盐商，至少持续三年时间，其中"从扬州运盐至汉口，希望赚到 47% 的年利"。③ 为了笼络买办，洋行也采用了种种"羁縻"的手段。郑观应任职怡和买办时就采用给回扣、贴房租、荐买办等办法"以此羁縻，使其勤奋，为我招徕"。④ 而怡和洋行则将盈利甚丰的谏当保险公司和怡和轮船公司的股票让售给唐廷枢及有影响的买办，⑤ 作为为洋行扩展业务的酬劳。徐润早在担任宝润洋行买办期间就同时有自己的茶庄等独立的生意，离开洋行后，即在上海开设了宝源祥茶栈，随后又在湖南、湖北产茶区增设了多处茶栈，形成一个茶业网络，针对英、美、俄等国消费者的不同喜好，源源不断地向各国洋行提供合适的出口货源，后成为上海最大的经营出口茶叶的茶栈，被誉为"近代中国的茶王"。至 19 世纪 60 年代，他就开办房地产公司，仅在 1863 年，在上海"入地二千九百六十余亩，造屋二千零六十四间"。⑥ "有在租界者，有近租界者，建造房屋三千余间"，仅租金收入，"每日可得租金四百二十两"，⑦ 那么，如按年算，约可得租金 15.33 万两。按 1883 年金融危机爆发前，他向 19 家近代工矿企业投资（股票值）达 126.5 万两，房地产投资 223.7 万两，向 8 家当铺投资 34.8 万两，应收股票担保 39.7 万两，约合 430 万两。⑧ 与胡

① 而且特别应当指出的是，由于他们华洋一体的身份，一般还可免受官府的勒索，这是普通的中国商人所没有的特权。例如，清官员曾向两淮盐商和广州十三行行商索取过巨额"报效"，因而可以说买办是大大节约了这笔支出。参见郝延平《十九世纪的中国买办：东西间桥梁》，第 262 页。

② 1866 年 1 月 4 日唐廷枢致怡和洋行机昔函。转引自刘广京《唐廷枢之买办时代》，《清华学报》第 2 卷第 2 期，1961 年，第 157 页。

③ 唐景星（上海）致 F. B. 约翰生（上海）函，1865 年 1 月 5 日，怡和档。另见刘广京《唐廷枢之买办时代》，《清华学报》第 2 卷第 2 期，1961 年，第 160—161 页。

④ 郑观应：《盛世危言后编》，夏东元编《郑观应集》下册，第 32—38 页。

⑤ 1868 年 12 月 29 日、1872 年 4 月 18 日，约翰逊致机昔函。怡和档。转引自刘广京《唐廷枢之买办时代》，《清华学报》第 2 卷第 2 期，1961 年，第 156 页。

⑥ 徐润：《徐愚斋自叙年谱》，梁文生校注，江西人民出版社，2012，第 18 页。

⑦ 徐润：《徐愚斋自叙年谱》，第 141—142 页。

⑧ 徐润：《徐愚斋自叙年谱》，第 47—48 页；并参见郝延平《十九世纪的中国买办：东西间桥梁》，第 123 页。

光墉一起，是上海最富有的两个商人。① 以上足以说明唐廷枢等三人的买办生涯及其相关的投资与自营生意，早已使他们富甲一方。而现在需要他们做出决断，弃买办职业而转型投身国家的近代工业，其中存在着不少的不可预测性，当时郑观应确实十分犹豫。事实上，从时间上论，他从买办转而成为民族企业家要比唐廷枢、徐润晚得多，而且不同于唐廷枢、徐润，他还有一段两种身份兼有的"双面人"或称"过渡性"的经历，显然，如他所述，其犹豫主要在于"所虑官督商办之局，权操在上，不若太古知我之真，有合同可恃，无意外之虑"。② 其实他的收入，即加入官督商办企业是否会对他的收入造成较大的影响，③ 可能是主要考量的因素。对他的个人利益而言，继续做买办无疑是"长局"，放弃买办职务而进招商局则是"短局"。可以推测，有这种顾虑的，绝对不会仅限于郑观应，无论唐廷枢或是徐润，同样是会有所顾虑的。但他们毕竟是生在中国、长在中国的中国人，长期受中国传统道义的熏陶且从未放弃过作为中国人对国家、对人民所担负的道义和责任。唐廷枢永远不会忘记入读澳门教会学校时，正值鸦片战争爆发，澳门海关被炸毁，这边是"官汛、炮台、房屋枕桁倾倒"，那边是"楼台庙宇雄壮可观，其炮台船只坚固，却与内地不同"。强烈的反差在他幼小的内心世界留下了深深的伤痕，悲愤地发出他们"从何而来，所然何事"之问。正是从那一刻起，唐廷枢萌发了强烈的爱国主义情感。同时，唐廷枢等人虽较长时期为洋行对华贸易效力，但当他们自己投资的轮船公司或轮船不可避免地遭受到洋人航运公司的倾轧，

---

① 参见郝延平《中国近代商业革命》，陈潮、陈任译，陈绛校，上海人民出版社，1991，第370—370 页。

② 郑观应：《盛世危言后编》卷十。

③ 除了上文提到的"榨取"外，买办独享的另一项特殊权利是将洋行资金挪用于私人用途，为自己的生意筹款。并且，外商只熟悉洋行业务中主要的土货和进口洋货的情况，而买办作为业务上的副手，可以进一步"榨取"其西方雇主。例如，对于其他土货，则假造一份定价高的报价单，将多得的钱装入自己的腰包。这种"榨取"的陋规是随处可见的，如唐廷枢 1868 年写信给怡和的威廉·克锡说："我从未像大多数中国雇员那样，对贵行有丝毫的盘剥或榨取。"参见唐景星（上海）致威廉·克锡（香港）函，1868 年 10 月 8 日，怡和档；另见刘广京《唐廷枢之买办时代》，《清华学报》第 2 卷第 2 期，1961 年，第 165 页。

特别是当唐廷枢目睹洋人轮船老板歧视中国乘客,"待人不如羊"时,① 内心的愤懑自然是日益的强烈。但即使他们已经拥有巨额的财富,即使他们已经拥有自营的外贸企业,仅凭借他们个人的微薄之力,能够公开与外国人进行有效的竞争,从而在某种程度上阻止肆无忌惮的外国资本的入侵吗?显然不可能。而要达到抵御外国侵略的目的,只有国家富强!一旦国家下决心组建本国航运企业,不仅要设法夺回被洋人洋轮侵占的经济利权,而且将有计划有步骤地兴办民族民用企业,为民众民生日用提供便利,为国家创造财富,为民族自强自立创造条件。《汇报》曾发表一篇代表唐廷枢等人意见的题为《论丝茶宜出洋自卖》的文章,说"今火船往来中国者正多,获利亦巨,各国皆有轮船公司,在华人亦应会合公司,专造轮船运货出进,自取其利,无庸附搭他国也"。② 其中明确地提出了发展中国的新式航运业,同外人争夺对外贸易的利益的鲜明主张。可以说,这也正是唐廷枢进招商局的主导思想。更何况,他不仅对自己"早年学商战于外人,将来用商战与外商争利"有充分的信心,而且对李鸿章设计官督商办体制发展民族工业企事业也寄予了厚望。在外商横行我中土、肆意侵夺我经济利权的情况下,采取官督商办体制无疑是个相当理想的选择。正如郑观应分析道,如果也像早期军工企业一样,采用官办的机制,则"全恃官力,则巨费难筹,兼集商资,则众擎易举"。如果"全归商办,则土棍或至阻挠,兼倚官威,则吏役又多需索",肯定难获其成。唯有采用"官督商办"体制,则官、商结合,双方"各有责成,商招股以兴工,不得有心隐漏,官稽查以征税,亦不得分外诛求。则上下相维,二弊俱去"。③ 在李鸿章设计的官督商办体制下,企业由"商"经营,官不干预,有官府的

---

① 1873 年,唐廷枢辞去待遇极厚的买办,担任困难重重的上海轮船招商局总办。郑观应致张振勋信解释其原因称"观应前闻唐君景星云,伊昔年由沪返港,其船避风,(洋)船主限给每客水一铁壳,约重一磅,日中解渴洗面均在内;惟船中有羊百余头,自然满桶水任其饮,待人不如羊,殊为可恨。于是在港集股银十万元,先租两船往来港、沪。适直隶候补道盛君杏荪、朱君云浦亦集股购船,往返津沪,禀请北洋大臣李傅相札委唐君景星总理揽载事务,由唐君复禀请李傅相札委徐君雨之会办,朱君云浦、盛君杏荪会办漕运事务"。参见郑观应《盛世危言后编》卷十。

② 汪敬虞:《唐廷枢研究》,第 181 页。

③ 夏东元编《郑观应集》上册,第 704 页。

"保护"，① 等于企业有了足够硬的靠山，无论面对外商的商战、政府官员
的可能阻力还是国内投资的压力，都有可能迎刃而解。正因此，他们毅然
决然地放弃了买办职位而投身于民族企业的创办。长期的买办生涯和自营
的外贸生意为他们积累了高额的财富，却从未妨碍他们作为一个忧国忧民
的爱国者。而他在 1883 年赴欧美进行商务、矿务考察后，在为随行人员袁
祖志出版的记载这次考察行程的《瀛海采问》一书作序时写道："事事以
利我国家、利我商民为务，而不为纸上凿空之谈。"② 这正是对他自己一生
理想、信念和矢志不渝的追求的最真实的写照。在长期与洋人打交道的过
程中，他对洋行洋轮肆意侵夺我国经济权益的行为早已痛恨于心。早在
1858 年，唐廷枢就经常根据华商的要求，代表他们的利益，同外国洋行交
涉："只要我能腾出几分钟时间，我总是帮助我本地朋友工作，他们全都
要我担任他们与发生联系的代表，……照顾他们的利益。"③ 1872 年在接
手兴办轮船招商局之前，他就和徐润等人一起积极倡议并建立广肇公所，
旨在团结在沪广东同乡，"联乡里而御外侮"。④ 而他在接办轮船招商局后，
更是以学于洋行的商战经验同洋行开展良性的竞争，从而使洋人深感这种
竞争所带来的压力。"当唐氏在东方一家第一流的外国公司（怡和洋行）
任职时，获得了丰富而广阔的经验，他正在运用这个经验去损伤这些外国
公司。"⑤ 至于郑观应在同治元年已经开始"究心政治、实业之学"，考虑
从政治、经济两个重要的领域探索救国之道。⑥ 1863 年他开始酝酿写作，
并在 1872 年就将《救时揭要》一书基本编著完成，序中表达了"触景伤
时，略陈利弊"。其中 24 篇文章，有 11 篇涉及反对外国侵略者贩卖华工，
而其中在 1872 年前后写的《论商务》和《论中国轮船进止议》等，对我
国内河沿海"洋船往来，实获厚利，喧宾夺主"的情况表示了强烈的不
满，明确指出"凡西人长江轮船，一概给价收回"，"庶长江商船之利，悉

---

① 郑观应：《盛世危言后编》卷十二。
② 袁祖志：《瀛海采问纪实》，鄢琨校注，岳麓书社，2016，第 1 页。
③ 转引自刘广京《唐廷枢之买办时代》，《清华学报》第 2 卷第 2 期，1961 年，第 164 页。
④ 《洋务运动》第 8 册，第 103 页。
⑤ 寿尔（H. N. Shore）：《田凫号旅行记》，张雁深摘译，《洋务运动》第 8 册，第 402 页。
⑥ 夏东元编著《郑观应年谱长编》上卷，上海交通大学出版社，2009，第 21 页。

归中国独擅利权。为民为国，婿不是乎在矣！"① 因而，当唐廷枢面谒李鸿章，聆听李鸿章有关面对三千年未有之变局，当建三千年未见之伟业的宏论以及通过兴办民族企业，实现"内要自强、外争利权"宏伟目标，正好同自己内心所思所想相吻合时，自然是热血沸腾，不仅自己最终辞去买办的职位，而且还说服徐润一起参与，并动员郑观应等众多著名绅商一起集商股支持招商局的发展。而郑观应后来也在李鸿章的感召之下、唐廷枢和徐润的影响下，最终放弃了续任买办的机会，先后投身于招商局、上海机器织布局的管理者行列，为近代民族工业发展做出了重要的贡献。此后中国工业近代化的走向也正如唐廷枢他们所预料的，继轮船招商局之后，上海机器织布局、开平矿务局和天津电报局等民族民用企业不断涌现，而它们又大多采用了官督商办下的股份制形式。据有关部门统计，在1875—1894年期间，仅在采矿业就兴办了24家近代企业，其中有23家采用了官督商办的形式。可见，"官督商办"企业在中国工业近代化早期，确实起到了吸引、积聚民族商业资本，② 促进民族工业资本发展的积极作用。从"求强"到"求富"，从仿造枪炮到开铁路、电报、开矿、纺织，体现了中国由封建主义手工劳动的落后生产方式向"采用机器工业的资本主义生产方式"转型的趋势，而唐廷枢等人正是顺应这一历史发展趋势，才有可能转型为对中国工业近代化做出重要贡献的民族企业家。

---

① 《论商务》，夏东元编《郑观应集·救时揭要》，中华书局，2013，第200页。
② 根据郝延平的研究，中国和西方商业发展的一个显著差别是，西方商业资本主义主要是自然的、自发的进展，而在近代中国，商业资本主义主要是由西方所强加，没形成真正的"民族经济"，而仅是由英国支配的全球资本主义体系的一个边缘方面。它的自然后果是19世纪中国商业革命的步伐更快。曾在西方缓慢发展的商业机构，在几十年内便由西方传入中国。中国资本主义和荷兰的不同之处在于，中国商业资本主义是在一个极其古老的帝国经济的周围繁盛，而后者仍表现为一个城市的统治，其大部分商品资本被引向金融经营，中国沿海相当部分新的商业财富却设法流入工业。在19世纪中国，具有头等重要意义的是商业，而不是工业。从商业企业的投资份额、雇佣人数、价值增加以及收入的分配来看，商业活动显然支配着工业企业。近代经济部门中，最大份额的利润不是来自制造业，而是来自贸易和金融业。在贸易中，最大部分的货物不是从工业获得，而是从传统部门（农业和手工业）中获得。参见郝延平《中国近代商业革命》，第383、384页。

三　弃洋行而接办民族企业于国于民于己皆为"万世可行之利"

利，指的是利益。中国为传统的道义国家，但随着商品经济的发展，特别是西方资本主义因素的浸淫渗透，也毫无疑问地引发了"逐利"的倾向。对于每一个参与市场经营的人来说，无论是投资还是职业、职位的选择，免不了从是否"有利"的角度来考量或权衡。"以利合者，必以利离"，"以利交者，利尽必散"。义利之辩，就涉及道义与利益的关系问题。对于长期在洋行工作且拥有丰厚报酬的唐廷枢、徐润和郑观应而言，要他们毅然决然地放弃优厚稳定的买办收入，投身于民族企业的建设，单纯运用爱国热情或民族重任来解释，确实不那么有说服力。毕竟他们是商人，从商言商，必然会涉及一定的利益考量，因而李鸿章在运用民族大义进行感召外，肯定也对他们前景的发展做出了一定的承诺，而他们也肯定会对自己职业转型的利弊得失做出较为客观的评估。首先，中国自秦汉以来的大一统封建专制王朝，形成官为本、商为末的政商关系思维定式，士子科举入仕，成为士大夫，是读书人一致公认并追求的理想。尽管随着近代中外贸易的日益频繁，买办绅商发家致富的增多，捐纳入仕的增多，传统的政商生态被逐渐改变，但对于其中大部分绅商而言，即使有了"红顶商人"的桂冠，并不意味着他们已能够体面地踏入晚清政权的"官场系统"，成为大清王朝行政体系中可以"入编"的正式官员。只要他们仍然只是停留在"候补"的层次，而没有得到实授的官职，无论他们拥有多大的财富，或在国内拥有多大的资源、人脉，只能永远属于有虚衔而没有实权、没有话语权的旁观者。只有获得实授的官衔或实际的职位，或实际进入政府体制内，或在李鸿章等地方大员的麾下当幕僚或帮办，才有可能得到社会上所认可的那种传统的"体面"，才有可能实现他们毕生所追求的"光宗耀祖"。但是，自鸦片战争以来，买办通过捐纳获得实职的相当稀少。对于唐廷枢他们来说，即使几次三番捐纳，官衔不断提升，但都是"候补"虚衔。因而通过由买办向官督商办企业家的转型，成为国内首家大型民用洋务企业的"商总"，拥有清政府任命的轮船招商局总办的"官衔"而率先亮相于晚清之"仕林"，虽仍与传统科举及第大相径庭，但毕竟当为上海买办华商界万众瞩目的翘楚，体现着从商生涯的巨大成功。① 尽管他们清楚地知道，洋务企业并非真正的官场，但至少可以在权高位重的李鸿章支持或庇护下，为国家自强、民族自立、发展实业、造福民众做些实际的工作，因而接受李鸿章的邀请兴办民族企业，对他们来说，无疑是一件值得引以为傲、千载难逢的事。在他们看来，买办生涯已经使他们腰缠万贯，增进财富已经不再是他们的唯一目标。而他们迫切想做的，就是运用自己从买办生涯积聚的财富、从洋行学到的商战经验，来创办或投资近代工矿，以实现"外争利权"、国家自强、民族自立、民众富有的宏伟目标，同时实现他们"光宗耀祖"的理想。

李鸿章在唐廷枢等人入局前就明确地规定了官督商办体制下"商主商务"的原则。② 唐廷枢深谙洋商的经济活动得倚赖华人的短处，所以相信通过自己的经营能够使招商局获得比洋商更高的利润。他和徐润等人在入局之前，就筹划过一个预算方案。面对外国轮船公司的竞争，唐廷枢、徐润通过分析中外轮船公司的力量对比，以商人的专业眼光，指出招商局具备三方面条件，在与外商抗衡过程中具有较大的优势：一是有从南方往京师运漕粮的官方业务；二是仓库劳工等管理费用都比洋商低；三是更容易承接本国商人托运的货物。因而他们估计，在投资50万两、购买4艘轮船的情况下，因有漕粮补贴，再加上搭客运货，每年只要航行3个月，就有足够的把握净赚108000两，利润率高达20%。因而他十分认同李鸿章的观点：接办招商局"固创千古未有之局，亦为万世可行之利"，③ 于国于民于己都有好处，何乐而不为？唐廷枢和徐润就不失时机地抓住了时代赋予的机会，由洋行买办或放弃洋行的高薪邀约转而成为近代民族企业家。当然，唐廷枢、徐润和郑观应所以能够下决心进入官督商办企业，在很大程度上，也为李鸿章的个人气度所折服。李鸿章作为洋务派领袖之一，主持了当时四大军工厂的建设，提出了大力发展事关国计民生的民用企业，意

---

① 郝延平：《十九世纪的中国买办：东西间桥梁》，第170页。
② 《致总署论试办轮船招商局》，顾廷龙、戴逸主编《李鸿章全集》（30），第484页。
③ 交通、铁道部交通史编纂委员会编《交通史航政编》第1册，编者印行，1931，第147—148页。

在"与洋商争衡，庶逐渐收回权利"，① "以土产敌洋产，力保中国商民自有之利权"，② "然与其任洋人在内地开设铁路铜线，又不若自行仿办，权自我操，彼亦无可置喙"。③ 针对洋商擅自租建吴淞铁路一事，应警示英领事，"告以中华自主之国，若创兴此举，须得自办，断不能由人强勉"。④ 并将兴办企业与国家开源、保利、收权、求富紧密地结合起来，"所关系国家体制、华民生计极巨"。⑤ 其目标在于建设一个自立于世界民族之林、既富又强的独立主权国家。显然，这一宏伟的目标，与唐廷枢等人作为中国人的爱国志向和追求的目标是一致的，是英雄所见略同。同时，李鸿章早就清楚地意识到，目前国家经济建设急需人才，但"人才之难得"，"饷力人才实有未逮"，因而求才似渴，不拘一格，"欲举天下有志之士无不明于洋务"，⑥ 故敢力排众议，启用唐廷枢等这些长期被边缘化的买办群体。他派要员专程赴上海会见唐廷枢等人，并邀约单独会面，对唐廷枢有关办局的见解和建议更是表现出言听计从，从而使唐廷枢深感李鸿章的诚意。特别是李鸿章有关官督商办体制下"商主商务"的办局原则以及有关官方如何提供必要的政策、财政和道义上支持等方面的承诺，使唐廷枢深以为然。而在轮船招商局开办之后，李鸿章确实表现了大力支持，给予唐廷枢在局务处理上很大的自主权，使唐廷枢能够通过重订《轮船招商局局规》和《轮船招商章程》，依规治理公司，将轮船招商局改组为"商主商务"的真正的"官督商办"企业，即"企业由商人出资，合股的资本为商人所有，企业在政府监督之下，盈亏全归商办，与官无涉"；推行以西法经营，推出合股投资体制，实施股份转让，向社会公开发行股票，使招商局的股值一年之内增长了一倍多，开中国内地股市之先河。李鸿章为示支持，专门为招商局奏请运漕专利权，"必准其兼运漕粮，方有专门生意，不至为洋商排挤"。⑦ 这构成李鸿章向招商局提供的一项重要支持，当然也是招商

---

① 《遵议维持商局折》，顾廷龙、戴逸主编《李鸿章全集》（11），第 325 页。
② 《重整上海织布局片》，顾廷龙、戴逸主编《李鸿章全集》（15），第 215 页。
③ 《奏议复修约事宜折》（附《条说》），顾廷龙、戴逸主编《李鸿章全集》（3），第 168 页。
④ 《致冯卓儒观察》，顾廷龙、戴逸主编《李鸿章全集》（31），第 379 页。
⑤ 《遵议维持商局折》，顾廷龙、戴逸主编《李鸿章全集》（11），第 325 页。
⑥ 《筹议海防折》，顾廷龙、戴逸主编《李鸿章全集》（6），第 160 页。
⑦ 《筹议制造轮船未可裁撤折》，顾廷龙、戴逸主编《李鸿章全集》（5），第 109 页。

局赖以建立和维持的一个重要经济支柱。① 此外，对于招商局收购旗昌轮船公司以及与怡和、太古订立"齐价合同"之事，李鸿章都给予了及时和大力的支持，从而为招商局提供了喘息的机会，有利于它蓄积力量，进行新的竞争。在轮船招商局兴办有起色之后，受李鸿章的委派和支持，唐廷枢先后主持创办开平矿务局等近代新式企业多达 47 家，其中属于国内或地区内首创的就有 6 家，且在中国近代经济史上创造了许多个"中国第一"：中国第一家民用企业——轮船招商局、中国第一家机械煤矿、中国第一家保险公司、中国第一条铁路、中国第一台自产火车、中国第一家水泥厂、中国第一家机器棉纺厂、中国第一个油井、中国第一条电报线。他还创办了中国近代史上最大的煤矿——开平煤矿，建造了中国第一条铁路——唐胥铁路，主持制造了中国第一台蒸汽车——"龙"号火车头。至于徐润，他在担任招商局会办期间，协助唐廷枢做了大量的工作，同时创办了中国第一家民族保险公司——仁济和水火保险公司、第一家民族机器印刷厂；出任开平矿务局会办，支持采用从英国订购机器设备，聘用一批英国工程师，应用近代技术采掘煤炭，使开平煤炭迅速占领天津地区市场，将进口煤炭从天津市场挤了出去，其业务逐渐扩大到国内其他口岸，为北洋舰队以及地方工业提供了必需的燃料。同时，为了将煤炭运输到天津，矿务局专门修筑了中国第一条成功的铁路，还发展了焦炭、水泥等一批附属企业；先后投资开平煤矿、平泉铜矿、宜昌鹤峰州铜矿、孤山子银矿、三山银矿、天华银矿、潭州银矿、建平金矿、金州煤矿和贵池煤矿等十余处矿产，为创办中国近代采矿业做出了杰出的贡献。郑观应在担任太古轮船公司买办时，就已先后参股于轮船招商局、开平矿务局、上海造纸公司，上海机器织布局等民族企业，天津电报局，山东登、莱、青、莒四府和东北锦州的五金矿等企业，他还联络同人集股开办造纸公司和开垦公司，并最终应李鸿章之邀，毅然离开买办职业，全身心地投入民族工业的经营管理中去，先后担任上海机器织布局会办、总办，上海电报局总办，开平煤矿粤局总办，汉阳铁厂总办，吉林矿务公司驻沪总董，粤汉铁路购地局总办，广州商务总会协理和广东商办粤汉铁路有

---

① 胡滨、李时岳：《李鸿章和轮船招商局》，《历史研究》1982 年第 4 期。

限公司总办，招商局公学的住校董事兼主任和上海商务中学的名誉董事等，为我国首批民族民用企业的创办和发展，为我国近代教育事业的发展贡献了智慧和心力。

当然，唐廷枢、徐润和郑观应不仅以近代企业家的身份出现在近代工业化舞台上，而且以社会慈善家、教育家、外交家、政治家和思想家的多重身份出现在近代中国的政商舞台上。唐廷枢是个社会慈善活动家，长期热心从事社会公益事业，创办了仁济医院，这也是中国人创办的第一家西医医院；出资赞助普育堂、辅元堂、清节堂等慈善机构；每遇国内遭遇旱灾水灾，或倡议设立慈善机构，或发起劝捐赈灾活动，或组织救灾赈灾。唐廷枢关心贫困儿童的成长，1875 年，他倡议开设抚养局，收留流浪儿童，并在其中设立一所公益学校，制定专门章程，贫困家庭子弟也可以前来读书。在自己所开办的企业中，他规定童工在工余时间必须入学读书，并提供免费的生活学习用品。① 由于致力于赈灾助捐和慈善事业，他多次受到朝廷"传旨嘉奖"。唐廷枢参与近代文化教育新闻事业，早在 1862 年他 30 岁时，就主持编著《英语集全》共六卷六册，这是中国人编纂的第一部汉英词典，而之所以编纂这部词典，是"因睹诸友不通英语，吃亏者有之，受人欺瞒者有之，或因不晓英语，受人凌辱者有之"。② 1872 年，唐廷枢与驻上海英领事麦华陀一起倡议开设格致书院，请外国学者定期开设各类科学讲座，分别介绍西方天文、制造、化学、地质、绘图等知识，并在书院内陈列西方科技书籍的中文译本以及各种科技仪器仪表和矿物标本等，供国人参观学习，旨在"以冀将来艺学振兴，储备人才，施储实用"。同年，在容闳的建议下，清政府决定分四年选派 120 名幼童留学美国。为了顺利推进这项计划，唐廷枢回到家乡，推荐选拔留学幼童。120 名幼童中有 1/3 来自他的家乡香山，其中包括他的族侄、日后成为民国总理的唐绍仪以及清华大学首任校长唐国安。留美幼童回国后，唐廷枢亲自指派洋矿师对分配到开平矿务局的幼童进行悉心指导，培养出了詹天佑、邝景阳、邝荣光等中国首批铁路和矿业工程师。唐廷枢深知培养掌握西方

---

① 《开平矿务局局规》中规定，所有童工"除作工时刻之外，即入学堂读书"；"其幼童被帐、衣帽及学堂医所所需各物，均由杂务处办理"。

② 唐廷枢等编著《英语集全·序》。

科学技术的人才对国家办洋务的重要性，把招商局、开平矿务局作为培养洋务人才的基地，明确规定所有聘用的洋人必须向中国人传授技术。① 不久，他对有资本主义倾向的报纸——《汇报》给予经济上的支持，而这家报纸恰恰是他在澳门教会学校的同学、中国第一个留美博士容闳在 1874 年创办的，他的同乡郑观应具体做的规划。唐廷枢还积极协助李鸿章、丁日昌等洋务派官员处理对外交涉事件。例如，1876 年起协助署福建巡抚丁日昌处理福厦电线案和日本索伯拉那船案。在福厦电线案中，英、法、美、德四国领事在未得到当地政府允许的情况下，擅自修建从福州到厦门的电话线，遭到当地绅民的阻挠而无法施工，清政府决定买回自办。唐廷枢受派处理此事时，发现合同正本为英文，解释权在洋人手里，经过与对方十多次辩论，最终成功撤销原合同，重新用中文订立合同，收回电线。在处理日本索伯拉那船案时，唐廷枢亲自到案发地调查取证，并赴厦门与日本领事交涉，经多次谈判，据理力争，历时 15 年，最终迫使日本领事不得不承认事实，成功化解了一场即将爆发的战争。1876 年，李鸿章在烟台处理马嘉理案和吴淞铁路案，唐廷枢受李鸿章之命，全程协助谈判。其间，针对外国使臣的无理要求和要挟，凭借多年和洋人打交道的经验，他据理力争，充分体现了一位弱国外交人员不卑不亢、有理有节的气节和风度，尽最大可能维护了国家的权益和尊严，深得李鸿章的赏识，给予他十分高的评价："事极繁难，百折不回，忠信正直，实为中国商务难得之才。"事业有成也为唐廷枢提供了政治上的晋身台阶。在唐廷枢进入招商局之前，他就已经取得了一个同知的头衔。此后，他的官衔随着他在洋务派官僚企业中的地位上升而越来越高，由同知升为道台，甚至得到李鸿章"堪备各国使臣"的保举。唐廷枢的名声在洋务派官僚中得到交口称誉。丁日昌在调他办理福建洋务时，除了夸他"于各国情形以及洋文洋语罔不周知"外，还称颂他"才识练达，器宇宏深"，因而上奏朝廷，想把他调到福建协办洋务。而两江总督沈葆桢、湖广总督李瀚章也因为唐廷枢办事干练而试图调他入自己的幕府，但都为李鸿章所婉拒，而一心把他留在自己的身边。唐廷枢也成为当时政商融合的典型事例。1889 年，《北华捷报》发文评价

---

① 参见《重订轮船招商章程》和开平矿务局《洋人司事专条十二则》的有关规定。

唐廷枢："如果中国有更多像他这样的人，各类型的工商业没什么困难就能发展起来。"1892 年 10 月，唐廷枢在天津病逝，他的死讯当时刊登在中国几乎所有报刊上，甚至多个国家驻天津的领事馆下半旗志哀。唐山百姓为他建立"唐公祠"。李鸿章为他主持葬礼。《北华捷报》发表了一份讣告，其中有两句评语是："他的一生，标志着中国历史上的一个时代。他的去世，对外国人和中国人，都是一大损失。"曾有友人撰文称他所从事的事业"皆为他人所不敢为，亦皆为中国所从来未为"。郑观应对唐廷枢的评价是："盖此公一生精力，销磨于商务、洋务之中，数十年来备尝艰苦，凡事不因仇怨，顾全大局，力图整顿，洵为吾粤中办洋务之特出者。"① 甚至到了 1982 年，怡和洋行在纪念该洋行创办 175 周年的特刊上刊文，还称唐廷枢"既爱国，又有世界眼光"。在唐廷枢去世近一个世纪之后，仍有外国企业纪念他并做出如此高的评价，可见唐廷枢作为爱国者的形象给怡和洋行留下了多么深刻的印象。而徐润也在推动中国文化事业走向近代化方面做了大量的工作，诸如创办格致书院、仁济医院、中国红十字会，参与选派中国幼童官费赴美留学和创办同文书局，推进近代出版事业的发展等。郑观应不仅是位较为成功的民族企业家，还是中国近代最早具有完整维新思想体系的理论家、启蒙思想家。他早年在洋行当买办和投身民族民用企业的经历以及他在英国传教士傅兰雅开办的英华书馆夜课期间所接触和了解到的西方资本主义国家社会政治学说和先进科学技术知识，使他对国家命运、民族独立和体制改革等问题产生了浓厚兴趣，先后出版了具有爱国主义和改良主义思想倾向的系列论著。1862 年写成《救时揭要》一书（1873 年出版），着重讨论了贩卖华工问题、鸦片问题、救灾恤贫问题、慈善问题、航运问题、溺女婴问题等，无不切合当时社会实际，同时对症下药，提出了解决方案，具有明显的时代气息。1871 年郑观应写成《易言》一书（两卷三十六篇），以极大的爱国主义热情，揭露欧美列强的侵略野心，主张通过学习西方以求"克敌制胜"之道，"夫欲制胜于人者，必尽知其成法，而后能变通；能变通，而后能克敌"，提出了

---

① 在创办招商局的"三杰"中，唐廷枢对郑观应的关照和影响是最大的，郑观应所著《盛世危言》中的不少思想观点，其实源自唐廷枢。

一系列以国富为中心的改良主义思想和内政改革措施。主张采用西方科学技术，实行机器生产，加快工商业发展，鼓励商民投资实业，鼓励民办开矿、造船、修铁路。对华洋商税赋不平等的关税政策表示了强烈的不满，主张"我国所有者轻税以广去路，我国所无者重税以遏来源"的保护性关税政策。主张采用西方议会制度，通过政治制度的变革，实行君主立宪制。主张履行万国公法，与外国缔结平等条约。但《易言》仍未脱离"中体西用"思维的束缚，仍希望用"中国五帝三王之道"来作为根本，借助西法来达到富强的目的。1894年，他在澳门隐居期间，致力于扩编《救世揭要》和《易言》，于1892年编成反映其完整维新思想体系的《盛世危言》，1894年正式出版。该书以"富强救国"为主题，对国内政治、经济、军事、外交、文化诸方面提出了切实可行的改革方案，形同近代变法大典。其中首次要求清廷"立宪法""开议会"，实行立宪政治，他是"中国近代明确提出实行君主立宪要求的第一人"，在我国首次使用"宪法"一词，由此开启了中国最高法意义上的宪法理念时代。他提出"主以中学、辅以西学"的学习西方的原则，提倡商战论，成为最早介绍商会、呼吁中国政府和商人设立商会的思想家。同时，郑观应关注社会改革，对政治、经济、军事、外交、文化诸方面的改革提出了切实可行的方案。《盛世危言》问世后，引起极大的社会反响，被称为"医国之灵枢金匮"，光绪皇帝看到后，下令印刷2000部，分发给大臣阅读。《易言》传到朝鲜，对朝鲜近代化进程产生重大的影响。郑观应在封建庙堂上高呼改革维新，不仅改变了清王朝统治阶级对西学、洋务的看法，而且还对康有为、梁启超，甚至孙中山和毛泽东产生了影响，在中国旧新民主主义思想的发展史上留下了他独特的烙印。

叶廷眷与轮船招商局

宾睦新[*]

叶廷眷，字孔勋，号顾之，[①] 清代广东香山县吉大村人（今珠海市香洲区吉大社区），生于道光九年八月初十日（1829 年 9 月 7 日）午时，[②] 殁于光绪十二年八月二十五日（1886 年 9 月 22 日）。[③] 叶廷眷是清代同治和光绪年间的著名地方官，两度出任上海县知县，又两度出任与上海隔江相望的南汇县知县，其后被李鸿章委任为轮船招商局会办，又在中法战争后，受命参与勘测滇越界务，并因此染上瘴气，病死云南。

光绪四年七月，叶廷眷经同乡唐廷枢举荐，获李鸿章奏派为轮船招商局会办，负责漕运事务。次年九月，因盛宣怀等人排挤，叶廷眷借故告退。叶廷眷虽然退出了轮船招商局，但是仍然看好该局的发展，持有大量轮船招商局股票；并经顺天府代递条陈，继续为轮船招商局发展建言献策，引起了朝廷上下对轮船招商局的重视。研究叶廷眷加入轮船招商局，可以看到在该局的发展过程中，广东香山人发挥了巨大的作用。研究叶廷眷被排挤出轮船招商局，则可以看到该局内部的人事和派系纷争，主要是盛宣怀为了争夺轮船招商局的主导权，陆续将叶廷眷、徐润和唐廷枢等人

---

[*] 澳门科技大学科技研究院助理研究员。
① 根据 1946 年叶氏族谱《广肇两属叶德光堂吉大祥光堂房谱》和光绪五年（1879）《香山县志》记载，叶廷眷，字孔勋，号顾之，有不少论文将其号"顾之"当作字。
② 叶晶民、叶家炘纂《广肇两属叶德光堂吉大祥光堂房谱》，1946 年稿本，第 114 页，广州市档案馆藏，档号：0017－002－000145－001。该族谱并未记载叶廷眷去世的具体时间，原因可能是叶廷眷父子先后在云南染瘴去世，远在广东的亲友未能知悉。
③ 《道员随勘边界瘴故请恤折》（光绪十二年九月初三日），《岑毓英集》，黄振南、白耀天标点，广西民族出版社，2005，第 376 页。

排挤出局。

一 家族及任职经历

叶廷眷是广东香山县吉大村叶氏第十三代，祖父叶静山有一品封职，祖母叶黄氏被封一品命妇。光绪七年闰七月初十日（1881 年 9 月 3 日）李鸿章上奏《叶静山夫妇等旌奖片》提及："广东香山县人江苏候补道叶廷眷，遵其故祖一品封职叶静山、祖母一品命妇叶黄氏遗命，捐助直隶赈银一千两。……应请旨准将一品封职叶静山暨命妇叶黄氏……各照例自行建坊，给予'乐善好施'字样，以昭旌奖。"光绪七年闰七月十三日，军机大臣奉旨：着照所请。该部知道。① 叶廷眷之父，据称是广州最大的糖姜商号济隆（Chyloong）的创办人之一。② 叶廷眷的母亲黄氏，曾获从一品封典，也因捐银赈灾，获建"乐善好施"牌坊。据光绪四年七月二十三日（1878 年 8 月 22 日）李鸿章奏《叶黄氏等捐赈旌奖片》载："广东香山县人二品衔江苏候补道叶廷眷之母从一品封典黄氏，前捐洋银六百元，分赈晋、豫。兹又捐直赈银一千两。……除饬局兑收拨用外，查捐助赈银一千两，例得请旨建坊，给予'乐善好施'字样。今命妇叶黄氏、卢李氏各捐直赈银千两，皆属深明大义。叶黄氏并有另捐晋、豫之款，尤堪嘉尚。应请旨均准建坊，给予'乐善好施'字样，以示旌奖。"光绪四年七月二十六日，军机大臣奉旨：着照所请。该部知道。③ 叶黄氏可能生于嘉庆九年九月二十五日（1804 年 10 月 28 日），叶廷眷于同治十三年（1874）在上海县衙为母亲举办七十寿庆。④ 叶母于光绪七年正月初四日（1881 年 2 月 2 日）在上海"叶公馆"去世，叶廷眷在

---

① 《叶静山夫妇等旌奖片》（光绪七年闰七月初十日），顾廷龙、戴逸主编《李鸿章全集》第 9 册，安徽教育出版社，2008，第 448 页。

② *The North China Daily News*（Shanghai, China），July 31, 1872. 原文为：Yehisason of Chyloong, the great Canton ginger preserver。

③ 《叶黄氏等捐赈旌奖片》（光绪四年七月二十三日），顾廷龙、戴逸主编《李鸿章全集》第 8 册，第 144 页。

④ 吴静山：《旧账簿中所见六十年前的上海》，上海通社编《旧上海史料汇编》上册，北京图书馆出版社，1998，第 528—548 页。

《申报》上刊登《报丧》："本月初四日酉刻，叶大人廷眷老太太仙逝，择于初六日午时大殓，谨报。叶公馆家人呈。"① 这是《申报》首次刊登讣告类信息。二月间开丧，② 九月扶枢回香山吉大安葬。③

叶廷眷娶有一妻五妾，妻李氏生二子一女。据《广肇两属叶德光堂吉大祥光堂房谱》载："十三世祖孔勋，号顾之，生于道光己丑年八月初十午时。……公原配李氏太夫人尤为贤淑，相夫教子，性慈蔼，乐善好施，乡族贫乏，多蒙其惠；侧室五人俱有贤德。李太夫人生二子，曰乃翰、乃枢，及一女。……十四世祖端黼，号乃翰，随父宦，殁于任，妣朱氏，无嗣，端黻长子敏宏继。十四祖端黻，号乃枢，妣龙氏，生敏宏，嗣端黼，生培宏，少年亡。十五祖敏宏，妣郑氏，生显斌，李氏生女文璧。十六传显斌，妣陈氏，生长子夭，次炽强，女惠基、惠如、惠珊、惠龄、阿珠。"④ 该族谱于1946年编修成稿，距离叶廷眷1886年去世已有六十年之久，加上叶氏散居越南、中国香港、中国澳门等地，因而记载有一些模糊不清之处，比如叶廷眷及其家人的姓名和生殁葬情况就比较简略，还得从旁考证。叶廷眷的二夫人于同治十二年五月中旬在上海去世，⑤ 其他夫人生殁时间不详。

叶廷眷有两个儿子。长子叶乃翰，⑥ 字端黼，号撰臣，官至"中书科中书"，娶妻朱氏，乃广西桂林朱缃之女，名桂珍，无子，⑦ 以其弟乃枢的长子敏宏为嗣。⑧ 光绪十二年随父往滇越勘界，叶廷眷受瘴病逝后，扶枢回籍途中亦病逝，归葬香山家乡。次子叶紫垣，⑨ 字端黻，号乃枢，官至"候选道"，⑩ 余事不详。

---

① 《报丧（叶公馆家人呈）》，《申报》1881年2月4日，第6版。
② 《开丧志盛》，《申报》1881年3月16日，第2版。
③ 《扶梓回籍》，《申报》1881年11月11日，第2版。
④ 叶晶民、叶家炘纂《广肇两属叶德光堂吉大祥光堂房谱》，第114—115页。
⑤ 吴静山：《旧账簿中所见六十年前的上海》，《旧上海史料汇编》上册，第528—548页。
⑥ 叶廷眷长子之名，在《清实录》中载为叶乃翰。
⑦ 朱缃：《寄挽撰臣贤倩诗二章（光绪十三年丁亥春正下浣桂林栖霞山人匡生氏朱缃手稿）》，《申报》1887年3月3日，第12版。
⑧ 《清实录》第55册，《德宗实录》卷234，光绪十二年十一月，中华书局，1987，第160—161页。又见《香山县志续编》卷11，列传，1923年刊本，第26页。
⑨ 黄观保：《香山吉大乡观音岩记》，《字林沪报》1888年1月12日，第2版。
⑩ 《香山县志续编》卷11，列传，第26页。

其兄叶廷杰（1827—1911），号辉石，墓在仙峰山永远墓园。叶廷杰之子叶逊予（？—1943），1928 年曾任香山县吉大乡乡长，葬在仙峰山永远墓园。叶逊予之子叶朝选（1906—？）。叶朝选之子叶掌国①（1938—？），又名叶长国、叶大卫。

叶廷眷约 1860 年赴江苏任职后，无暇回乡，直至 1881 年母亲去世，扶枢归葬时，见旧居毁于兵火，遂斥巨资重建兴修，当地人称为"荣禄第"，并大力整顿吉大村治，修葺宗祠家塾。② 叶氏族人在兴修族谱时，有"公生平爱护乡族，斥巨资建石墙，以防匪患，安居是地者，赖公之赐也；又曾捐族堂、办慈善、兴教育，即今族人之享受，实拜其余荫"③之语。

叶廷眷早年虽读四书五经，以捐纳得监生，但成年后投笔从戎，以军功屡获升迁。《香山县志续编》有"幼读书，不屑屑章句，及壮，投笔从戎"之句。④ 咸丰初年由监生报捐县丞，指发江苏并捐免验看，经部核准，咸丰五年由广东验看给咨，次年到江苏任职，咸丰七年署山阳县县丞。⑤ 咸丰十年因衡阳防剿案内出力，奉旨"着免补本班，以知县补用并赏戴蓝翎"，旋奏派办理江北团练，嗣因淮扬守城及随办团练官绅出力，奏保加五品衔换戴花翎；次年七月奉旨："着照所请奖励。"⑥ 同治元年（1862）四月随晏端书赴粤办理厘捐，⑦ 次年十一月事竣返回江苏。同治三年五月二十八日，于克复丹阳县城案内出力，奉旨："着俟补缺后，以同知直隶

---

① 松原健太郎：《是信托还是法人——中国宗族财产的管治问题》，《历史人类学学刊》（香港）2009 年第 2 期，第 90 页。
② 黄观保：《香山吉大乡观音岩记》，《字林沪报》1888 年 1 月 12 日，第 2 版。
③ 叶晶民、叶家炘纂《广肇两属叶德光堂吉大祥光堂房谱》，第 114 页。
④ 《香山县志续编》卷 11，列传，第 25 页。
⑤ 叶廷眷任职山阳期间，曾参与防御捻军。据《淮安河下志》载，"庚申正月晦，捻逆犯河下，焚掠蹂躏，惨不忍言。闰三月，分防叶顾之贰尹廷眷来，复建筑围议，痛哭入城，请于太守，乃始鸠工粗创基址。"见王光伯原辑，程景韩增订《淮安河下志》，荀德麟等点校，方志出版社，2006，第 57 页。
⑥ 《叶廷眷补授南汇县知县折》（同治四年六月初四日），顾廷龙、戴逸主编《李鸿章全集》第 2 册，第 134 页。
⑦ 《复蔡应嵩》（同治元年六月十二日），唐浩明主编《曾国藩全集》第 25 册，岳麓书社，2011，第 379 页。

州知州用，并赏加知府衔。"① 曾获委署靖江县知县，未及上任，即被李鸿章留用上海，办理会捕局事宜。② 同治四年七月补南汇县知县；同治六年五月署上海县知县；次年五月署松海防同知，旋因办理上海洋务出力，奏保补同知直隶州，后以知府补用，奉旨："照所请奖励。"同治八年八月经吏部带领引见，奉旨："以同知直隶州仍留江苏补用，俟补同知直隶州后，以知府补用。"③ 九月回南汇县任。旋因办理同治七年海运出力，奏保以知府在任，尽先补用，次年九月奉旨："照所请奖励。"同治十一年二月报捐道员在任候选，六月署上海县知县，七月初六日履任。④ 次年闰六月奏请调补上海县知县，奉朱批："着照所请。"同治十三年三月捐离知县本任，并加三品衔。旋因同治十二年海运出力，奏保加按察使衔，次年十一月奉旨："依议。"光绪元年（1875）四月二十日卸任上海县知县。⑤ 光绪二年九月奏调赴福建，总监船政工务；旋因同治十三年海运出力，奏保加布政使衔，经部加改二品衔，次年四月奉旨："依议。"光绪四年七月报捐指省分发江苏，以道员试用，八月经直隶总督李鸿章奏委督办轮船招商局局务，担任上海轮船招商局总局会办。光绪七年正月丁母忧回籍。光绪九年四月服满。次年六月，经广东同乡许应骙奏遵保人才，奉旨："送部引见。"光绪十一年七月十八日，经吏部带领引见，奉旨同勘滇越界务，八月初五日出京，十一月初六日行抵云南开化府。次年六月初一日赴河口襄办界务，八月二十五日因感染瘴气而病故于任上。

---

① 《叶廷眷补授南汇县知县折》（同治四年六月初四日），顾廷龙、戴逸主编《李鸿章全集》第 2 册，第 134 页。

② 吴馨等修，姚文枬等纂《上海县续志》卷 15，1918 年南园刻本，第 2 页。又据《上海新报》载："二十一日示，委署靖江县叶廷眷奉李宫保留办会捕局务，其缺以现署太湖同知邵积善调署，其太湖同知缺以候补府温忠彦署理。"见《省城日报》，《上海新报》1865 年 9 月 9 日，第 1 版。

③ 秦国经主编《中国第一历史档案馆藏清代官员履历档案全编》第 4 册，华东师范大学出版社，1997，第 281—282 页。

④ 吴静山：《旧账簿中所见六十年前的上海》，《旧上海史料汇编》上册，第 529—530 页。

⑤ 据《申报》载："闻得上海县叶邑尊于本月二十日卸事。"见《邑尊卸事》，《申报》1875 年 4 月 22 日，第 2 版。

二 经唐廷枢保荐入局

叶廷眷卸任上海县知县后，曾于光绪四年应李鸿章之邀，入轮船招商总局担任会办，于次年告退，在局将近一年。实际上，李鸿章在同治十一年春筹办轮船招商局时，曾有意邀请叶廷眷入局会办，借以招揽资力雄厚的粤商。叶廷眷入局后，主要办理漕运事务，较上年节省费用两万多两，提出添发巨帑、运漕展期和长江运盐三条发展策略，并举荐同村族人、澳门富商叶显昭出任津局总办。叶廷眷在局不到一年，就屡受排挤，最终退出轮船招商局。叶廷眷虽然退出，但是依然持有大量轮船招商局股票，并长期关注其发展，于光绪十一年九月请顺天府代递"扶持商局"条陈，为轮船招商局的发展建言献策。

同治十一年春，李鸿章让幕僚盛宣怀拟办轮船航运章程，又邀请上海沙船富商朱其昂、朱其诏兄弟和怡和洋行粤籍买办唐廷枢赴天津商议创局事宜，[①] 盛宣怀提出了"商本商办"方案，[②] 朱其昂提出了"商本官办"方案，最终选定朱其昂、李振玉和胡雪岩等江浙富商创局。[③] 李振玉因"众议不洽"而被辞退，胡雪岩因畏惧洋商而不敢入局；天津的粤商已经有意加入，但是被李鸿章以资金不雄厚而拒绝；李鸿章的幕僚孙士达举荐叶廷眷参与创局，借以招揽财雄力厚的闽粤商人，也被李鸿章以粤商与江浙商人不合而拒绝。虽然李鸿章拒绝叶廷眷入局，但是又请江苏按察使应宝时致函叶廷眷，为创局提供便利。李鸿章曾在信中谈及此事："津郡粤商久经禀求，因资力不厚，未敢妄允。叶令廷眷如能入局会办，当可招致粤商，但广帮与浙苏等帮向各争胜，难遽合同。已属敏斋转致叶令，此局

---

① 据丁寿昌致函盛宣怀载："弟顷奉中堂面谕，唐景星业已来津商议轮船招商各节，阁下如愿出为综理，即祈刻日办装北上，以便面为商酬，迟恐此局一定，未便另添总办矣。"见夏东元《盛宣怀传》，四川人民出版社，1988，第16—17页。

② 盛宣怀：《上李傅相轮船章程》（同治十一年三月），夏东元编著《盛宣怀年谱长编》上册，上海交通大学出版社，2004，第14—15页。

③ 据《教会新报》载："中国商船总局于昨十九日开局，专办局务委员，一系朱君其昂，宝山县人，一系李君振玉，安徽人。是日，在沪官宪及候补人员齐至局中贺喜。局在法国租界永安街中。"见《中国商船开局》，《教会新报》1873年1月29日，第150页。

创设要须随时设法变通，以求经久。"① 据此可知，李鸿章看中了叶廷眷在旅沪粤人中的影响力，试图借叶氏来拉拢唐廷枢等粤商，但顾虑江浙商人与粤商难以合作，转而让江浙商人单独创局。

朱其昂、朱其诏兄弟作为创办人，② 于同治十一年十二月十九日（1873 年 1 月 17 日）在上海正式成立"轮船招商公局"。③ 次年，因朱氏兄弟招股不足，轮船招商局发展乏力，李鸿章继续招揽粤商入股，添派唐廷枢、徐润入局担任总办，改为"官督商办"，随后续派盛宣怀为总办。根据分工，朱其昂和朱其诏兄弟专办漕务，唐廷枢和徐润专办揽载，盛宣怀会办漕务、揽载事宜。据《轮船招商局第七年帐略》载："本局自开办以来所有运漕公事归朱云甫观察主政，朱翼甫观察副之。其轮船揽载归枢、润二人专管。盛杏荪观察即襄办两边公事。"④ 盛宣怀自述："运漕原系朱道、朱道经手，揽载原系唐道、徐道经手，职道奉饬会办运漕、揽载事务。"⑤ 光绪四年五月初一日（1878 年 6 月 1 日）朱其昂在天津染疫去世后，⑥ 需要人接手漕务事宜，唐廷枢举荐叶廷眷入局专办漕务。

实际上，叶廷眷在朱其昂去世前就已经参办漕运事宜。徐润在光绪四年六月二十七日（1878 年 7 月 26 日）致盛宣怀函，提及"顾翁经理粮米，

① 《复孙竹堂观察》（同治十一年十二月二十日夜），顾廷龙、戴逸主编《李鸿章全集》第30 册，第 491 页。

② 《致总署论试办轮船招商》（同治十一年十一月二十三日），顾廷龙、戴逸主编《李鸿章全集》第 30 册，第 484—485 页；又见《试办招商轮船折》（同治十一年十一月二十三日），《李鸿章全集》第 5 册，第 257—258 页。

③ 据《申报》载："顷悉轮船招商公局择于十二月十九日在洋泾浜南永安街地方开办。"见《轮船招商开局日期》，《申报》1873 年 1 月 16 日，第 3 版。又据《申报》载："闻轮船招商公局于十九日开办，已于前报奉闻矣。……中外官商及各国兵船统领均往道喜。"见《招商轮船开局》，《申报》1873 年 1 月 18 日，第 3 版。

④ 唐廷枢、徐润：《轮船招商局第七年帐略》，胡政、李亚东点校《招商局创办之初（1873—1880）》，中国社会科学出版社，2010，第 65 页。

⑤ 盛宣怀：《拟招商局章程八条》（光绪三年十二月，1878 年 1 月），陈旭麓、顾廷龙、汪熙主编《轮船招商局》（盛宣怀档案资料选辑之八），上海人民出版社，2002，第 81 页。

⑥ 据李鸿章奏折载："（朱其昂）不期积劳已深，病势日重，竟于五月初一日殁于天津差次。"见《为朱其昂请恤折》（光绪四年五月十四日），顾廷龙、戴逸主编《李鸿章全集》第 8 册，第 84 页。又据《申报》载："朱云甫观察于初一日病殁天津差次，业已列报。"见《更正》，《申报》1878 年 6 月 10 日，第 3 版。又据朱其昂讣告载："云甫府君痛于光绪戊寅年五月初一日辰时疾终天津招商局差次，距生于道光丁酉年四月二十五日午时，享年四十二岁。"见薛理勇《一份朱其昂的讣闻》，《世纪》2002 年 9 月号，第 58 页。

于十六日全数交竣，渠即已晋都赴□矣"。① 函中不可辨识的字"□"应该是"津"。因光绪四年七月初八日（1878 年 8 月 6 日）《申报》有叶廷眷行程的记载："叶顾之观察昨亦起程，前往天津，据闻尚须进京有总办招商局之委云云，第未见有明文，不识传言确否耳。"② 叶廷眷在六月十六日漕运交竣后，就前往天津向李鸿章汇报。李鸿章遂于七月二十三日（8 月 21 日）与沈葆桢联名会奏，委派叶廷眷为轮船招商局会办。

光绪四年七月二十三日李鸿章和沈葆桢联署奏片《叶廷眷会办招商局片》，委派叶廷眷为轮船招商局会办。奏折原文为：

> 再，轮船招商局关系紧要，沪局尤商务总汇之区，原派各员多有经办事件，分投查察，未能常川驻局。现仅道员徐润驻沪经理，虽无贻误，而责任綦重，头绪太繁，必须遴派明干公正大员会同筹办，切实整顿，以昭周密。查有二品衔江苏候补道叶廷眷廉正朴直，条理精详，实心为公，能任劳怨，历任松防上海南汇各丞县实缺，总办江苏海运局，于洋务漕运各机宜均甚熟悉，商局利病情形亦所素谙，堪以委令总办上海招商局，会督原派各员唐廷枢、徐润等，将南北各口总分各局揽载、运漕、用人一切事宜尽心讲求，力筹整顿，核实撙节，以期兴利除弊，涓滴归公，庶中国商务可以自立，官本商股不至亏缺。除檄饬遵办外，谨会同南洋大臣两江督臣沈葆桢附片陈明，伏乞圣鉴。谨奏。③

三日后，军机大臣奉旨："知道了。"④ 奏片获批后，李鸿章给予叶廷眷一年的试用期，这在《查复招商局参案折》（光绪七年二月十一日）中记载得非常详细："道员叶廷眷系光绪四年秋间由唐廷枢等禀请奏委入局

---

① 《徐润致盛宣怀函》（光绪四年六月二十七日，1878 年 7 月 26 日，上海），陈旭麓、顾廷龙、汪熙主编《轮船招商局》（盛宣怀档案资料选辑之八），第 86—87 页。

② 《上海官报》，《申报》1878 年 8 月 6 日，第 3 版。

③ 《叶廷眷会办招商局片》（光绪四年七月二十三日），顾廷龙、戴逸主编《李鸿章全集》第 8 册，第 142—143 页。

④ 《叶廷眷会办招商局片》（光绪四年七月二十三日），顾廷龙、戴逸主编《李鸿章全集》第 8 册，第 143 页。

会办，因于生意未悉，始则力辞，继则禀明试办一年。"①

叶廷眷入局后，对于招商局事务颇为用心，详细考察了商局历年亏损情形，提出添发巨帑、运漕展期和长江运盐三条策略，得到了李鸿章的认可，但又被告知其难以实行。据李鸿章奏折载："叶廷眷经臣于光绪四年秋间檄令入局，初意望其综理一切。叶廷眷自以贸易非其所长，禀请专办漕务，乃又与江苏、江西粮道等意见抵牾，诸事颇不顺手，续请添发巨帑、运漕展期、长江运盐三事。臣以此非一人所能主政，且事势诸多窒碍，未从其请。"② 光绪四年九月初七日（1878 年 10 月 2 日）李鸿章复函沈葆桢，也提及了叶廷眷献策之事："叶顾之正直精明，派办商局，强而后可，顷据沥陈局务亏累情形，所求补救三策，似皆难行。淮盐为尊处主政，鄂皖分运，商情是否愿遵？漕运则仓场与农部主之，一切依例而行，恐未便挪移数月，然此举关系中外大计，即亏亦不能中止也。"③

轮船招商局承运淮盐之事，叶廷眷和唐廷枢、盛宣怀等人曾商议筹划过，盛宣怀致函李鸿章提及："职道曾出宪谕，与 [ ]（原删）顾之、景星等] 诸君熟商经久良法，皆以盐务为言。但念运盐斤、招盐股两事俱经奉驳，赘言无益。沪上众商，传闻川盐销通黔省，淮岸归复有期，势必增添淮引，环请职道赴宁，禀商一切。……旋沪后，复与叶道等再四筹商，如必欲呈缴票价，拟恳分作三纲呈缴，每运一纲，即由督销局将盐价扣缴票价三分之一，第四纲后再行扣缴公款，则其票已为商局之票。"④ 据此可知，轮船招商局的总办和会办对承运淮盐之事亦抱支持态度，只是牵涉利益颇多，未获李鸿章允准。

叶廷眷在局一年，主要是办理漕务。李鸿章在奏折中提及叶廷眷"到

---

① 《查复招商局参案折》（光绪七年二月十一日），顾廷龙、戴逸主编《李鸿章全集》第 9 册，第 311 页。

② 《招商局局务陈情折》（光绪七年二月十一日），顾廷龙、戴逸主编《李鸿章全集》第 9 册，第 315 页。

③ 《复沈幼丹制军》（光绪四年九月初七日），顾廷龙、戴逸主编《李鸿章全集》第 32 册，第 367 页。

④ 《盛宣怀上李鸿章禀》（光绪五年闰三月二十日），夏东元编著《盛宣怀年谱长编》上册，第 97 页。

局后即赴苏、浙、江、鄂等省商办漕务，……五年春赴津通交米，至秋南旋"。① 朱其诏在光绪四年七月二十四日（1878 年 8 月 23 日）致盛宣怀之父盛康函，也提及"近奉李伯相檄委叶顾之观察接办招商局务，兼令认真整顿，局面为之一变。俚虽滥竽其间，然与杏兄均不过随声附和而已。承嘱严子名司马一节，俚当即恭持手谕往商顾翁，据云俟到沪后，再行设法（将来当与顾之诸君商定，酌送干脩若干，以图报命耳）。好在顾翁将往鄂中商办海运，能请筱帅面为嘱咐，想无不允，或长者径商顾翁，亦无不可，诸惟酌夺而行"。② 朱其诏之语，有其与盛宣怀皆大权旁落之感，这也为其后两人结成同盟，将叶廷眷、唐廷枢、徐润踢出招商局埋下伏笔。叶廷眷前往江苏、浙江、江西、湖北各省商议漕运事宜后，于十月二十二日起程返回上海。此事《申报》有载："招商局总办叶顾之观察因委任伊始，例往通商各省谒见大宪，已据南昌来信，将到省日期列报，今闻观察已于前月二十二日起程回沪云。"③

由于漕务牵涉各方利益，叶廷眷办理漕务时难免与人冲突。据光绪四年十二月十九日（1879 年 1 月 11 日）盛宣怀呈给李鸿章的禀文载，"江苏漕务几至决裂，叶道（即叶廷眷）与英道（即江苏粮道英朴）口舌愈多，吃亏愈甚。调停再四，昨甫议定，照上届加拨漕米一万石"。④ 盛宣怀所言，真假难辨，但是经此一番书信往来，轮船招商局比上年多运一万石漕米之功则成盛氏一人之劳，而叶廷眷则是与各方都产生矛盾的麻烦人物。李鸿章致函盛宣怀，有"江苏漕务经执事妥为调停，照上届加米万石"之语，⑤ 将江苏漕务的功劳归于盛氏。李鸿章将漕务之功归于盛宣怀，也有可能是客套之言，因为在此后的信函和奏折中，每有谈及光绪四年漕运，

① 《查复招商局参案折》（光绪七年二月十一日），顾廷龙、戴逸主编《李鸿章全集》第 9 册，第 311 页。
② 《朱其诏致盛康函》（光绪四年七月二十四日），陈旭麓、顾廷龙、汪熙主编《轮船招商局》（盛宣怀档案资料选辑之八），第 88 页。
③ 《总办起程》，《申报》1878 年 11 月 29 日，第 2 版。
④ 《盛宣怀上李鸿章禀》（光绪四年十二月十九日），夏东元编著《盛宣怀年谱长编》上册，第 90 页。
⑤ 《李鸿章致盛宣怀函》（光绪五年正月二十四日，1879 年 2 月 14 日，保定），陈旭麓、顾廷龙、汪熙主编《湖北开采煤铁总局 荆门矿务总局》（盛宣怀档案资料选辑之五），上海人民出版社，2016，第 368 页。

并未提及盛宣怀有功，反而确定了是叶廷眷的劳绩："（光绪四年）又添派道员叶廷眷接办漕务，每届撙节经费约数万两"；[①] "至叶廷眷办漕一届，计所节省比较朱其昂办漕之时约在二万两以内，自不能掩其劳绩"。[②] 叶廷眷接手漕务一年，就能经理得当，省下将近二万两白银，以至于李鸿章都不敢抹杀其功劳，足见叶廷眷办理漕务还是非常成功的，并非如盛宣怀所言。

三　被盛宣怀排挤出局

叶廷眷离局的具体时间，大多记为光绪五年秋间。据徐润的《徐愚斋自叙年谱》载："（光绪四年）朱云甫观察病故于天津，遗差奉北洋大臣李札委叶顾之观察入局会办，五年销差离局。"[③] 光绪五年秋间，漕运事务告竣，叶廷眷赴津请辞，托词是母亲年老多病，需要请假侍养。"五年春赴津通交米，至秋南旋，中途感冒，兼以老母多病，具禀乞退未准，随即请假侍奉医调。"[④] 实际上，光绪五年八月底，叶廷眷仍在局，据张佩纶日记载："光绪五年八月廿三日（1879年10月8日）晴。未正恭奉灵柩上丰顺船，叶顾之、徐雨之两道相晤，告招商局情形，知今年较可支持。盖叶君粤人，与洋商熟悉，又家业已足，志在求荣，不若朱云甫之欲名利兼收也。……光绪五年八月二十九日（1879年10月14日）晴。清晨，招商局员叶同知邀至局中小坐，时已觅定冯姓船，即饬局中工役恭奉灵柩过舟。唐观察廷枢，局总办也，来谒。"[⑤] 从张氏日记所载的交谈记录可以看出，叶廷眷此时并没有离局之意。据夏东元先生考订，叶廷眷离局的时间为光

---

① 《招商局局务陈情片》（光绪七年二月十一日），顾廷龙、戴逸主编《李鸿章全集》第9册，第314页。

② 《招商局局务陈情片》（光绪七年二月十一日），顾廷龙、戴逸主编《李鸿章全集》第9册，第315页。

③ 徐润：《徐愚斋自叙年谱》，香山徐氏校印，第25页。

④ 《查复招商局参案折》（光绪七年二月十一日），顾廷龙、戴逸主编《李鸿章全集》第9册，第311页。

⑤ 谢海林整理《张佩纶日记》上册，凤凰出版社，2015，第23页。

绪五年九月十八日（1879 年 11 月 1 日）。①

　　叶廷眷出局很大原因是盛宣怀和朱其诏排挤粤籍总办和会办的无奈选择。光绪五年五月十二日（1879 年 7 月 1 日），李鸿章奏调朱其诏署理永定河道，② 十月又委盛宣怀署天津河间道，③ 两人获得实职，遂赴津履任。盛宣怀和朱其诏到天津后，密函李鸿章，对唐廷枢、徐润、叶廷眷大加攻击，提及"叶道初入局时，尚能不避嫌怨，无如去年因采办江广漕米稍迟，米价上折耗二万余，所派叶丞显昭办理津局，出入之间又吃亏三万余，兼之与江西大府不甚契合，以致今年停运，局中又少二十余万生意。且今年米价大贱，照包价可盈余十万左右，而亦错过。以此唐道、徐道颇有缺望叶道之意，而叶道亦以公款未清，不愿分累。光景彼此不能相合，是局中又少一人帮忙"。④ 密函提出整理局务，彻底清查账目，针对的就是三名粤籍总办和会办。

　　李鸿章为了将叶廷眷踢出轮船招商局，找了两个理由：独揽功劳和散布谣言。李氏将刘坤一、刘瑞芬等人所说的叶廷眷在轮船招商局的作为当作散布谣言。据其《招商局局务陈情片》载："唐廷枢与太古等洋行议和，实在叶廷眷未入局之先，总分各局用费改章包办，系唐廷枢、盛宣怀等主议，叶廷眷初不谓然，当时并未画押，此局中员董所共知。乃叶廷眷竟自居为伊一人之功，布散谣言，刘瑞芬等亦复信之，殊非事实，且所得余利亦焉有数十万两之多也。"⑤ "光绪四年冬间，复遣道员盛宣怀驰赴沪局，会同唐廷枢、徐润逐细考究，将用煤、修理两事另议章程，并将各局栈船只事宜分别责成局董船主包办，局中漏卮已去十之六七。"⑥ 而轮船招商局

① 《盛宣怀上李鸿章禀》（光绪四年十二月十九日），夏东元编著《盛宣怀年谱长编》上册，第 107 页。
② 《朱其诏署理永定河道片》（光绪五年五月十二日），顾廷龙、戴逸主编《李鸿章全集》第 8 册，第 397 页。
③ 《盛宣怀接署天津道折》（光绪五年九月二十四日），顾廷龙、戴逸主编《李鸿章全集》第 8 册，第 476 页。
④ 《盛宣怀、朱其诏轮船招商局节略》（光绪五年，1879 年，天津），陈旭麓、顾廷龙、汪熙主编《轮船招商局》（盛宣怀档案资料选辑之八），第 102—103 页。
⑤ 《招商局局务陈情片》（光绪七年二月十一日），顾廷龙、戴逸主编《李鸿章全集》第 9 册，第 314—315 页。
⑥ 《招商局局务陈情片》（光绪七年二月十一日），顾廷龙、戴逸主编《李鸿章全集》第 9 册，第 314 页。

与太古洋行签订"齐价合同"，主要是唐廷枢和徐润操办，叶廷眷此时尚未入局，如要揽功，确实不妥。但是"总分各局用费改章包办，系唐廷枢、盛宣怀等主议，叶廷眷初不谓然，当时并未画押"这句话并不准确。因为李氏在同日上奏的《查复招商局参案折》中提及"（叶廷眷）到局后即赴苏、浙、江、鄂等省商办漕务，迨回沪与唐廷枢等商议，将总分各局用费责成经手之人包办，稍得节省"。① 相当于承认了叶廷眷参与"总分各局用费改章包办"。

另据光绪四年十二月十七日（1879 年 1 月 9 日）签订的《承办轮船招商局合同》，签署人员有"总办轮船招商局：盛宣怀、唐廷枢、叶廷眷、徐润、朱其诏；承办轮船招商局：陈辉庭、毕拉、唐秉彝、唐道绅"。② 据此可知，叶廷眷确实签署了该合同。

李鸿章在同日的两份折片中，采取了两种完全不同的说法，并且与轮船招商局档案的记录有所冲突，究其缘由，还是因其想借故将叶廷眷踢出轮船招商局。

李鸿章将叶廷眷踢出轮船招商局之前，先将叶廷眷保举的天津分局总办叶显昭，以"亏挪公款"之由撤职。叶显昭，号锦山，是叶廷眷的吉大村族人，主要在澳门经商，开设履和号，"丙寅年（1866）首倡初议重修澳门莲峰庙值事（并捐银五十两）"，③ 光绪十一年被推举为澳门"镜湖医院总理"。④ 叶廷眷出任轮船招商局总办后，举荐叶显昭接任津局总办。叶显昭接任未及一年，就遭遇了"伊敦"号在大沽沉没的海难，《申报》载："伊敦船在大沽沉覆，节经列报，兹闻津局总办叶锦山司马已偕司事人等趋赴大沽，商议打捞沉船货物并尸身等。"⑤ 盛宣怀和朱其诏在写给李鸿章的密函中也提及叶显昭担任天津分局总办，亏损三万余两，"（叶廷眷）所

① 《查复招商局参案折》（光绪七年二月十一日），顾廷龙、戴逸主编《李鸿章全集》第 9 册，第 311 页。
② 《承办轮船招商局合同》（光绪四年十二月十七日，1879 年 1 月 9 日，上海），陈旭麓、顾廷龙、汪熙主编《轮船招商局》（盛宣怀档案资料选辑之八），第 91 页。
③ 谭世宝：《金石铭刻的澳门史——明清澳门庙宇碑刻钟铭集录研究》，广东人民出版社，2006，第 195—196 页。
④ 《镜湖医院征信录（岁次壬戌）》上册，第 13 页，转引自吴志良、汤开建、金国平主编《澳门编年史》第四卷清后期，广东人民出版社，2009，第 1952 页。
⑤ 《商拯沉船》，《申报》1879 年 3 月 18 日，第 2 版。

派叶丞显昭办理津局，出入之间又吃亏三万余"。① 李鸿章显然相信了盛宣怀和朱其诏，所以借故撤去叶显昭。据其奏折载："叶廷眷意已不悦，旋因保荐其同族叶显昭办理津局，亏挪公款，经臣撤去差事。叶廷眷遂疑有人排挤，迭禀告退。臣处批札温语慰留，终亦坚辞不出，不知臣于叶廷眷始终未闻有人进排挤之言，臣亦自信素尚不为谗言所惑，叶显昭亏款不能不撤，与叶廷眷无涉也。"② 李鸿章借此将叶显昭撤职，叶廷眷作为保荐人，必然负有一定的责任，也意识到不受李鸿章重视，将被排挤出局，遂主动告退。盛宣怀乃李鸿章之重要幕僚，在当时众所周知，叶廷眷不可能不知道，因而也不可能告知李鸿章自己是被盛氏排挤。李氏之词，也只是应付上级调查而已。

叶廷眷被排挤出局后，曾向刘坤一、刘瑞芬等人谈及轮船招商局事宜，又引起一番风波。李鸿章在奏折中直言不讳地写道："臣前接刘坤一来函，略及招商局事，似尚惑于浮议与叶廷眷一面之词。"③ 对此，又在另一奏折说："叶廷眷之入局，系唐廷枢等禀请，决无排挤之事，且局中结帐，皆有余利，局务尚有起色，亦何至畏咎引退。"④

招商局人事更替如此频繁，相互排挤已经非常明显，引发一些关注招商局事务人士的担忧。光绪六年十月二十六日（1880 年 11 月 25 日），国子监祭酒王先谦上奏《招商局关系紧要宜加整顿折》，请求整顿轮船招商局，沥陈该局弊端，抨击局内唐廷枢和盛宣怀等人相互排挤，以及请查叶廷眷经办漕务是否有效等事。⑤ 光绪六年十一月二十六日（1880 年 12 月 27 日），清廷寄谕李鸿章和刘坤一查办："祭酒王先谦奏招商局务宜加整顿，并令华商以轮船运货出洋，各折片均悉。设立招商局，原期收回中国

① 《盛宣怀、朱其诏轮船招商局节略（光绪五年，1879 年，天津）》，陈旭麓、顾廷龙、汪熙主编《轮船招商局》（盛宣怀档案资料选辑之八），第 102—103 页。
② 《招商局局务陈情片》（光绪七年二月十一日），顾廷龙、戴逸主编《李鸿章全集》第 9 册，第 315 页。
③ 《招商局局务陈情片》（光绪七年二月十一日），顾廷龙、戴逸主编《李鸿章全集》第 9 册，第 315 页。
④ 《查复招商局参案折》（光绪七年二月十一日），顾廷龙、戴逸主编《李鸿章全集》第 9 册，第 311 页。
⑤ 《招商局关系紧要宜加整顿折》（光绪六年十月二十六日），王先谦：《葵园四种》，岳麓书社，1986，第 705—709 页。

利权，如果局员等营私害公，败坏局务，亟宜痛加整顿。着按照所奏，逐一严查，如唐廷枢等，实有侵蚀把持排挤各情，即行从严参办。叶廷眷经理是否有效，亦据实具奏。其办理章程，有应行变通之处，及早设法。该祭酒请令商船出洋，目下能否及此，暨将来如何渐次开拓，妥筹具奏。原折片均着抄给阅看。"①

刘坤一收到上谕后，札饬江海关道刘瑞芬和办理江南制造局直隶补用道李兴锐赴轮船招商局调查账目及各项文卷，于光绪七年正月十五日（1881 年 2 月 13 日）复奏《查议招商局员并酌定办法折》："道员叶廷眷，系于光绪四年，由唐廷枢禀请奏委入局会办，因于生意未悉，始则力辞，继则禀明试办一年，到局后即赴苏、浙、江、鄂等处商办漕务，回沪与唐廷枢商议，将总分各局用费，责成经手之人包办，稍得节省。五年春，往津、通等处交米，至秋南旋，中途感冒，兼以母老多病，具禀乞退未准，随即请假侍奉医调在案。叶廷眷之入局，系唐廷枢等禀请，决无设计排挤之事。叶廷眷自四年秋间入局后，节省用项，至今时阅两届，局中结帐，皆有余利，局务尚有起色，亦何至畏咎乞退……自非唐廷枢等禀请叶廷眷入局督办，涓滴归公，复联络太古、怡和洋行毋相搀夺，则招商局必不能支矣。臣调查叶廷眷经手办理第六届册报，是年进款颇少，而长银二十九万有奇，又查前届进款较多，而短银二十四万六千有奇。可见局务之赢输，不仅在生意之旺淡，叶廷眷一经撙节，即省出银五十三万六千余两，此其明效大验也。惟其辞退局务，实因母老不能远离。臣上年传叶廷眷来宁，谕令仍办招商局务，而叶廷眷固请留家养亲，涕泗横集，是其出于至性，而非唐廷枢排挤可知。……且创办招商局，唐廷枢颇费苦心，其禀请叶廷眷入局主持，亦由唐廷枢善于补救。叶廷眷虽不在局，唐廷枢仍守旧章，渐收成效，事资熟手。唐廷枢素习外国语言、文字，为招商必不可少之人。"② 刘坤一之言，虽未必全是可靠之词，但对叶廷眷被唐廷枢保举入局、在局功绩和借故出局之事的记载与李鸿章、盛宣怀和徐润等人论调

---

① 《查议招商局员并酌定办法折》（光绪七年正月十五日）《刘坤一集》第 2 册，陈代湘校点，岳麓书社，2018，第 85 页。

② 《查议招商局员并酌定办法折》（光绪七年正月十五日），《刘坤一集》第 2 册，第 87—91 页。

相近。

光绪七年正月十七日（1881年2月15日），刘坤一复函黎兆棠，谈及轮船招商局之事："招商局一案，业于本月十五出奏，请将盛宣怀革职，并不准其干预招商局务。合肥即以此罪我，只合听之。唐廷枢功过相抵，且刻无接办之人，请免置议，责令会同徐润妥为经理。叶廷眷办理一届，即余出银五十三万有奇，此不可没，亦于疏内极力表章。第以现在丁艰，又不得于北洋，未便强之入局，留为后图。其提剩之官帑七十余万，截至光绪八年止，缓息亦七十余万两，共一百五十余万，均存局作为官股。尚有内外挂欠帐目十数万两，应行分别清厘，并查出揽载赎票各流弊，亦应认真振顿。此其复奏大概也。而唐廷枢等，竟于刘芝田未经查复之先，折呈十六条，哓哓置辩，且由北洋转咨，一若招商局有专属者，可谓糊涂已极，而弟为大局起见，不得不姑恕之。"①

光绪七年二月初十日（1881年3月9日）盛宣怀在天津致函某人，为自己被刘坤一奏参一事辩解，并仍在攻击叶廷眷。"昨奉李相面谕，南洋复奏招商局折内诸事洗刷，以旗昌归并一端，独坐宣怀，是非淆乱，近世所罕觏。宣怀官仅监司，本不足为国效力，弃置何惜，但时事多艰，朝廷用人似不可无公，是非谨为我公陈之：……叶道廷眷到局，一筹莫展，仅办江广一次漕运，他事皆未过问，因面求李相保作江苏粮道，李道声言欲参其劣迹，叶道乃至南洋百般播弄，唐、徐皆叶同乡戚友，专借旗昌归咎宣怀。闻李相稔知其冤，明日即有章疏。但此事之始末，政府未尝知之；都中诸老，惟公昔日与闻斯事，且李中堂、沈文肃有同志焉。宣怀之苦心经营，廉洁自守，亦惟公知之最深。倘蒙鉴其愚衷，表彰其贞行，使公卿大夫皆知其无他，则宣怀幸甚，大局幸甚。"② 盛宣怀称叶廷眷找李鸿章求保江苏粮道，李兴锐声明要参奏叶廷眷的劣迹，叶氏于是去找刘坤一搬弄是非，唐廷枢和徐润是叶氏的同乡，也借并购旗昌轮船公司一事怪罪于自己；盛氏认为仅有李鸿章懂得其冤屈，并将上奏为其洗脱罪名。光绪七年二月十一日（1881年3月10日），李鸿章连上《查复招商局参案折》和

---

① 《复黎召民》（光绪七年正月十七日），《刘坤一集》第4册，第446页。
② 《盛宣怀致□□□函》（光绪七年二月初十日），陈旭麓、顾廷龙、汪熙主编《轮船招商局》（盛宣怀档案资料选辑之八），第106—107页。

《招商局局务陈情片》，对叶廷眷略有肯定的同时又大肆否定，对盛宣怀则多加褒奖，以化解王先谦和刘坤一的参奏。

刘坤一对李鸿章的两份复奏似乎不是很满意，于光绪七年三月初三日（1881年4月1日）上奏《查实局员舞弊有案可稽折》，对盛宣怀大加鞭挞，并提及叶廷眷入局经理有成效："随经候补道员叶廷眷入局经理，是为第六届，遂余银至二十九万有奇，短长并计，实多出银五十三万六千两。其收效如是之巨而且速，悉由力求节省而来。盛宣怀等之滥用滥支，一年之内至数十万两，岂不骇人听闻！即将盛宣怀查抄，于法亦不为过，仅请予以革职，已属格外从宽。"① 同日又密奏《请将招商局本息作为官股片》，提及叶廷眷和刘瑞芬等提出将招商局提剩官本及缓息两项作为官股，继续支持招商局的发展："招商局提剩官本及缓息两项，应否作为官股，臣不敢固执成见。叶廷眷及刘瑞芬等，先后以此为请，而臣亦深以为然者，盖以招商局实为大利所归。如第六届稍一节省，除用度外，尚余银二十九万余两，可以想见。将来日益扩充，能否广收外洋之利，尚无把握。就目前而论，招商局名为分洋商之利，其实所少者系国家课厘，所夺者系贫民生计。"② 王先谦奏折引发的轮船招商局调查，显示了南北洋大臣关系并不融洽，在轮船招商局的发展上有着一定的冲突。叶廷眷似乎无形中成了刘坤一借轮船招商局之事向李鸿章发难的工具。

四　出局后续之事

叶廷眷退出轮船招商局之后，并未完全隔断与该局的联系，不仅持有大量该局股票，而且再上条陈，为轮船招商局发展献策。

光绪十一年九月十二日（1885年10月19日）叶廷眷上呈条陈，提出将湖北之盐和帽盒茶交轮船招商局装运、展缓漕运期限、由苏松粮道或江海关道兼任招商局督办等策略："拟请将湖北之盐准由商局装运，与该局商人互筹妥法，以期彼此有益，不稍勉强，以顾长江生意。再，轮船所装

---

① 《查实局员舞弊有案可稽折》（光绪七年三月初三日），《刘坤一集》第2册，第110页。
② 《请将招商局本息作为官股片》，《刘坤一集》第2册，第111页。

米数亦请照沙船回空章程，以资挹注，并请展缓运漕限期，以三月起运，六月初运竣，借客货水脚之盈余补其不足，以顾北洋生意。又湖北帽盒茶一种，其价较贱，而税项未能轻减，贩运甚少，如能援照俄商砖茶每石纳课六钱之例，归局船装载，由汉口运至天津，课额既可稍加，商困亦资调剂，而商局又多一项水脚。以上四种如能筹办，似亦开源之一端。至督办之人拟请简派大员，抑或责成苏松粮道或江海关道。盖漕运大半归商局承运，商局如归粮道督办，其中利便甚多；归商道督办，如有缓急，皆可通融，不致受钱庄之挤，且于市面商情皆能相信，如此则局务必有起色；并严定赏罚，则该道等责有攸归，自能兴利除弊，日见有功。"①

叶廷眷的条陈引起了朝廷的重视，谕令直隶总督李鸿章和两江总督曾国荃查明办理："顺天府代递道员叶廷眷条陈内扶持商局一条，据称请准招商局轮船装运鄂盐，该局承运漕粮，请照沙船回空免税章程办理，并展缓运漕限期，借客货水脚补其不足；湖北帽盒茶酌减税课，归局装运等语。所陈各节系维持商务起见，惟于各该省醾政、税厘有无关碍，着李鸿章、曾国荃体察情形，悉心筹商，奏明办理。至该局事务应否令苏松粮道及江海关道就近会商，并着酌议具奏。原呈均着摘钞给与阅看。将此谕知李鸿章，并由五百里谕令曾国荃知之。"②

光绪十二年正月二十一日（1886年2月24日），李鸿章、曾国荃联名奏复《遵议维持商局折》，提及"叶廷眷所陈各节颇有见地，但局船装运鄂盐及展缓运漕限期两条不无窒碍，应无庸议。……惟叶廷眷原请各条，以运盐为大宗。今运盐既有窒碍，仅运漕回空免税二成及装运帽盒茶两项尚可酌准，综计所沾利益，每年不过合银二万两左右，局累既深，实不足以资补救"。③ 二十四日，军机大臣奉旨："户部知道。"④ 叶廷眷的条陈似

---

① 《遵议维持商局折》（附叶廷眷条陈，光绪十二年正月二十一日），顾廷龙、戴逸主编《李鸿章全集》第11册，第327页。
② 《遵议维持商局折》（附叶廷眷条陈，光绪十二年正月二十一日），顾廷龙、戴逸主编《李鸿章全集》第11册，第327页。
③ 《遵议维持商局折》（附叶廷眷条陈，光绪十二年正月二十一日），顾廷龙、戴逸主编《李鸿章全集》第11册，第325页。
④ 《遵议维持商局折》（附叶廷眷条陈，光绪十二年正月二十一日），顾廷龙、戴逸主编《李鸿章全集》第11册，第326页。

乎未能对轮船招商局产生任何影响。

叶廷眷虽然退出了轮船招商局，但是仍以"叶顾记"的名义，在轮船招商局存放了一万五千两白银。光绪十五年二月十八日（1889 年 3 月 19日），唐廷枢致函盛宣怀，提出将此款改存于开平矿务局，请盛宣怀将此款交给唐廷枢的哥哥唐廷桂（号茂枝）："又示商局原存叶顾翁规银一万五千两，拟照周息八厘改存开平一事，重以台嘱，应即照办。现已将存折寄交敝沪局矣，应请函知。贵商局将该款拨交家兄茂枝兑收，并取存折可也。"① 约光绪十五年至光绪十八年之间，叶廷眷的次子叶乃枢曾在香港领取此前存于轮船招商局一万五千两存款的息金，因招商局香港分局总办张禄如不知情，故未能领取成功。叶乃枢与盛宣怀关系应该不是很熟，故托同乡前辈唐廷枢等人帮忙，于某年三月初三日致函时任东海关道的盛宣怀，② 请其妥为办理："转接叶顾翁世兄来函，以叶顾记商局存款乙万五千两改拨敝局息存，于去年四月，在香港取息，张禄如兄因未经知照，不曾付给等情，请函致敝处，转属张禄如兄如数照付。又因此款另有正事需用，并通知拟于八月初间提回等因。查此项存款当因系由上海商局改拨，意其必在上海收息，故未知照香港，经张禄如兄以未有知照未付，叶世兄亦未函询上海，以致彼此相左。兹奉函示，俟即知照禄如兄将应付之息凭折照付，至八月初提回原款一节，伊既有正用，自应照办，届期汇至香港以备提取，希即转致为荷。"③

叶廷眷在轮船招商局的股份有多少，已经不可考订，但是受叶氏影响或者招揽，吉大叶氏购买的轮船招商局股票数量颇多，并且在叶廷眷去世多年之后，其亲人及族人仍大量持有轮船招商局及其保险公司的股票。光绪三十四年轮船招商局及其附属企业的股票情况显示：叶顾记购买了 249

---

① 《唐廷枢致盛宣怀函》（光绪十五年二月十八日），唐廷枢研究中心编《唐廷枢书信选》上册，华宝斋古籍书社，2020，第 206 页。

② 据李鸿章奏折载，"光绪十二年六月二十二日，军机大臣奉旨：盛宣怀已简放山东登莱青道矣。钦此"。见《盛宣怀办理两粤电线请奖片》（光绪十二年六月十七日），顾廷龙、戴逸主编《李鸿章全集》第 11 册，第 453 页。盛宣怀于光绪十八年五月二十四日经李鸿章奏调津海关道。见《盛宣怀调津关折》（光绪十八年五月二十四日），顾廷龙、戴逸主编《李鸿章全集》第 14 册，第 425—426 页。

③ 《唐廷枢、吴炽昌致盛宣怀函》（光绪十二年至光绪十八年三月初三日），唐廷枢研究中心编《唐廷枢书信选》上册，第 175—176 页。

股仁济和保险公司股票，叶氏族人购买了 262 股轮船招商局股票和 262 股轮船招商局公积股票。其中"轮船招商局股票号码：叶树勋堂，第六百四十一至七百号，六十股。又，第一万七千九百四十至九十九号，六十股。叶敦礼堂，第七百五十六号至六十五号，十股。又，第一万八千五十五至六十四号，十股。叶公记，第七百一至七百五十五号，五十五股。又，第一万八千至八千五十四号，五十五股。叶翰记，第八千四百三至四百五号，三股。又第一万八千四百三至五号，三股。翰记，第八千四百至四百二号，三股。又，第一万八千四百至四百二号，三股。……轮船招商局公积股票号码：叶树勋堂，第三万七千九百四十至九十九号，六十股。又，第二万六百四十一至七百号，六十股。叶敦礼堂，第三万八千五十五至六十四号，十股。又，第二万七百五十六至六十五号，十股。叶公记，第三万八千至八千五十四号，五十五股。又，第二万七百一至五十五号，五十五股。叶翰记，第三万八千四百三至五号，三股。又，第二万八千四百三至五号，三股。翰记，第三万八千四百至二号，三股。又，第二万八千四百至四百二号，三股。叶顾记仁济和保险公司股票号码：叶顾记共二百四十九股。第二千三百七十二至四百七十一号，一百股。第二千三百三十至七十一号，四十二股。第二千五百十二至十七号，六股。第二千五百十八至二十三号，六股。第二千五百五十九至六十三号，五股。第二千五百五十四至五十八号，五股。第二千五百七十四至七十八号，五股。第二千四百八十二至九十一号，十股。第二千四百九十二至五百一号，十股。第二千四百七十二至八十一号，十股。第二千五百二至十一号，十股。第二千五百二十四至三十三号，十股。第二千五百三十四至四十三号，十股。第二千五百四十四至五十三号，十股。第二千五百六十四至七十三号，十股。"①

在省港澳轮船招商局的 12 名股东之中，吉大叶氏就有 4 人，并且占总股 1013 股的七成。其中，"叶树勋堂三百六十四股（寓香山吉大乡），叶辉石一百一十股（寓香山吉大乡），叶侣珊一百一十股（寓澳门岗顶叶荣

---

① 《轮船招商局股票号码 光绪三十四年（1908）》，陈旭麓、顾廷龙、汪熙主编《轮船招商局》（盛宣怀档案资料选辑之八），第 867—868 页。

光堂），叶舜琴一百四十股（寓香山吉大乡，即香港泰社行买办）"。[①] 宣统二年（1910）香港、澳门轮船招商公局有限公司致函商办轮船招商公局有限公司董事会，参与签署的股商有郑慎记、郑陶斋、叶之孙、叶辉石、郑莲记、郑秀记、叶舜琴、叶侣珊、唐道吉。[②] 9 位股商，吉大村叶氏 4 位，雍陌村郑氏 4 位，唐家村唐氏 1 位，足见吉大叶氏在轮船招商局港澳分局的地位。

结　语

总的来看，叶廷眷虽然在轮船招商局任职时间不长，但是在局期间，积极参与局务，并且自己及鼓动族人入股，对招商局的发展有一定的推动。研究叶廷眷的入局和出局，可以看到广东香山人对轮船招商局发展的重要作用，以及轮船招商局在"官督"和"商办"谁占主导之间的变动情况。

[①] 《省港澳轮船招商局股东启事》，陈旭麓、顾廷龙、汪熙主编《轮船招商局》（盛宣怀档案资料选辑之八），第 871 页。

[②] 《郑慎记等致招商局董事会函》〔宣统二年二月十二日（1910.3.22）香港、澳门〕，陈旭麓、顾廷龙、汪熙主编《轮船招商局》（盛宣怀档案资料选辑之八），第 940 页。

2022 年度中国系统性金融风险半年报

——地产软着陆与合力救经济

周　皓　沙　楠　赵　靖*

一　背景介绍

2022 年上半年以来，在疫情不时扰动和供应链部分转移的背景下，经济发展面临的挑战较 2020 年难言轻松，三重压力较年初有增无减。经济数据方面，出口有放缓迹象，居民消费意愿不强，地产政策虽适度纠偏，但销售恢复缓慢。基建投资虽在托底，但效果并不理想。金融数据方面，宽货币到宽信用传导不畅，上中下游有效融资需求均偏弱。银行信贷投放乏力，债券投资火热，资产荒与以票冲贷现象普遍。外部环境方面，俄乌地缘政治冲突依旧没有看到缓解曙光，印太经济框架又进一步将经济问题政治化。为应对持续高位的通胀，美联储加息缩表进程正在加快，美元持续回流下，近期人民币汇率波动幅度也显著加大。综合来看，经济增速 4 月份以来降幅显著，就业形势也非常严峻，两个 5.5% 目标的实现具有一定难度。

有利条件是，经过前几年的经济与金融去杠杆，金融风险得到有效化解，金融行业整体资产质量较为健康，系统性风险也处于较低水平。2020 年新冠肺炎疫情暴发以来，我国在救助与刺激政策上一直较为克制，没有大水漫灌，结构性货币政策工具使用得当。在经济反弹后，刺激政策提前

---

* 周皓，南方科技大学商学院院长、讲席教授；沙楠，清华大学国家金融研究院新结构金融学研究中心副主任；赵靖，清华大学五道口金融学院博士研究生。

退出。整体而言，现阶段我国具有一定的政策操作空间。

二 宏观层面：长期风险和短期同步大幅波动

A. 整体风险指标急速上扬，但迅速回落

长周期看（2006/6—2022/5）（图1），中国金融体系的巨灾风险指标（CATFIN）在疫情暴发之后一直处在可控水平，2022年4月底，首次越过风险警戒阈，后迅速回落。单独拆分房地产行业的巨灾风险指标（CATRE）（图2）来看，房地产行业的风险与金融系统的风险整体协同波动，CATFIN和CATRE的走势相似。房地产自2021年起不断出现债券违约事件，[①] 信用风险愈发凸显。2022年，房地产行业的巨灾风险指标值再次超过了风险警戒阈，得益于政策的适度纠偏，后迅速回落。

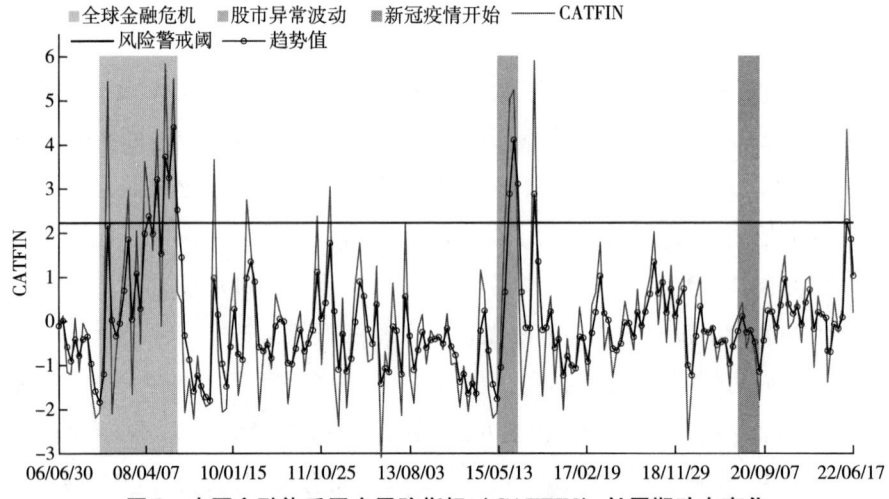

图1 中国金融体系巨灾风险指标（CATFIN）长周期动态变化

说明：所选取的样本包括金融业与房地产业（截至2017年）的203家个体上市机构；以每个月各家机构的月度超额收益（月度收益减去当期无风险利率）构建横截面数据库，采用广义帕累托分布（GPD）、广义极值理论（GEV）和非参数方法等分别计算横截面的极端尾部风险值；对上述三个指标值进行标准化处理后，取其主成分部分，继而构造得到金融体系巨灾风险指标（CATFIN）。

数据来源：Wind，清华大学国家金融研究院。

---

① 2022年1月至2022年5月27日，境内共有41例房地产信用债违约，占债券总违约规模的77.26%。

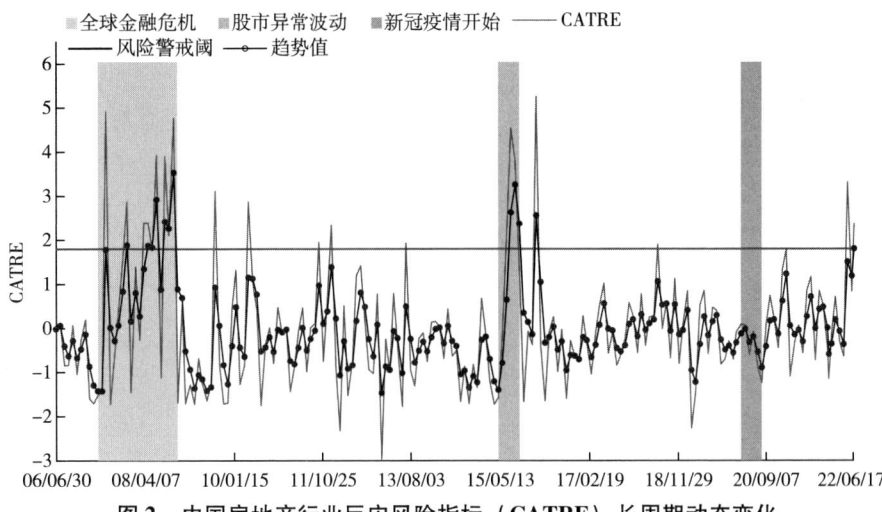

图2 中国房地产行业巨灾风险指标（CATRE）长周期动态变化

说明：所选取的样本包括截至 2021 年 12 月在主板上市的全部 116 家房地产企业；同 CAT-FIN 构造方式。［图中浅灰色区域代表区间为全球金融危机时期（2007/5—2008/11），灰色区域所代表区间为 2015 年 A 股异常波动期间（2015/5—2015/9），深灰色区域代表为新冠肺炎疫情暴发区间（2020/2—2020/7）；实线为"风险警戒阈"，巨灾风险指标趋势值的历史均值加上两倍标准差］

数据来源：Wind，清华大学国家金融研究院。

B. 近期风险跳升，且趋势值较高

短周期看（2017/2—2022/5）（图3①），中国金融体系的巨灾风险指标（CATFIN）在年初较为平缓，风险值在近一个月内大幅跳升，两次超越风险警戒阈，且趋势值一直在警戒阈附近徘徊。与长期的巨灾风险指标不同，短期风险并未迅速下降回归低值，其大幅波动体现了短周期经济增长的不确定性。在当前疫情冲击和国际局势动荡下，市场担心国内经济再次 V 型反转的空间与难度。

房地产行业的短周期巨灾风险指标（图4）的波动幅度更大，跳升后的趋势值一直高于警戒阈。我国房地产行业和金融行业过去十年一直相互依存，相互依赖。近期，头部房地产民企与国企已感受到政策与市场的暖意，风险隐患较大的民营房地产企业仍在生死线挣扎。这表明，金融机构

---

① 指标构造方法同上，但此处观测时间区间较短，测算时使用了频率更高的每周数据；因为相邻数据间隔变短，故计算趋势值时使用了相对较大的衰减因子。

在涉房风险暴露上已理性得多，风险防范意识显著增强。房地产行业在国民经济中占有重要地位，其健康可持续发展也需要妥善处置这些债务负担较重的民企，定向化解此类风险隐患，将其变为"茶杯里的风暴"。换言之，经济转型的成功需要房地产行业的平稳着陆，遗留问题的解决是监管部门当前面临的重要课题。

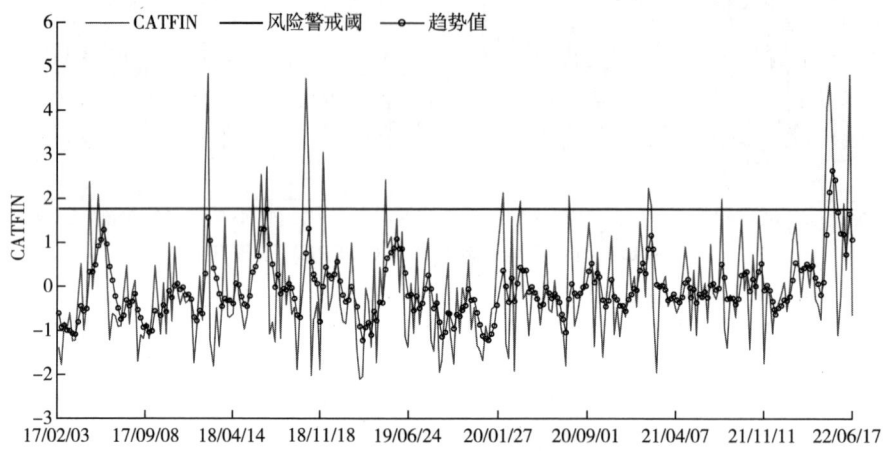

图3　中国金融体系巨灾风险指标（CATFIN）短周期动态变化

说明：图中实线为"风险警戒阈"，巨灾风险指标趋势值的历史均值加上两倍标准差。

数据来源：Wind，清华大学国家金融研究院。

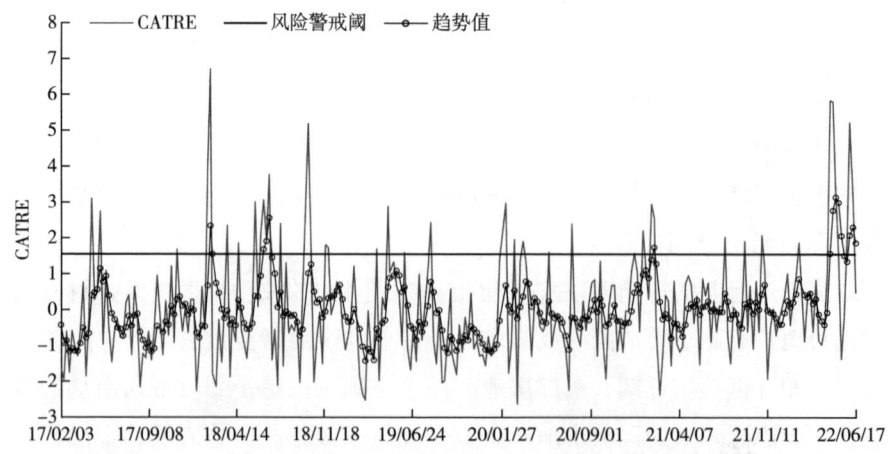

图4　中国房地产行业巨灾风险指标（CATRE）短周期动态变化

说明：图中实线为"风险警戒阈"，巨灾风险指标趋势值的历史均值加上两倍标准差。

数据来源：Wind，清华大学国家金融研究院。

三 微观层面：银行业仍是关注重点，其金融风险覆盖能力下降

A. 银行业金融机构的系统性金融风险的边际贡献最大

本文测算了目前上市的全部金融机构（共87家）的微观系统性风险指标：系统性预期损失值（SES）、条件在险价值（ΔCoVaR）以及系统性风险指标（SRISK），并将它们按照银行业、证券业、保险业三个行业来做子样本分析（图5）。从分行业系统性金融风险指标的总值来看，银行业金融机构对系统性金融风险的边际贡献仍然最大。从 SES 和 ΔCoVaR 指标来看，银行业今年以来增幅显著。SRISK 总值已达到 2017 年初的两倍有余。从均值来看，SRISK 指标均达到历史新高，ΔCoVaR 和 SES 也呈现小幅跳升。除此之外，保险业的边际贡献与银行业基本持平，甚至在 ΔCoVaR 均值上略高于银行业。保险资产的长期投资利润状况受利率下行影响，在货币持续宽松的环境下，其净投资收益率不断下滑的压力加大，监管部门需要更加关注保险业的流动性状况，重点防范综合偿付能力大幅下降。

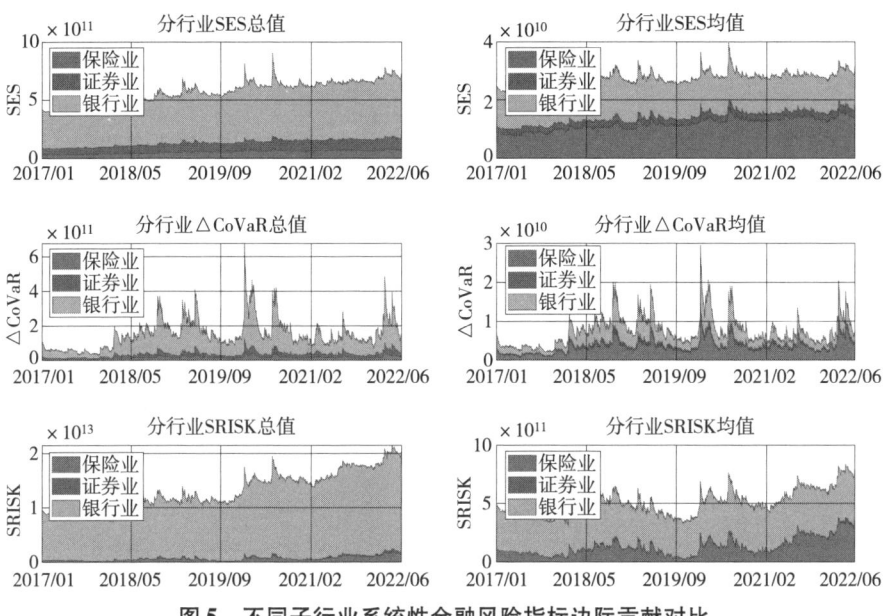

图5 不同子行业系统性金融风险指标边际贡献对比

数据来源：Wind，清华大学国家金融研究院。

B. 银行业整体金融风险覆盖能力不足

总体来看，我国系统性金融风险的重点防范对象仍然应该是银行业。我们将银行业拆分成国有行、股份行和区域性银行（城商行和农商行）进行子样本分析（图6）。具体来看，2022年上半年，银行业的风险覆盖能力持续不足。国有行、股份行、城商行和农商行自2021年下半年起，预期资本损失覆盖程度均大于1。疫情对银行资产质量的负面影响自2021年下半年逐渐显现，2022年的疫情冲击再次加剧了市场的悲观预期，银行业乃至整个金融业的市值缩水严重。分子行业看，股份行和农商行的相对风险覆盖能力较差。受疫情冲击，企业和个人的信贷需求不足，对资金成本较高的股份行开展业务带来挑战。农商行因盈利能力不足和不良率抬高，其资本补充难度持续加大。

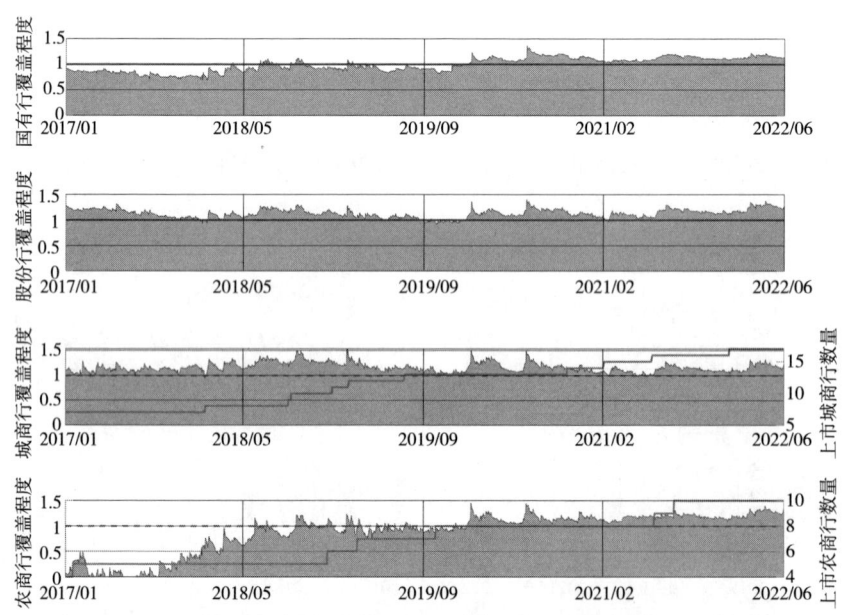

图 6　银行业金融机构系统性金融风险覆盖能力对比（SRISK/市值）

数据来源：清华大学国家金融研究院。

C. 银行系统性金融风险边际贡献小幅上升

与2021年整体波动向下不同，国有行、股份行、城商行和农商行四个子样本的系统性金融风险边际贡献在2022年上半年都呈现小幅上升（图7至图10）。以SRISK衡量，国有行、股份行和农商行的边际贡献2022年以来持续上升并在 4 月底达到样本期峰值。ΔCoVaR 在四个子样本中有多次小幅跳升趋势但迅速回落。从边际贡献的绝对值看，城商行 SES 仍然最高，其次是国有行。农商行随着上市数量的逐渐增多，与金融系统的关联更为紧密，其系统性风险的贡献程度也日益显著。受到强监管的股份行和城商行 2022 年风险值极速上升，国有大型商业银行 2022 年的金融风险边际贡献也同步上升，但是波动较小，整体较为平稳。

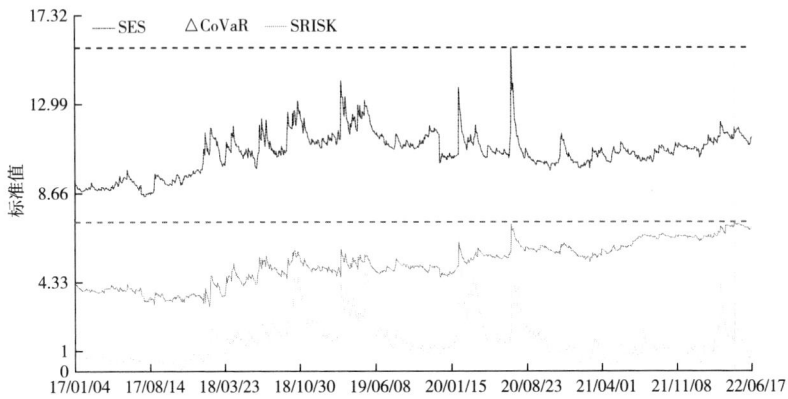

图 7　国有商业银行系统性金融风险边际贡献

说明：得到系统性风险指标（SES/CoVaR/SRISK）的均值序列后，分别除以相应的标准差得到其标准值。深色虚线表示 SES 标准值的峰值水平。浅色虚线表示 SRISK 标准值的峰值水平。黑色虚线表示 CoVaR 标准值的峰值水平。

数据来源：清华大学国家金融研究院。

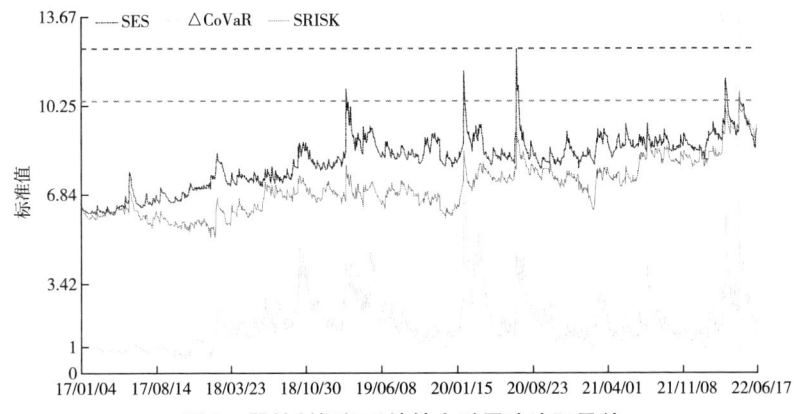

图 8　股份制银行系统性金融风险边际贡献

说明：得到系统性风险指标（SES/CoVaR/SRISK）的均值序列后，分别除以相应的标准差得到其标准值。深色虚线表示 SES 标准值的峰值水平。浅色虚线表示 SRISK 标准值的峰值水平。

数据来源：清华大学国家金融研究院。

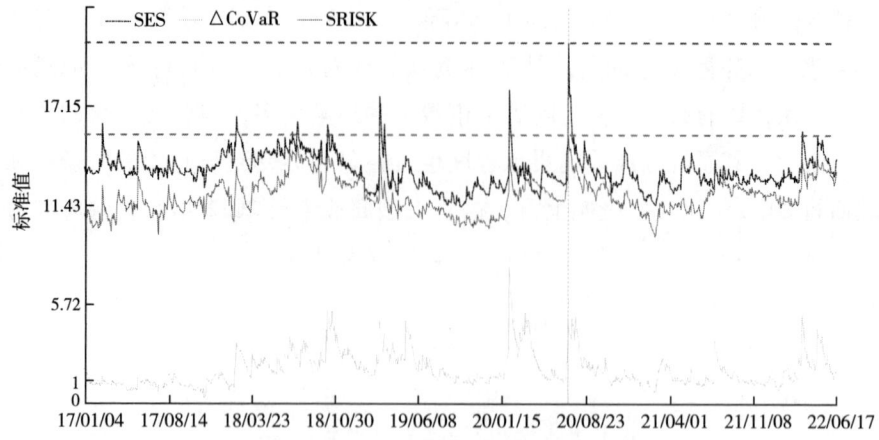

图9　城商行系统性金融风险边际贡献

　　说明：得到系统性风险指标（SES/CoVaR/SRISK）的均值序列后，分别除以相应的标准差得到其标准值。深色虚线表示 SES 标准值的峰值水平。浅色虚线表示 SRISK 标准值的峰值水平。黑色虚线表示 CoVaR 标准值的峰值水平。

　　数据来源：清华大学国家金融研究院。

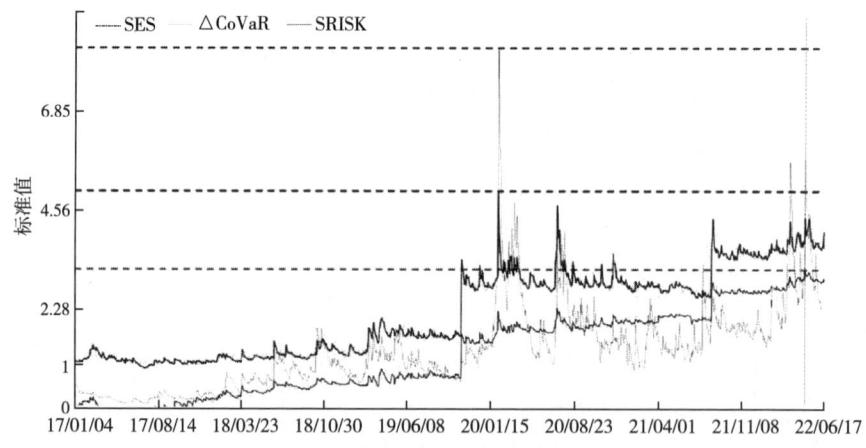

图10　农商行系统性金融风险边际贡献

　　说明：得到系统性风险指标（SES/CoVaR/SRISK）的均值序列后，分别除以相应的标准差得到其标准值。第二条虚线表示 SES 标准值的峰值水平。最下面一条虚线表示 SRISK 标准值的峰值水平。最上面一条虚线表示 CoVaR 标准值的峰值水平。

　　数据来源：清华大学国家金融研究院。

四 合力救经济：33 项政策措施的事件研究

2022 年 5 月 31 日国务院印发了扎实稳住经济的 33 项政策措施，其中至少有 6 条对融资和贷款支持做出新的政策部署，多条政策也直指预防能源短缺、支持运输业发展和全方面保障民生。政策发布对经济的影响可能还需要一段时间显现，但该事件对公司价值的影响会直接反应在股价中，因此我们可以通过短期事件研究的方法观测这一揽子政策对不同行业的影响差异。我们选取了银行业、非银行金融业、房地产业、建筑业、煤炭业、石油石化业和交通运输业的股票指数进行事件研究。如表 1 所示，融资和贷款政策的推出并未显著提升银行业的价值，但非银行金融业受益较多。这或是因为投资者认为宽信用的加码会潜在提高银行不良贷款率，与此同时非银行金融机构获得了更多提供金融服务的机会。与金融业息息相关的房地产行业在政策发布期前后获得负的超额收益。这或是因为这一系列的政策并未专门提及房地产行业，而是紧紧围绕着房住不炒、阶段性支持住房公积金和延缓个人住房贷款的还本付息。建筑行业的负面影响较房地产较小，这或是因为仍有大量基建工程需要建筑行业的参与。政策对于交通运输业的改善并不明显，但随着复工复产有序进行，正面影响日益显著。最后，政策对于能源相关的煤炭业和石油石化业的直接支持迅速反应在该行业股票的正向超额收益里。

表 1　33 条稳经济政策对不同行业的股价影响

银行业：股票指数累积异常收益率（%）							
市场模型				FAMA 三因子模型			
［-5, 5］	［-10, 10］	［-15, 15］	［-20, 20］	［-5, 5］	［-10, 10］	［-15, 15］	［-20, 20］
-2.45	-2.34	-2.37	-4.70	0.07	-0.79	0.76	1.15
非银行金融业：股票指数累积异常收益率（%）							
市场模型				FAMA 三因子模型			
［-5, 5］	［-10, 10］	［-15, 15］	［-20, 20］	［-5, 5］	［-10, 10］	［-15, 15］	［-20, 20］
0.60	3.14	9.68	5.95	1.37	3.70	10.80	7.86

续表

房地产业：股票指数累积异常收益率（%）							
市场模型				FAMA 三因子模型			
［-5, 5］	［-10, 10］	［-15, 15］	［-20, 20］	［-5, 5］	［-10, 10］	［-15, 15］	［-20, 20］
-6.83	-15.30	-19.00	-21.90	-2.71	-12.00	-12.80	-11.20

建筑业：股票指数累积异常收益率（%）							
市场模型				FAMA 三因子模型			
［-5, 5］	［-10, 10］	［-15, 15］	［-20, 20］	［-5, 5］	［-10, 10］	［-15, 15］	［-20, 20］
-2.28	-6.82	-9.03	-13.30	0.05	-4.49	-4.89	-6.63

煤炭业：股票指数累积异常收益率（%）							
市场模型				FAMA 三因子模型			
［-5, 5］	［-10, 10］	［-15, 15］	［-20, 20］	［-5, 5］	［-10, 10］	［-15, 15］	［-20, 20］
-3.80	2.99	2.04	-2.43	0.12	6.62	8.60	8.42

石油石化业：股票指数累积异常收益率（%）							
市场模型				FAMA 三因子模型			
［-5, 5］	［-10, 10］	［-15, 15］	［-20, 20］	［-5, 5］	［-10, 10］	［-15, 15］	［-20, 20］
1.22	7.64	10.20	6.28	2.51	9.05	12.70	10.20

交通运输业：股票指数累积异常收益率（%）							
市场模型				FAMA 三因子模型			
［-5, 5］	［-10, 10］	［-15, 15］	［-20, 20］	［-5, 5］	［-10, 10］	［-15, 15］	［-20, 20］
-0.28	-2.72	-5.83	-6.46	-0.05	-2.52	-5.47	-5.85

注：上表为不同行业股票指数在国务院发布稳经济政策前后窗口期内的累积超常收益（CAR, Cumulative Average Abnormal Return），其中宣布日（5 月 31 日）为第 0 天，共计算了政策正式发布的前后 5 天、10 天、15 天和 20 天。举例来说，前后 5 天表示为 ［-5, 5］，以此类推。估计窗口为政策发布前 25 天到前 100 天的超额收益率，估计事件窗口内的正常收益率用到了市场模型和 FAMA 三因子模型。

数据来源：Wind，清华大学国家金融研究院。

五 潜在风险

当前市场主体信心较差，预期也较弱。外有供应链部分发生转移的现实，内有疫情原因导致无法正常开工的顾虑。在前景不明朗的大环境下，许多中小微企业选择了主动缩表与裁员，由此带来融资需求持续偏弱。居民在稳定现金流无法得到保证的预期下，加杠杆意愿不足，甚至主动去杠杆，储蓄动力增强。如果现阶段这种趋势得以延续下去，将会导致经济长期处于低迷状态。更进一步，若以房地产为代表的资产价格出现大幅下跌，整个经济陷入资产负债表衰退的概率也大大提高。以日本为例，房产泡沫破裂后，大量市场主体资不抵债，其目标函数由此转换为债务规模最小化，进而缩减消费、减少投资，以偿还债务。叠加人口老龄化以及与美国贸易摩擦的影响，整个经济陷入萧条。

当前金融部门同样面临着较大压力。增量上看，虽然存款利率市场化调整机制降低了负债成本，当最优贷款利率降至4.25%后，对部分资金成本较高的中小银行而言，可能连微利的目标也难以实现。存量上看，由于供应链的部分转移导致原有对公客户的现金流恶化，有些订单消失后可能就再也回不来了，进而贷款质量劣变的风险也在上升。尽管存在上述种种困难，金融行业也必须要与实体部门共克时艰，因为经济下滑一旦失速，整个银行资产质量也会迅速恶化，失业率上升与经济衰退也是金融行业面临的最大的潜在风险。

目前从中央到地方，都对稳经济达成了一致预期，救助措施也会一项项出台。在监管部门要求下，银行为了完成信贷任务也会尽快挖掘与对接新的信贷需求。在此过程中，我们还是要警示几个潜在的风险隐患，避免一哄而上或是形式主义现象的出现。

A. 对接新的信贷需求，不可盲目降低风控标准

对金融机构而言，风险防控是永恒的主题，越是鼓励敢贷与愿贷尽贷，越要同时对授信加强把关，避免错估漏估信用风险而产生过重的不良包袱。金融机构对企业基础资料的真实性必须要加强核查，避免套取融资现象的出现。对贷款用途的真实性也要严加确认，避免资金假借经营贷等名义流向股市产生空转。

B. 在城投上抱团，对修复民企与小微企业活力不利

越是困难时期，金融机构的城投信仰越是强化，从而纷纷在该类国企上"垒大户"。需要注意的是，当前对隐性债务的监管限制并没有放松，

土地财政衰退的可能性仍在。银行过多在城投上抱团看似安全，但仍有产生大量债务减记的可能。有些弱资质国企营利性较差，缺乏竞争力，长期看不到改善的希望。反倒是一些现金流暂时遇到困难的民企与小微企业，一旦疫情冲击过去，盈利就会反转或超出预期。它们也正是我国市场主体重要的组成部分，更是经济活力快速恢复的关键，同时吸纳较大的就业量。因此，金融机构应坚持中性原则，以市场化为导向，拿出更多资源服务民企与小微企业。

C. 对高杠杆房地产企业仍需保持警惕

2021 年至今，尽管对房地产行业的监管政策进行了适度纠偏，但房住不炒的总体原则并没有改变，央企与部分头部民企融资环境的回暖带来一定的示范效应，但部分高杠杆房企的信用风险仍相对较大，未来破产或兼并重组的概率也较高。加之疫情影响下，施工与销售更加困难，金融机构对此类企业仍需保持警惕，审慎授信。

六　政策建议

截至目前，国务院 33 项稳经济措施已下达部署，当前来看，政策传导路径相对较短、见效较快的汽车与房地产消费已出台购置税减征、二套首付比例下降、贷款利率下降等措施，终端消费起来后，销售回暖会进而带动制造业与房地产投资曲线的抬头。

实体经济是根基，经济稳金融才会稳，经济在面临较大下滑压力时，需要引导金融行业进一步加大让利力度，降低融资成本，帮助实体部门渡过难关。对国有大行而言，要承担更多的社会责任，保证市场化运营的前提下，在解决青年就业与降成本上主动作为，有序降低拨备覆盖率，增加信贷投放能力。另一方面，金融活经济才会活，修复并激发市场主体活力需要金融服务提质增效，帮助市场主体疏通堵点，挖掘并积极对接有效信贷需求，扭转当前信心弱、信贷弱的局面。对监管部门而言，存款准备金率、涉农涉小不良率容忍度的进一步调整都应加快推进。

此外，当前各类刺激政策应形成合力，加强协同部署。以财政与货币政策为例，政府融资担保、贴息等财政手段要与普惠小微企业贷款支持工具等货币手段更加紧密的结合，解决小微企业抵押担保物不足等现实制约因素，稳住受疫情影响暂时断裂的现金流，保住就业，避免经济增长失速脱离正常轨道。

最后，刺激政策的不确定性也应降低，积极发挥预期引导作用，避免让公众与金融机构产生摇摆不定的预期。以地产政策为例，房住不炒与房地产在我国经济发展的重要定位并不矛盾，各地都在尽力救经济，这不难理解，但不可从一个极端到另一个极端，这不仅反差太大，还容易产生负面竞争效应。

拼合视角下的晚清官督商办公司之形成

佘雪琼*

一　引言

改革开放以来，我国政府致力于建设市场经济体制，积极学习引进西方企业制度，各种各样的公司次第出现。回顾历史，大概不难发现，"公司"其实早在晚清洋务运动时期便被引入中国，以"官督商办公司"的面貌出现于古老的中国大地。官督商办公司①是现代公司在中国社会的最初实现形态，是中西文化交汇融合的产物。② 它将官督商办治理机制与股份公司运营方式结合，以"官督"统辖"商办"，呈现亦新亦旧的二重性。官督商办公司虽非一种由法律界定的组织类型，官方批准设立的大型官督商办企业也仅有 12 家，但在晚清社会确实存在一个具有某些基本共性特征的企业群体，它们以轮船招商局为范例，将官督商办公司这种新的组织形式具象化。③

---

*　清华大学社会科学学院博士后。

① 官督商办公司并不属于真正现代意义的公司制企业，而是晚清时人通过对西方现代公司的模仿学习所创造的特殊企业形态，类似前现代公司时期的特许公司，但当时人们却将其视为公司。"官督商办公司"的名称也见于既有研究，见李玉《洋务民用企业"仿西国公司之例"缘起简论》，《安徽史学》2001 年第 1 期。

② 周建波：《西方股份公司制度在中国最初的实践和评价——官督商办企业的再评价》，《北京大学学报》（哲学社会科学版）2001 年第 5 期。

③ 费维恺：《中国早期工业化：盛宣怀（1844—1916）和官督商办企业》，虞和平译，中国社会科学出版社，1990。

新组织形式形成问题是组织研究的一个重要议题，① 已有数十年的研究历程。但现有研究并不能很好地解释官督商办公司的形成。在官督商办公司形成过程中，西方现代公司形式几乎自然地与逻辑矛盾的招商专卖形式结合，实现中国化。而既有研究显示，美国的"先进"形式在引入欧洲的过程中，由于与当地社会的制度逻辑冲突而遭遇排斥，最终不得不通过"编辑"转化成与当地历史遗产和制度环境相符的版本。② 那么，官督商办公司"反常"的形成过程究竟是如何实现的？

本文将采用"拼合"（bricolage）视角，剖析官督商办公司的形成过程，以期解答上述疑问。拼合此前已被一些研究者用于描述新组织形式形成，但仅是简单提及，并没有充分发挥其解释潜力。官督商办公司形成过程的特殊性，使之具有理论启发意义。因此，本文将为新组织形式形成问题提供新的理论认知，为拼合理论的应用拓展新的空间。

二　理论基础：拼合

拼合，即通过创造性地组合各种来源的技术、实践、结构、符号、图式、脚本等物质性和观念性要素——不仅涉及本地已有的各种要素，也包括从别处扩散来的新要素——构建新方案以应对眼前的新情境或新问题。拼合者（bricoleur）及其对可用要素的选择（selection）和组合（combination）在拼合过程中至关重要，是拼合理论的核心。

拼合者是善于使用文化工具箱的实用主义者，用手头可用的资源，调动所知的一切知识，构建应对眼前问题的方案。③ 拼合者虽然能创造重要

① Fiol, C. M., Romanelli, E., "Before Identity: The Emergence of New Organizational Forms," *Organization Science*, 2012, 23 (3), pp. 597 – 611.

② Djelic, M – L., *Exporting the American model: The Post-war Transformation of European Business*, Cambridge: Oxford University Press, 1998; Boxenbau, M E., *Lost in Translation: The Making of Danish Diversity Management*, American Behavioral Scientist, SAGE Publications, 2006, 49 (7), pp. 939 – 948.

③ Swidler, A., "Culture in Action: Symbols and Strategies," *American Sociological Review*, 1986, 51 (2), pp. 273 – 286.

的创新成果，但并不是那种富有远见卓识的强有力的创业者，[①] 不能完全
掌控社会情境，[②] 拼合可能产生意料之外的结果。它权便地应对眼前的问
题，很多时候无暇提前计划，即兴发挥是常事。[③] 另外，很多拼合过程是
由众多拼合者集体参与的，[④] 在互动过程中逐渐凝结产生统一的新方案，
又甚至在无意识地日常活动中便参与其中。

　　拼合者可调用的所有资源（物质性的和观念性的），共同构成他的资
源库（repertoire）。拼合者并不是无差别地运用诸要素，他在众要素之间选
择。他对要素的选择可能是出于功能效用考虑，如为获取资源、利用某项
能力等，[⑤] 也会优先考虑已经熟悉的要素。[⑥] 在选择要素时，他还需考虑合
法性的问题。有些要素在特定制度和权威系统中享有优先地位，为展示合
法性或获得社会支持需要选择这些为主流所认可的要素。[⑦] 另外，他更倾
向于选择与自身价值偏好一致的要素。因此，在有多位拼合者共同参与的
集体拼合情境中，各方拼合者需要就"什么合适"进行谈判，而这背后实
质上是各方秉持的不同制度逻辑之间的争斗。[⑧]

　　拼合者从资源库中选择合用的要素后，最终要将它们组合成被社会所

---

① Djelic, M-L., Ainamo, A., "The Coevolution of New Organizational Forms in the Fashion In-dustry: A Historical and Comparative Study of France, Italy, and the United States," *Organization Science*, 1999, 10 (5), pp. 622-637.

② Mérand, F., "Bricolage: A Sociological Approach to the Making of CSDP," KUROWSKA, X., BREUER, F., eds., *Explaining the EU's Common Security and Defence Policy*, London: Pal-grave Macmillan UK, 2012, pp. 136-161.

③ Weick, K. E., "The Collapse of Sensemaking in Organizations: The Mann Gulch Disaster," *Administrative Science Quarterly*, 1993, 38 (4), pp. 628-652.

④ Duymedjian, R., Rüling, C-C., "Towards a Foundation of Bricolage in Organization and Man-agement Theory," *Organization Studies*, SAGE Publications, 2010, 31 (2), pp. 133-151.

⑤ Hsu, C. L., "Market Ventures, Moral Logics, and Ambiguity: Crafting a New Organizational Form in Post-socialist China," *The Sociological Quarterly*, Wiley Online Library, 2006, 47 (1), pp. 69-92.

⑥ Perkmann, M., Spicer, A., "How Emerging Organizations Take Form: The Role of Imprinting and Values in Organizational Bricolage," *Organization Science*, 2014, 25 (6), pp. 1785-1806.

⑦ Clemens, E. S., "Organizational Repertoires and Institutional Change: Womens' Groups and the Transformation of US," *American Journal of Sociology*, *Politics*, 1993, 98 (4), pp. 755-798.

⑧ Christiansen, L. H., Lounsbury, M., "Strange Brew: Bridging Logics Via Institutional Bricolage and the Reconstitution of Organizational Identity," *Institutional Logics in Action*, Bingley: Emer-ald Group Publishing Limited, 2013, Part B, pp. 199-232.

接受的合法性整体，这是拼合的关键。① 组合来源各异的多种要素，须先化解要素之间的冲突，使诸要素能相容共存。化解的方式，有时是在外来与本土的实践和观念之间建立新联系，② 有时是外来实践经本土制度框架被重释和修改，③ 也有可能是各要素背后不同制度逻辑在互动中凝结成统一的框架，④ 还有将两种对立制度逻辑的组织模式纳入同一社会逻辑之下的情形。⑤ 而为使新组合的整体合法化，拼合者可能采取各种方式与现有制度系统建立关联。比如，使用已有的意义和原则或者其他场域的原则来解释新方案，⑥ 用具备认知合法性的解释观念为新制度提供一个统一的认知框架，⑦ 与传统建立关联，甚至搭建与世界观、本体论的联系。⑧

以拼合为视角，新组织形式的形成通过要素选择和要素组合实现。要素选择和要素组合都不可避免地涉及合法性的问题，制度逻辑作为合法性的标准在其中起着至关重要的作用。在选择组织要素时，制度逻辑为筛选要素提供依据；在组合组织要素时，制度逻辑提供不同要素相容的基础和框架。因此，笔者在剖析官督商办公司形成过程时，将着力于以下两点：拼合者选择其主要组织要素的依据及背后的制度逻辑，这些中西组织要素

---

① Cleaver, F. , *Development through Bricolage : Rethinking Institutions for Natural Resource Management*, London and New York : Routledge, 2012.

② Boxenbaum, E. , "Lost in Translation : The Making of Danish Diversity Management," *American Behavioral Scientist*, SAGE Publications, 2006, 49 (7), pp. 939 – 948.

③ Galvan, D. , Sil, R. , "The Dilemma of Institutional Adaptation and the Role of Syncretism," Galvan, D. , Sil, R. , ed. , *Reconfiguring Institutions Across Time and Space*, New York : Palgrave Macmillan US, 2007, pp. 3 – 29.

④ Christiansen, L. H. , Lounsbury, M. , "Strange Brew : Bridging Logics Via Institutional Bricolage and the Reconstitution of Organizational Identity," *Institutional Logics in Action*, Bingley : Emerald Group Publishing Limited, 2013, Part B, pp. 199 – 232.

⑤ Westenholz, A. , "Institutional Entrepreneurs and the Bricolage of Intellectual Property Discourses," E, Fitzgerald. B, Scacchi. W, et. al. , *Open Source Systems*, Boston : Springer, 2006, 203, pp. 183 – 193.

⑥ Hargadon, A. B, Douglas, Y. , "When Innovations Meet Institutions : Edison and the Design of the Electric Light," *Administrative Science Quarterly*, 2001, 46 (3), pp. 476 – 501.

⑦ Mérand, F. , "Bricolage : A Sociological Approach to the Making of CSDP," Kurowska, X. , Breuer, F. , *Explaining the EU's Common Security and Defence Policy*, London : Palgrave Macmillan UK, 2012, pp. 136 – 161.

⑧ Cleaver, F. , *Development through Bricolage : Rethinking Institutions for Natural Resource Management.*

得以相容并组合成合法化整体的内在机制。

三　研究方法与情境

1. 研究方法

本文采用历史研究法，进行一个历史组织研究（historical organization study）。事实上，整合历史学和组织研究，开展历史组织研究，也是当前国际学术界的新热点之一。历史组织研究，即广泛运用历史资料、方法、知识等开展的组织研究，将组织及组织过程置于其所处的社会历史情境中，得出对历史和组织研究两者都有益的有历史依据的理论叙事。[①] 历史研究法用于组织过程研究，有其他方法所不具备的优势，它可以研究处于过去的过程，可以研究完整的自始至终的过程，可以理解促成特定结果的关键因素。[②] 显然，考察新组织形式的"形成"过程只能在它已成过往之时。因此，历史研究法特别适用于新组织形式形成问题。

笔者所搜集的数据皆为公开出版物，包括三类资料：（1）海内外研究者的史学专著和论文，这类资料为笔者提供有关官督商办公司及当时社会情境的基本知识；（2）编纂出版的相关档案资料集，从这些原始资料中可了解有关官督商办公司整体情况、"官督商办"原则提出、洋务派和守旧派主张的分歧等重要信息；（3）晚清报纸《申报》，报纸是社会舆论和观念的表达载体，《申报》是近代最有代表性的报纸，从其所刊载的文章可获得晚清社会对官督商办和公司的代表性认知及态度。

资料分析是与资料对话，使之回答研究问题的过程。与本文所搜集的三类资料相对应，笔者通过资料分析，从中得到三方面知识：从第一类资料中提取历史事件的史实描述，通过对比、编排、综合，勾勒出官督商办公司形成的历时过程；从第二类资料中总结官督商办公司的总体特征，剖

---

① Maclean, M, Harvey, C, CleggS. R., "Conceptualizing Historical Organization Studies," *Academy of Management Review*, 2016, 41（4）, pp. 609 – 632.

② Kipping, M, Lamberg, J - A. "History in Process Organization Studies：What, Why, and How," Langley, A, Tsoukas, H., *The SAGE Handbook of Process Organization Studies*, London：SAGE Publications Ltd, 2016（19）, pp. 303 – 320.

析洋务派和守旧派之争背后的制度逻辑分歧，以及这些分歧如何影响"官督商办"框架的浮现过程，从而塑造官督商办公司形态；从第三类资料中发现，现代公司在"公"观念认知框架下实现本土化诠释，"公"观念也是"官督商办"框架的背后逻辑，为洋务派与守旧派达成局部共识的基础。然后，以从第一类资料的分析中得到的历时过程为事件框架，把从第二类资料和第三类资料的分析中得到的知识纳入其中，综合构建关于官督商办公司形成的一种深入的动态化理论叙事，以此实现历史和组织研究的结合。在此过程中，笔者尤为关注洋务派、守旧派、社会公众等各类行动者对洋务、官督商办、公司等概念的认知，并以之为基础对官督商办公司的形成做历史化、情境化的解释。这也正是历史研究思维的优势之一，或者也被称为理解法（verstehen）。

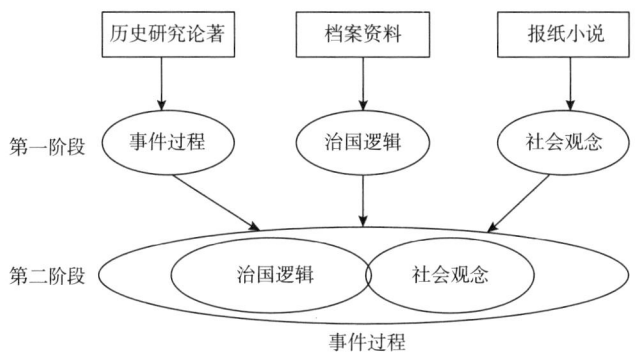

图 1　资料分析过程

2. 研究情境

自 1840 年以后，西方列强携坚船利炮屡屡叩关，中国主权日渐沦丧。于是，谋求自强以抗敌御侮，成为压倒一切的时代任务。官督商办公司是洋务派为兴办新式工商业，效仿西方的现代公司之法创造出的新组织形式，属于洋务派实施其自强方略的重要工具。下面，笔者将简述洋务派和守旧派的两种自强方略之争以及两方争斗之下轮船招商局的创办经过，从而托出官督商办公司形成的政治、经济、文化等历史社会情境。

晚清洋务派主张"采西学、制洋器"为自强之道，并在 1860 年代掀起了后世所谓的洋务运动。守旧派视修明政教为自强的根本性措施，认为

"欲求制胜，必求之忠信之人，欲谋自强，必谋之礼义之士"。他们对洋务派的诸多举措大加阻挠，反对同文馆增设天文算学馆、提议裁撤闽沪造船厂、抵制开建铁路等。

轮船招商局是第一家官督商办公司。它的创办是为了反击西方列强对中国利权的侵占，也体现了洋务派和守旧派交锋争斗的过程。两次鸦片战争后，凭借不平等条约的庇护，西方轮船公司在中国江海航线大肆扩张，使中国传统航运业衰败，甚至引发漕运危机。① 见此情形，洋务派为自强计，于 1865 年、1866 年在上海与福州先后设立造船厂；与此同时，也在尝试发展中国自主的轮船航运业，但因多方掣肘未能成功。1872 年初，内阁学士兼礼部侍郎宋晋以造船厂"名为远谋，实同虚耗"为由奏请停办闽沪两处造船厂，并建议将已造船只租给商人，以节靡费。制造轮船枪炮是洋务派最为热心的自强之策，他们极力反对裁停造船厂，为设法维持船厂，继而筹划招商开办轮船公司。1873 年 1 月 17 日，轮船招商局在上海正式开局。② 但轮船招商局开办之初，由于主持局务的沙船商人朱其昂经营不得其法，招股不足，亏损数万。1873 年 7 月，李鸿章札委粤籍买办商人唐廷枢为总办，改组轮船招商局。轮船招商局从此真正成为官督商办公司，日常经营活动也步入正轨。

四　官督商办公司：招商专卖与现代公司的拼合

官督商办公司是现代公司在晚清中国转化之后，与招商专卖形式重组而成的拼合产物。聚焦于此拼合过程可发现，观念层面的契合或相容，以及实践层面的空间和范围，通过洋务派和守旧派两股政治力量之间的牵制与平衡来确定，终于成就官督商办公司这种晚清社会的中国特色公司。具体来说，官督商办公司的要素选择，既是历代王朝在食盐产销等关键经济领域所积累的管理经验和晚清反抗西方列强经济侵夺的时代要求相结合的结果，也是洋务派和守旧派所分别倡导的两种制度逻辑下的不同"自强"

① 陈潮：《晚清招商局新考：外资航运业与晚清招商局》，上海辞书出版社，2007。
② 孙慎钦编著《招商局史稿 外大事记》，社会科学文献出版社，2014。

之道争斗妥协的产物。至于要素组合，中国式"公"观念作为社会逻辑，为晚清时人提供诠释"公司"的认知框架，也是洋务派和守旧派达成局部共识的内在基础，并衍生出组合招商专卖与现代公司的制度框架。

1. 第一家官督商办公司

第一家官督商办公司轮船招商局的创办经历了一个曲折反复的过程，关于其组织形式曾有多种设想，官督商办公司的理念正是在其间逐渐浮现出来的。

在 1872 年之前，已出现过关于中国公司的具体设想。1867 年，为响应由总理衙门推动刊布的准许民间买雇洋商轮船章程，容闳和许道身倡议组建一家中国轮船公司，容闳拟了一份"联设新轮船公司章程"。这份章程对公司资本、股份、股东权利、经营活动等事项都做了明确规定，后来成为轮船招商局的一个关键性范本。①

1872 年，李鸿章在总理衙门支持下筹划轮船招商事宜。3 月，津关委员林士志和雇用洋船的广帮商人议订轮船招商章程九条，因袭盐务管理中曾长久通行的招商专卖形式。4 月，李鸿章幕僚盛宣怀拟出一份轮船章程，提出设招商局联络官商、发行股票招集商股、设立公司开展业务经营、分给漕运任务等重要意见。他建议招商局主持者应由殷实可靠的道府官员出任，并授予总办关防，上与政府部门交接，下与各口岸从事人员交涉；但又主张在经营中应发行股票募集商股，设公司总行和各口岸分行，生意盈亏均归商认，与官无涉。李鸿章出于减少现实阻力的考虑，任用沙船商人朱其昂操办轮船招商事宜，令其再拟章程。朱氏于 8 月拟"轮船招商略节并各项条程"20 条，12 月拟"轮船招商局条规"28 条，轮船招商局最初便是依后项条规开办的。条规明确了招股原则，以及利润分配、股东大会、经营信息公布等公司原则，并规定总办主持一切经营事务，由直隶总督李鸿章任命。

李鸿章整合各方案，界定了官督商办公司的基本原则。1872 年 6 月，李鸿章上《筹议制造轮船未可裁撤折》，表示如华商领官船与洋商竞争，

---

① 《轮船招商局经营管理问题（1872—1901）》，《黎志刚论招商局》，社会科学文献出版社，2012，第 82—130 页。

洋商必然排挤侵轧，因此须"华商自立公司"；也是在这份奏折中，"官督商办"一词被正式提出。12 月 23 日，李鸿章上《试办招商轮船折》，称"由官设立商局招徕"，可将依附洋商名下的华商资本渐渐拆归官局，请求拨借练饷钱二十万作为商本以取信于商人，但强调"盈亏全归商任，与官无涉"。在同日给总理衙门的公函《论试办轮船招商》中，李鸿章表示"莫若仍循往年许道身、容闳原议"，先行开办招商局，"官督商办，由官总其大纲，察其利病，而听该商董等自立条议"，并表示，如遇洋商排挤阻挠，官方应为商人提供保护，"合力维持"。"华商自立公司"，"所有盈亏全归商认，与官无涉"，"由官总其大纲，察其利病，而听该商董等自立条议"，至此官督商办公司的理念基本成型。

轮船招商局自 1873 年 7 月第一次改组后，直至 1912 年清王朝覆灭以前，一直实行官督商办公司形式。在此期间，虽经数次改组，权力结构更迭，高层人事、经营战略亦有变更，但其本质并无变化，始终是一家附属于官权的商业公司。作为官督商办公司，轮船招商局的组织结构可以分为三个层次。第一层次为业务部门，包括管理船只、码头、仓库等财产以及运输客货业务的总局和各口岸的分局。第二层次为产权所有者和最高管理部门，包括商董、官董、股东三类人员。其中商董充任总局各职能部门以及各分局的管理人员；官董即由官方委任的总办或督办，同时参与企业的官督和商办，处于上级官员与下级股东及职员之间；股东是公司所有者。这三类人员重合存在，商董和官董同时也是股东。第三层次为监督层，也是公司的官方保护人。从直隶总督李鸿章、袁世凯，到邮传部，都是具体的官督实施者。①

2. "官督"与"商办"的要素选择

（1）经济理念

官督商办公司形式的创造过程由洋务派主持推进，作为对立方的守旧派也在不同程度上直接或间接地参与其中。他们所认同和提倡的经济理念及发展模式（即"理财之法"）也不相同。这是他们对商人和新式工商业

---

① 费维恺：《中国早期工业化：盛宣怀（1844—1916）和官督商办企业》。

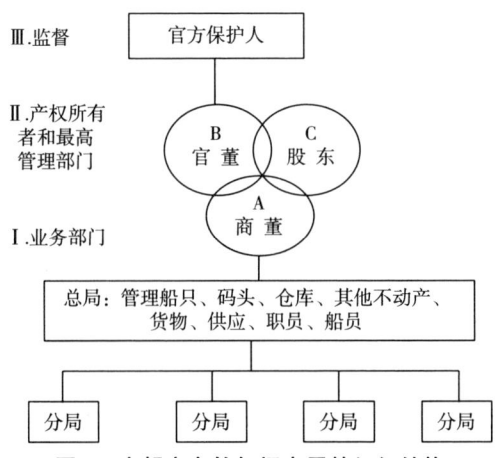

图2　官督商办轮船招商局的组织结构

资料来源：费维恺《中国早期工业：盛宣怀（1844—1916）和官督商办企业》，第129页。

所持态度的观念基础，渗透于其对"官督"与"商办"原则及相关组织要素的选择当中。

洋务派主张自强以求富为先，自强即为富强，认为"强与富相因"，"古今国势，必先富而后能强，尤必富在民生，而国本乃可益固"。他们继承明清之际的经世思潮，注重发展工商业。在晚清时局之下，为对抗西方列强的经济掠夺，发展工商业又上升到商战的地位，开办采用机器生产的新式企业则被奉为理所当然的制胜之法。

守旧派把修政教、正人心奉为自强之根本，对实务和时局缺乏切实的认知，于理治之事只知固守祖宗成法，在经济方面自然也不例外。他们坚信"从来王道不言功利"，对工商业的基本态度是消极的，主张重农抑商，仅认可贩夫走卒一类底层人民为求生计而发展的小规模、低水平的工商业，能维持家给人足便是他们眼中的极治境界。他们对"民"抱以怜惜的态度，对"商"则认为应予抑制，通过严明尊卑贵贱的礼制和士农工商的分殊，确保以朝廷之权操控商贾之利，使富商大贾效忠于朝廷。

（2）"官督"

招商专卖是构成官督商办公司的两种主要组织形式之一，承担着"官督"的功能。它在中国传统王朝的经济体系中有着深远的历史，其最为成熟的形态是清代官督商销的纲盐制。① 在纲盐制之下，政府掌控食盐专卖权，但不直接参与食盐产运销各环节，而通过盐引分配、引岸划分、专卖商资格认定，以及对商人税课缴纳和食盐运销情况稽查管理等方式实现控制。专卖商是一些家资殷实、能预先缴纳盐税的商人，他们的名字和引岸范围、盐引数量都被政府登记于"纲册"中，并有"窝单"证明其经营资格，其食盐专卖权利可以世袭。各盐区专卖商又分为总商和散商，总商承担部分行政管理职能，具有亦官亦商的地位。② 总商不仅负责向散商催追应纳税课，协助官府查缴私盐，承办向朝廷和皇室的报效，收缴其他杂费，还参与盐政决策，有时甚至凌驾于盐政官员之上。

从官督商办公司的创造过程可以看到，以盐政官督商销制为代表的招商专卖是最先被选定的组织要素。由于清政府财政匮乏，无力承担发展新式工商业所需的巨额资金，而新式工商业事关富强大计，不可不办。当时中国风气未开，社会舆论颇多分歧，商人裹足不前。洋务派于是转而考虑官商联合，由官为倡导，招徕民间资本，以"商力佐官力之不足"。招商专卖是招募拥有雄厚资金和出色商业技能的富商，使之在官方监督下从事经济活动的有效方式，这已由历代王朝的实践经验充分证明。以此，招商专卖形式遂成为当然之选。

招商专卖形式这种根植于本土的旧形式让官督商办公司新形式以似曾相识的形象展现于晚清国人眼前，极大地缓和与化解了守旧派的抵触心态和阻挠行径。招商专卖形式的基本运作机制是招募富商，授予专营特权，使之在朝廷监控下从事生产经营活动，以利国计民生。在此，朝廷之权操控商人之利，商人效忠于朝廷，这正是守旧派所推许的至治之法。事实上，守旧派虽不主张发展机器生产的新式工商业，却在无意中为以招商专卖形式开办新式工商业提供了契机。1872 年宋晋在奏请裁撤造船厂时，提议将已造轮船"拨给殷商驾驶"，洋务派借此开办轮船招商局，创造官督商办公司形式。

当然，招商专卖也契合洋务派的经济发展观。洋务派把新式工商业视

① 陈锋：《清代食盐的运销体制》，《盐业史研究》2014 年第 3 期。
② 何炳棣：《扬州盐商：十八世纪中国商业资本的研究》，《中国社会经济史研究》1999 年第 2 期。

为富强要政，将其提到商战的高度，认为官方应加意倡导，着意扶持，"以助商力之不足"。倡导和扶持的主要措施包括授予专利经营权、减免税费、提供官款资助等。不难发现，这些扶持措施其实承袭于招商专卖形式，朝廷对传统专卖商（盐商、行商等）向来有给予专营特权、国库贷款等扶持惯例。此类恤商的举措用于官督商办公司，则又有助商战以自强的观念基础。

（3）"商办"

现代公司一开始分布于通商口岸，采用西方组织形式，官督商办公司借其实施"商办"经营。旧的招商专卖形式，在经营层面仍是民间商业通行的家族合伙制。然而，家族合伙不过集合数家数姓之财力，不能满足开办新式工商业的资金需求。并且，新式工商业采用西方机器和技术进行生产，组织规模较大，家族合伙式的组织管理施诸其上难以奏效。更重要的是，洋务民用企业还担当着与"经营恢廓、资本巨万"的洋商争夺利权的时代使命。纠集股份设立公司，可收众擎易举、集腋成裘之功；援用现代公司形式，仿效其经营管理条例，有助于与洋商竞争与交涉。于是，现代公司形式被纳入招商专卖形式的结构之内，只是"招商"招徕的不再是传统富商，而是熟悉现代公司有相应管理经验的买办商人。

新式工商业是洋务派先富后强的自强大计中的重要内容。现代公司是西方各国通行的经济组织形式，各项经济事业都借公司而举办。新式工商业引进于西方，运用西方的机器和技术进行生产，因而采用现代公司形式加以组织也是洋务派观念中的应然之举，是"师其所能，夺其所恃"方略的体现。而对守旧派来说，公司是西人对"各货总汇行店"的称呼，在招商专卖规则下，商人是自办公司，还是开合伙商铺，他们并不介意，因为两种方式之下商人都由朝廷操控，为朝廷所驱使，效忠于朝廷。在此情形下，现代公司形式既符合洋务派的理念，又不会激起守旧派的反对。

3. "官督"与"商办"的要素组合

（1）"官督"与"商办"的龃龉

招商专卖与现代公司分别生成于中国和西方两套迥异的文化系统，由不同的制度逻辑塑造而成，基本组织原则也不相同。招商专卖根植于中国儒家文化系统，由中国传统家族社会的王朝式国家逻辑所塑造。从阴阳五行、天人合一的世界观出发，① 儒家文化系统构筑了一个尊卑贵贱有差、士农工商有别的层级式社会秩序，并用严密的礼制来维护和加强它。君主（天子）作为国家（天下）的大家长，代行天道，施行仁政，使国家依礼制有序运行，实现和谐大同。虽然就如何行天道施仁政，儒家内部分化出外王和内圣两条路线，形成两种不同的国家逻辑，但国家应掌控关键经济领域这一点却是为两种国家逻辑所共同认可的王道。招商专卖形式是从汉代以来历代王朝在关键经济领域所沿用的经济干预模式，为推行王道提供保障；并且，招商专卖将富商大贾纳入国家掌控之中，使其匍匐于官权之下，可严明士农工商社会地位之分别。

现代公司生发于西方基督教文化系统，由西方个人主义社会的法团式行动者逻辑所塑造。从上帝高于一切人间关系的世界图景出发，基督教文化提倡与世俗家族主义相悖的伦理要求和生活样式，并且还设立一套抑制家族扩张的相关法规，从而促成原子化的个人主义社会。作为家族的功能替代物，以利益为目标而自愿成立的自治联盟的法团组织出现，用以解决社会活动中的冲突与合作问题。② 16 世纪新教兴起，新教伦理无意间推动了西方社会的理性化进程，由上帝操控的世界图景祛魅，自然规律和社会准则取代上帝的神力和权威支配现实世界。社会实体作为社会准则的代理者，成为具有神圣权威的行动者。③ 法团组织至此成为完全的社会行动者，现代公司便是这样的法团组织。

招商专卖形式和现代公司之间至少有两对基本组织原则矛盾。一项即官督与自治。招商专卖式企业依附于官权，其权威和行动力来源于官方授予的垄断特权。官方对其经营活动进行监督，亦可随时收回其专营权。而现代公司式企业是以法律为存在依据的自主经济主体，独立于官权，它的权威和行动力来源于法律授予的权利，是自治的市场参与者。在法律范围内的经营活动一般不受政府监督，企业自行组建董事会负责监督公司的经

---

① 李泽厚：《中国古代思想史论》。

② Greif, A., "Family Structure, Institutions, and Growth: The Origins and Implications of Western Corporations," *American Economic Review*, 2006, 96 (2), pp. 308 - 312.

③ Meyer, J. W., Jepperson, R. L., "The Actors of Modern Society: The Cultural Construction of Social Agency," *Sociological Theory*, 2000, 18 (1), pp. 100 - 120.

营管理决策。另一项即合伙与招股。招商专卖式企业由国家颁给专营凭证，但调集资金、人员等具体组织活动仍由专卖商自行办理，通常采取家族合伙方式。由于对陌生人缺乏信任，合伙关系基本发生在熟人之间，或是有中间人为纽带的准熟人之间，"断未有从未谋面而亦可以入股者"。现代公司式企业以公开招股的方式募集资本，不论是否相识，凡出资者俱可为股东，故而"泰西各国凡经营贸易，往往资本巨万"。

（2）中国式"公"

在中国，"公"的基本含义，指人人皆有的平均状态。即《说文解字》中的解释："公，平分也"。它既有价值属性，也有范畴属性。作为抽象的价值概念，公与私对立。公是无私，是公平、平均的状态；私是不公，是自私、自营的状态。公与私的相背，被认为是公正和偏邪的对立，公具有显然的价值优势。这种优势，由天道赋予，因而具有原理性的地位。天道之公，是塑造人类社会运行的"公"原则的理论起点，使之具有不证自明的合法性。在国家领域，向以天子自居的君主便是这种天道之公的代行者，"公"成为传统中国君主统治合法性的基础，历代王朝更替以及近代社会革新运动，皆受到源自天道的普惠四海的价值属性之"公"的影响。①

作为具象的范畴概念，公可以包含私，即合众人之私而为公，② 实质上是抽象价值的公在社会层面的实现状态。此时，公成为由社会关系网络联系起来的个人之私的集合或者私与私纠集而成的利益联盟，只要集合或联盟内所有人的私利都得到满足，便达到公的价值要求。这种合众之公与中国传统社会结构的差序格局相表里，为明中期以后发达的宗族组织和商业组织提供观念基础，直至今日仍是塑造华人文化圈民营企业、家族企业的重要力量。③

（3）"官督商办"公司

具有价值属性和范围属性的"公"，为国家和社会的多重活动领域提供观念基础与组织原则。当西方的现代公司流传到通商口岸，"公"观念

---

① 沟口雄三：《中国的公与私·公私》，郑静译，孙歌校，生活·读书·新知三联书店，2011。
② 翟学伟：《中国人的"大公平观"及其社会运行模式》，《开放时代》2010 年第 5 期。
③ 沟口雄三：《中国的公与私·公私》。

自然而然地成为晚清时人用于理解这种新事物的概念工具。他们从公的范畴属性来理解公司的存在，视公司为协调众股东私利的联盟；从公的价值属性来理解公司的组织过程，认为公司应由公正的管理者贯彻公的原则主持一切，以保证众股东之私皆得到满足，实现联盟内部的公平。即如洋务思想家薛福成之言："纠合公司之法，意在使人人各逐其私求，人人之私利既获，而通国之公利寓焉。"由此，现代公司在无形中已实现中国式转化。

当洋务派为自强之计，开办中国人自己的公司时，基于"公"观念衍生而来的"官督商办"框架，使已经中国化的现代公司形式与招商专卖形式得以组合成合法性的整体，形成官督商办公司。一方面，价值属性的公，赋予招商专卖形式的"官督"原则以合法性。开办新式企业，与洋商争夺利权，以图先富后强，是实现天道之公的必要之举，官作为天道的执行者和公的价值化身，为之倡导，督办其事，是义之所在，理所应当。并且，由于官的此种形象，官方督办使人们对中国公司的疑虑被打消。另外，官方督办还解决了因传统合伙经营中股东皆有主事之权，民间公司中由于股东过多而难于协调众见的问题。出任总办的观察等人，由官方大宪札委，代表官权执行公道，被想象为道德高尚者，就如现代公司中不怀私意的主管，受众股商信服，从而获得裁夺一切经营事务的权威。

另一方面，范畴属性的公，赋予现代公司形式的商股经营原则以合法性。晚清时人借助范畴属性的公来理解公司本质，认为公司是合众人之私而为公的利益团体，不知其法团属性。在合众之公的共同体内部，每个人的私利都是平等的，都应该得到毫无偏差的满足，为此也应由众人共同协商订立规则，处理一切事务。公司也是如此，"公司者，公集股本，合司其事，出入账目，公同查看"。官督商办公司对"商办"原则的坚持也是基于此观念，因此，股东参与议事，稽查公司账目，派代表参与公司管理等条款反复出现在其公司章程中。

当然，价值属性的公仍是第一位的，范畴属性的公以众人之私皆得满足的平均状态为目标，将公视为价值追求，认可代行公道的官的权威。官督商办框架因此得以组合招商专卖和转化后的现代公司于一体，使"官督"统辖"商办"，"非商办不能谋其利，非官督不能防其弊"，从而实现国家和商民之利皆得满足的天下大公。

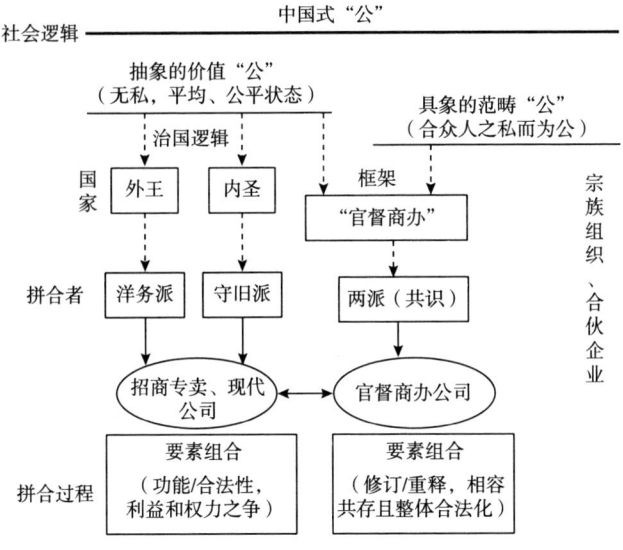

图3　招商专卖与现代公司的拼合

4. 官督商办公司形式的基本特征

官督商办公司的主体轮廓由"官督"的招商专卖和"商办"的现代公司两种组织形式构成，但官督商办的具体细节并无明确的制度规定，官督与商办的界限模糊，践行起来，时时存在张力和冲突。[①] 官督和商办之间的关系状态塑造了官督商办公司的特征，使其在组织群体纵向的发展阶段上和横向的组织个体之间呈现出不同形态。

"官督"，即"官总其大纲，察其利病"，官方给予扶持并进行督理。官方的扶持既有资金资助，垫借官款、缓息免息等，也有政策优待，减免税负、授予专营权等。此外，官方力量护持，还使企业创办和经营期间可免受地方势力阻挠，并获得其他相关行政便利。官方的督察，通过主管官员对企业创办和经营中重要事项的决定权、主管官员对重要管理人员的任命（札委）权、官方对企业账目和业务的稽查权等来实现。

"商办"，即"听该商董等自立条议"，"所有盈亏全归商认，与官无

---

① 陈锦江：《清末现代企业与官商关系》，王笛、张箭译，虞和平审校，中国社会科学出版社，2010。

涉"，由商人出资集股，并享有经营管理权。通过公开招股的方式，募集商人资本，突破了从前只与熟人合伙的商业惯例；由商人经理（总办）负责管理日常经营事项；公开经营账目，而不是如传统企业那般将此视为商业机密，不愿示人。此外，学习西方管理方式，注重企业日常活动的规范化。

在纵向的时间阶段上，官督商办公司经历了由"官督"促进"商办"，到"官督"妨害"商办"的两种状态。这种转变，发生在 1883 年上海金融风暴之后。官督商办公司弊端凸显，官方陆续强化对各企业的"官督"，督办取代总办成为企业主持者。官权的加强，不仅使企业受到官场陋习的侵蚀，更有甚者，督办借官权谋私利，商人股东的权利受到损害，"官督"从保商走向剥商。

在横向的社会空间中，官督商办公司因官方势力大小和商人自主程度高低的差异，存在两个子类型。一类更接近于"官办"，一类更接近于"商办"。前者由清政府倡议开办，招集商股，不足由官款垫支补足，官款比重大，官方势力较大，轮船招商局、开平煤矿皆属此类；后者由商人倡议开办，请求官府批准，不依靠官款，或官款比重较小，商人自主经营权较大，山东峄县煤矿、江苏利国驿煤铁矿则属此类。

五　讨论与结论

本研究以拼合视角考察作为一种新组织形式出现于晚清社会的官督商办公司的形成过程。通过剖析在洋务派和守旧派两方分歧和争斗之下，"官督"与"商办"组织要素的选择和组合，笔者阐释了招商专卖和现代公司这两种源自中西不同文化系统、制度逻辑的组织形式在中国式"公"观念提供的"官督商办"框架下得以实现内核替换式的拼合，形成风靡一时的官督商办公司。本文在为官督商办公司的成因、特点等历史研究议题提供新思路之外，更可补充和完善新组织形式形成问题、拼合理论等组织研究领域的相关知识。

1. 新组织形式的形态

新组织形式的形态，也就是其构成要素的组合形态。Powell 等曾将新组织形式形态的成型问题细化为何种特征的要素可以被组合和何时它们可以结成稳定一致的整体。他们给出的解释是，行动者对不同组织要素的重组和整合是实用能动性的结果，基于有用原则被先后吸收的要素因其内在关联将自动形成统一体。① 这种解释不过是从组织形式的物质技术面着眼，将组织要素的组合归为一种准自动化的过程。但是，已有诸多研究显示，多种组织要素并不能自动组合在一起，不同组织要素背后有着不同的制度逻辑，很可能引发冲突。②

笔者认为，新组织形式的形态由组合其构成要素的制度逻辑的内容及其衍生的统一框架塑造而成。官督商办公司在由中国式"公"观念衍生出的官督商办制度框架之下，将招商专卖与现代公司两种逻辑迥异的组织形式拼合成内在一致的整体，并且以前者统辖后者。前者代表的是抽象价值意义上的天下之大公，后者代表的是具象的局部范畴的群体的小公。虽然这两者的力量对比在一些大型官督商办公司的不同发展阶段以及官督商办公司的不同个体之间存在差异，从而使官督商办公司呈现出或是趋向官办或是趋向商办的不同形态，但官督始终凌驾于商办之上，现代公司的运营原则被纳入招商专卖的治理机制之下，这是官督商办公司的根本形态。

这一认识亦可从既有研究中得到支持。Christiansen 和 Lounsbury 指出，集体拼合过程中多方行动者代表不同的制度逻辑和合法性原则，他们通过持续的互动和谈判逐渐组合这多种逻辑，凝结成统一的框架。③ Westenholz 的研究显示，两种对立制度逻辑的组织模式在同一社会逻辑之下可以兼顾而实现混合。④ 也就是说，不同制度逻辑的多种组织要素可以在由某种制

---

① Powell, W. W., Sandholtz, K., "Chance, Nécessité, et Naïveté: Ingredients to Create a New Organizational Form," Powell, W. W., Padgett, J. F., eds., *The Emergence of Organizations and Markets*, Princeton University Press, 2012 (13), pp. 379 – 433.

② Hsu, C. L., "Market Ventures, Moral Logics, and Ambiguity: Crafting a New Organizational Form in Post-socialist China," *The Sociological Quarterly*, Wiley Online Library, 2006, 47 (1), pp. 69 – 92.

③ Christiansen, L. H., Lounsbury, M., "Strange Brew: Bridging Logics Via Institutional Bricolage and the Reconstitution of Organizational Identity," *Institutional Logics in Action*.

④ Westenholz A., "Institutional Entrepreneurs and the Bricolage of Intellectual Property Discourses," E, Fitzgerald, B., Scacchi, W., et. al., *Open Source Systems.* pp. 183 – 193.

度逻辑衍生出的统一框架之下结合成内在一致的整体，从而塑造新组织形式的形态。

2. 外来组织形式的转化

创造新组织形式可以"重组"本土社会在相关活动领域所积累的组织资源，也可以"移用"其他社会活动领域的组织方案，还可以"转化"其他文化系统的组织形式。

相较"重组"和"移用"这两种只采用本土组织要素的方式而言，"转化"更为复杂。外来组织形式通常是先遭遇抵制，而后被修订转化方可融入当地。比如，二战后美国模式的公司资本主义产业组织体系向西欧输出的过程、[1] 20 世纪初注重财务绩效和个人发展的美国多样化管理实践被引入推崇民主平等价值准则的丹麦企业的过程。[2] 当然，也有引入外来组织形式而没有发生冲突的情形。Sato 等所展示的东京大学出版社创办阶段转化美国学术出版社模式，逐步形成日本独特的学术出版制度的过程，没有出现美国模式被抵制的情况。原因是，美国模式在此只是符号化地被援引，用于标榜先进、专业以获取合法性，并未真正地被引入日本的文化系统。[3]

官督商办公司的情形则展示了一种不同的转化过程。在官督商办公司形式中，现代公司是在实践层面被引入的，表面看来，它符合洋务派师夷长技以及与洋商争夺利权的期望，却不是根基深厚的守旧派所偏好的。然而，现代公司并没有遭遇抵制，而是几乎无障碍地被接纳，与招商专卖融合。

Douglas 曾指出，认知在制度建设的最初时刻便发生作用，流布于社会中的文化制度碎片经由认知拼合过程被用于构建认识新现象的图式和解决

---

① Djelic, M-L, Ainamo, A., "The Coevolution of New Organizational Forms in the Fashion Industry: A Historical and Comparative Study of France, Italy, and the United States," *Organization Science*, 1999, 10 (5), pp. 622 –637.

② Boxenbaum E., "Lost in Translation: The Making of Danish Diversity Management," *American Behavioral Scientist*, 49 (7), pp. 939 –948.

③ Sato, I., Haga, M., Yamada, M., "Lost and Gained in Translation: The Role of the 'American Model' in the Institution-Building of a Japanese University Press," *Cultural Sociology*, SAGE Publications, 2015, 9 (3), pp. 347 –363.

新问题的脚本。① Boxenbaum 的研究虽然没有为现代公司在晚清社会如何平和地实现转化提供解释，但仍有理论启示，即行动者通过制度逻辑提供的框架来诠释和看待组织形式，并且以构建兼容性新框架的方式转化外来组织形式。② 结合 Douglas 的观点，可以认为，当拼合者面临不熟悉的外来组织形式时，他会自动地援引本土的社会逻辑对其进行诠释。

晚清时人并不能理解现代公司的法人属性，而是以中国式"公"观念为框架来看待和诠释现代公司，将其理解为合众人之私而为公的商业联盟，也就是超出中国传统的家族熟人圈的大规模合伙组织。因而，当现代公司进入洋务派视野的第一时刻起，它便已经被中国化了，与其原本的制度逻辑分离，转而被置于中国式"公"的具象范畴概念的制度逻辑之上。于是，中国化的"公司"与传统的招商专卖形式在"公"观念所提供的统一框架"官督商办"原则之下，便毫无障碍地组合成官督商办公司。

由此可知，本土文化观念在外来组织形式转化的第一时刻便可能已经开始作用于其中，为诠释外来组织形式提供本土化框架。拼合者最初用于诠释外来组织形式的框架及其背后的本土制度逻辑，与外来组织形式原本所关联的制度逻辑内容不同时，外来组织形式在进入行动者认知过程第一时刻便发生转化，与原本的制度逻辑分离，重新与当地制度逻辑结合。此时，外来组织形式的内核已经被替换，真正被引入的只是一些技术性的组织实践，自然不会遭遇抵制。

3. 拼合的内在过程

拼合虽受到组织研究者的日益青睐，但对其理论探索尚不足够。诸如拼合的内在过程、认知在其中的作用等仍缺乏讨论。

笔者在综合相关文献的基础上，将拼合者、要素选择、要素组合视为拼合理论的关键元素。其中拼合者是拼合活动的践行者，是拼合的中心；要素选择和要素组合是拼合的两个基本的内在过程，制度逻辑在其中起着基础性作用，为要素选择提供准则，为要素之间相容共存并实现整体合法化提供基础。

---

① Douglas, M., *How Institutions Think*, Syracuse: Syracuse University Press, 1986.

② Boxenbaum, E., "Lost in Translation: The Making of Danish Diversity Management," *American Behavioral Scientist*, 49 (7), pp. 939 – 948.

　　本文将官督商办公司的形成视为拼合过程，聚焦于洋务派和守旧派等拼合者对现代公司、招商专卖等组织要素的选择，以及在中国式"公"这一社会逻辑提供的统一框架下进行要素组合。由此展现制度性文化观念在拼合过程中引导和塑造拼合者的认知，成为要素选择和要素组合活动的深层基础，决定拼合的内在走向。在当前国内创业拼合研究激增而偏重于拼合的创新性作用的情形下，本文强调制度逻辑对拼合的重要作用，将拼合与制度理论结合，应有一定的理论价值。

家族权威与企业危机

——以张謇大生企业为例

姚清铁*

晚清状元张謇是中国近代著名的政治人物和实业家，他创办的大生企业系统，在中国经济发展史上具有重要地位。同时，大生企业也是一家典型的家族企业，在大生，张謇所占的股份虽然一直很低，[①] 但张謇凭借其特殊的身份和社会关系，一直控制着大生的生产与经营，这一局面直到1924 年大生被银团接管才被打破。

大生企业集团是张謇在南通开设的以纺纱业为核心的资本集团，大生一厂最早于 1899 年在南通设立，设立之初资本仅 44.5 万两。[②] 这一资本规模到 1910 年已经发展到近 300 万两，居民族企业之首，所涉行业横跨纺织、船运、食品、机械等十多个领域。这其中，大生的主业纱业也发生了迅猛的增长，资本量从 4.45 万两增至 250 万两，纱锭数从 2.24 万枚涨到 6.5 万枚，1919 年，大生的利润率高达 105.7%。到 1923 年，大生的资本总额达 2483 万两，大生旗下企业数达 40 余家，纱锭数 16 万枚，并拥有 1340 台布机。而大生则成为南通企业名副其实的核心与龙头，在大生查账报告书中称，"南通实业，咸肇始于大生"，又云："……对内对外经济往来……咸认大生为主体……"[③] 在近代中国企业史上，像大生这样增长迅

---

* 南京财经大学经济学院副教授。

① 在企业初办的 44.51 万两股本中，张謇仅占 2000 两，其中还有 700 两是借来的。

② 《大生系统企业史》编写组：《大生系统企业史》，江苏古籍出版社，1990，第 126 页。

③ 南通市档案馆、南京大学等编《大生企业系统档案选编》，南京大学出版社，1987，第 179 页。

速、发展规模巨大的企业屈指可数。即便如此，这样一个巨无霸式的企业集团却在 1922 年之后迅速走向衰落，前后不过四年时间，令人慨叹。

1920 年代初期的花纱危机是近代中国棉纺织行业面临的一场外部考验，但与其他能走出危机的企业，抑或借危机逆势收购扩张的企业不同，大生却因为行业不景气而深陷财务危机，并迅速衰败，进而被银团接管，其原因为何？① 本文拟从家族权威角度进行探讨，分析张謇作为家族领袖，其初期的家族权威树立与后期的权威消散对企业经营兴衰的影响。

一　家族权威与大生企业

大生企业由张謇一手创办，未假他人之手。但张謇乃至整个张氏家族自始至终没有在大生中占绝大多数股权。1895 年大生创立时，张謇在大生股份中仅占 0.45%，即使到 1949 年，张謇家族在大生的股份也只有 2.4%。但大生在最初的二十多年里，始终处于张謇的绝对控制之下，依然被认为是家族企业，这又是为什么呢？这一方面得益于张謇官绅双重的身份与地位，"既有名士、状元的声望，又有实业家的胆实"；另一方面则得益于大生官股加私股，而占大头的官股又消极不作为的股权结构，而后者则因前者相应产生。从今天的角度看，张謇既是商股的代表，也是官股的代表。作为商股代表，张謇认为自己"奉旨总理通海商务"；而作为官股代表，则自称"謇自任通官商之邮而已"。1895 年筹办大生时，张謇请领"官机"，更提出"官股"当放弃权益的要求，看起来顺理成章。而地方大员之所以买张謇的账，则是因为从朝廷到地方官府，各层级的官员都把张謇看作官股的代表。不得不说，张謇这种游走于官商之间的特殊身份所带来的特殊个人权威，为其在大生的创立及后续的经营中，都奠定了至

---

① 有关大生企业的研究从 1980 年代至今，在章开沅、茅家琦等学者的努力下，已经较为丰富。关于大生企业危机的分析也有不少，有代表性的包括：单强《经营管理与大生纱厂的衰败》，《苏州大学学报》1992 年第 2 期；汤可可、钱江《大生纱厂的资产、盈利和利润分配——中国近代企业史计量分析若干问题的探讨》，《中国经济史研究》1997 年第 1 期；朱荫贵《"调汇"经营：大生资本企业集团的突出特点——以大生棉纺织系统为中心的分析》，《广东社会科学》2016 年第 2 期；金其桢、黄胜平《大生集团与荣氏集团兴衰成败之道探究》，《江南大学学报》（人文社会科学版）2008 年第 2 期。

关重要的基础。

表1 大生纱厂原始资本来源分析表

单位：两（规元）

| | 官股（官机折价） | 商股 | | | | 官商股 |
		地方公款	私人及团体投资	未确定身份股	合计	合计
股额	250000	41900	107200	46000	195100	445100
占有商股总数（％）	56.17	9.41	24.09	10.33	43.83	

资料来源：《大生系统企业史》编写组：《大生系统企业史》，第42页。

雇主对雇员的权威是由雇用合约决定的，[①] 但如果合约是不完备的，则权威产生于物质资本的所有权，[②] 雇主对物质资本的控制能够自然地导致雇员倾向于按照他的利益行动。除了物质资本的控制，个人的资历，或者是技术能力也可以赋予企业管理者合法性权威，即职能权威。[③] 显然，张謇的权威一方面来自个人的声望和资历，在韦伯的语境中，这种权威被称为传统型权威。另一方面，张謇的个人权威还来自其领旨创办工厂这一特许权力，这一特许权实际上被张謇有效地物化成了对企业的不是所有权的所有权。这种奇特的混合的权威来源，导致张謇在后续企业经营中，较多地应用非正式治理办法而非正式治理办法，来解决企业运营中的一些关键性难题，如资金、原料、市场等事，而张謇本人在企业里的行事作风，则带有浓重的官僚气息。

（一）权威式治理

应当说，张謇能够以极小的股权比重来控制企业，是特定历史条件的产物：一方面，占股比重最大的官股并没有参与企业的经营，这来自张謇与两江总督刘坤一"绅领商办"的约定——"名虽官商合办，一切厂中事务官中并未派员参与，诚如来示，事任绅董"；另一方面，其他的大股东

---

① 《西蒙选集》，黄涛译，首都经济贸易大学出版社，2002，第67页。

② Hart, O. D., *Firm, Contracts and Financial Structure*, Oxford University Press, 1995.

③ Robert L. Peabody, "Perceptions of Organizational Authority: A Comparative Analysis," *Administrative Science Quarterly*, Vol. 6, No. 4 (Mar., 1962), pp. 463–482.

虽投资入股，但对于工厂这一新兴事物为何物并不清楚，他们所关心的只是投资回报几何。这种格局也促成了大生后来"余利尽分"的利润分配形式的产生，唯有稳定的收益回报，才能稳住其他股东。

在这样的背景下，作为官府赋予开办之责的企业创办人，"总理"张謇于是大权独揽，状元的身份光环和翰林院修撰的官职树立了他在企业中绝对的个人权威，可以说，企业的一切决定，无论大小，皆系于他一人之手。虽然 1897 年大生《厂约》中称"凡我共事之人"，都可以"各任一事，以专责成"，但实际上，大生重要的人事任免权"举措董事"，以及董事和执事的考核权"稽察进退"，还有"考核功过，等差赏罚"等均执于张謇一人之手。张謇在大生中的角色远不只"去妨碍之弊，酌定章程"，抑或"通官商之情，规便益之利"这么简单。张謇权力至高无上，而且在日常经营中，还喜欢事无巨细，事必躬亲，身体力行。细致到所发放的大小款项均需他本人手书的便条才能放行。①

大生的创办者既是企业的所有者，还是企业的经理人，三位一体。张謇既不懂现代工业生产的技术，也未曾涉猎现代科学管理。出身传统社会的他虽具创办工厂的新理念，却因长期浸淫于集中制的传统社会，而不自觉地将这一思维在企业日常决策中——体现，于是工厂在日常运营中，多以行政命令的方式去办事。这种独断专行固然令到法随，但降低了企业在日常经营中决策的稳健性。张謇本人则在政府颁行《公司法》之前，一直担任着大生的"总理"一职，控制着大生主要的四个职能部门，分别是生产、财务、后勤以及供销。这一独断专行也引起了其他股东的不满。1907年大生的股东召开了第一届股东大会，其重要的动议就是限制张謇与张詧在大生只手遮天的至高权力。尽管这次会议名义上看，调整了大生的管理结构，形成了所谓的"董事局—总理—所"三级领导结构，但实际上直到1920年代，大生仍然牢牢地处于张謇的控制之下，有名无实。大生仍然是一个由权威领导的家族式企业。

家族权威式治理的优点很明显，如家族权威个人的社会资本可以顺利

---

① 卢征良：《从大生纱厂看中国近代早期民营企业的经营特征》，《中国矿业大学学报》（社会科学版）2007 年第 1 期。

地荫及企业，为企业带来各种运营便利，从降低交易成本与管理成本、提高企业执行效率角度来说，家族权威式治理有诸多有利的因素。此外，它还容易形成一个以创始人为核心的凝聚力强的创业团队。① 这一点下文会有专门讨论。这一模式的缺点则在于，它会使企业管理队伍中存在大量家族成员，同时，还会弱化企业对先进管理经验、外部网络资源和其他社会资本的整合能力，② 造成家族企业无论是人力资本，还是产品销售，都呈现相对封闭的经营模式，这为大生后来创新乏力、疏于进取埋下伏笔。对企业事务的独断专行，则常常使大生的运行缺乏必要的内在维系力量。张謇本人在大生管理中则是事必躬亲，"一笔必出于手裁，一事皆冯于臆决……一处两旬，动已两月，每一易处，则信使属途，每一远行，则凉嗅已贸"。③ 由此导致"一意孤行，置成败利钝于不顾，而幸而利，幸而成，又展转而至于钝，至于败"。④

（二）家族式运营

在没有企业所有权的情况下，张謇作为家族企业运营者，强化其家族权威的一个重要手段是，在企业的管理层各岗位上，尽可能地安插自己人。在缺乏职业经理人的情况下，大生早期的四大"商董"及此后的协理等诸多重要职位都是由传统纱布商人出任，且这四大商董均为张氏家族的好友。大生早期的高管大多是南通地方上的土布商人，这些人既对当地市场了然于胸，又对旧式企业管理有着丰富的经验，还具备充分的商业经营经验，是大生早期治理的核心力量。四大商董中，进出货董沈敬夫此前为关庄布商，厂工董高清则出身木商，而银钱账目董蒋锡坤出身典当业。这些商董虽不掌握现代生产技术，但对市场行情却非常熟悉，经营上更是恪

---

① 贺小刚、连燕玲：《家族权威与企业价值：基于家族上市公司的实证研究》，《经济研究》2009 年第 4 期。

② Jain，B. A.，Kini，O.，"Does the Presence of Venture Capitalist Improve the Survival Profile of IPO Firms," *Journal of Business Finance and Accounting*，2000，27（9 - 10）；储小平、李怀祖：《信任与家族企业的成长》，《管理世界》2003 年第 6 期。

③ 《辞谢农工商大臣见招答友函》，《张謇全集》编纂委员会编《张謇全集》第 2 卷，江苏古籍出版社，1994，第 161 页。

④ 张謇：《为实业致钱新之函》，《张季子九录·实业录》卷八。

尽职守。在大生资金周转困难时，沈敬夫提出"尽花纺纱，卖纱收花，更续自转"的解困思路，[①] 高清在组织生产上"督工甚勤，竟日无懈"，"十五年如一日"地到"沪各纱厂考察，比营厂成"，[②] 不可谓不敬业。反观近代其他纱厂，在创办之初都没有这样一批得力干将支撑，比如上海机器织布局光是筹办就花费了 15 年，难之又难。这四大商董既是张氏家族的自己人，又具备相关的专业经验，是大生早期运行顺利的一个有利因素。

在大生的日常管理中，张謇则把儒家的人际关系原则用到极致，并将大生发展成一个具有很强凝聚力的家族企业。除了四大商董，大生的许多职员也与张氏家族沾亲带故。大生上海事务所主任吴寄尘就曾称："兆曾（寄尘）来大生办事，受两公之知遇，非受股东之托。"[③] 显然，他之所以到大生工作，不是为了资本，而是因为人的知遇之恩。这不是个例，实际上，大生一众以张謇为代表的高层管理人员的管理职能之所以得到发挥，靠的是"个人权威"，而不是靠与其职务地位相关的正式权力。而这一权威则是建立在他们的个人声誉、经验与品德之上。由此自上而下，形成一个等级森严的层级机构，俨然一个传统中国大家族，而张謇则毫无异议地成为这个大家族的家长。

除了管理层的家族色彩，大生在基础用工方面，也呈现出明显的泛家族色彩，即基于地缘的用工模式，这也是近代家族企业的一种常见用工模式。大生集团在土产土销政策思想指引下，让大生纱厂的生产活动固定在南通一地，因而只找南通当地的劳工，而当时南通地区的工业基础薄弱，工人的人力资本非常低下，因此大生分厂"三月初五日开机伊始，每日出纱数箱，逐渐加至十数箱，迫十月初十日，方兼夜工，出数始倍。通计每箱外用需洋四十七元有奇，其工料费又重。然使纱本既重，纱价若长，犹足出入相权，乃布市终岁困跌，纱亦随之不振，此营业之困难也。初开机时，本地男女工皆是生手，必以优资招通沪熟手教练之，亦略宽工资以劝

---

① 《大生纱厂第一次股东会之报告》，《张謇全集》编纂委员会编《张謇全集》第 4 卷，第 130 页。
② 《高君立卿墓志》，《张謇全集》编纂委员会编《张謇全集》第 6 卷，第 388 页。
③ 《沪事务所吴寄尘为借款问题给张謇等的信件》，南通档案馆藏《大生档案》，档案号：2－1－141。

励之。成纱数少，工费数多，此考工之困难也"。[1]

这种用工的优点是生产成本低廉。大生工人的工资是极低的，表 2 比较了大生与上海、无锡、常州等地的工人日工资，更可以看出大生工人领取的工资低于苏省其他地区。根据调查，在 1920—1930 年代，男工日工资在 0.3—0.5 元，女工日工资在 0.2—0.4 元，童工更低。[2] 一些口述资料指出，大生纱厂在建厂初期的工资，普通成人生手，每天工资只七八分钱；成人熟手每天工资最多 1 角，机工每日工资 1.2 角至 1.4 角；童工每日只有五六分，固定工人的工资每两周发一次，职员及学徒工资每月发一次。[3]若与同期上海棉纺业工人相比，上海男工平均日工资为 0.55 元，女工为 0.45 元，童工为 0.30 元，[4] 由此可以看出大生的工人工资明显较低。

表 2　大生与上海、无锡、常州等地工人日工资对比

单位：规元

	男工	女工	童工
大生纱厂	0.3—0.5	0.2—0.4	0.1—0.2（包食宿）
上海	0.552	0.452	0.3
无锡	0.47	0.37	0.27
常州	0.3—1.3	0.25—0.85	0.2—0.3

资料来源：据章开沅、田彤《辛亥革命时期的张謇与近代社会》（华中师范大学出版社，2011）第 210 页表 4 - 8、表 4 - 9 编制。

不仅是工资低，大生工人每日劳动一般会超过十二小时，有时甚至达到十六小时。厂规和章程中还有一些罚工、搜身、游厂、体刑等处分办法，同时大生还雇用一批外地来的武装巡丁，公然以暴力威慑工人。脱离张謇在南通地方上的个人威望，一家普通的工厂能够对工人做出这样的举动是匪夷所思的。

除了成本优势，我们也应当看到大生这种家族性管理所带来的局限

---

[1]　《大生分厂第一届说略并帐略》，《张謇全集》编纂委员会编《张謇全集》第 3 卷，第 184 页。

[2]　穆恒、严学熙编著《大生纱厂工人生活的调查》，江苏人民出版社，1994，第 196 页

[3]　《大生系统企业史》编写组：《大生系统企业史》，第 31 页。

[4]　胡林阁、朱邦兴、徐声：《上海产业与上海职工》，上海人民出版社，1984，第 54—55 页。

性：它限制了大生对先进生产与管理技术的使用，土产土销连带造成招工方面不易找到技术纯熟的工人，连带影响到日后的厂内技术提升。

二　家族权威与大生经营

前已述及张謇个人权威在大生企业中的表现，同时，张謇个人身份上所附着的社会资本也因为这一个人权威而融入张氏家族企业的运营之中。这些社会资本的应用让张謇虽为"绅商"，却带有浓重的"官商"特点。然而，张謇本人在政府里并无实职，因此，这种社会资本更接近于由个人权威而衍生出来的社会资本，且这种权威并不局限于张謇自己的企业。

（一）融资便利

由于近代中国的企业是在外部倒逼的背景下成长起来的，其配套的商业环境均不具备，因此，近代民营企业创业的金融环境殊为艰难。大生创办之初，张謇当时为筹措资本，解决面临的一大堆棘手难题，首先考虑的不是引进技术、管理人才，而是协调与官府及各有关方面的关系，即他引为重要职责的所谓"通官商之情，规便益之利，去妨碍之弊"。这也可以说是张謇实业活动的战略基点。大生企业的经营特点是把协调企业与外部环境的关系，规划原棉收购、棉纱销售便益之利放在重要的战略地位进行筹谋决策，而对关系企业进步和发展的根本性建设，如充实企业专业技术、管理人才，革新企业组织管理体制，优化企业成员整体素质和经营管理手段等，反将其置于次要地位。① 这既显得有些滑稽，也是当时大生的实情，更是当时中国民营家族企业创办环境的真实写照。大生从 1895 年筹办，到 1899 年正式运营，均饱受资金缺乏的困扰，经常处于等米下锅的状态。而大生之所以能走过来，在关键的节点上，张謇的社会资本起到了重要作用，略举两例。

一是在创办早期，由于集资困难，大生连购买机器的钱都成问题，走

---

① 段本洛、单强：《大生纱厂的投资环境与对策》，《江海学刊》（文史哲版）1987 年第 6 期。

"商办"的道路眼看是行不通了。此时，刚好清政府官方有一批纺纱机搁在上海杨树浦码头的芦席棚中，这是张之洞在鄂督任内向德商瑞记、地亚士洋行借款从英国买来准备办湖北纺织官局（南纱局）的。由于机器长期搁置，日益锈坏，继张之洞任两江总督的刘坤一命总办江宁商务局、署理江宁布政使桂嵩庆把这批机器贱价出卖。桂嵩庆见大生纱厂集股有困难，就托人与通董商议，拟将上述官机作价 50 万两入股大生，另招商股 50 万两，合为 100 万两，将大生纱厂改为"官商合办"。① 如果没有张謇的政治资源，大生怕是在创办之初就要"黄"了。而后来，大生筹设分厂时所使用的设备，一部分是 1905 年从山西买进的官机，这批官机是因为庚子之变而搁置废弃，张謇只用了 54000 两的低价就买进这批机器。②

1898 年，大生厂房基本建成，机器也安装过半。整个厂房包括地价共用去规元近 17 万两，加上其他如动力、照明、消防等设备支出 2.3 万两，总计达 19 万余两。这时，可以用作流动资金的只有四五万两，既要收购原棉，储备物料，又要支付官利、外国技术人员的月薪以及一切未完工程的造价。所需之款都靠临时东挪西借。最终在张謇一再请求下，刘坤一电令通海地方官将存于典当生息的公款"拨存"到大生纱厂。通州知州汪树堂与他的幕僚黄阶平应命把津贴秀才、举人应试的基金几万两存入大生。③ 又例如在民国元年（1912），棉花丰收，但大生向钱庄调汇大量收购原棉的过程不顺，张謇转而向程德全都督借了 16 万元，使收购顺利完成。④

融资一直是大生的重要议题，也是难题。大生在后来持续的扩张过程中，对"调汇"（举债）一直有着强烈的需求，而之所以能借到这些钱，主要是靠张謇的个人权威所形成的个人信用。为了维护个人信用，张謇对股东使用了极为慷慨的分配政策，盈利尽分，而积累甚少，因此使大生陷入了"做得越大，欠得越多"的怪圈。

---

① 《大生系统企业史》编写组：《大生系统企业史》，第 10 页。
② 《大生崇明分厂十年事述》，《张謇全集》编纂委员会编《张謇全集》第 3 卷，第 203 页。
③ 《通州大生纱厂第一次股东会议事录》，《大生纱厂》，翰墨林编译印书局编印《通州兴办实业之历史》上册，1910，120 页。
④ 《拟大生董事局致程都督请照章协济函底》，张季直先生事业编纂处编，张謇研究中心等校注《大生纺织公司年鉴（1895—1947）》，江苏人民出版社，1998，第 184—185 页。

（二）政策优惠

除了融资方面的便利，大生还从政府获得了种种政策优惠，尤其是特许经营权，或者特许销售权，以此来巩固大生在南通地方的利益。同样，之所以能获得这样的优惠，也与张謇个人的社会资本不无关系。

通过这些优惠政策，张謇可以凭借他在南通地方的影响，将竞争者拒之门外，形成小范围的局部垄断。1904 年，上海商人朱爵谱计划在海门设立纱厂，这一计划被张謇知道后，专门上书商部，力图劝阻。张謇说："窃维工商实业，无不以统系而成，以倾挤而败。各国有鉴于此，故凡业必有协会，官亦必为平亭，《史记》所谓利导整齐，亦即此意。"① 名义上是在讲不能无序竞争，但实际上，张謇是在利用自己的个人权威为大生的区域性运营构建行政垄断环境。

1907 年，大生在崇明外沙建立了大生分厂。② 分厂建成后，大生设立了统管正、分两厂的大生纺织公司，张謇则更是呈报商部注册，并经商部批准，申请获得了"二十年内，百里之内，不准别家另设纺厂"的特许权。③

厘税对企业是相当沉重的负担，张謇通过政治关系，大幅降低厘税负担。例如在光绪二十八年（1902）大兴面厂投产之前，张謇便咨呈相关部门，提到上海的阜丰、浙江的利用公司都可以免去税厘，而"通州小麦半仰给于泰州，面则就销本地，生货既已有捐，此项销本地之面又系创办，获利尚无把握。为开通风气计，拟请援照浙江成例，宽免捐税五年"，"宽满税厘五年后，凡运销出境……由厂向通州厘局报完熟货捐一道，请领局

---

① 《因朱某图在海门设厂呈部文》，《张謇全集》编纂委员会编《张謇全集》第 3 卷，第 766 页。

② 张謇：《大生崇明分厂十年事述》见《张季子九录·实业录》卷五，第 8 页。按大生分厂筹建于甲辰（光绪三十年）六月，至丁未三月初开车，中间丙午年闰四月，故为 33 个月。张謇在大生分厂第一次股东会报告中谓自甲辰十月始，为 29 个月，与《十年事述》略有出入。

③ 张謇：《天生港设立通燧火柴公司准予备案文》，见《张啬庵先生实业文钞》下册，卷三，第 23 页。

照运往指销之地，沿途不再报捐"。[1] 不久之后，大兴面厂就获准免税五年。[2] 之后光绪二十九年的阜生蚕桑公司运送到沪的茧也受官方"批饬金陵厘局移会松沪匣局，分饬各局卡，一体免捐"的待遇，[3] 并且还以三年为限，规定"三年中如能种足三十万株……再予展免三年，以示鼓励"。[4]

大生虽名义上为张謇所创办，但长期实际运营者是他的弟弟张詧，为了落实大生的"土产土销"原则，控制通海纱市对大生来说，就显得非常重要。大生两厂鉴于原棉供应充沛，棉纱销路稳定，就乐得尽量适应关庄布织户的要求，精选原料。张詧出身布商，熟悉花纱布市场的变化规律以及各地棉花的产销商情。1901年，张詧先后被推选为通州商会、通崇海泰四处商务总会会长，大生股东刘挹清被推选为海门商会会长，这些职务为大生垄断通海地区的棉纱市场起到了很大的作用。他们以大生在通海有独家经营纺织业的专利权为理由，用调剂纱盘的办法，组织一批殷实的纱庄为基本户，优先销售大生的"魁星"纱，实际上垄断了通海地区的棉纱市场。[5] 例如，1913年，江南纱厂由于各种原因，产品在本地滞销，于是向南通推销棉纱。当时南通的纱庄并不多，对客纱的订购也有限，张詧于是利用他任海泰总商会会长一职的权力，要求通海地区货物税所，以硬性规定的方式，令辖下各纱庄停办客纱两月，如果已经订购了其他地方客纱，则只能先装运五成，等大生纱销售40%之后再做装运。[6]

政治关联有助于打开公家市场。光绪三十四年，海门商务分会上呈商部，希望兵勇、警察与学生的制服都能使用土布，以打开土布销路，避免洋布盛行导致的洋纱充斥；而土布如果销路能打开，大生的机纱自然也可以增加销路。当时商部基于振兴棉业，命令各省督抚应予照准。[7]

此外，张謇还通过政治关系直接阻止竞争对手进入自己的根据地市

---

① 《翰林院修撰张咨呈》，《张謇全集》编纂委员会编《张謇全集》第3卷，第714—715页。
② 章开沅、田彤：《辛亥革命时期的张謇与近代社会》，第321页。
③ 《通州蚕桑公司集股兴办启》，《张謇全集》编纂委员会编《张謇全集》第3卷，第726页。
④ 《为创设蚕桑公司票请立案呈文》，《张謇全集》编纂委员会编《张謇全集》第3卷，第723页。
⑤ 《大生系统企业史》编写组：《大生系统企业史》，第40页。
⑥ 《通海新报》1913年4月23日。
⑦ 章开沅、田彤：《辛亥革命时期的张謇与近代社会》，第322页。

场，例如大生纱厂营运获利之后，曾有其他外来厂商意欲进入，被张謇呈
商部劝阻。① 张謇也会利用政治职位上所获得的市场情报，在原料采购上
卡住潜在竞争对手，例如当无锡新冶厂向农商部申请立案时，张謇作为农
商总长，一获知消息，就通知资生铁厂，命令资生铁厂加紧收购原料，在
原料端先堵住无锡新冶厂，让它无法与资生竞争。②

从前面的论述不难看出，张謇运用个人权威所带来的社会资本猎取了
诸多政策优惠，其主要的目的一是降低企业生产成本，二是构建大生在南
通地方上的区域性垄断。事实上，这种垄断令大生在十多年时间里持续盈
利；它的负向影响也是显而易见的——凭借行政垄断固然使大生在短期内
维持不错的利润，却也使大生失去了对市场的敏锐反应能力，而更依赖于
其垄断利润，更令企业制定了不合时宜的分配政策与扩张政策，从而为大
生后来的危机埋下伏笔。关于这一点，下文会有详细叙述。

（三）运营特点

社会资本的广泛应用、关系融资、非正式治理这种种经营方式在近代
中国家族企业运营中并不鲜见。但这种社会资本附着于个人权威，而让企
业进入行政垄断的保护罩，这一经营模式在大生身上得到了空前强化，令
其发展出了几种颇具特色的经营特点。

1. 土产土销

"土产土销"政策是大生在早期企业经营布局上的重要特点。所谓的
"土产土销"是指以通州棉花为原料，以南通土布织户为销售对象，就地
取材生产，再就地销售，自我循环，形成相对稳定的区域市场。土产土销
在原料方面，"通州产棉最王而良，謇因议设纱厂"。③ 南通作为重要的近
代产棉基地，在19世纪末年产棉花30万—40万包，可以满足15万枚纱
锭的工厂使用量。这是张謇可以实施"土产土销"的客观地方资源基础。

而张謇之所以采用"土产土销"政策是出于三方面的考虑，首先是厘
金的约束。由于清政府繁杂无序的厘金制度，提高了跨地销售的成本，让

---

① 《大生系统企业史》编写组：《大生系统企业史》，第42页。
② 章开沅、田彤：《辛亥革命时期的张謇与近代社会》，第322页。
③ 《承办通州纱厂节略》，《张謇全集》编纂委员会编《张謇全集》第3卷，第13页。

其他地区及外国纱厂前来南通竞争更为不易。其次，可以依靠南通棉花收购与棉纱销售两个区域市场的有利成分。南通地方既是棉花产区，又是近代中国最大的手织区，大生纱厂立足南通，可依靠两个市场因之形成的较为充裕的原料来源以及潜力很大的产品需求等有利条件，小范围内完成生产、流通全过程。最后，在市场方面，用机纱织出的成品以关庄布最多，关庄布主要运往东北销售，由于需求旺盛，通海土布生产也日渐增加，出关增长迅速，在1899年大生开车前后，其输出总量每年达十万件，占了通海土布销量的70%以上，① 并且南通当地的机纱已有固定的销售渠道及销售方式，可以满足土销的要求。

2. 盈利尽分

由于初期的土产土销政策实施顺利，大生盈利颇丰，截至1921年，大生一厂、二厂盈余总额高达1663万余两之巨。如何分配呢？用张謇自己的话来说，大生企业在分配上的方法是，"一厂自未开机前五年，年即付息（即官利）八厘，开机后息多者，自四五分至八九分"。②

大生所获1663万余两盈余中，分掉了1348万余两，名目则是官利、花红、余利等，剩余315万余两银，一厂历届计提公积金仅87.6万两，二厂历届所提公积金只区区32.8万余两，一厂、二厂合计不过120.4万两。③ 垦牧公司的分配情况也同样，"其法每年秋收后，不论收数丰歉，开除一切用度外，实赢若干，即按股分给若干，名曰余利，多寡无定也"。④ 大生企业的这一高利润、高分配战略多为学者所诟病，因为这种得利全分"严重影响了企业的资本积累"。⑤

张謇亦意识到这种分配方法会导致工厂发展资本薄弱，"当（民国）七、八、九三年，连获大利发八九分息之年，亦集商于董会，谓厂本尚不足，不如留半加厚厂本，填给股票"，虽然有这样的想法，但张謇并没有真正实施过。在融资困难的近代社会，大生早年的融资很大程度上依赖于

① 林举百：《近代南通土布史》，南京大学学报编辑部，1984，第145页。
② 《大生纱厂股东会宣言书》，《张謇全集》编纂委员会编《张謇全集》第3卷，第115页。
③ 《大生系统企业史》编写组：《大生系统企业史》，第131页。
④ 《大生纱厂股东会建议书》，《张謇全集》编纂委员会编《张謇全集》第3卷，第111页。
⑤ 《大生系统企业史》编写组：《大生系统企业史》，第131页。

张謇本人的权威和相应的个人声誉，但如果没有年年的丰厚投资回报，这种权威也很难维持下去。但这样做的潜在危险则是企业没有足够的资金用于企业的发展。

3. 多元扩张

按理说，既然盈利尽分，大生就失去了企业扩张的基础，但大生在20世纪最初的二十年进行了迅速的多元化扩张，变成一家大型的企业集团。这其中，相当部分资金投向了投入大、盈利慢且低的农垦事业。表3为1910年和1923年大生投资比重的对比，从中我们可以对大生在此期间的迅速扩张窥得一二。

表3 1910年和1923年大生集团各类企业的资本投资比重

类别			1910年		1923年	
			资本（规元万两）	比重（%）	资本（规元万两）	比重（%）
实业投资57家	主业投资46家	农垦业3家	45.9	13.6	1238.7	49.9
		第一加工制造业13家 棉纺工业4家	199.6	58.9	708.4	28.5
		第一加工制造业13家 食品工业9家	34.3	10.1	85.9	3.5
		第二加工制造业18家 重工业4家	26.5	7.8	26.5	1.1
		第二加工制造业18家 其他工业14家	6.5	1.9	13.7	0.6
		运输业9家	25.9	7.6	100.6	4.1
		贸易业3家			198.6	8
	辅业投资11家	金融业5家			78.7	3.2
		房地产业6家			18.8	0.8
事业投资11家		公用事业11家			13.1	0.5
合计68家			338.7	100	2483	100

资料来源：《大生系统企业史》编写组：《大生系统企业史》，第204—208页。

1910年在主业投资中，加工制造业在大生企业集团投资中占有相当大的比重，这种比重在不同时期又是不断变动的。1910 年大生加工制造业的投资比重为 78.7%，1923 年则下降为 33.7%。与之相反，农垦业的投资比重上升了 36.3%，几乎占全集团投资总额的一半。这既说明农垦业是大生集团着力发展的产业，其试图解决棉纺织业原料瓶颈的问题，也说明农垦业占用大生企业集团资金的数量在增加。

从资金的角度看，1901 年到 1910 年间，大生纱厂与其盐垦公司之间的款项往来，通海垦牧公司从大生挪用的款项有 100 多万两，这笔钱帮助垦牧公司完成了基建工作。[①] 为何把资金投入到没有收益、丰歉无定，乃至要贴补的事业中去？这是张謇不同于一般商人的地方，有学者认为，"张謇的以大工业为中心发展实业和地区经济的道路，可称之为一种中国式的工业化道路"。[②] 这种"借各股东资本之力"以成就"建设一新新世界雏形之志"的想法显然不能单纯地用商业思维去揣度，但以一己之力说服众股东跟他一起投身到这一事业中，所能够给出的解释，除了张謇自己个人作为地方领袖的权威魅力，也少不了前面提到的给股东的丰厚回报。

4. 负债运营

既然大生一厂、二厂的纯利只有很低的比例用于资本累积，那么大生集团急速扩张的资金来源，就值得进一步探究了，在大生一厂历年资产负债表中，资产负债率最低为 1902 年的 22.44%，到 1915 年后常态性地维持在 40% 以上，到 1922 年更高达 60%。由此可以看出大生负债过高，是以借款来支撑庞大的业外转投资资金需求。

实际上，在大生纱厂从 1899 年到 1922 年共 24 届的账略中，我们可以看到，大生纱厂总收益达 2821 万余两，这其中分配给了股东 822 万两，包括 557 万两余利、265 万两官利。即便如此，扣除分配之后的收益也有近 2000 万两。反观大生的 24 届账略，仅两年有不到 50 万两的亏损，其余 22 届均为盈余。在这样不算差的经营业绩下，大生何以后来走到被银团接管的境地呢？原因就在于大生在这 24 个财年中，又另外筹调了 3600 万两作

---

① 《大生系统企业史》编写组：《大生系统企业史》，第 59 页。"存""在"系旧式簿记用语。"存"，指其他单位存于本单位之款项；"在"，指本单位固定资产、现金及在其他单位之款项。
② 吴承明：《市场·近代化·经济史论》，云南大学出版社，1996，第 158—159 页。

为纱厂的流动资金，所筹调的资金则大多用于副厂的建设，而这些筹调的资金成本高昂，光利息就花了 474 万两。不断地筹调资金，不断地支付高额利息，如此一来，"成本多而股本少"，"无怪难支"，对此，1925 年查账委员会的评价是："大生之厄，实厄在副厂，而不在各垦。"① 而副厂之厄就在于它是令大生缠上巨额债务的吞金兽，并进而导致大生"一蹶不振"。

从另外一个方面来说，大生既已负债累累，又为何能借到这许多资金？其原因除了大生纱厂在大多数年份均能获利之外，另一个原因是张謇以其社会声望，让南通、上海金融界纷纷提供贷款，造成大生集团信用快速膨胀，大生也得以快速进行各种业外投资，以建构完整的产业系统。② 这种家族领袖个人权威所带来的信用融资能力，在平时看，是家族企业的一种关系融资，但从经营的稳定性看，则是增加了企业危机发生的可能性。

检视大生历年的综合利息率，③ 整体呈现攀升趋势，其中 1910 年前后，综合息率不过 7%—9%，而到了 1916 年则升至 10%，1917 年之后更是从 11% 一路涨至 17.5%。各种信用借款与抵押贷款，孳生了高额的调额利息，这些巨额的债息直接酝酿了后期大生经营的危机。从事后的分析看，这些大生危机时的"催命索"，在大生无序扩张时又何尝不是它的"强心针"！

三　家族权威与大生危机

从前面的分析可以看出，大生的创立与成长都对张謇的个人权威有着极强的依赖，这种权威的存在给大生带来了成功的可能性，也为企业的危机埋下伏笔，令大生以一种并不健康的方式运转着。当大生到了后期，企业领袖的权威逐渐消散，而企业又后继乏人时，这种危机就开始凸显。

---

① 南通市档案馆、南京大学等编《大生企业系统档案选编》，第 180 页。
② 章开沅：《开拓者的足迹——张謇传稿》，中华书局，1986，第 310 页。
③ 汤可可、钱江：《大生纱厂的资产、盈利和利润分配——中国近代企业史计量分析若干问题的探讨》《中国经济史研究》1997 年第 1 期，附表 1。

（一）权威消散

在大生创立的初期，"勤俭"被张謇立作治厂的原则，也被当作大生职工的生活原则。艰苦环境中近代中国第一代企业家们勤勤恳恳，大生焕发着勃勃生机。创业早期的张謇坚信"坚苦奋励，则虽败可成"，反之"偾怠任私，则虽成可败"。① 这一"坚苦奋励"的准则构成了大生文化的核心，也制约着大生管理层与职工的行为。然而，随着大生纱厂取得一连串的成功，张謇创业早期的"勤俭"意志慢慢消磨，开始醉心享乐，"富贵已极，渐有怠志"。截至1924年，张謇共在通海各风景区修建15处私人别墅，用于享乐。即便是1920年代大生行将崩溃之时，张謇也仍然沉浸在"花时应贯酒，雪夜或回舟"的诗画生活中。

在这样的氛围之下，大生从上到下奢侈之风渐起，求田问舍，营私舞弊的现象层出不穷。更有甚者，一些高级职员视厂规制度为无物，带头破坏。以大生驻沪事务所为例，这原本是一个搜集市场行情与金融信息的情报机构，到后来变成了大生的高管们在上海采办生活用品的场所。对此，1921年就有人警示大生"公私界限不清"，认为其"前途危机已露"。②

企业内部的重重矛盾，侵蚀了领导集团的力量——股东与张氏家族专权的矛盾，领导集团内部对张謇兄弟的家长式领导作风的抵触情绪，以及张氏家族内部，张謇的哥哥张詧与张謇长子张孝若叔侄不和，等等。由于组成领导集团的成员个人素质的降低，加上内部的矛盾冲突，企业能量内耗，工作效率低下，工厂有法不依，严重影响了正常的经营活动。张謇在企业倒闭后曾做过反省："南通实业，三五年来，因急进务广，而致牵搁……一二败类，违节度，营非分，而致毁谤，此事实也。"③

张謇依凭其声望及正当性主导了大生集团的决策，然而却袒护其爱子张孝若贿选苏省议长，并且幕后策划交易所投机的事件，这引起集团内重要人物徐静仁、刘厚生、吴寄尘等人的不满。他们"表面上虽对张依然恭

① 张謇：《厂约》，《张季子九录·实业录》卷一。
② 《沪事务所吴寄尘为借款问题给张謇等的信件》，南通档案馆藏《大生档案》，档案号：2-1-141。
③ 张謇：《为实业致吴季诚函》，《张季子九录·实业录》卷八。

顺，实际上怨张糊涂。他们于是对南通实业的前途有的是知而不言，有的是言而不切，不肯再卖死力了"。① 这显示到了晚期，张謇在集团内的统治正当性已经不如早期般的稳固，而南通交易所的投机事件，也必然折损张謇权威的社会正当性，相信这些都对1922年后，银行团遽然对大生紧收银根有所影响。

（二）治理失能

在大生张謇的领袖权威逐渐消散的同时，大生企业之前的种种经营弊端则慢慢显露。初期的经营优势因为外部环境的变化而成为制约企业发展的掣肘因素，这些影响的具体体现则是大生的内部治理失能。具体来说，大生依靠张謇的个人影响在南通构建了垄断优势，将外来竞争者挡在门外。长期而言，其经济活动不可避免地被限缩在南通地区，大生集团呈现一种相对封闭的色彩，受到外界影响较少，也较难接触到西化派工商人士。即使张謇在大生纱厂开厂之初，曾经参考中西纱厂的管理体制，但后续却乏力了，未能吸收西方最新的管理知识，加上自给自足观念、地方自治，让大生集团的发展从与竞争绝缘转变为无法抵御环境的冲击。

比如，让大生占尽天时地利的"土产土销"政策在给大生集团带来便利的同时，也酝酿了企业经营的危机。首先是在劳工方面，土产土销让大生纱厂的生产活动固定在南通一地，在劳动力要素流动性极差的近代市场环境下，大生只能找南通当地的劳工，致使大生分厂"三月初五日开机伊始，每日出纱数箱，逐渐加至十数箱，迫十月初十日，方兼夜工，出数始倍。通计每箱外用需洋四十七元有奇，其工料费又重，然使纱本既重，纱价若长，犹足出入相权，乃布市终岁困跌，纱亦随之不振，此营业之困难也。初开机时，本地男女工皆是生手，必以优资招通沪熟手教练之，亦略宽工资以劝励之。成纱数少，工费数多，此考工之困难也"。② 可以看出土产土销连带造成招工方面不易招到技术纯熟的工人，影响到日后的厂内技

---

① 洪维清：《张謇办实业概况》，《工商史料》（2），文史资料出版社，1981，第11、14页，转引自章开沅、田彤《辛亥革命时期的张謇与近代社会》，第480页。
② 《大生分厂第一届说略并帐略》，《张謇全集》编纂委员会编《张謇全集》第3卷，第184页。

术提升。

其次，土产土销政策设计固然精妙，但也因过于精妙，任一环节出现问题均可能使整个土产土销模式卡壳。而近代社会环境动荡，政权更替，张謇对此有所认识，但却没有充分应对。更麻烦的是，张謇凭借他的个人影响在南通当地所建立的这一商业模式，使大生与同期创办于上海、无锡等地非"土产土销"的18家纱厂比较，一枝独秀，成为"第一次欧战以前华资纱厂中唯一成功的厂"。① 实际上，大生在最初的24年运营中，仅两年亏损。这一成功无疑强化了张謇对大生经营模式的自信，而忽略了这种方式对个人权威的过高需求，疏于对外部因素变动做积极准备。大生在设计土产土销政策时的一个重要考虑因素——"厘金"，1912年时相关政策发生变化。是年，政府开始陆续颁布了若干减免国内土布业税厘的政策，但直到1925年，张謇才意识到"大生一、二、三厂及副厂之纺锭，向来侧重十二支粗纱。特因调查本地销数，视关庄与销北路之布，似已供过于求，且鉴于目前东省战争，关庄滞钝，更恐十二支纱存积过剩，拟设法使之供求相平，以图根本维持之计"。②

在南通地区，张謇可以运用他的影响力轻易将威胁排除在南通之外，在南通又因掌握棉花收购系统以及庄布配销系统，加上政通人和、威望服众，而取得相当的优势。尽管张謇了解"物竞进则价愈昂，货竞售则价愈贬"③ 的道理，但在真实世界中，南通这个环境却让他失去了竞争威胁感。张謇失去竞争威胁感的另一事例是大生一厂、二厂、三厂同属大生系统，收花区域都有明确的范围，对范围内的棉源及运输工具都各有管控，即使越区也收不到花；但是如果是外来客庄，却可以插手抢收。④ 大生各厂会坐视外来客庄抢收，对于兄弟厂却诸多限制，就已经是高度关注内部分配、忽视外部竞争威胁的征兆了。

实际上，大生集团治理逐渐失能的具体事例并不在少数，这里略举几

---

① 严中平：《中国棉纺织史稿》，科学出版社，1955，第139—143页。
② 《通海新报》1925年12月23日。
③ 《广生油厂第三届说略并帐略》，《张謇全集》编纂委员会编《张謇全集》第3卷，第675页。
④ 《大生系统企业史》编写组：《大生系统企业史》，第112页。

例。1920 年，大生纱厂门秤姜耀堂在外自行开设花行，设立十多处营业据点，与行贩勾结，将茋花改成踹门花，造成大生纱厂极大的损失。当上海银团代表李升伯要接收大生纱厂时，张孝若还特别提醒李升伯："大生负债失败，表面为盐垦拖累，事实并非一端。"还有内部掌权职员吞蚀款项，"不能归还，大生因此停顿无法支持，将股东整个巩固基业拱手交与债权维持"。① 另外一个事例，是在张謇最强调要"必自治治其地其人之人"的盐垦事业中，有大丰公司经理王某营私舞弊，盗用公款 179000 余元之多。② 大丰盐垦公司还设"仁济典"高利贷企业，1920 年又开设专门盘剥佃农的"德华钱葵"，发行钞票，迫使佃农使用。可见到了 1920 年前后，内部治理已经是问题丛生了。

治理问题也蔓延到外部花庄的管理问题上。大生在选定抄庄上过于粗糙，"当时凡与大生当权者关系密切的都可以托人出面从中说合，代厂收花，名义为抄庄，只要合同一订，首批茋花按质量解清，以后营运资金可以通过特殊关系向大生宕借，不计利息，等到交花时冲抵。黄、潮、杂、次花都可以照白、净、干花结价。其佣金全照抄庄结付。花价趋疲时，即倾仓售给大生，行市见俏时，还可留下一部分自行抬价处理"，③ 这造成大生的资金损失及花质瑕疵。这些治理问题，对大生造成的影响，就是不断腐蚀大生集团的神髓，使企业体质日渐恶化，即使到 1922 年各厂多由银团接管，银团参加管理后，企业内旧势力基础仍很强固，④ 这更可印证在 1920 年前后大生集团的治理缺失。

除此之外，在张謇个人集中管理形式下，大生的资金管理随意，所带来的大量宕账也是大生管理失能的一个表现。在大生纱厂的历届账略中可以看到一个令人惊异的现象：每年度都有大量款项被私人借欠，账目中称为"在各户欠款"。欠款为数极大，在 1919 年以前，常占一厂业外资金占

① 南通档案馆藏档案：F003－311－9。转引自章开沅、田彤《辛亥革命时期的张謇与近代社会》，第 141 页。
② 《壬戌九月初二日续开大丰董事会议案》，载《各公司董事联席会议录》单行本，转引自《大生系统企业史》编写组《大生系统企业史》，第 182 页。
③ 《大生系统企业史》编写组：《大生系统企业史》，第 112 页。
④ 南通档案馆藏档案：B403－111－0540。转引自章开沅、田彤《辛亥革命时期的张謇与近代社会》。

用额（即业外放款数）的 1/3—1/2。1920 年终账面私人欠款数达 74.6 万两，1921 年达 71.9 万两，1922 年达 139 万两。[1] 私人宕欠公款无疑对企业资金周转造成很大困难。经查，欠款者大多为大生纱厂的大股东，因此，在某种意义上可将这些私欠厂款看作大生纱厂借给股东进行实业投资的资金。

（三）危机爆发

当这些弊端日积月累之后，大生对于外部风险的抵御能力就越来越低了，尤其是企业多年的无序扩张与轻积累作风，令大生资金层面的窘迫变成一个迟早会爆发的炸弹。

1922 年前的数年，外部环境的宽松让中国棉纺织企业空前发达，也令大生达到了辉煌的顶点。此后，大生由于国际、国内经营环境的恶化而陷入困境。1922 年底，大生一厂结算亏损 39.6 万两，二厂结算亏损 31.7 万两。同时，大多数盐垦公司因经费严重不足和自然灾害，陷入重重困境。由于资金严重不足，大生纺织系统不断陷入财务危机之中。

我们在检视大生历年账略时，可以看到不少有关资金筹调困境的描述，例如 1923—1925 年大生一厂的账略中提及，是财年大生股本仅 350 万两，而负债达 300 万两，这还没有考虑企业的流动资金。在纺织业整体陷入花纱危机的情况下，金融界也落井下石，"谈虎色变，莫肯助力"，导致企业"筹调不灵"，"竭蹶堪虞"。[2] 锦上添花易，雪中送炭难，为获得流动资金，困境中的大生不得不忍受各种条件苛刻的贷款，1921 年中南等银行借款 30 万给大生，竟然要求大生以一厂"五六百万之实产全部质押"，张謇为此在 1922 年给大生沪所吴寄尘的信中表示极为不满，"苛虐、束缚何至于此"，仅此一项合同就将"陷一厂于绝境"。[3]

当年无序的扩张带来连连恶果。不断地筹调债款，制造了高额债务、巨额债息，以及与之相伴随的各种资产抵押——从厂房、机器到土地，莫

---

[1] 据南通市档案馆、南京大学等编《大生企业系统档案选编》各年账略计算。
[2] 南通市档案馆、南京大学等编《大生企业系统档案选编》，第 162 页。
[3] 南通市档案馆、张謇研究中心编《大生集团档案资料选编·纺织编（三）》，方志出版社，2004，第 158 页。

不一是。大生的内部经营环境无可避免地开始恶化。同时，一战结束后，外纱重新大举入侵中国市场，中国纱业的短暂黄金期宣告结束，而这期间因逐利而新生的纱厂与外来纱厂，不论大厂小厂一起陷入过度竞争的局面，乃至出现花价、纱价倒挂。这对于之前举债大肆扩张的企业来说，无疑是一记重击。大生的危机就是这一环境中典型的牺牲品。而此时，大生已经不仅仅是一家纱厂，而是一个巨型的横跨棉纱、垦牧的企业集团。盈利时，纱可以救垦，而盈利能力极差的垦务，在困难时既不能救纱，更是轻而易举地被纱拖入债务的泥潭。如此一来，整个大生资本集团无可避免地走向夕阳残照的境地。

1924 年，大生一厂的经营权被南通张得记等九家债权人组成的维持会掌管。1925 年，大生纺织系统各厂又被债权人——由中国、交通、金城、上海四银行和永丰、永聚钱庄组成的上海银团——接管，至 1937 年全面抗战爆发，在银团接管大生各纱厂的十余年中，以李升伯为代表的经理人员对大生各厂的经营管理进行了多方面改革，使大生一厂、副厂、三厂在多数年份中尚能获得一些利润，但大生各厂始终未能摆脱高负债、高利息支出的经营困境。而大生二厂则由于债务危机严重，不得不在 1935 年以如同废铁的价格被拍卖。

四 结语

毛泽东在回顾中国民族工业的发展时曾说，中国实业界有四个人是不能忘记的，他们是"搞重工业的张之洞，搞化学工业的范旭东，搞交通运输的卢作孚和搞纺织工业的张謇"。大生无论是其体量规模，还是对近代中国棉纺织业的贡献，或是对南通地方乃至整个江苏沿海地区垦殖事业的影响，都是不能被忘记的。

在市场整合程度差、融资渠道匮乏、法律规范欠缺、社会环境混乱的近代中国，张謇利用自己的个人权威，以及这一权威所带来的丰富社会资本，变通地改"官督商办"为"绅领商办"，让大生从无到有，从有到盛，极为不易。大生的创办与早期经营，说明了结合本土文化环境，灵活整合生产要素进行创业的可能性，也说明在传统中国近代化过程中，非经济因素在资源配置中的重要作用。

张謇的个人权威在实质上，是在一个信息不对称市场中，利用个人声誉发送市场信号，进而通过非价格手段吸引资源、配置要素的工具。而要维系这种权威，则需要在一次次市场行动中，不断地强化它，大生也因此走上了重分配轻积累的经营模式。值得注意的是，永安纱厂郭泉、郭乐兄弟也同样是小股东控制大企业的范式，也同样依靠个人权威在海外华侨中募集资本，而永安走的则是重积累轻分配的路子，与大生完全相反。永安为了达到少分利润的目的，甚至不惜通过企业"暗账"来掩盖利润，这丝毫不妨碍永安在 1940 年代成为"华股之王"。当然，永安是通过其百货与纱业等联号企业间进行一系列眼花缭乱的操作，定期公布企业报表来树立自己的市场形象的。这或许也说明，张謇并不一定要以加剧企业本已困难的融资难度为代价来维持权威。当然，如果结合张謇的个人身份，要跨越其传统儒家的"义利观"或许就已经是一桩难事。

张謇的个人权威在给企业带来种种资源的同时，所营造出的垄断经营优势也让大生失去了对外部环境变化的警惕，而这种源于个人权威的经营优势也因为有着浓重的人身依附性，且不易代际传递，而变得难以掌控。不幸的是，张謇并没有意识到把这种个人权威优势转变为企业的利润优势。成也萧何败也萧何，当外部环境变化时，所带来的财务窘境给了大生一记重击，令其深陷危机而不能自拔。当然，从张謇努力在南通实现地方自治，在大生努力构建完整产业链，努力垄断南通地方市场的种种表现看，他也许并不真正相信市场的力量，而更迷信自己的个人权威，这或许是个人权威产生之后企业家的一种过度自信。

晚清船政洋员的航海教育

史　斌[*]

　　中国是一个海洋大国，航运事业自古以来就是中国经济社会运行的重要组成部分。秦汉时期，中国已经掌握较高水平的航运技术，公元前210年，秦始皇下令徐福带领船队东渡，进行了海上航行。到了汉朝，中国与东南亚等地区开展了海上交流。东晋时期，中国人创造了水密隔舱，对于远洋航行具有重要意义。由于陆上丝绸之路受战争影响发生阻隔，海上丝绸之路的影响日益扩大，中国的航运事业也进一步发展。宋朝的市舶司专门负责航运与贸易管理，宋代以来的船舶普遍使用了罗盘针。元代由于南粮北运受阻，开辟了北洋漕运航线，使用漕舫进行航海运输，海船配备的船帆最多可达12帆，为远洋航海通商贸易奠定了基础。[①] 随着航海技术的发展，明代郑和主持了七次具有世界影响的远洋航海行动，进一步拓展了海上丝绸之路，标志着中国传统航海事业到达顶峰。

　　洋务运动开始后，为了实现自强求富的目标，清政府开办了福州船政局等一批洋务实业。与此同时，为了培养实用的航海人才，清政府还配套建设了福州船政学堂、天津水师学堂、江南水师学堂、广东水师学堂、烟台海军学校等一批洋务学堂。面对几乎从零起步的近代中国航海事业，聘请洋员成为船政学堂和水师学堂发展的必由之路。与传教士等群体的西学启蒙与文化传播工作不同，洋员的工作具有更加明确的专业性和针对性，他们不仅完成了科学理论教育，而且主导了中国早期的工程技术教育和实

＊　上海交通大学马克思主义学院副教授。
① 辛元欧：《中外船史图说》，上海书店出版社，2009，第86页。

践操作教育。

一　晚清船政洋员概述

鸦片战争后，中国船政事业经历了由传统步入近代的历史转型。船政事业关系国家经济命脉，是洋务运动较早开启的实业领域之一。早在镇压太平天国运动的进程中，曾国藩就意识到学习西方先进科学技术的必要性，指出"师夷智以造炮制船，尤可期永远之利"。① 洋务运动开启以后，左宗棠向清廷上《拟购机器雇洋匠试造轮船先陈大概情形折》，指出"轮船成则漕政兴，军政举，商民之困纾，海关之税旺，一时之费，数世之利也"，② 力陈发展轮船工业对于中国海防事业和国计民生的重要意义。在左宗棠的主持下，清政府于1866年创建了福州船政局，分设铁厂、船厂、学堂、船槽等机构，直至清政府灭亡，船政局共建造各类船舶40余艘，奠定了民族轮船工业的基础。除了福州船政局以外，上海江南制造局、天津机器局、广州机器局也制造了一批轮船，其中包括"恬吉""操江""镇安"等轮船。但是由于轮船制造并非上述实业的核心，所以相关实业的造船数量与规模普遍较小。

晚清船政事业不仅包含船舶制造业，还体现在航运事业之上。无论是北洋水师、南洋水师等海军舰队，还是轮船招商局等民用商务航运公司，都涉及生产制造、维修保养、轮船驾驶、航务运输等诸多领域。轮船制造业完成了中国轮船工业的生产环节，轮船航运业则体现了中国轮船工业的应用领域，它们都是近代中国船政事业的组成部分。晚清航运事业是洋务运动的重点领域，正如时人所说："洋船攘利已久，当筹抵制，今倡办华轮，实为国体、商情、财政、兵力展拓基局。"③ "若从此中国轮船畅行，闽沪各厂造成商船亦得随时租领，庶使我内江外海之利不致为洋人占尽，

---

① 曾国藩：《师夷智以造炮制船折》，《中国近代兵器工业档案史料》编委会编《中国近代兵器工业档案史料》第1册，兵器工业出版社，1993，第1页。
② 《拟购机器雇洋匠试造轮船先陈大概情形折》，《左宗棠全集·奏稿三》，刘泱泱等点校，岳麓书社，2008，第55页。
③ 《李鸿章全集》第1册，时代文艺出版社，1998，第34页。

其关系于国计民生者实非浅鲜。"① 与轮船制造业相似，近代中国的航运事业也经历了从传统步入现代的发展历程，西方传入的航运技术、航运设备、航运管理模式成了影响航运事业转型变革的关键因素。

聘用洋员是晚清航海事业创办发展的一项重要举措。1866 年，福州船政局筹议建设，面对轮船制造技术不足、人才紧缺的局面，左宗棠采取了先聘请洋监督，再由洋监督从海外选聘洋员的人才引进策略。按照左宗棠和沈葆桢等洋务官员的要求，洋监督日意格等从海外聘请了 52 名洋员，此后又分三次聘请洋员，前后总共聘请洋教习和洋匠 107 人。② 洋员来华以后，洋务官员对他们展现出很高的期望，"力催洋员、洋匠认真教导中国匠徒，刻意讲求"，③ "激励洋师尽心训迪，期副圣主作养人才之至意"。④ 福州船政局聘请的洋员大多能够胜任学堂教育工作，其中驾驶教习邓罗、练船教习德勒塞等人获得了清廷赏赐的二等宝星。⑤ 与此同时，也有少数洋员因为"教授年余，未甚得力……遣令回国"。⑥ 船政洋员的雇用实现了西方航海科学技术和管理经验的传播与转移，对近代中国航海事业起了重要的影响。

晚清船政事业聘用的洋员可以分为综合管理洋员、船政学堂教习、工程技术洋员三类。第一类洋员以福州船政局的日意格、德克碑为代表，他们承担了船政监督、综合管理等职责，是中国船政事业的洋总管。第二类洋员主要负责船政业务的教育工作，分别于造船学堂、绘画学堂、艺徒学堂、匠首学堂、驾驶学堂、练船学堂、管轮学堂、电报学堂等机构担任教学工作，通过福州船政学堂分设的八所学堂可以看出，洋教习的船政教育工作主要围绕科学技术教育展开。第三类洋员以船政事业的一线生产、制

---

① 《试办招商轮船折》，顾廷龙、戴逸主编《李鸿章全集》第 5 册，安徽教育出版社，2008，第 258 页。

② 沈岩：《船政学堂》，科学出版社，2007，第 72 页。

③ 沈葆桢：《续陈轮船工程并练船经历南北洋各情形折》，中国史学会主编《中国近代史资料丛刊·洋务运动》第 5 册，上海人民出版社、上海书店出版社，2000，第 139 页。

④ 黎兆棠：《第四号铁胁轮船下水并厂务情形折》，张作兴主编《船政文化研究——船政奏议汇编点校辑》，海潮摄影艺术出版社，2006，第 178 页。

⑤ 沈岩：《船政学堂》，第 48 页。

⑥ 黎兆棠：《黎兆棠咨呈总理各国事务衙门》，朱有瓛主编《中国近代学制史料》第 1 辑上册，华东师范大学出版社，1983，第 369 页。

造、维修、保养、航运等为主要工作内容，同时负责中国学生和工匠的技术指导，其中，高级洋员主要负责工程管理和技术指导，普通洋匠主要负责具体生产和技术实施。

航海技术需求是晚清轮船事业聘用洋员的主要原因之一，这一情况在铁路、电报、钢铁、矿务、织布等晚清洋务实业中普遍存在。基于洋务运动对西学教习和工程技术人员的巨大需求，晚清洋务实业聘用了一批洋员来华工作，《益闻录》报道了当时"洋员纷至"的场景，受到中国洋务实业的高薪招募，"西人以类相从，闻风响应，接踵而至"。①

除了航海运输等领域，晚清船政洋员的聘用还体现在国防军事领域。洋员通过各所水师学堂开展海军教育，教导军舰驾驶技术、海军作战方法、海军作战编队、火炮鱼雷攻击方法等。洋员分别担任晚清各支舰队的军事顾问和技术人员，直接参与了中国近代海防事业。

随着来华洋员数量日益增多，船政局逐步建立了洋员的筛选淘汰制度，一方面淘汰业务能力较低、"未甚得力"的洋员，另一方面让业绩出色的洋员举荐本国同行，从而扩展了洋员的聘用渠道。与此同时，随着洋务运动的进一步开展，中外交流机构和制度也日趋完善，通过中国政府照会各国政府，可以由各国政府相关部门代为招募船政教习，"咨呈总理各国事务衙门，谨请察照俯赐照会英国海部，选募品学兼优、才技出色管轮洋教习一员，订明合约，克期来闽，以期培材应用"。② 从早期的洋总管代募洋员和同行举荐洋员，到后来的官方招募洋员，反映了晚清人才聘用专业化、制度化的发展进程，也体现了洋务运动以来中国对外开放程度的日益加深。

对于来华洋员，北洋水师、南洋水师、船政局、各所学堂分别订立合同，进行专门的监督与管理。合同对于洋员的服务期限、工作内容、职责权限、薪资待遇、违约责任均进行了明确的约定。按照中方的管理要求，洋员来华之后，不仅需要"尽心教导在堂生徒……无论在船在岸，均应教

---

① 《益闻录》1895 年 9 月号。
② 黎兆棠：《为请选募洋教习咨呈总理衙门》，黄仁贤、高时良编《中国近代教育史资料汇编·洋务运动时期教育》，上海教育出版社，2007，第 333 页。

以管轮理法，兼教手艺"，① 教习基本的理论知识和工程技艺，还要遵照"衙门派其兼办"的"本分应晓之事"，完成中方管理者交代的其他船政事务。作为中国传统社会体制下的西方雇员，船政洋员的聘用合同在洋员的职责范围和工作权限上划定了清晰的界限，明确规定洋员"除应授课程以外，不得干预别项各种事宜，无论或明做或暗揽，未经告明船政大臣，及告明而尚未允准者，一概不许擅行"。② 为了提防洋员做出"越界"之事，合同特别强调了中方船政官员的主导地位，洋员"应受船政大臣节制，并应听稽查学堂委员之谕以外，不准私自越躐干谒中国官长"。③ 洋务运动以来，各家实业聘用洋员的合同内容日趋细致完善，体现了中国近代企业制度的发展进步。然而，对于洋员工作权限的限定，也侧面反映出晚清洋务官员"中体西用""夷夏之防"的观念仍然根深蒂固。

晚清船政洋员的任用延续了洋务派一贯奉行的"权操诸我"的思想观念。为了发展中国的轮船工业，中国迫切需要引进洋员，借以传习海事技术，"力催洋员、洋匠认真教导中国匠徒、艺童，刻意讲求"。④ 然而，为了掌握中国海洋事业的主导权，洋务官员不断督促华人学生和工匠认真学习西方航海技术，以期未来不再依赖洋员，可以自行完成航务运输事务。按照左宗棠设计的船政事业发展思路，"欲尽其制造、驾驶之术耳；非徒求一二人能制造、驾驶也，欲广其传，使中国才艺日进，制造、驾驶展转授受，传习无穷耳。故必开艺局，选少年颖悟子弟习其语言、文字，诵其书，通其算学，而后西法可衍于中国"。⑤

受到"夷夏之防"等观念的影响，洋员除了完成日常的学堂教育和技术指导等工作之外，均须与华员相互分离，不得进行思想交流和政事谈

---

① 黎兆棠：《为请选募洋教习咨呈总理衙门》，黄仁贤、高时良编《中国近代教育史资料汇编·洋务运动时期教育》，第333页。
② 张梦元：《为与洋教习另立合约咨呈总理衙门》，黄仁贤、高时良编《中国近代教育史资料汇编·洋务运动时期教育》，第335页。
③ 黎兆棠：《为请选募洋教习咨呈治理衙门》，黄仁贤、高时良编《中国近代教育史资料汇编·洋务运动时期教育》，第333页。
④ 沈葆桢：《续陈轮船工程并练船经历南北洋各情形折》，黄仁贤、高时良编《中国近代教育史资料汇编·洋务运动时期教育》，第362页。
⑤ 《密陈船政机宜并拟艺局章程折》，《左宗棠全集·奏稿三》，第301—302页。

论，洋员工作处于船政大臣和船政提调的监控之下。[①] 由于洋员薪酬高昂，海事留学生逐渐学成归国，自 19 世纪 90 年代开始，晚清轮船工业的洋员数量逐步缩减。

二 船政洋员与航海教育

船政洋员对于中国海事教育的影响，主要体现在早期航海技术的传播与转移之上，洋员的技术影响为中国船政事业奠定了基础，开启了中国轮船工业波澜起伏的发展历程。船政洋员是近代中国航运技术的主要传播者和指导者。尽管中国的航运事业古已有之，然而近代化的航海驾驶、航务运输等科学技术知识，却是由船政系统的外国雇员所传授和指导的。两次鸦片战争以后，面对内外交困的政治危机，左宗棠等洋务官员认识到引进西方轮船工业、发展航运事业、增强中国海防的重要意义，开启了福州船政局、马尾船厂、福州船政学堂的建设。随着国内外政治形势的变化，中国海防需求日益扩大，又分别开设了天津水师学堂、江南水师学堂、烟台海军学校、南洋水师学堂、北洋水师学堂等专门的海军教育学校。除了海防军事建设以外，中国还建设了轮船招商局等民用商务航运公司，借以夺回航运"利权"，获得经济收益。航运事业对于近代中国的军事和商业价值，得到了洋务官员与学者的普遍认可，正如洋务学者钟天纬指出的：

> 中国虽有轮船，而船主司机均仍雇用西人，此与买椟还珠无异。一旦海疆有事，无论兵轮、商船，西人均须辞职，有船而无人驾驶，与无船同。仅就水手舵工等粗鲁之才畀以重权，蹿升要职，不啻婢学夫人。问以天文历算而不知，询以海道地图而不熟，测量避□，一切不谙，茫茫然如瞽者夜行，前临绝壑，断无不颠踣随之。中国偾事之船，其弊大半坐此。欲救其弊，莫如中国设立商船学堂，招考沿海商渔子弟送入肄业，一曰行船科，教以天文、测量、风涛、沙线，以求

---

① 沈岩：《船政学堂》，第 49 页。

驾驶之才，学成即充船主大副。[①]

无论是海防建设，还是民用航运事业，西方科学技术对于国人而言都是全新的领域，只有通过洋员"教习英国语言文字，俾通一切船主之学，能自监造驾驶，方为教有成效"。[②]

（一）基础理论教育

船政洋员的航运教育分为基本理论教育、航行驾驶教育、轮机管理教育、航务管理教育、维护检修教育等多个方面。面对中国学生"西洋机算、水师专门精旨一知半解"的情况，船政洋员针对性地进行了课程设置和教材选取，使课程教学能够有的放矢，"洋教习邓罗酌将水师将弁应读之书、应学之技增购洋籍，加定课程，务令日扩新知"。[③] 课程的设置和教材的引入使船政学堂获得了教学的基本条件，基于洋员的工作，晚清航运教育才得以真正展开。鸦片战争以来，中国水师存在缺乏航海理论基础的短板，"洋人之于水师也，教以测量规算，试以沙线潮汐，使其常以水为家，而又于熟习风涛之外兼枪炮，以故所向辄克，鲜敢当锋。中国之水师则不然，从前遇海上狂风颠浪，则目眩心惊，头昏脚倒，诸多不便。今虽不尽若此，而自管驾以迄水手类皆不习测算，不谙沙礁，若操演枪炮一事，几属十不一获"。[④]

航运教育内容当中，基础科学教育是开展一切教育的前提。除了学习外语课程、传统国学课程、体育健身课程之外，船政学堂和水师学堂的教学内容以天文、舆地、算法、几何、代数、三角、重学、化学、格致等课程为起点，通过奠定数理科学基础，便于后续开展驾驶和航行相关课程教学。与前述轮船制造学堂基础理论课程有所不同的是，驾驶专业与管轮专

---

① 钟天纬：《轮船电报二事应如何剔弊方能持久策》，陈忠倚辑《皇朝经世文三编》卷26，文海出版社，1971，第6页。

② 左宗棠：《抄呈德克碑、日意格禀》，黄仁贤、高时良编《中国近代教育史资料汇编·洋务运动时期教育》，第314页。

③ 张佩纶：《延订英国教习片》，张作兴主编《船政文化研究——船政奏议汇编点校辑》，第267页。

④ 程昌龄：《边防御俄策》，陈忠倚辑《皇朝经世文三编》卷50，第760页。

业需要掌握更多的海洋、陆地、天文、气象等信息，因而更加强调天文、地理等基础知识的学习。①

作为晚清传播西学的重要成员，船政洋员承担了上述学堂早期基础理论的教学任务。以福州船政学堂为例，英国教习嘉尔乐、阿兰、邓罗、赖格罗、李家孜、裴士博、达韦德、那戴尔等人是航海专业和管轮专业的教师。船政洋员的教育内容并非泾渭分明，按照聘用合同的要求，许多洋员需要同时兼顾基础理论教育和应用技术教育，因而常常出现"语言、文字、算学一切，均归一人教课，繁劳异常"的情况。② 不仅如此，理论教学之余，洋教习还要带领学生进行航海实习，借以实践课堂学习的理论知识。晚清船政学堂和水师学堂中，以基础理论教育为起点，逐渐开展工程技术教育，既是学生学业进展的主要路径，也是洋员教育工作的基本思路，正如福州船政学堂学生、北洋水师管带邓世昌的学习过程一样。"邓世昌，字正卿，广东番禺人。少有干略，尝从西人习布算术，既长，入水师学堂，精测量驾驶。"③

（二）航行驾驶教育

航行驾驶是中国轮船工业和海洋事业的重要组成部分，经过船政洋员的教育指导，中国第一批近代舰艇的航行驾驶人员登上历史舞台。船政事业开创以来，无论是北洋水师、南洋水师、福建水师等海军舰队，还是轮船招商局的商办公司，都配备了多艘舰艇，从而产生了巨大的人才缺口，航行驾驶人才的培养成为船政教育的重中之重。正如左宗棠所言，"夫习造轮船，非为造轮船也，欲尽其制造驾驶之术耳；非徒求一二人能制造驾驶也，欲广其传，使中国才艺日进，制造驾驶展转授受，传习无穷耳"。④

① 福州船政学堂驾驶专业和管轮专业的基础理论课程教育内容基本一致，前者开设英语、天文、舆地、算法、几何、代数、三角、重学、化学、格致等课程，后者开设英文、舆地、数学、化学、重学、物力等课程。由此可见，两个专业的基础理论课程基本一致，区别主要体现在针对不同专业设置的应用技术类课程之上。另外，其他水师学堂的基础理论课程设置，与船政学堂也大体相似。

② 张梦元：《为洋教习师丢瓦回国派补管轮教习事咨呈总理衙门》，黄仁贤、高时良编《中国近代教育史资料汇编·洋务运动时期教育》，第338页。

③ 赵尔巽等：《清史稿·邓世昌传》，中华书局，1977，第12711页。

④ 《密陈船政机宜并拟艺局章程折》，《左宗棠全集·奏稿三》，第301—302页。

基于以上宗旨，晚清各所船政学堂和水师学堂大多设有轮船驾驶专业，聘请洋员讲授航行驾驶相关理论与实践课程，着力培养船长（管带）、大副（帮带）、驾驶等海事人才。

船政洋员的学堂教育使学生掌握了航行驾驶的理论知识与技术规范，为航行实践进行了准备工作。学堂驾驶专业的课程除了前述基础理论知识之外，还要专门学习航海天文、航海理论、驾驶学、御风、测量等航行驾驶应用类课程，掌握船长和船员所必须具备的理论和实践知识，理论课程完成以后需要进行大考，大考通过可以转入练船学堂进行航行训练。海上航行需要处理各种复杂问题，因而对学生理论功底要求较高，学制一般在五年以上。无论是海军学堂还是商务学堂，建设之初都将聘用高水平洋教习作为学堂发展的"始基要者"。正如《轮船招商局驾驶学堂总教习合同》约定的，"教习为学堂始基要着，该教习必须由驾驶学堂出身，考领超等文凭者，庶教法得其上乘，方克膺此重任"。① 由于航行驾驶技术关系航海事业的成败，因而受到各所学堂的高度重视，设置了较为完备的课程体系，对驾驶专业的洋教习提出了较高的教学要求，北洋水师学堂"所授繁难诸学，多为从前闽厂驾驶学堂洋教习所未及课"。②

左宗棠、李鸿章、沈葆桢等洋务官员意识到驾驶轮船深入海洋需要面对各种困难，特别是远洋航行，这对于船员的基本功有着很高的要求，因而命令船政洋员做好学堂教育，夯实学生的理论基础。学成之前，"无论何故，确保不能去外"。船政大臣沈葆桢指出，"如船行至海边不远，山地尤能够看见，此系容易；如行至大洋、山地或数日或数月不见者，船主照星宿盘及船上使用之时辰表并海洋情形，能算知该船行在何处，及行路至何路。所以作船主必须熟习天文，熟习算学，方为妥当"。③ 按照沈葆桢的部署，近海航行需要五年时间的学习准备，远洋航行则"须再加三年工夫学习方可"。洋教习的教育工作使船政学生完成了理论储备，通过学堂的人才考核与选拔，为下一步的航行驾驶实践奠定了基础。

---

① 《轮船招商局驾驶学堂总教习合同》，转自夏东元《郑观应传》，华东师范大学出版社，1981，第102页。

② 《水师学堂请奖折》，顾廷龙、戴逸主编《李鸿章全集》第10册，第649页。

③ 福州市社科院、社科联等编印《沈葆桢文集》，2008，第480页。

（三）轮机管理教育

轮机的运行、管理、维护是轮船航行的基本保证，晚清的船政学堂和水师学堂大多设有管轮专业，由洋员负责教育指导。管轮专业与驾驶专业并列为航行教育的两个主要专业，受到学堂的高度重视。为了保证教学质量，早期管轮专业的学堂教育主要由洋员完成，各所学堂管轮专业与驾驶专业的洋员聘用数量和招生数量大抵相当，足见管轮业务对于轮船航行的重要影响。譬如，江南水师学堂开办之时，"分列驾驶、管轮两门，延订英国水师教习二员、洋文汉教习四员，在堂分班训练"。① 福州船政学堂聘请英国洋员阿兰、穆勒登、理格、赖格罗等人担任管轮学堂教习，管轮学堂的洋员规模与驾驶学堂不相上下。

管轮洋教习的教学内容既有轮机设计制造知识，也有轮机管理维护知识。轮机由锅炉、蒸汽机、活塞、传动轴等部件构成，是轮船运行的核心部件，涉及蒸汽机燃烧、供水、供气、活塞调试、仪表使用、机械传动、轮船驱动等多个技术环节，需要扎实的理论基础和丰富的操作经验。管轮洋教习的教学内容以"几何、算法、代数、三角、格致"等基础理论教育为起点，进而讲授"水力，制造汽锅、汽机各法"和"轮机理法"，使学生掌握轮机的基本结构和运行原理。在学堂理论教学的基础上，学生需要进入工厂的"轮机房"，开始"厂课"学习，由洋教习和工厂洋匠教导"管轮应办之事，并机舱内一切器具用法"。完成学堂教学和"厂课"学习之后，学生将开展"船课"学习，由管轮洋员直接指导，在船上练习轮机装配、运行、管理、维护等科目，以期"深明机器锅炉制造之理，汽机利弊洞悉无遗……机舱内逐日事件均登日记册内，绝不错漏"。② 由此可以看出，管轮洋员的教学工作经历了学堂教学、工厂学习、船上实习三个阶段，基于洋员不同形式的教学指导，学生从基本理论、工程实践、航行实

---

① 《江南水师学堂简明章程》，黄仁贤、高时良编《中国近代教育史资料汇编·洋务运动时期教育》，第 492 页。
② 《大清北洋海军章程》第 3 册，文海出版社，1985，第 7 页。

务等方面掌握了轮机管理的知识与技能。①

轮机管理不仅需要日常的运行、维修、养护，还必须应对航行途中突发的机器故障和紧急事件，涉及诸多的技术环节，中国学生学习管轮业务大多是从零起步，理论根基和实践经验均有所不足，因而对洋员形成了较强的技术依赖。中国船政事业创办初期，洋务学堂依靠洋员将管轮技术等西方知识引入中国，此后，随着本土人才和海外留学生的日益增多，学堂、船厂、机器局等洋务实业开始"渐撤洋匠"。然而，由于管轮业务技术复杂、事项繁多，关系中国航海事业的成败得失，福州船政学堂在裁撤了一批洋员之后，发现管轮教育受到了很大影响，因此按照"择善而从，务在讲习讨论"的教育宗旨，不得不重新聘用"英国上等管轮教习一员，来闽教学学徒"，以三年为期。"俟到闽后，由裴荫森督率整顿章则，由旧学则知新，庶几日起有功，不负船政储材初意。"② 与福州船政学堂相似，较晚成立的北洋水师学堂尽管积极任用华人教习，但是在轮机技术等领域，仍然十分仰仗洋员，由"管轮洋教习霍克尔、希耳顺"全面负责轮机管理教育。

（四）航行实践训练

航行驾驶理论学习结束以后，学生们将进入驾驶实习和航行训练环节，由洋员进行实践教学和技术指导，继续进行课业学习。由于轮船在海上航行，船长和海员需要面对复杂的气候环境，应对各种突发情况，航行管理和驾驶技术的实践教学环节就成了船政教育的重要一环。早在船政事业筹建之初，左宗棠就看到了航行实训的必要性，指出"如虑船成以后，中国无人堪作船主，看盘管车诸事均须雇请洋人，则定议之初即先与订明：教习造船即兼教习驾驶，船成即令随同出洋，周历各海口"。③ 事实证

---

① 福州船政学堂和各所水师学堂的管轮课程略有不同，船政学堂主要学习"加修汽理、行船汽机、机器画法、机器实习"等课程，还要在轮机房练习装配80匹马力和150匹马力发动机；北洋水师学堂除了理论课程之外，还要"派入机器厂学习拆卸、合拢、修理锅炉、汽机等件"，培养随时可堪使用的管轮人才。尽管理论课程和实习课程略有不同，但是二者培养管轮人才的宗旨和方向是一致的。

② 《延订英国教习片》，张佩纶：《涧于集》，文海出版社，1985，第688页。

③ 《拟购机器雇洋匠试造轮船先陈大概情形折》，《左宗棠全集·奏稿三》，第54页。

明，晚清各所船政学堂与水师学堂都是按照先理论教学，再实践训练来开展教学工作的，学堂学习与舰船实践相互衔接成为晚清海事人才培养的基本教育模式。

船政洋员的航行驾驶训练既是对理论教学的检验，也是对理论知识的延伸。以福州船政学堂为例，学生从驾驶学堂结业以后，随即进入练船学堂进行航行驾驶训练，按照练船学堂《轮船出洋训练章程十二条》《营规三十二条》等章程的规定，学生主要训练科目包括"常川巡哨""定期操阅""合队操练""随时整顿"等。① 船政洋员指导的航海实习并不是简单的训练行为，而是学堂课程体系的重要组成部分，按照课业要求，学生由外国海军教官带领练习测量天体、控制船位、海图作业、撰写航海日记等驾驶航行重要科目，按照教官指令轮流驾船航行，逐步将学堂的航海驾驶理论知识付诸实践，提升实际的航行驾驶能力。按照福州船政学堂的教育经验，张之洞在筹办广州水陆师学堂的时候也指出，"水师学成之后拨入练船，另设练船正教习、枪炮教习、帆缆教习、测算教习四员，皆用洋弁，在船课读，即在中国沿海口岸游行"，② 进一步肯定了聘请洋员指导航行驾驶训练的重要意义。

为了训练航行驾驶人才，船政学堂和水师学堂通常设有专门的练船，由洋员担任练船教官，检查学生的航海日记，主持近海训练和远洋训练。晚清航行训练使用的练船包括福星号、扬武号、威靖号、建威号、平远号、靖远号、通济号、元凯号等，训练区域包括浙江、上海、烟台、天津、牛庄、厦门、香港等地区的附近海域。随着训练水平的提高，练船航行的轨迹由近及远，到达了新加坡、槟榔屿、日本等地。登上练船进行训练的洋员和学生，都经过了严格的选拔，期望达到最佳训练效果，以造就优秀的航海驾驶和管轮人才。"以学堂上等学生移处船中，令洋员教其驾驶，由近而远，以收实效。"同治九年，江南威靖兵船成。"十年，令学生十八人驾建威练船巡历南北各海口。"③ 学生随着练船进行航行训练，可能

---

① 沈岩：《船政学堂》，第 59 页。
② 张之洞：《奏创办水陆师学堂折》，陈学恂主编《中国近代教育史教学参考资料》上册，人民教育出版社，1986，第 90 页。
③ 赵尔巽等：《清史稿·海军志》，第 4032 页。

遭遇台风、礁石、轮船故障等多种情形，根据这些情形进行针对性的训练，对于学生积累航行经验、应对突发情况、培养应变能力具有重要意义。

（五）航行学业考核

船政洋员主持的学业考核是晚清船政教育的重要组成部分，其中，航行驾驶考核包括理论考试和实践考核两个部分。按照洋务官员的认识，通过学堂教育建立的理论"根柢"是学生从事航行驾驶的基本前提，因此，为了保证学生掌握扎实的基本功，早期航行驾驶专业学生的理论考试大多由洋员主持。以南洋水师学堂为例，学堂设有日常考试，以随时考查学生的学业进展，"每届若干时考试西学一次……以各所进益评定甲乙"。除了日常考试以外，学堂"每年夏一大考"，由"英国进士傅兰雅者到堂主考，头班生徒连考五日，预拟洋文试题凡一百余道……考时按各门之学，人各一纸，各题特作颇深，每考限三点钟交卷"。① 洋务学堂的年度大考相当于毕业考试，考试成绩不仅是学生获得奖励晋升的依据，也是学生获得上船学习资格的凭证，因而受到了教师和学生的高度重视。

航行驾驶理论是船政学堂和水师学堂的主要考试内容，船政洋员参与了考试的命题、阅卷、综合评价等多个环节。作为晚清洋务学堂的组成部分，船政学堂和水师学堂的考试题目和考试模式均以西式考试制度为参考，由洋员负责组织筹划。以江南水师学堂为例，由洋员傅兰雅等人主持的年度大考，"各门学内有行船法、天文学、汽机学、画图学、数学、代数学、几何学、平弧三角法、地志学、英国文法与翻译与诵读与默书与解字，并写英字、作英文"。考试结束以后，由两位英国洋员"各卷阅毕，衡其高低，依西法以分数为评"，得出考生名次，为航行驾驶等领域选拔人才。洋员既是学堂的教育者，也是考试的设计者，基于他们的日常教育和考试选拔，学生得以"全借英文习练，已得臻此进境，实觉奇异，大堪嘉美"。②

---

① 《南洋水师学堂考试纪略》，杨学为等主编《中国考试制度史资料选编》，黄山书社，1992，第453页。

② 《南洋水师学堂考试纪略》，杨学为等主编《中国考试制度史资料选编》，第453页。

除了学堂的理论考试之外，洋员还承担着学生航行驾驶实践阶段的考核工作，这一考核体现了洋务教育的实践的特征，与中国传统的科举等考试制度有着明显区别。学生在学堂完成理论学习以后，会进入练船进行实践学习，这一期间，将由洋教习制订练船章程，组织对学生的考核，学生需要接受随舰洋员教官的稽核考查，后者由此评估学生的学习效果和实践能力，选拔未来适合从事航行驾驶工作的人员。洋员的考核工作可以分为两个方面，一方面是对学生驾驶技术和航行能力的考核，"严定课程，稽核日记"，定期检验学生测量天体、摆放船位、绘制海图、驾驶操控的能力；另一方面是对学生理论知识和专业功底的检验，考核洋员传授的算术、格致、天文、风雨、测绘等学问是否已经牢固掌握，能否熟练运用于驾驶航行实践当中。[①] 洋员的考核工作既是对学生的鞭策，也是学生未来选拔任用的重要指标。

晚清船政教育的核心宗旨是培养生产环节和应用领域的海事人才，因而对于学生的专业水平和实践技能十分重视，洋员主持的实践能力考核，一定程度上决定了学生的去留和未来发展。洋员对学生的考核分为日常考核和毕业考核，其中，日常考核与平常的实习训练同步进行，洋员在实践教学过程中，通过检查航海日记、记录驾驶行为，对学生的航行驾驶技术做出评价。与日常考核不同，毕业考核是学生迈向正式工作岗位的重要步骤，学生海上训练结束以后，将由洋教官做出综合评价，作为航行驾驶训练课程的毕业成绩。为了得到洋员的肯定，避免被淘汰，学生们只有"上桅结绳、用帆诸法、一切船上应习诸艺俱能通晓，春秋考皆中式"，才能"准保以把总候补"，获得正式工作和升迁发展的机会。[②] 洋员对于学生航行驾驶实践的考核工作，体现了晚清轮船工业工程技术人才和生产实践人才的培养模式，这一考核方式也是晚清洋务教育的基本特征之一。

三　结语

船政洋员的教育工作推动了近代中国航海事业的发展，因而得到了晚

---

① 裴荫森：《购置练船疏》，谭国清主编《晚清文选》，西苑出版社，2009，第 199 页。
② 《北洋海军章程》，引自陈悦《北洋海军舰船志》，山东画报出版社，2009，第 317 页。

清政府的认可和倚重。中国近代航海事业开办以来，除了个别洋员因为德行操守问题和能力问题被解雇之外，大多数洋员均能正常稳定地工作，"和平勤慎，尚属相安"。① 日常教育工作中，"各洋教习均能循循善诱，不吝所传，足收广植人才之益"，② 工作态度和工作方式得到了中方管理者的认可。为了肯定洋员的教学业绩，基于"西国崇尚宝星，荣于华衮"的西方传统，晚清政府建立了针对洋员的宝星奖励制度，通过宝星激励洋员做好船政教育，以期"得其日后真传"。③ 学堂教学业绩突出的洋员可以获得宝星奖励，譬如船政学堂洋员迈达，由于"在工有年，心明气和，知敦品节，督课生徒，各有造就"，④ 不仅获得了宝星奖励，还被赐予三品顶戴，多次续签聘用合同。随着洋员雇用管理制度的日趋完善，洋员教育工作的职责和目标也更加明确。基于洋务运动的需要，洋员较好地完成了知识传播和人才培养的工作任务。

船政洋员的理论教育和技术指导奠定了中国航海事业的人才基础，培养了中国早期的航海人才。人才培养是洋务运动西学教育的核心宗旨，福州船政学堂、北洋水师学堂、江南水师学堂、烟台海军学堂等学堂的创建都体现了这一宗旨。按照李鸿章等洋务官员的看法，中国自造轮船的技术水平和整体质量逊于外国购买的轮船战舰，进而形成了"造船不如买船，铸炮不如买炮"的洋务思路，北洋海军和轮船招商局等军事和商务领域使用的轮船战舰多为外国购买。基于洋务运动的实际需求，晚清各所船政学堂和水师学堂都将航海驾驶人才和航海管轮人才作为主要培养方向，师资、招生、教学、考核等工作均围绕航海人才培养展开。由于船政洋员代表着西方先进的生产力和科学技术，因此聘请洋员就成了学堂师资建设的重要举措，"各省所设驾驶学堂，皆延西师分门教习"，⑤ 洋员的航海教育

---

① 裴荫森：《洋教习到工添盖学堂洋房片》，《中华大典》工作委员会、《中华大典》编纂委员会编《中华大典·教育典·教育制度分典》第 4 册，上海古籍出版社，2012，第 1157 页。

② 吴赞诚：《第三号铁胁轮船下水并厂工情形折》，张作兴主编《船政文化研究——船政奏议汇编点校辑》，第 156 页。

③ 《请奖英法官学官厂洋员折》，顾廷龙、戴逸主编《李鸿章全集》第 9 册，第 35—36 页。

④ 边宝泉：《洋教习迈达再行展留声明立案片》，张作兴主编《船政文化研究——船政奏议汇编点校辑》，第 437 页。

⑤ 郑观应：《盛世危言》，内蒙古人民出版社，2006，第 153 页。

迎合了洋务运动对于航海驾驶人才和管轮人才的需求，为近代中国军事和民用航海事业的发展奠定了人才基础。

船政洋员的西学教育不仅培养了航海人才，还造就了一批了解西学、熟悉西方文化的非海事人才。航海教育是船政洋员西学教育的组成部分，相关教育内容不仅含有几何、代数、驾驶、御风等西方科学技术，还包括英语、法语等语言文化类课程。通过船政洋员的教育工作，学堂"生徒学业均有竿头日进之象"，① 结合进一步的留学培养，刘步蟾、邓世昌、林泰增、林永升、林建章、陈季良、陈绍宽等一批杰出的航海人才和军事人才脱颖而出，为中国的海洋事业和海军建设发挥了重要影响。不仅如此，船政洋员的西学教育还开启了一扇了解西方文化的大门，使学生在掌握西方先进科学技术的同时，还接触了西方文明的制度、文化、政治、社会等多个方面。基于洋员的西学传播工作，赵声、严复、罗丰禄、张伯苓等学堂学生分别投身于革命事业、西学传播、外交翻译、教育办学等领域，对近代中国社会发展变迁产生了深远的影响。

尽管洋员的航海教育取得了显著成效，但是受到洋员水平参差不齐、官方经费不足、夷夏之防观念等因素的影响，他们的工作也存在一定的不足之处。中国船政事业开创以来，洋员聘用存在洋总管代募、同行举荐、官方招募等多种方式，由于聘用渠道不尽相同，来华洋员的业务水平也存在较大差距，逊顺、理格等许多洋员因为教导不力被解聘回国。除此以外，高薪聘请洋员一直是晚清洋务实业发展的重要举措，洋员的薪资等支出成了船政机构的重要负担。面对"船政经费支绌，不免因陋就简"的困难局面，② 学堂、海军、船厂等机构逐渐减少洋员聘用数量，转而用留学生等华员取代洋员的工作，"以节糜费"。

受到经费不足、职责不明确等因素的影响，船政洋员经常需要身兼多职，既教习本专业知识，还要教习其他知识，甚至还要带领学生进行厂课实习和船上实习，工作负担沉重，从而一定程度上影响了洋员的教学效

---

① 吴赞诚：《督办福建船政吴赞诚奏》，朱有瓛主编《中国近代学制史料》第 1 辑上册，第 368 页。

② 张佩纶：《兼署船政张佩纶片》，《中华大典》工作委员会、《中华大典》编纂委员会编《中华大典·教育典·教育制度分典》第 4 册，第 1157 页。

果。"外国学堂章程，教管轮者，只教管轮，不教算学；教算学者，又另有教习专司其事。今后学堂学生，自语言文字算学一切，均归一人教课，繁劳异常，不能独任。"① 不仅如此，由于晚清政府奉行的夷夏之防、中体西用等观念的影响，中方对于洋员始终保持着一定的疏离感和警惕性，严格规定洋员的教育工作不能"越界"，进而束缚了洋员的自由教学。随着船政洋员聘用数量的减少，洋员的教学工作只能涉及学堂学生和轮船管理人员，进而影响了中国船政人才的培养和航海事业的发展。

基于船政洋员掌握的西方先进科学技术，晚清航海事业对洋员形成了较强的技术依赖。鸦片战争以来，以蒸汽动力为核心的中国近代航海事业经历了从无到有的发展历程。这个进程中从基础知识教育到航海技术教导，从航海理论教学到船上实习指导，从日常课程考查到学堂结业考核，都与船政洋员的工作密不可分。船政洋员来自英法等国的学校、船厂、舰队等海事部门，掌握着西方的轮船制造技术和航海技术，与中国相比，他们具有明显的技术优势，基于他们的工作，中国轮船工业和航海事业才得以奠定基础，进而对洋员形成了较强的技术依赖。此后，尽管洋员在中国海事体系中所占的比重日益缩减，然而，随着西方轮船工业和航海技术日新月异的发展，为了与世界先进科学技术保持一致，中国需要继续聘请洋员，随时引进西方先进的轮船制造技术和航海技术。纵观中国近代历史可以看出，中国航海事业对于洋员的技术依赖一直延续到民国时期。

随着世界轮船工业的蓬勃发展，海上航行已经成为一个独立的学科门类，具有专门的理论知识和技术范式。洋员通过学堂教育和实践指导，为中国培养了大批航海人才，推动了西方航海技术向中国的传播与转移。自从达·伽马、哥伦布、麦哲伦等西方航海家开辟了世界范围的大航海时代以来，海上航行实力已经成为世界各国海洋权利的重要保证。无论是军事航海，还是商务航行，都与国家主权、政治权益、经济利益紧密相关。

洋务运动期间，李鸿章等洋务官员热衷于购买外国军舰，认为"造船不如买船"，因而购入了多艘舰艇，与此同时，轮船招商局等商业航运机

---

① 张梦元：《为洋教习师丢瓦回国派补管轮教习事咨呈总理衙门》，黄仁贤、高时良编《中国近代教育史资料汇编·洋务运动时期教育》，第 338 页。

构也相继运营。为了满足中国经济社会对于航海人才的需求，各所船政学堂、水师学堂均开设了驾驶和管轮专业，聘请洋员传授航海理论和实用技术，学生培养数量远多于轮船制造专业。除了学堂教学之外，洋员航海教育的一个重要特点就是开展海上实践训练，"驾驶诸法、测量天象、推算经纬度"等航海技术不仅是海上训练的主要课目，也是航海专业学生毕业考核、升迁进阶的参考标准。洋员的航海教育为近代中国海洋事业提供了人才保证，对于维护中国海洋权益具有积极意义。

洋员的西学教育与西学传播是晚清西学东渐的重要组成部分。晚清西学东渐是中国了解西方社会文化、学习西方科学技术的重要历史进程，对于近代中国的文化转型与经济社会发展具有深远影响。洋员、传教士、留学生、旅洋学者是晚清西学东渐的主要成员，与其他人员不同，船政洋员的目的是培养可堪实用的海事人才，因而西学教育更加具有专业性和针对性。晚清各项洋务实业中，海洋事业开创的时间较早，面对社会民风未开、知识闭塞的局面，洋员的学堂教育不仅推动了西方学术的转移，还带来了西方科学思想与科学文化。

徒劳无功：汪伪政府对中华轮船公司的调整

龙　锋[*]

日方在诱降汪精卫期间，对其进行了诸多许诺，因此，汪精卫和其叛国集团，对保持独立性抱有幻想，希望日方履行承诺，能够允许其在日本占领区建立一个相对独立或半独立的政权。在经济方面，幻想根据"平等互惠"的原则，进行"两国"的经济合作。1939 年 6 月，汪伪叛国集团为获得上海和华中沦陷区工商界的支持和合作，向日本政府提出《对日本实行尊重中国主权原则之希望》，对"中日合办"的公司提出资本额和管理权的要求，即"合资经营之公私事业，希望日本方面之资本额不超过49％""合资经营之公私事业的最高主权，当然必须属于中国"。[①]

1940 年 3 月 30 日，汪伪国民政府成立，为摆脱卖国形象，显示独立性，并争取从日本方面多分得一些利益，伪维新政府对各项政策进行了重新审视。在经济上，随后进行的对"国策公司"的审查，是整个日汪经济合作调整框架中的一部分。尤其是要求中华轮船公司进行调整，反映了汪伪政权作为日本侵略者傀儡政府的本性和无奈。

汪伪政府投靠日本侵略者，却要以正统国民政府自居，必然有合法性要求，要求企业经营按照中国法律进行。但是，汪伪政府本质上只是日本侵略者的傀儡，不可能违抗日本政府和军方的意志，禁止日本政府设立的"国策公司"旗下的"中日合办"子公司营业。如何在外交与法理两相矛盾的情境下，保持一定的独立性；所谓的"中日合办"公司究竟以何种

*　中国第二历史档案馆整理处副处长。

①　黄美真、张云编《汪精卫国民政府成立》，第 411 页，转引自余子道主编，余子道、曹振威、石源华、张云著《汪伪政权全史》，上海书店出版社，2020，第 1163 页。

"身份"，以及以怎样的办法进行管理，是汪伪政府及其官员大伤脑筋、不得不考虑与解决的问题。

一　汪伪国民政府成立初期的调整方案

（一）伪维新政府实业部留下的难题

1940 年 4 月 14 日，中华轮船公司副社长渡部重吉向汪伪政府工商部递交了一件呈文，要求发给公司登记执照。目前国内学者所撰写日本侵华期间航运业和关于日本国策公司的文章，涉及中华轮船公司设立，均把 1940 年 2 月 25 日其在上海开创立会，并得到伪维新政府交通部颁发执照，作为其成立时间。①

但是，该公司在向伪维新政府实业部申请发给营业执照时，却没有如愿。伪实业部与伪交通部在上海内河轮船公司登记给照方面曾发生矛盾，在中华轮船公司设立这件事上，伪交通部一手经办，直到该公司在 2 月 25 日开创立会时，该部才函请伪实业部派员出席。伪实业部并不买账，"以案关公司注册，未据该公司依法呈请有案，对于派员出席创立会及查验资本各节，均应俟该公司正式备具各项文件呈请前来，方有根据"。② 中华轮船公司未向伪实业部呈报登记注册的资本查验文书，因此，遭到该部拒绝登记的回应。

该年 3 月 2 日，中华轮船公司向伪实业部呈送了公司设立登记申请书和资本查验文书，请求依法检查和申请登记。3 月 10 日，伪实业部派参事萧锦前往上海进行实地检查。萧锦检查后，对该公司承诺，返回南京后，就可以颁发检查证书及登记执照，但伪实业部并未发照。该公司在同月 21

---

① 这些文章有朱荫贵《抗战时期日本对中国轮船航运业的入侵与垄断》，《历史研究》2011 年第 2 期（在该文中，因引用日本资料，渡部重吉写为"渡边重吉"）；萧明礼《控制与独占：全面抗战前期中国沦陷区之日本航运统制企业（1937—1941）》，苏智良主编《海洋文明研究》第三辑，中西书局，2018；《华中振兴株式会社交通运输业子公司概况》，《档案与史学》1999 年第 6 期；曹霖华《抗战时期日本政府所设华中振兴会社述评》，《档案与史学》2003 年第 1 期；等等。

② 中国第二历史档案馆馆藏档案，档案号：2091 - 799。本文以下所引档案，均为中国第二历史档案馆藏，不另注。

日再次为公司设立向伪实业部申请登记，伪实业部仍未核准登记发照。

因此，从法律上说，因未取得伪维新政府实业部的登记和发给营业执照，中华轮船公司虽然已经在华中日本占领区开展经营活动，但并不合法。该公司不得不向新成立的汪伪国民政府工商部申请登记。

（二）汪伪工商部与伪交通部的联合检查

汪伪政府工商部接到中华轮船公司的申请，派员查阅伪实业部档案，认为：第一，该公司现物出资的评价估价存在问题，需要查核；第二，萧锦的报告对于现物出资估价是否合适，没有确定结论，也没有明确说明是否可以给照，因此伪维新政府实业部在面临权力交接之时，不想多事，对此进行敷衍拖延，留待汪伪国民政府进行解决，所以并未核准该公司注册；第三，该公司的章程多项条款并不符合前国民政府的法律，汪伪政府以继承前国民政府自居，因此非常强调要遵照前国民政府的法律办理，对伪维新政府制定的相关法律并不认可。

对此，汪伪政府工商部希望与伪交通部接洽，沟通意见，并希望汪伪政府与日本经济合作事业整个调整原则确定后，再办理登记手续。

汪伪工商部部长梅思平派遣商业司第三科科长金天禄前往伪交通部洽商中华轮船公司呈请登记事宜。汪伪交通部的态度与伪工商部较有差异，该部航政司司长何道沄代表该部认为，前伪维新政府交通部已经核准发给执照了，无法阻止其航运营业，所以要解决这个问题，只能等"日汪经济合作"问题整个调整时再谈。

汪伪工商部并未接纳伪交通部的意见，5 月 13 日，梅思平指示派员会同伪交通部重行检验。

1940 年 5 月 25 日，汪伪工商部给中华轮船公司的批示明文指出："查检查资本为公司登记法定最要程序。卷查该公司虽经维新政府实业部派员往查，惟未据确切呈复，手续尚欠完备。兹据前情，自应由部另行派员检查，以符法律规定。又查轮船等现物出资，事关专门技术估价，有会同交通部办理之必要。据请一节，仰候咨请交通部遴员会同检查据报，再行核办。"①

---

① 档案号：2091 - 799。

同日，汪伪工商部向伪交通部发出咨文："兹为调整中日合作企业及明瞭该公司现金及现物出资实在情形起见，自应另行派员依法检查，俾符规定。惟关于轮船等现物出资估价一项，事属专门技术，且航产系属贵部主管，应请派会同检查，以昭慎重。"① 要求汪伪交通部派员会同办理。

汪伪交通部拖至该年7月5日才派航政司司长何道沄与汪伪工商部参事金祖惠一起前往中华轮船公司进行检查。意味深长的是，汪伪交通部在给何道沄的训令中称："兹令派该员会同工商部检查员金天禄，前往该公司检查轮船等现物出资之价值。惟中国方面之现物出资前估价值，原属过低，应待交涉调整，不在此次两部会派人员验资范围之内，仰该员按照公司法九十二条二项之规定，查明现物出资，有无估价过高情事，会同具复，以凭核办，此令。"② 汪伪工商部是要查验估价有无偏差的问题，而汪伪交通部明确表明知道中国方面现物出资估价过低，但不想追究，只想查验出资偏高的问题。

7月24日，金祖惠、何道沄联合呈报会同检查中华轮船公司资产的情况。

> 据查该公司资本，定为日金三千万元，以日金五十元为一股，共计为六十万股，中国方面官股为维新政府之现物出资。此项出资，据该公司缮缴之中国政府方面现物出资之明细及评价（附件二）载称：分作两次出资，除第二次出资姑置不论外，其第一次出资，系就（1）上海招商局北栈（公共租界百老汇路）、（2）上海招商局华栈（浦东）、（3）上海招商局扬子栈（浦东）、（4）上海招商局杨家渡栈（浦东）、（5）镇江之部、（6）南京之部、（7）安庆之部、（8）九江之部，以上八处土地共评价日金八百零七万零一百四十九元，建筑物共评价日金七十万四千两百六十元，统计日金八百七十七万四千四百零九元，并以现金日金五百九十一元，合成日金八百七十七万五千元，以每股第一次先缴日金二十九元二十五钱计算，共折三十万股。按此项现物出资评价方法，据缴件注称：系以阳历一九二七年（民国

---

① 档案号：2091-799。
② 档案号：2091-799。

十六年）十二月一日阿迪金逊大来公司评价调查书为根据，加以最近调查之材料，为评价之标准。并据称：彼时（民国十六年）上海土地价格为较高时期，就中除上海部份四栈经祖惠等征询当地各方，金谓前估价值，似属较低，惟依现状，尚无甚大悬殊。其余镇江、南京、安庆、九江四部份，既无招商局旧档可资参考，复以不明各该地实物现状及时价，无从遥为意度估计。

中国方面商股（附件三），为平安协记航业公司，以所有轮船三艘（万祥、万平、万安），评价日金四十万八千九百元作为现物出资，以每股日金五十元计算，一次缴足，合成八千一百七十八股，又华丰宝记公司以轮船一艘（华丰），评价日金二十八万五千六百元作为现物出资，每股以日金五十元计算，一次缴足，合成五千七百一十二股。以上中国方面商股，共计现物出资日金六十九万四千五百元，合成一万三千八百九十股。

日本方面，由中支那株式会社担任现金出资日金五百四十六万零六百元，计十万九千二百一十二股，以每股第一次先缴日金二十五元计算，缴纳金额共为日金二百七十三万零三百元，又由东亚海运株式会社担任现金出资日金五百五十三万八千四百元，计十一万零七百六十八股，以每股第一次先缴日金二十五元计算，缴纳金额共为日金二百七十六万九千二百元。再现物出资轮船九艘（附件四）〔大贞丸、沅江丸、涪陵丸、嘉陵丸、音户丸、爱媛丸、及华裕（原名中和、万山丸）、华阳（原名汉平、青阳丸）、华荣（原名永嘉、三和丸）等九艘，查华裕、华荣、华阳三轮，于事变当时沉没后，原所有人置不过问，经军部之处置，由东亚海运株式会社打捞修理管理使用，是以一并加入评价〕，共评价二百十二万四千三百九十六元，又以现金日金三百零四元，合成日金二百十二万四千七百元，内除该会社担任代位股份，以补中国方面商股不足股额六千一百十股，每股以日金五十元计算，一次缴足，共计日金三十万五千五百元不计外，实合计日金一百八十一万九千二百元。而该会社所担任现物出资，为日金三百万元，计六万股，每股第一次先缴日金三十元三十二钱计算，缴纳金额适合如上数。又由渡部重吉现金出资十股日金五百元，计第一次缴纳金额日金二百五十元，又由油谷恭一现金出资十股，日金五百元，第一次缴纳金额日金二百五十元。以上日本方面现金出资，共计日金五百五十万元，及现物出资，共计日金二百十二万四千七百元。①

报告得出结论："以上乃该公司现金及现物出资实在情形，并经祖惠等审慎稽核，尚无不合。惟关于现物出资之评价，自宜容俟将来调整时期，重加考虑，切实勘估，始可确定，方足以昭翔实而示公允。此时既经前维新政府交通部核准航运营业，似不妨先准予登记给照，以完手续。"②这个报告基本体现了汪伪交通部的意见。

（三）汪伪工商部的内部意见

面对这样一份建议通过中华轮船公司登记给照的报告，汪伪工商部并未妥协。该部商业司将原呈及相关附件移送技术厅，要求该厅对中华轮船公司现物出资估价部分核示意见。该部技术厅职员方履熙、李善元、陆荣圻三人根据报告，对于招商局所有的土地及房产估价，二次投资，债务处理，轮船的评价系数、修理费用等提出了意见。

第一，关于招商局土地、房产。针对报告中"征询当地各方，金谓前估价值，似属较低，惟依现状，尚无甚大悬殊"的观点，提出"招商局财产浩大，估计颇非易事，当聘请专家任之，决不可仅征询当地各方敷衍了之"；"各项建筑物应注明种类及建筑方数"；"以招商局中栈及芜湖与汉口所有一部份之土地及建筑物预定为第二次以后作为华方股份，则在第二次作价以前，如中华航运公司须用该项产业时，则当负荷相当租金交与政府，以保产权"。③

针对设立要纲中中华轮船公司对于招商局负债免责的规定，提出"招商局所负之内外债务调查清楚后，政府应与中华轮船公司有相当谅解，即对于将来招商局所负之（1）职员保证金、（2）职员退职金、（3）汇丰银行押款、（4）大来银行押款、（5）其他存项及债务，是否共同负责清理，

---

① 档案号：2091－799。
② 档案号：2091－799。
③ 档案号：2091－799。

或由政府方面单独负责清偿？"①

第二，关于轮船方面，按复成价格计算，日方出资的船只乘数都偏高，而中方出资的船只乘数偏低，甚至有船只核价为零。"'大贞丸'系大坏船舶，全部修理后，将铁料及修理费用共六十五万日元作为船价，而'宝华'等五轮反将修理费从船价内扣除，且'宝华'轮经扣除修理费后船价竟作为零等，似欠妥当，又华方出资之'广详''新海门'两轮未列入复成价格算出表。""凡华方出资之船只，在查定价格内须扣除以后历年之修理费总额（有十一年、十四年、十七年、二十四年等种种不同，参观该表各延年月项下），而日方出资各船，则全不扣除。"② 技术厅建议，船只估价方面"关于决定复成价格之乘数及减价率，似有再请造船方面专家参加意见之必要"。③

第三，关于股金缴纳问题。"现物出资中有每股第一次先缴日金二十九元二十五钱者，有每股以日金五十元计算一次缴足者，有每股第一次先缴日金三十元三十二钱者，情形各异，未将理由说明。"

汪伪工商部商业司认可技术厅的意见，提出"该中华轮船公司评价委员会对于华方现物之评价未免有意偏抑，理应延聘专家重行评估，庶足以昭翔实而示公允。惟是此项评价必须经过实地调查等等手续，恐非短期间内得能蒇事。又查中日经济合作问题，现由双方政府本平等互惠原则，正在设法统筹调整，拟俟确定解决办法后，再由本部根据调整原则予以解决，抑应将本案提交四部会议洽议解决之处"。④ 汪伪工商部和伪交通部将矛盾提交到汪伪政府工商、农矿、交通、铁道四部联席会议。

（四）"恢复招商局名义"——汪伪政府交通部的调整方案和工商、农矿、交通、铁道四部联席会议的决定

战争进入相持阶段后，日本政府认识到，仅凭日本的国力难以支撑长期的对华作战，因此必须充分利用中国占领区的经济能力。在这一基本思

---

① 档案号：2091-799。
② 档案号：2091-799。
③ 档案号：2091-799。
④ 档案号：2091-799。

路下，日本提出"以战养战"和"现地自给"的战争指导思想。为了笼络人心，诱使华方资本家与其"合作"，使华方资本运作起来为其服务，恢复占领区的经济，日本提出发还华商"军管理工厂"。

在此背景下，1940 年 5 月，汪伪国民政府行政院开工商、农矿、交通、铁道四部联席会议，具体商讨、计划并实施"中日合办"企业的调整事宜。参加汪伪政府四部联席会议的各部代表有伪工商部部长梅思平、次长蔡培、司长顾宝衡、参事袁愈佺，伪农矿部部长赵毓松、次长汪曼云、司长陶国贤、技正张资平，伪交通部部长诸青来、次长李祖虞、司长何道浤、司长奚剑平，伪铁道部部长傅式说、次长赵叔雍、司长吴文蔚、参事王志刚。

1940 年 8 月，汪伪交通部在工、农、交、铁四部联席会议第六次会议提出中华轮船公司调整方案。

甲、收归国营方案

一、中国之长江及沿海航运既宜沿用招商局旧名而扩展航线、收管苏浙皖以外之招商局财产，亦以收归国营为便利，故中华轮船公司宜即解散。

二、公司解散后，日方原出之股款宜从其缴股日起，加算利息，改为借款，至日方股份之现物出资，亦宜核实估价改为借款。

三、借款利率宜参照历次航政借款之例，从优协订，其期限宜视借款数额及收入盈余而定，以每年新招商局收入盈余足敷摊还为准，至担保品宜尽量求其确实，务以不妨害从前债权人正当之权益为准。日方对于新招商局收入有权派稽核员常驻稽核，在每年收入盈余不敷摊还借款以前，非经其同意不提作他用。

四、嗣后新招商局需用船舶材料时，宜允在同一价格品质之条件下，尽先购置用日货；公司现用之技术上人员，除有特别事情外，以全数留用为原则；公司现用之业务上中、日人员，宜允其在可能范围内留用，但留用日员，宜令遵奉命令、忠于职务，留用华员，宜照其他华员同样待遇；新招商局并允酌聘日人为技师。

五、凡招商局原有之各处码头仓栈已归公司占用者，宜从公司直接收回；其尚未归公司占用而由日军占用者，宜向日方交涉收回。

乙、中日合办方案

如因有特殊情形，公司不能按上开方案实行时，宜按下列办法向日方交涉调整。

一、中华轮船公司宜改名为"招商局轮船股份有限公司"，准日方加入股份，并将"招商局"牌号估价作股。

二、公司股份宜依海商法第三条之规定，中国占三分之二，日方占三分之一，日方已缴溢出之股份，除零数作为公司承借外，其余整数作为中国政府所承借缴作股份。

三、公司条例及章程内宜定明"公司受交通部之指挥、监督"字样，凡关于公司重要职员之任免、业务技术计划之进行、收费数额之改订、公司债之发行、其他方法之借款或负债及房地产、轮船之购置而价值超过五千元者，其他增加公司负担之合同之缔结而数额超过五千元者，以及任何合同之解除、缔结、变更等重大事项，均应经部核准。

四、公司董事宜依海商法第三条之规定，三分之二由中国政府指派，三分之一由日方选任组织董事会；有三分之二董事出席方足法定人数，以出席董事过半数之同意为决议，决议案并须呈部核准。

五、公司设置董事长一人，副董事长二人。董事长及副董事长一人应由我方董事充任，其另一副董事长由日方董事充任。此外，设监察两人，中、日各一；董事长并兼总经理，其下分设各组办事，各组主任得选用日员，但不得超过半数。

六、公司之业务员及技术员须中、日两方平等待遇，除下级人员宜全用华员外，高级、中级人员得选用日员，但至多不得超过三分之一。

七、公司每年盈余除公积金及折旧外，分派股利不得超过一定限度，其超过部分作为国家收入，应即解部。

八、公司从前所享有航运事业权、免税及受补助金等一切权益，除经另行明文订明外，概行取消。

九、从前华方现物出资之评价，其非公允者，应重行估定之。

十、公司所有之旧招商局财产，如涉及第三国人之权益者，中国政府允代为交涉，但因交涉不洽或其他事由致生障碍、损害时，应由公司负责。

十一、公司年限定为十年，期满后收归国营。①

汪伪交通部的甲、乙两种方案均提出恢复"招商局"名称，其出发点在于：第一，"招商局创自前清时代，有悠久历史，其牌号极有价值，废弃不用，殊为可惜"；第二，"招商局原有之码头仓栈，北至烟台、天津、秦皇岛，南达香港、广州，范围甚广，其航线亦遍于全国，而中华轮船公司既不沿用招商局旧名，又仅由维新政府核准，以致不能管及苏浙皖以外之财产，自非适当"。②

却不知日本侵略者本就不想沿用"招商局"名称，就是要打击中国的民族品牌，成立所谓"中日合办国策公司"仅仅是为了方便吞并中国资产而已，可笑汪伪政府的一厢情愿。

经过讨论，汪伪工商、农矿、交通、铁道四部联席会议第六次会议修正通过该方案，"决议：恢复招商局名义，原方案修正通过"。"查该案事关交通事业之对外交涉，应由贵部长与本联席会议召集人检同修正方案会呈行政院核示后进行交涉。"③ 并向汪伪行政院汇报了会议决议。汪伪行政院院长汪精卫指令："呈暨方案均悉，准予备案，仰即知照！此令。"④

交涉事项由伪交通部负责，但成果如何呢？

作为汪伪行政院建立的工商、农矿、交通、铁道四部联席会议的主要人员可能都不乐观。早在该年6月，伪工商部职员张士铮在给该部部长梅思平的签呈中提示："窃查四部联席会议事项有关对外交涉所有文件，均有极守秘密之必要。历次会议议事日程、会议记录及各项附件早经分发函送各部代表，以备研究参考。嗣后，在事实上势须照例分发函送。兹为慎重起见，拟由秘书处函知各部代表将该项文件密为保存，勿使流传在外，

---

① 档案号：2079 - 74。
② 档案号：2079 - 74。
③ 档案号：2091 - 804。
④ 档案号：2003（2）- 190。

以免发生误会而致影响外交。当否？仍祈钧夺示遵。"伪部长梅思平的批示为"照办"。随后，以伪工商、农矿、交通、铁道四部联席会议秘书处名义致伪行政院参事厅长、四部各代表函："径启者：查工商、农矿、交通、铁道四部联席会议历次议事日程、会议记录及各项附件，均经先后密送各出席代表，谅邀察收。惟该项文件，有关对外交涉，自应绝对秘密。务请各代表密为保存，勿使流传在外，以昭慎重而免影响外交。特函奉达，请烦查照为荷！"①

虽然对外交涉事项确应保密，但为避免"发生误会而致影响外交"却反映了汪伪政府官员的心虚，交涉结果可想而知。

1941 年 1 月，四部联席会议因无法发挥作用，被汪伪行政院撤销。

二 中华轮船公司拒绝调整

在汪伪政府打着调整"中日合办国策公司"的算盘时，日本方面却绝对不愿让步。

（一）用"兴亚院"对抗汪伪政府

1940 年 8 月 15 日，中华轮船公司再次向伪工商部要求登记给照，文件中特别强调："本公司系特别法人，故前维新政府曾与日方兴亚院先行议定设立要纲并制定中华轮船股份有限公司条例颁布施行。"② 虽然伪维新政府已被汪伪国民政府取代，但作为日本专门负责侵华事务的"兴亚院"仍然存在，仍然能发挥巨大的影响力，"兴亚院"决定的事是不容更改的。实际上，该公司的设立要纲、条例和章程均为"兴亚院"制定，并递交伪维新政府交通部，可见其日本官方背景强大。

（二）用公司条例对抗中国法律

该公司强调："本公司之船舶均属中国国籍，因与中国海商法第三条

---

① 档案号：2091 – 131。
② 档案号：2091 – 799。

内项之规定显有不符，故特于前开本公司之条例第二十三条中规定不受此项拘束。"①

《海商法》是南京国民政府成立初期，为收回被列强凭借不平等条约而霸占的航政管理权和航线权等，以及为发展中国的航运事业而制定的法律。该法的第一章"通则"第三条对"中国船舶"有明确定义：

> 左列船舶为中国船舶
>
> 一、中国官署所有者。
>
> 二、中国人民所有者。
>
> 三、依照中国法律所设立，在中国有本店之左列各公司所有者。
>
> 甲、无限公司，其股东全体为中国人者。
>
> 乙、两合公司或股份两合公司，其无限责任股东全体为中国人者。
>
> 丙、股份有限公司，其董事三分之二以上为中国人，并其资本三分之二以上为中国人所有者。

中华轮船公司作为股份有限公司，理应按照第三条第三款的丙条办理，但参考该公司的章程，明显不符。

该公司表示："至于该条例之效力如何，可否适用特别法优于普通法之规定，事关法理解释，公司未敢妄加揣测。惟据闻中央政治委员会第二次会议（二十九年四月六日）曾有下列之议决：凡中外人民在还都以前因适用他种法令所取得之权利或利益，现因适用国民政府法令而有受损害或丧失之情形时，各级行政及司法机关应妥拟适当方法，暂予保留，呈候核定，并由行政及外交各机关尽速调整。"② 在法律上，企图用公司条例规避《海商法》的规定，并利用汪伪傀儡政府丧权辱国的会议决定来为自己开脱，最后得出结论"是本公司适用他种法令所取得之权利，固应予以保留也"。③ 无视中国法律，也无视对中国资产的侵害，要求保留所取得的巨大

---

① 档案号：2091 - 799。

② 档案号：2091 - 799。

③ 档案号：2091 - 799。

利益。

（三）拒绝重新估价

关于现物出资评价问题，1941 年，中华轮船公司在给汪伪政府交通部的呈中称："查本公司现物出资之价额系在本公司设立以前由前维新政府交通部组织评价委员会所评定，该委员会于评定价格任务完了即行解消，而本公司始行设立。"① 汪伪交通部在与日本大使馆的磋商中，日方也回答"前维新政府交通部所组织之评价委员会，自有其合法地位，该会现已解散，其依法执行之评价工作，似未便率尔推翻"，② 因为评价委员会已经解散了，所以重新评价也无从谈起了。

关于轮船估价问题，日方认为："日本之新旧船舶均依例逐年一小修，三年一大修，故所出之现物，几与新制无异，当然不必再计折旧费。而中国船舶之失修，战前固属如此，战后亦复如此，故所出现物，较为陈旧，不得不计算扣减其折旧费。"③

中华轮船公司对于调整问题避而不谈，汪伪政府也毫无办法，只得在登记给照上采取拖延政策。汪伪交通部"对于中华轮船公司来文系取延宕办法，在未调整以前，对于该公司任何文件，尽可能避免正式批复"，④ 汪伪工商部"查该公司设立登记，因手续尚未完备，迄未核准。核阅所呈营业报告书，内载迁移地址、补充董事各节，均属已登记后之变更登记事项，在登记未经核准以前，无从核办"。

三 "先调整，后登记"：汪伪政府全国经济委员会的调整原则

（一）原则的核定

1941 年 1 月，汪伪政府全国经济委员会成立，掌理汪伪统治区经济建

---

① 档案号：2091 – 799。
② 档案号：2092 – 294。
③ 档案号：2092 – 294。
④ 档案号：2091 – 801。

设之设计、指导及指定事业之经营事宜，也接管了日汪经济合作事宜。对于中华轮船公司呈请设立登记之事，该会要求汪伪工商部送呈复查该公司登记的检查报告和补充意见，经设计处研究后，提出相应意见："查本案既经工商、交通两部派员查复，关于双方现物出资部分，认为估计未尽公允，似应再由该两主管机关，会派专门人员作详细调查，从新估计后，确定该公司之股份，并根据各主管部经呈准之调整方案，作合理之调整，方准登记，以昭慎重。"在该会第二次会议中提出讨论，并做出决议："照设计处签注意见通过，俟调整后登记。"① 汪伪全国经济委员会核定原则为"先调整，后登记"。相比伪四部联席会议的"恢复招商局名义"已经大大后退了一步。

（二）汪伪政府内部的矛盾

"先调整"是汪伪政府各相关部门的共识，但对于是否重新对现物出资进行估价，汪伪交通部有不同意见。1941 年 4 月 3 日，汪伪工商部商业司第三科科长金天禄在给该司司长的签呈中指出："兹查交通部抄附调整方案，系以收归国营为原则，检阅录送意见书，据第三节甲'关于招商局资产部分之意见'内载，招商局资产，应否重行估价，拟视调整之结果而定。调整后，若系收归国营，而将日方之出资作为借款，则所有招商局之资产，除应详为调查外，并无从新估价之必要云云。依此，则交部对于从新估价一层，无异主张先行调整定夺是否国营，再定有无从新估价之必要，核与全国经委会议定办法，略有不同。"②

汪伪交通部认为："重行估价既非旦夕可办之简单手续，以致登记问题，始终无解决之法。但公司法对于公司登记，限定于成立前行之；该公司事实上既久已成立，如仍不予登记，除公司本身不能获得中国法人地位外，即中国政府之投资，亦难认为合理行为。……故公司登记问题，不妨以现实为主，姑予照准。"③

汪伪交通部认为自己的地位非常尴尬，一方面，自己是政府投资的股

① 档案号：2091 - 801。
② 档案号：2091 - 801。
③ 档案号：2092 - 294。

权代表者；另一方面是轮船业的监督官署，登记手续是监督官署所要求的，中华轮船公司不能登记给照，有自己不批准自己的窘境。另外，该公司不仅成立，而且已经运营相当长时间，不能不看到这个事实。所以，该部建议先行准予中华轮船公司登记，再继续交涉重行估价问题。

1941 年 8 月，汪伪工商部在和伪农矿部合并改组为伪实业部后，承继汪伪工商部做法，认为"本部为办理公司登记之主管机关，而公司登记之申请程序，公司法、公司法施行法、公司登记规则，曾有明白规定，良以多数股东之股款，操于少数公司办事人之手，是以立法原则对于公司登记申请手续，采取事前严格监督主义，中日合办公司，系本经济提携立场而产生之国策公司。惟其既为中国法人，除享有特权外，关于申请手续，似应依照法定程序。关于公司组织，亦应依照公司法各规定办理。但该公司设立要纲所规定之事项，多与公司法有不符之处"。因此，"从法律而论，现物出资估价，系由检查资本所引起，而验资手续，系属申请登记程序之一，似应依照法定手续，先行确定估价，或如前条所声明者，由现在主管之建设部咨达本部后，再予登记"。① 汪伪实业部要求严格按照公司法等办理，先对现物出资进行估价，再进行登记。

两个部门的意见不统一，中华轮船公司也对调整事宜置之不理。汪伪全国经济委员会于 1943 年 2 月 1 日改组，职权改为审核经济政策及调节经济行政，也没有更多精力去管该公司注册登记的事了，皮球又踢回了汪伪实业部和重组交通等部的汪伪建设部。

四　微乎其微的调整

太平洋战争爆发后，日本政府面临严重的经济困境，对中国占领区的经济需求大大增加，要求得到伪政府和沦陷区华商的支持，于是在国策公司的调整问题上做出了部分让步。1943 年 3 月，日本与汪伪政府经过多次商谈，初步确定三项调整原则："一、与军事作战有关者，仍采取向来的方式；二、对中国民生安定有关者，及听任中国办理而其能率可期增进

① 档案号：2092 - 294。

者，尽量使中国经营；三、关于其他方面，则导入民族资本，强化中国方面之人的协力，以期经济之圆滑，生产力之扩大。"① 原则制定了，进展却非常缓慢，直到一年后的 1944 年 3 月，日本才又与汪伪政府签订《中日合办各国策公司调整通则》。《通则》规定，"中日合办"各国策公司应受汪伪国民政府主管部直接指挥监督，经营管理应遵照"中国法令"，各子公司重要法规章程应呈汪伪政府主管部核准后才得以施行，日汪双方对各公司有改进意见时，经协议后交由汪伪政府主管部发布命令执行，日本大使馆不再以命令行之。

1944 年 6 月 30 日，日本驻汪伪政府公使堀内干城在致伪建设部部长陈君慧的函中，将包括中华轮船公司在内的八家"中日合办国策公司"调整事宜及注意事项告知：

> 关于调整中日合办公司事宜，三月三十日，实业部、建设部及中支那振兴公司间会将中日合办公司调整通则商定，兹将……中华轮船股份有限公司……等八公司之组织运营等，拟各别调整如附件第一至第八所载。又附件中所称特殊法人各公司之组织大纲，系于战争继续中适用之，此点希予谅解，又根据六月二十六日谷大使与诸外交部长间交换公文之旨趣，凡各公司在战争继续中关于充足军事上要求，应期其无遗恨，尤其关于有关日本军军事上之机密事项，拟使日籍董事长或副董事长得单独处理之。②

日方愿意就包括中华轮船公司在内的华中振兴公司下属 8 家子公司进行调整，但涉及军事方面，则由日本高层管理人员单独决定，华方人员不得参与和干涉。

汪伪建设部部长陈君慧在回函中表示："本部对于中日同盟条约旨趣所订，如来函及各项文件所载之调整各项表示同意。"③

中华轮船公司在组织运营方面究竟做了哪些调整呢？是同意"恢复招

---

① 朱琛：《中日同盟与日本国策公司之调整》，转引自余子道等《汪伪政权全史》，第 1173 页。
② 档案号：2012 - 5206。
③ 档案号：2012 - 5206。

商局名义"，还是同意对中国方面现物出资"重新估价"，还是同意由汪伪政府担当管理运营重任呢？答案是基本没有。

涉及中华轮船公司调整的文件，包括：（1）将金利源和华通两码头，由汪伪国民政府出资于该公司，使华方出资额，约为60%；（2）规定公司的董监事，中日两方人数相同。

汪伪政府通过对中华轮船公司的再次实物注资，将华方的出资额提升至60%左右。金利源码头当时为美商所有，改称罗斯福码头，华通码头为英商太古公司所有，太平洋战争爆发后被日军占领。其时，该两码头均处于所谓"军管理"时期，日方通过发还"军管理"资产的方式对汪伪政府做出一定程度的让步。

但是，根据该公司第十一期定期股东大会营业报告书（1945年3月31日止），华方的出资额仅为51.2%，远远不到60%，汪伪国民政府的股份仍停留在30万股。可见，号称作为汪伪政府现物投资要投入的金利源码头、华通码头，产权并没有转移，仍然操控在日本侵略军手中。

表1 中华轮船公司股东及股份

股东	股数	占比（%）
汪伪国民政府	300000	50
东亚海运株式会社	176878	29.48
中支那振兴株式会社	115869	19.31
华丰宝记船业公司	5712	0.95
平安轮船局	1521	0.25
山中喜一	10	
伴野清	10	

资料来源：中国第二历史档案馆藏档案，档案号：2079-82。

按照《海商法》第三条第三款丙的规定，"股份有限公司，其董事三分之二以上为中国人，并其资本三分之二以上为中国人所有者"，显然，资本有一定差距，董监事中日双方人数相同更不符合法律规定。

其他如"国民政府如变更上项组织大纲之内容时，须先与日方当局协议"，"本公司董监事人选，由主管部先与日本大使馆协议之"，"本公司与中支那振兴株式会社，在业务上应紧密连络"，"日方对本公司作资金、资材及技术上之协力时，一切仍由中支那振兴株式会社依照向例行之"① 等条，与前经营方式并无大的区别。可见，其调整确实微乎其微。

1944 年 12 月 26 日，汪伪建设部部长傅式说与日本中国派遣军总参谋长松井太久郎、日本中国方面舰队参谋长宇垣完尔签订的《关于中华轮船股份有限公司之军事上协定草案》明确规定：

> 日本陆军最高指挥官及海军最高指挥官，对于中华轮船股份有限公司，得仍照往例直接实行军事上之要求与监督。
>
> 关于日本军之军事机密事项，应由日本人之副董事长单独处理之。
>
> 国民政府如欲制订或改废关于中华轮船股份有限公司与军事有关之重要法规时，应预先与日本陆海军最高指挥官协议之。
>
> 国民政府对于中华轮船股份有限公司之命令指示，如认为与作战警备有影响时，国民政府应预先与日本陆海军最高指挥官协议之。

汪伪行政院对伪建设部的指令是："呈件均悉。应予照准。"②

汪伪政府完全受制于日本侵略者，丝毫不掩饰自己的傀儡面目，也充分证明其对于中华轮船公司的主权仅仅是名义上的，调整前后没有区别。

1945 年 2 月 2 日，汪伪建设部再次要求汪伪实业部对中华轮船公司登记发照，认定公司为"政府特许设立，与海商法及轮船业登记规则普通情形不同，似可准予登记发照"。③ 汪伪实业部职员钮家洛在签呈中建议："公司已否遵照调整以及调整程度如何，拟先咨请建设部查复，再行核办。"该部的意见即为"令饬将调整后必要附件呈部后再行核办"。

3 月 13 日，汪伪实业部通知中华轮船公司："案查该公司于前维新政府时期曾呈请设立登记，嗣以政制改变，案悬未结，兹核前呈附件，于法多有未合，应即遵照公司法及中日合办各国策公司调整通则各规定，将章

---

① 档案号：2012 - 5206。
② 档案号：2003（2） - 118。
③ 档案号：2012 - 5206。

程等件改正并检同有关调整之重要附件—并呈候核办。"①

中华轮船公司没有实质性的调整，汪伪实业部也仍然采取拖延策略，拒绝该公司的登记发照，但这并不能阻止其营业及扩充航线。中华轮船公司配合日本侵华军事及经济掠夺需要，向日本占领区的长江及内河延伸渗透。

汪伪政府也无可奈何地接受这样的结果，作为形式上的大股东，董事长由汪伪交通部派员担任，每次的股东会和临时股东会，汪伪政府交通部都会派员参加，这实际上就是汪伪政府官方对中华轮船公司的承认。

汪伪政府与日本长时间的讨价还价，在日本侵略者处于崩溃时在国策公司的调整上似乎取得了一定进展，但仍然在涉及军事时没有任何发言权。

日汪间关于经济事宜的交涉，汪伪政府内部的矛盾和倾轧、相互推卸责任，在中华轮船公司的调整中可见一斑。该公司的登记备案并没有结果，随着不久后日本侵略战争的失败，中华轮船公司也走向覆灭，其资产也被国民政府所接收。

---

① 档案号：2012 – 5206。

轮船招商一百多年兴衰沉浮启示录

谢俊美[*]

在近代，上海人有一句口头禅："你今天申报纸看了吗？"申报纸就是指家喻户晓的《申报》。为什么要看《申报》呢？因为它除了刊登各种时事新闻外，还刊登有关轮船招商局的"局启"：上海通往天津、青岛、广州、烟台、牛庄、汉口、香港等各大商埠的船期航班信息。民国以后，才增加了上海至各处铁路班次消息，如同今日询问"东航""上航"航班信息一样。

在火车和飞机尚未普遍的时代，轮船是人们出行的重要交通工具。轮船招商局是中国近代第一个航运企业，历史悠久，历经清代同治、光绪、宣统三朝，中华民国南京临时政府、北洋军阀、南京国民政府等历史时期。1949 年新中国成立后，回到人民的手中，距今已有 150 年历史。

招商局的创办肇始于"挽回外溢利权，振兴民族"的美好理想

第一次鸦片战争后，根据中英《南京条约》，上海、福州、厦门、宁波、广州五口通商。1842 年上海正式开埠，外国的商船大批来到上海。其中最多的是英国怡和、太古，稍后为美国的旗昌，以"洋行"为形式，组织公司，向中国倾销洋货，其中不乏有些贸易者携带鸦片，掠夺中国各种资源，剥削和坑害中国人民。当时中国沿海沿江航行多为沙船，运载农副产品、五金百货及漕粮。沙船载重量小，只能浅海航行，无法与外商轮船

* 华东师范大学历史学系教授。

相抗衡。曾国藩任两江总督时，曾组织李善兰等人仿制小火轮，但制造西式机械船只，中国缺乏相关技术。有人见外国轮船"攘我大利"，为了挽回外溢之权，决定向外国购买，自办轮船公司。同治年间，太平天国起义、捻军起义相继失败。在"同治中兴"的口号下，1872 年（同治十一年）李鸿章令沙船业主朱其昂、朱其诏等进行试办，1873 年制定章程，正式开始招商集股，名义是商办，但商人资金有限，必须有政府资助，实际上是官商合办，大权操纵在官府手中。章程规定，首期资本 100 万两，但直到 1881 年（光绪七年）股本才凑足。

新的轮船公司名为"轮船招商局"。总局设于上海。20 世纪 20 年代建造的招商局大楼至今还耸立在黄浦江边。分局分设天津、牛庄、烟台、汉口、福州、广州、香港。为了扩大与东亚其他国家的海上贸易，还在华侨相对集中的日本横滨、神户及菲律宾和新加坡等地设立分局，1882 年又一度通航美国旧金山，因遭受美国阻挠而未果。

在"同治中兴"振兴中华的思想感召下，招商局的主持者们对中国未来的航运事业充满了期待和梦想。招商局成立当日，祝贺的巨大红幅标语及祝贺条幅悬挂在外滩局大楼的外墙，十分醒目。现择录如下。

一，大张济世宏纲，平东南十年啸虎老巢，从容击楫发先声。螟珠余，漆丝兑，声错豫，玑组荆，自麟郊凤阁皇煌帝谛以还。通商惠工，得坚甲利兵，金城汤池。开辟四千年未曾有。一，洗闭关残局，集湖海百尺元龙豪士，慷慨临流抒远略。嵌城赤，天荡黄，葱岭青，鸭江绿，遍蜃市，蛟宫浪，盈涛淘而外，丰财和众，是管才，晏敬计术，未知七十二国所从来。

合公法，创公司，裕国裕民，江海利权操左券；本西学，效西法，群才群力，中原商战树先声。

与怡和太古鼎足而三，江海咸知舟楫利；合西域东瀛恒心若一，华夷共喜货财通。

解阜应南风，懋迁化居，制作唐虞犹未远；菁华汇东海，招携怀远，经纶管晏更羞称。

胜算全操九万里，漏卮小补三十年。

"通商惠工"，"开辟四千年未曾有"，对于未来充满了一片美好的憧憬。中国人的富强梦在此表现得淋漓尽致，同时流露了爱我中华、振兴我中华，与西方争胜的伟大气魄。然而现实并非当时中国人所想象的那样，西方资本主义列强正加紧对中国的侵略，企图用炮舰进一步打开中国的大门，将中国变为西方的殖民地、原料的供给地和商品销售市场，中国正面临深重危机。

虽订"齐价合同"实际并不齐价

招商局成立时，一个目标是同外国航运公司并驾齐驱，"与怡和、太古鼎足而三"，做着"华夷共喜货财通"的美梦。正如马克思所说，资本的积累就是血与火的拼搏。怡和、太古这些老牌航运公司岂容招商局夺取他们的利益，与招商局"分羹"共存？商场就是战场，他们采取压价、争揽客货的方法，企图搞垮招商局。而后美国的旗昌洋行轮船也加入进来。结果三方进行交涉，实行"齐价合同"。但西方资本主义列强不愿看到中华崛起强大，"齐价"实际并不管用。在这种竞争中，美国旗昌因船的老旧，无力竞争，招商局在洋务官僚李鸿章的支持下，费巨金购下了旗昌洋行船舶局产。这在当时中国人心目中，是一次航运事业的杰作。然而事实是，这些船只大多老旧，需要修理，并不合算。正如户部尚书翁同龢所说："南洋旗昌一稿当已咨行，照军饷例，居然自拨巨款，不由户部拨，真创格也。姑以商贾之法论，华商二百万成本，是虚是实？若是虚数，将来获息则亦虚本占实息，官受其病；若是实款，能报姓名否？此一端也。买卖有赢有折，若果亏折，谁算此账？此二端也。十六船者尽包海运米石，然后市准水脚可靠，而沙船数千人，一旦歇业，可虑。此三端也。轮船五年一修，四修之后，便不能用，今十六船中岂无一修再修过者，转瞬二十年又日减矣，此四端也。""创此官商合办，先不具论，万一折阅，孰任其咎？此农曹当究论之耳！洋务不熟不可，太熟亦不可，况不尽因公乎！"

购船多，势必影响沙船运载；船只增加，加上改为官商合办，给招商局经营管理带来了若干新的问题。

与民争利，管理人员以"坐局沾利"为敛财的渊薮

招商局原为商办性质，虽然实际上是官督商办，官有决定权，但官只是居于监督位置，人少，尚无大碍。招商局收购美旗昌公司十六船后，摊子大了，船上用人势必增加。改为官督商办后，管理也势必增加人手。以一船为例，每船增加一名官吏，十六船就增加十六名。当时选官，科举和保举外，还推行捐纳制度，可以花钱捐官。同治时期，捐一候补知县，只需要数百两，候补道员近千两，至于其他佐贰杂职，捐银更少。许多与洋务派官僚有关系的人趁此捐官，结果造成招商局如官府衙门，管理层人员中约一半有官衔。

大量人员捐官进入招商局后，以官自居，使招商局如道府州县衙门，官气弥漫。摆架子，讲排场，忙迎送，甚至上岸狎妓，不务正业，不懂船务。"浮薄少年，它日必偾事。"

同光之际，经李鸿章与盛宣怀等洋务官僚运作，招商局还从清政府那里获得了承运漕粮的"业务"。这是每年固定的业务，招商局借此可以获得一大笔政府补贴。据史料记载，每年约收到 26 万—30 万两水脚银补贴，足可支付局中每年各项开支和员工薪水。所以，每临漕粮运至天津、通州等处，户部总要派官员前往查验。奉派查验的官员可以借此加级、叙功，并获得一笔至少 60 两银子的补贴。这对官员来说是一个名利双收的美差，许多官员争着要去。光绪初年，大学士全庆奉旨率文祥等人前往通州查仓，验收漕粮。文祥，字博川，满人，时任工部侍郎，以清廉不贪知名。出发前，他向全庆声明：他不要请奖，也不要 60 两补贴。全庆深感难办，但文祥坚持，他人是他人的，我就是不要，回京后他没有要。文祥不要查仓验收漕粮"赏银"只是特例，官吏假公济私、贪污中饱是公开的秘密。这种封建管理制度严重制约企业的经营。"官督商办"，官不办，商难办。招商局营业自1884 年中法战争后，逐渐走向衰退。到 19 世纪 90 年代，开始出现亏损。

迭经战乱，业务大损

招商局除了受外资夹击和官督商办体制的严格限制，业务不能健康发展外，在当时的社会环境中也遇到了很大困难。

1900 年八国联军镇压义和团，发动侵华战争，联军焚抢天津招商大楼和招商局的船坞、码头、栈房，招商局贷放给中国通商银行的银两也因银行被抢、被焚毁而无法收回，这严重影响了商局的经营。连续三年，营业收入亏损，入不敷出。1903 年股票由原来的 120 两跌至 70 两。1911 年 10月，武昌起义，辛亥革命爆发，航运停顿，客货无着，损失惨重。招商局汉口分局首当其冲，船只被民军扣押，船坞、浮筒、栈房被当作战场和作战工具，损坏而不能再用。沿江其他航站栈房、船只如九江、镇江、芜湖、上海等处情形均是如此。招商局营业几陷停顿。伴随战乱，招商局在人事上也发生了重大的变化。早在宣统改元前，盛宣怀因与袁世凯争权，失去了对招商局的控制。宣统三年，他身为邮传部大臣，主张"铁路国有"政策，直接导致武昌起义的爆发，为了平息起义，清廷将盛当作替罪羊，宣布将其革职"明正典刑"，以谢天下。盛氏在日本人的庇护下，仓皇逃往日本。革命后，他虽回国，但从此失去了对招商局的控制。1916 年他去世后，招商局落到傅宗耀手中，傅氏还掌握着中国通商银行。北洋军阀统治时期，特别是第一次国内革命战争前夕，傅宗耀投靠北洋军阀，大量购买北洋政府"国债"，借此发了一大笔财，建造通商银行业务大楼（即今上海市公安局大楼）。北洋军阀混战期间，招商局长江航行船只常被军阀扣留，用作运兵打仗，几无盈利可言，船只受损，近乎报废。北洋军阀失败后，傅被国民政府通缉，逃往日本，此后投靠日本。在杜月笙运作下，他回到上海。1930 年国民政府借口整顿局务，将招商局改为国营，1932 年又改属交通部，招商局从此沦为国民党四大家族垄断的航运机构。

1937 年全面抗战爆发，招商局总部迁至香港。太平洋战争爆发后，再迁重庆。战后再迁上海。到 1947 年 11 月，招商局只剩下大小船只 460 艘，吨位 33 万吨。1949 年 5 月上海解放，招商局由上海市军管会接管。

20 世纪 80 年代改革开放，为了发展经济，国家又在深圳重设招商局总部。在党的领导下，招商局日新月异，事业蒸蒸日上，突飞猛进，取得了巨大的成就，成为中国现代化建设的一支重要力量和东亚乃至世界著名的航运企业。

祝招商局永葆青春，铸就更大的辉煌。

参考文献

陈旭麓、顾廷龙、汪熙主编《轮船招商局》（盛宣怀档案资料选辑之八），上海人民出版社，2002。

李玉主编《〈申报〉招商局史料选辑·晚清卷》，社会科学文献出版社，2017。

谢俊美：《中国通商银行简史》，上海书店出版社，2018。

谢俊美编《翁同龢集》（增订本），中华书局，2021。

《邵元冲日记》，上海人民出版社，2017。

《文祥列传》（新清史人物传）。

《对联大全》，中华书局，1921。

浅论中国企业在对外开放
和社会发展中的微作用

史　允[*]

乔治·艾略特在《米德尔马契》^① 中这样写道："她对周围的影响依然在扩散，不绝如缕，在这个世界上，善的增长也部分得益于那些微不足道的行为。而你我的遭遇之所以不致太糟糕，一半也归功于那些忠于生活、不求闻达，安息在无人凭吊的坟墓里的人。"我认为，一家企业之于国家和民族的影响也大抵如此。看似微不足道，甚至算不上成功，而其影响"绵绵不绝"。

一　一个人——容闳

事情要从天津教案说起。1870 年（同治九年）5 月，中国北方正值春夏之际的干燥时节。已经在 1860 年《北京条约》中开埠的天津弥漫着危险的气氛。开埠之后天津建了法国教堂、孤儿院和西医医院，这些新事物在无知民众的想象和讹传中，生出了"谋害中国小孩制作神药"的谣言，越传越盛，不断有市民滋扰教堂"解救孩子"。5 月底的一天，天津当地政府逮捕了一个试图在教堂滋事的人，由于手段过激，"百姓激于众忿，将该领事群殴致死，并焚毁教堂等处房屋"。暴乱持续了 3 小时，愤怒的民众杀死了 10 名修女、2 名神父、2 名法国领事馆人员、2 名法国侨民、3 名俄国侨民和 30 多名中国信徒，焚毁了望海楼天主堂、仁慈堂、位于教堂旁

---

*　招商局集团办公室职员，历史学博士。
①　乔治·艾略特：《米德尔马契》，项星耀译，人民文学出版社，2018。

边的法国领事馆，以及当地英美传教士开办的其他 4 座基督教堂。教案发生后，法、英、美、俄、普、比、西七国向清政府提出抗议；1870 年 6 月，七国调集军舰在大沽口集结。

这时候，曾国藩和李鸿章都在，局势如"暴雨将至"。曾、李二人明白，仗，是万万打不得的。怎么平息本国的民愤、安抚洋人的死伤、圆回国家的面子，是一道很难很难的题。6 月 10 日，曾国藩到天津，宣布已调查确认教堂、育婴堂和医院并无诱拐伤害孩童之事，宣布处死带头闹事的16 人，向各国赔银近 50 万两。曾国藩不出意外地"诟詈之声大作，同乡尤引为乡人之大耻"，教案后，曾在致友人书中说："外惭清议，内疚神明。"天津教案后不到两年，曾国藩就撒手人寰了。

天津教案前，中国外交事务中的英文翻译多为传教士。天津教案中，曾国藩起用了一个丁日昌推荐的从耶鲁大学留学归来的青年学者——容闳，作为自己的翻译。容闳很有技巧地翻译了同治帝的道歉书，表示"希望对中方及时公正惩凶的做法感到满意"。容闳又翻译了梯也尔的回信："法国所要的，并非中国人的头颅，而是秩序的维持与条约的信守。"同时，容闳将上述内容交付法国媒体，这样一来，法国人再想找碴也少了些正当性。到此，总算化险为夷，预期中的中法大战没打起来，容闳这个"留学生"的作用也借此凸显了出来。

1854 年从耶鲁归国的容闳早在 1867 年就向总理衙门大臣文祥提出了条陈四则：一要建立纯粹为中国资本的股份制汽船公司；二要选派优秀青年出洋留学；三要开采矿产以尽地力；四要禁止教会干涉民间诉讼。这四条里既考虑了"灭火"，也考虑了"防火"。容、李两人就此走到了一起。

1871 年，容闳的条陈四则被曾国藩重新提起。当年 8 月 19 日，曾国藩与李鸿章联衔会奏《拟选子弟出洋学艺折》。1872 年 2 月 27 日，曾国藩再奏促请对"派遣留学生一事"尽快落实，并推荐陈兰彬、容闳为正、副委员，常驻美国管理。仅 20 天后的 3 月 12 日，曾国藩在南京家中散步时突然去世。《拟选子弟出洋学艺折》成了曾文正公的遗愿，9 月 9 日同治帝批复："依议。"幼童留美计划正式开启。

1872 年 12 月 23 日，另外一封奏折——《设局招商试办轮船分运江浙漕粮由》由李鸿章呈报同治帝。12 月 26 日，同治帝批复："依议。"容闳为招商局写了第一版《联设新轮船公司章程》，对集股办法、人事管理、轮船营运、股东地位、财务管理及利润分配等都做了具体规定。

这两个看起来并不醒目的计划是同时呱呱坠地的，创建者的初衷也一样——不能被动，必须主动学习开放，培养懂科学的人才，培育能经营的企业，这乃是国之急需。

自 1872 年起，共有 120 名年龄约 12 岁的幼童被派出留学。其中广东人 84 名，占 70%。招商局总办唐廷枢、会办徐润，以及容闳都是广东人。容闳是珠海人，唐廷枢和徐润都是香山人，三个人不得不亲自回乡游说乡里。例如学童中的詹天佑原不肯出国，容闳请好友谭伯劝说詹父，谭伯甚至允诺詹天佑学成回国后把女儿嫁进贫寒的詹家，这才说动了詹父。如此一来，当年出国学童多为商贾贫寒家的子弟。幼童们的考官、老师多半就是容闳、唐廷枢和徐润这三个会说英语的广东人；每批幼童都要穿戴整齐，在轮船招商局大门口合影留念。

四批幼童分别于 1872 年、1873 年、1874 年、1875 年抵美。但计划并不成功，仅仅到了 1879 年就开始出现变故。幼童到美后逐渐剪去辫子、改穿西服、信基督教，这引起了清廷和清流大臣强烈不满，先是 1875 年后就停止选派，僵持到 1881 年，李鸿章意识到，招商局和留美幼童这两个"孩子"只能保一个。1881 年李鸿章呈递《奏请将出洋学生一律调回折》，亲手终止了留学计划，并将绝大部分孩子调回。

这算失败吗？那可不是。招商局和它的创始人一起，轻轻推开了开放的门，有 120 个孩子走了出去。风大，门很快又关上了。然而没有人料到，这一举动会成为绵绵不绝的力量。

120 人中的两个毕业生，一个是从耶鲁大学土木工程系毕业的詹天佑，另一个是同在耶鲁学习英文的欧阳庚。欧阳庚来自广东中山，他与詹天佑一样，在 9 年内完成了 16 年的课程，得以在 1881 年毕业。

此外，在最后一批 1875 年的留美幼童中，有一个来自广东番禺的孩子叫梁诚，1881 年，18 岁的梁诚于刚念完高中就被迫回国。从梁诚日后的作为看，被迫终结的大学梦一定是他念念不忘的。

二　两个人——梁诚与欧阳庚

回国后，梁诚在总理衙门做事，由于英文好，1886 年时随清廷驻美公使张荫桓赴美，后任使馆参赞。1886 年与梁诚同期赴美的外交官中就有他的师兄，将要就任旧金山领事馆见习领事的欧阳庚，欧阳庚后任旧金山总领事，一直是梁诚的忠实盟友。

1900 年，还没等两人在美国稳定下来，李鸿章的大麻烦来了。清政府与列强开战，北京失陷。1901 年 9 月，清政府与 11 国签订《辛丑条约》，约定支付战争赔款 4.5 亿两白银，这就是庚子赔款。

这是中国人的奇耻大辱。但几年以后，在美国的梁诚看到一个转机：1901 年美国总统麦金莱被刺身亡，42 岁的西奥多·罗斯福继任成为美国总统。与麦金莱不同，罗斯福的政纲是著名的门罗主义，说白了就是美国不跟欧洲列强合伙打劫了，要有自己的外交方略。天才外交家梁诚隐隐知道，无论你葫芦里卖的什么药，这葫芦是可以为我所用的。

1905 年，罗斯福政府公开表示，庚子赔款索赔额度过高，"除确实费用及一切损失赔偿 1165 万美元，所余 1200 余万元其实是多余的赔款"。梁诚闻讯后，立即抓住机会向美方提出降低赔款数额的要求，他提出："各国若将赔款核减，于我财政殊有补益，贵国如能倡首，义声所播，兴起闻风矣。""贵国如能倡首，义声所播，兴起闻风矣"，这真是把罗斯福意欲打破欧洲列强殖民均势的心理拿捏得准准的。在接下来的日子里，梁诚频繁地前往美国国务院，证明美国在庚子赔款中所提受义和团焚杀劫掠的损失与事实有很大出入，中国实际应赔付的只有 200 多万美元。

首先，梁诚和欧阳庚明白美国人想要抢夺欧洲在华利益，这才兴出退还赔款一说，意在挤兑老牌列强。

其次，美国人不会愿意中国人拿钱去买枪买炮的。于是梁诚与欧阳庚设计了庚款退还后仅用于在华教育事业的方针。1905 年 4 月梁诚与即将赴中国的美国驻华公使柔克义商讨退款数额时，后者就以美国总统的名义提出中国将如何使用这笔退款。梁诚坦诚回答说，他已意识到美国有意干涉退款用途，同时也提出了自己的想法——办学堂、派遣留学生。梁诚和欧阳庚甚至拿出一份《派遣美国留学生的章程草案》，表示将呈报清廷，他们写道：

    Ⅰ——总则：赴美留学生将由美国退还的赔款中支付费用。建议请求皇上确定派出留学生人数，说明对他们总的安排，并同时通知美国公使。外务部负责创办培训学校并任命留美学生监督。学部负责学生培训毕业后的考试，外务部将请学部办理此事。由外务部和美国公使馆委任的官员联合负责拟派出赴美的留学生的选拔以及他们在美国学校的分配办法。

    Ⅱ——总目标：此次派出留学生的目的在于获得充实的学习效果。派出的留学生中有80%将专修工业技术、农学、机械工程、采矿、物理及化学、铁路工程、建筑、银行、铁路管理，以及类似的学科。另外20%将专修法律及政治学。

    Ⅲ——留学生资格。（略）

    Ⅳ——候选人提名方法。（略）

    Ⅴ——留学生的考试和选拔。（略）

    Ⅵ——培训学校。（略）

    Ⅶ——留学生在国外的监督。（略）

    Ⅷ——候选学生完成其学习课程并取得毕业证书之后，外务部将他们交给学部照章考试，并按学部确定的标准授予学籍。

再次，与梁诚略有不同，欧阳庚来自外交世家，其兄长欧阳明从同治时起就是旧金山总领事，与当地华人社团关系十分紧密（当地华人为庚款退回一事做出了巨大的贡献，总而言之就是游说他们可以游说的一切人）。欧阳庚还意识到，华人势力集中在旧金山一带，与政治核心尚有距离，于是，他出资供其弟欧阳祺赴哈佛大学留学，欧阳祺的同班同学之一就是西奥多·罗斯福。通过欧阳祺，欧阳庚安排梁诚与罗斯福见面。1906年梁诚在报告中写道："三月初旬，总统邀臣午饭，乘间催订，当承允诺。……奉总统谕，即饬国会授权，将中国还款原议更正照数减收。"

果不其然，梁诚的提议迅速被美国政界所接受，罗斯福和柔克义更成为退款兴学的全力支持者。中美双方很快达成协定，从赔款退还之年起，前四年中国每年将派送 100 名学生，到第四年时，中国将有 400 名学生赴美留学，从第五年起，直至赔款完毕之年，每年至少会派送 50 名学生。此外，为选派赴美留学生，清政府于 1909 年 10 月在北京西郊设立游美肄业馆，并定咸丰时期的"清华园"为游美肄业馆馆址，建设费用全部来自庚款退款。游美肄业馆创立之后，留美教育逐渐系统化。1911 年 2 月，游美肄业馆改名为"清华学堂"，设中等、高等科，每科学制为四年。次年，清华学堂改由外交部主管，1928 年，清华学堂正式更名为清华大学。这所学校的第一任校长是容闳 1872 年时带到美国的另一个男孩——唐国安。

梁诚和欧阳庚均在辛亥革命后回国。柔克义对梁诚的评价是"能随时注意美国朝野的情况，明了美国社会舆论，使与他所要交涉之项相为配合"。

三 两个校长——梅贻琦和胡适

1909 年，与第一批学童赴美的 1872 年只相隔 37 年。庚款退还兴学计划的第一次招考在 8 月举行，在北京最热的季节里，630 位青年云集史家胡同游美学务处报名应考。先是初试，考国文、英文和本国史地，取 68 人；再复试，分别考物理、化学、博物、代数、几何、三角、外国历史和外国地理诸科。一共考了七八天。最后放榜录取了 47 人。

11 月底，47 名学童搭乘"中国号"邮轮抵达美国东部城市斯普林菲尔德（Springfield，春田）。尽管《民报》对庚款派遣留学生赴美口诛笔伐——"美之返岁币也，以助中国兴学为辞，实则是鼓铸汉奸之长策"，但开放已如壮阔的洋流无法阻挡了。

梅贻琦在 630 人中考得第六名。但梅贻琦没有选择哈佛或耶鲁，而是奔赴了美国东部马萨诸塞州的伍斯特理工学院，就读电机工程系。这个选择令人意外，再想又在情理之中。这些青年为中华而读书，自然是缺什么读什么。当时一同进入伍斯特理工的好友徐君陶 30 年后回忆说："他那种独具见解，确和一般人不同。总之，梅先生的精神，少年时是这样，到现在还是这样。他就本着这种精神……"

梅校长虽称不上是大物理学家，但他的影响很大。清华物理学院 20 世纪上半叶的毕业生包括：王淦昌、赵九章、钱三强、彭恒武、钱伟长、王大珩……

梅贻琦 1931 年任清华校长，在职 17 年，跨越了整个抗战时期。梅贻琦在 1931 年 12 月就任清华大学校长时的演讲中讲道："一个大学之所以为大学，全在于有没有好教授。孟子说所谓故国者，非谓有乔木之谓也，有世臣之谓也，我现在可以仿照说所谓大学者，非谓有大楼之谓也，有大师之谓也。"

1910 年 8 月庚款计划又举行了第二次招考。考试仍分初试、复试。初试先考国文、英文，其中国文试题是"不以规矩，不能成方圆说"；英文试题是"借外债兴建国内铁路之利弊说"。复试则考了西洋史、植物学、动物学、生理学、几何和世界地理。400 多人应考，最后录取了 70 人。赵元任第一，胡适第 55 名，差一点就落榜了。

1917 年 7 月，胡适结束了在哥伦比亚大学的学业，回到了阔别 7 年的中国。此时他对人生已经有了一个清晰的规划——塑造中国人的思想。回国前，胡适已经发表了《文学改良刍议》，就此拉开新文化运动的大幕。虽然他人未归国，但名声大噪。北京大学的文科学长陈独秀向校长蔡元培力荐胡适为教授，并表示愿意把"文科学长"的位置让给胡适。但胡适谢绝了，只担任了一名教授。1919 年 2 月，胡适的《中国哲学史大纲》由上海商务印书馆出版。蔡元培为其作序，提出四大思想价值："证明的方法""扼要的手段""平等的眼光""系统的方法"。其中最重要的是"平等的眼光"，即摒除正统与非正统的观念，倡导诸子平等，无论中学西学"都还他一个本来面目"。

胡适 1938 年 9 月被正式任命为中国驻美大使，再赴旧金山，10 月向美国总统罗斯福递交国书。和前辈外交家梁诚比胡适也不逊色。12 月 4 日，他在纽约律师俱乐部演讲《北美独立战争与中国抗日战争》，促使 12 月 15 日中美桐油贷款协议签字；1939 年 10 月在纽约演讲《我们还要作战速求卓超坚守自由下去》；12 月 5 日，在纽约市政协会演讲《中国目前的形势》；同月，在华盛顿美国历史学会讲《中国与日本的现代化运动——文化冲突的比较研究》；1940 年元旦，在美国各学院联合会演讲《世界战争与未来的世界秩序》；4 月，协助中美签订滇锡贷款协议；11 月 28 日，在纽约市参议会演说《我们需要的是哪种世界秩序》；1941 年 11 月，就日美临时安协方案中损害中国的内容向赫尔提出抗议……

1946 年 7 月 24 日，胡适从美国归来，船停泊在吴淞口外。适逢雨过天晴，他在日记中写下这段话："天晴后，八点一刻，海上晚霞齐艳，为生平所少见。九年不见祖国的落日明霞了！"全面抗战时期在美国度过的他，去国九年，内心对祖国充满期待，尤其是他将重返北京大学，担任校长。1946 年 10 月 10 日，北大新学期的开学典礼在国会街北大四院进行，胡适第一次以校长的身份出现在学生面前。

他说："我只作一点小小的梦想，作一个像样的学校，作一个全国最高学术的研究机关，使她能在学术上、研究上、思想上有贡献。这不算是个太大的梦想吧。"和梅贻琦比，这个小目标确实不大，虽然足以安慰上不了大学的梁诚，但却是没能实现的。

图书在版编目（CIP）数据

招商局与中国对外开放历史进程：回顾与前瞻／张
军立，朱荫贵，魏明孔主编. -- 北京：社会科学文献出
版社，2023.5
　　（招商局文库·研究丛刊）
　　ISBN 978 - 7 - 5228 - 1246 - 5

　　Ⅰ.①招…　　Ⅱ.①张…②朱…③魏…　　Ⅲ.①轮船招
商局 - 对外开放 - 历史 - 研究 - 中国　　Ⅳ.①F552.9

中国版本图书馆 CIP 数据核字（2022）第 243914 号

招商局文库·研究丛刊
招商局与中国对外开放历史进程：回顾与前瞻

主　　编／张军立　朱荫贵　魏明孔

出 版 人／王利民
责任编辑／陈肖寒　白纪洋
责任印制／王京美

出　　版／社会科学文献出版社·历史学分社（010）59367256
　　　　　　地址：北京市北三环中路甲 29 号院华龙大厦　邮编：100029
　　　　　　网址：www. ssap. com. cn
发　　行／社会科学文献出版社（010）59367028
印　　装／三河市东方印刷有限公司

规　　格／开　本：787mm × 1092mm　1/16
　　　　　　印　张：27.5　字　数：436 千字
版　　次／2023 年 5 月第 1 版　2023 年 5 月第 1 次印刷
书　　号／ISBN 978 - 7 - 5228 - 1246 - 5
定　　价／168.00 元

读者服务电话：4008918866